新譯楞嚴經

賴永海
楊維中 注譯

三民書局

刊印古籍今注新譯叢書緣起

劉振強

人類歷史發展，每至偏執一端，往而不返的關頭，總有一股新興的反本運動繼起，要求回顧過往的源頭，從中汲取新生的創造力量。孔子所謂的述而不作，溫故知新，以及西方文藝復興所強調的再生精神，都體現了創造源頭這股日新不竭的力量。古典之所以重要，古籍之所以不可不讀，正在這層尋本與啟示的意義上。處於現代世界而倡言讀古書，並不是迷信傳統，更不是故步自封；而是當我們愈懂得聆聽來自根源的聲音，我們就愈懂得如何向歷史追問，也就愈能夠清醒正對當世的苦厄。要擴大心量，冥契古今心靈，會通宇宙精神，不能不由學會讀古書這一層根本的工夫做起。

基於這樣的想法，本局自草創以來，即懷著注譯傳統重要典籍的理想，由第一部的四書做起，希望藉由文字障礙的掃除，幫助有心的讀者，打開禁錮於古老話語中的豐沛寶藏。我們工作的原則是「兼取諸家，直注明解」。一方面熔鑄眾說，擇善而從；一方面也力求明白可喻，達到學術普及化的要求。叢書自陸續出刊以來，頗受各界的喜愛，使我們得到很大的鼓勵，也有信心繼續推廣這項工作。隨著海峽兩岸的交流，我們注譯的成員，也由臺灣各大學的教授，擴及大陸各有專長的學者。陣容的充實，使我們有更多的資源，整理更多樣化的古籍。兼採經、史、子、集四部的要典，重拾對通才器識的重視，將是我們進一步工作的目標。

古籍的注譯，固然是一件繁難的工作，但其實也只是整個工作的開端而已，最後的完成與意義的賦予，全賴讀者的閱讀與自得自證。我們期望這項工作能有助於為世界文化的未來匯流，注入一股源頭活水；也希望各界博雅君子不吝指正，讓我們的步伐能夠更堅穩地走下去。

新譯楞嚴經 目次

導讀

《楞嚴經》在中國佛教中有著特殊的地位和影響。自從唐代中葉譯出之後，此經就被一部分佛教學者懷疑為「偽經」，至近現代，疑偽之論更是喧囂塵上。這是一方面。另一方面，此經一經譯出便得到了佛教界的廣泛注意。自宋以後，此經更是盛行於僧俗、禪教之間。實際上，更多的佛教學者是將其作為佛教教觀的總綱看待的。《楞嚴經》譯出後，中國佛教諸宗，如禪宗、天台、華嚴、淨土等，都十分重視，紛紛從中吸取營養，強化了其理論基礎。《楞嚴經》有關觀世音菩薩的說法，在中國佛教信眾之中，影響則更為深遠。在此，我們對《楞嚴經》的「真偽」之爭、經的基本內容以及對中國佛教的影響等問題，作些介紹、分析，以期對讀者閱讀本書有所幫助。

一、《楞嚴經》的傳譯與真偽之爭

《楞嚴經》是在唐代中葉譯成漢語並開始流通的。唐代著名的佛經目錄學家智昇將其列入《開元釋教錄》中。稍後，釋元照撰寫《貞元新定釋教目錄》也收錄了此經。由北宋初年我國雕刊的第一部漢文大藏經《開寶藏》起，一直至清朝乾隆年間刊印的《龍藏》，無一例外地將其列入「正藏」加以流通。但是，關於《楞嚴經》的傳譯情況，早在此經流傳之初就有不同說法，而這一點正是後來真偽之爭的焦點所在。

唐釋智昇是最早記錄《楞嚴經》傳譯情況的權威學者。但是，他在撰寫於同一年的兩部著作中，對此經的翻譯情況卻作了略有差別的記載。智昇在《開元釋教錄》卷九中說：

沙門釋懷迪，循州人也。住本州羅浮山南樓寺。其山乃仙聖遊居之處。迪久習經論，多所該博，九流七略，粗亦討尋。但以居近海隅，數有梵僧游止，迪就學書語，復皆通悉。往者三藏菩提流支譯《寶積經》，遠招迪來，以充證義。所為事畢，還歸故鄉。後因遊廣府，遇一梵僧，賫梵經一夾，請共譯之，勒成十卷，即《大佛頂萬行首楞嚴經》是也。迪筆受經旨，緝綴文理。其梵僧傳經事畢，莫知所之。有因南使，流經至此。❶

智昇於上述引文中說，此經是沙門懷迪與「梵僧」共同翻譯的。同樣的記述還見於同書卷十二：「大唐循州沙門懷迪共梵僧於廣州譯，新編入錄。」❷但是，《開元釋教錄》卷十七則乾

❶《大正藏》卷五十五，頁五七一下。
❷《大正藏》卷五十五，頁六〇三上。

脆記為「大唐沙門懷迪於廣州譯」❸。至於與懷迪共譯此經的「梵僧」，智昇於《開元釋教錄》卷九有一小注：「未得其名」❹。因為未曾知曉譯《楞嚴經》的梵僧的大名，所以智昇就索性將譯者署為懷迪一人。這一在智昇當時並非深思熟慮的作法，卻埋下了後世千年諍訟難息的一個由頭。此段記述還有第二處疑誤，也就是懷迪參與翻譯《楞嚴經》的時間問題。據《開元釋教錄》所載，懷迪翻譯《楞嚴經》是於京城譯完《大寶積經》之後。但這一時間，與《續古今譯經圖記》所記又不能完全契合。

智昇在《續古今譯經圖記》中說：

> 沙門般剌蜜帝，唐云「極量」，中印度人也。懷道觀方，隨緣濟度，展轉遊化，達我支那。乃於廣州制旨道場居止。眾知博達，祈請亦多。利物為心，敷斯祕賾。以神龍元年龍集乙巳五月己卯朔二十三日辛丑，遂於灌頂部誦出一品《大佛頂如來密因修證了義諸菩薩萬行首楞嚴經》一部十卷。烏萇國沙門彌迦釋迦語，菩薩戒弟子、前正諫大夫、同中書門下平章事、清河房融筆受，循州羅浮山南樓寺沙門懷迪證譯。其僧傳經事畢，泛舶西歸。有因南使，流通於此。❺

❸《大正藏》卷五十五，頁六六九下。
❹《大正藏》卷五十五，頁五七一下。
❺《大正藏》卷五十五，頁三七一下。

這一記載，頗為全面。不但補充出了《開元釋教錄》中未曾記載的「梵僧」的情況，而且記述了房融承任筆受的情形。應該說，與智昇在《開元釋教錄》的記載相比，《續古今譯經圖記》當更為詳細準確些。在筆者看來，智昇的上述兩種記載，表面相同的只是「沙門釋懷迪」曾經參與譯事。實際上，智昇兩種說法，並非截然對立❻，而是互相印證、互相補充的。至於為什麼有簡、繁兩種說法，最可能的解釋是，智昇撰寫兩書的時候所得到的資料有簡、繁的差別。可以肯定的是，《開元釋教錄》撰寫於前，《續古今譯經圖記》撰寫於後。這可以從他在《續古今譯經圖記》中所加的小注看出，此注說：「若欲題壁，請依《開元釋教錄》。」❼那麼，為什麼在得到較為全面的資料後，智昇並未修改《開元釋教錄》的記述呢？最合理的解釋大致有兩條：其一，大概智昇認為署「沙門懷迪譯」並不算錯，因而他在記錄了新說後，仍然提醒來者應依《開元釋教錄》；其二，《開元釋教錄》撰成不久，便進呈於朝廷❽。因而

---

❻ 大凡對《楞嚴經》持懷疑立場的學者，均認為智昇的記載是互相矛盾的。而信其為真的學者則堅信《續古今譯經圖記》的記載，並不大重視《開元釋教錄》的說法。本文則對此作了另外的解析，請讀者參考。

❼ 《大正藏》卷五十五，頁三七二下。智昇在《續古今譯經圖記》卷尾自附的小注，還有數語，茲錄於下：「前記所載，依舊錄編，中間乖殊，未曾刪補；若欲題壁，請依《開元釋教錄》。」此處所言「舊錄」，雖不詳其所指，但是，可以肯定的是，此條注釋針對的是《譯經圖記》全書，絕非全適用於《楞嚴經》。其後一語又云：「除此方撰集外，餘為實錄矣！」可見，智昇對此書中譯籍的記述是有信心的。

❽ 《佛祖通紀》「開元十八年」條記載：「西京崇福寺沙門智昇進所撰《開元釋教錄》二十卷，以五千四十八卷為定數，敕附入《大藏》。」見《大正藏》卷四十九，頁三七四下。

智昇可能不便再去修改舊說。上述兩條原因，前者的分量可能要重一些。這也就是說，在智昇看來，《楞嚴經》的漢譯工作是「梵僧」提供原典，懷迪與其共譯並承擔筆受，房融則僅僅承擔筆受。其中，以懷迪貢獻為最大。這與後世將房融和「梵僧」般剌蜜帝列為首要略有差別，也是後世生起諍訟的原因之一。

懷迪等翻譯《楞嚴經》的時間，依照《續古今譯經圖記》的記載，為唐神龍元年，即西元七〇五年。而懷迪曾應召入京參譯《大寶積經》。據考，《大寶積經》是菩提流支於神龍二年創譯，至先天二年（西元七〇六年）完成。智昇既然記載《楞嚴經》為神龍二年所譯，因而懷迪翻譯《楞嚴經》之事應該在其入京之前，而決不可能是《開元釋教錄》所記的離京之後，方遇梵僧，爾後譯經。智昇的這一疏忽，是《楞嚴經》真偽之爭中最難解開的疑團。

智昇在《續古今譯經圖記》中所載的主譯為「沙門般剌蜜帝」，並言其譯經事畢，即「泛舶西歸」。因般剌蜜帝未再出現於內地，故不為時人所知。後來就有人進而懷疑其係子虛烏有。這一疑問，頗難疏解。近代學者羅香林吸取日本學者的研究成果，認為義淨《大唐西域求法高僧傳》卷下〈重歸南海傳〉中所載的「貞固」可能就是「般剌蜜帝」⑨。這一說法可以參考。

房融筆受《楞嚴經》之事，經智昇等記述，後續說法很多。然而懷疑者，仍然堅持說：「智昇《續譯經圖記》錄傳聞之辭，《楞嚴》是神龍元年五月二十三日極量所譯，房融筆受。」

⑨ 參見羅香林〈唐相國房融在光孝寺筆受「首楞嚴經」翻譯問題〉，《現代佛教學術叢刊》第三十五冊，頁三三〇至三三一。另見日本學者見足立喜〈「大唐西域求法高僧傳」譯註〉。

融以神龍元年二月甲寅（四日）流高州，州去京師六千二百餘里（《舊唐書》卷四十一），關山涉水，日數十里，計百數日，幾不達貶所，安能從容於廣州筆受而即成其所譯耶？」⑩這一疑問，自有其道理在。但是，他們卻忽略了一個問題，即房融完全可能只參加了剎尾的筆受工作，而時人卻感於其特殊身分而署寫其名。將此與智昇未修訂《開元釋教錄》的有關記載聯繫起來看，這種可能性是很大的。

關於此經的流傳經過，也有不同說法。智昇說：「有因南使，流通於此。」宋釋子璿在《首楞嚴義疏註經》中說：

> 房融知南詮，聞有此經，遂請對譯。房融筆受，烏萇國沙門彌伽釋迦譯語。翻經纔竟，三藏被本國來取。奉王嚴制，先不許出。三藏潛來，邊境被責。為解此難，遂即回去。房融入奏，又遇中宗初嗣，未暇宣佈，目錄缺書。時禪學者因內道場得本傳寫，遂流此地。大通在內，親遇奏經，又些隨身，歸荊州度門寺。有魏北館陶沙門慧振搜訪靈迹，常慕此經。於度門寺遂遇此本。⑪

這裡，提供了兩種說法。其中，房融奏入，由禪學者內道場傳出之說，與智昇的說法是一致

---

⑩〈楞嚴百偽〉，載於《呂澂佛學論著選集》㈠，齊魯書社，一九九一年版，頁三七一。

⑪子璿集《首楞嚴義疏註經》卷一之一，《大正藏》卷三十九，頁八二五下。

的。至於神秀傳寫流通的說法，疑點甚多，難於盡信。贊寧《宋高僧傳‧惟愨傳》說，天寶末，惟愨於京師「受舊相房公融宅請。未飯之前，宅中出經函云：『相公在南海知南詮，預其翻經，躬親筆受《首楞嚴經》一部，留家供養。今筵中正有十僧，每人可開題一卷。』」[12]此條記載，疑偽者樂常引用以說明《楞嚴經》的流傳也有可疑[13]。實際上，此文是說，房融家藏有一部親筆寫經，房公於筵前拿出是讓在座十僧「開題」的。因此，這一記載並不能當作此經最初流通於世的情形去理解。經過這樣一番疏解，智昇的說法雖然簡略，然而卻是確實可信的。《楞嚴經》並不存在「此經的流傳深有可疑」[14]的問題。

不過，此經流傳於世不久，卻於中、日兩國都出現懷疑的論調。《楞嚴經》是由日本僧人普照入唐攜回的。流傳不久，日本僧界就對其真實性產生了懷疑。日僧玄叡《大乘三論大義鈔》[15]記載了兩種不同的說法。據玄叡說，西元七二四至七四八年間，日本天皇曾經召集三論、法相二宗法師就此經的真偽作過辯論。「兩宗法師相勘云：是真佛經。」但是，此次並未平息論諍。日本寶龜年間（西元七七〇至七八二年）「遣德清法師等於唐檢之。德清法師承大唐法詳居士云：《大佛頂經》是房融偽造，非真佛經也。智昇未詳，謬編正錄。」從這一記

[12] 贊寧《宋高僧傳》卷六，中華書局，一九八七年版，頁一一三。
[13] 參見周叔迦撰〈楞嚴經〉一文，《中國佛教》㈢，（上海）知識出版社，一九八九年版，頁八一至八二。
[14] 周叔迦撰〈楞嚴經〉一文，《中國佛教》㈢，頁八二。
[15] 見《大日本佛教全書》第七十五冊。

載看，早於唐代中葉，中土就有人懷疑此經的真實性，並影響了日本佛教界的相關看法。

唐代之後，對《楞嚴經》的懷疑不絕如縷，但這並未影響僧俗對此經的喜愛和崇信。到了近代，可能是受疑古風氣的影響，指責《楞嚴經》為偽經的論述漸漸多了起來。其中最激烈者莫過於梁啟超、呂澂和何格恩。梁啟超在《古書真偽及其年代》一書中認為，《楞嚴經》是剽竊道教以及中國傳統思想而來的，「真正的佛經並沒有《楞嚴經》一類的話，可知《楞嚴經》一書是假書。」呂澂更是斷言：「《楞嚴》一經，集偽說之大成。」⑯呂澂以「邪說不除，則正法不顯」⑰的心態撰寫〈楞嚴百偽〉一文，從譯傳和思想等多方面論證此經非真的觀點。何格恩、周叔迦等學者也從不同角度對「偽經」說作了補充。但是，不可忽視的是，這種論調同樣也沒有壓倒「真經」論。相對而言，無論是古代，還是近現代，崇信《楞嚴經》者仍然佔據多數。即便是持「偽經」說的人，也認為「至於《楞嚴經》偽造，誰也拿不出真憑實據，不過見仁見智，點點滴滴，只是一些懷疑。」⑱對此經的懷疑，雖說頭緒繁多，眾說紛紜，但不外乎傳譯和義理兩方面。傳譯方面，正如前面所述，有智昇記述的原因，也有後人理解的不同。義理方面，或者是擇取經文中的片言隻語以己意解析，或者對此經不同於他經之處加以拒斥。無論從論證方法，還是分析結論，都難於盡信。這說明，圍繞著《楞嚴經》

---

⑯ 〈楞嚴百偽〉，《呂澂佛學論著選集》(一)，頁三七〇。

⑰ 〈楞嚴百偽〉，《呂澂佛學論著選集》(一)，頁三七〇。

⑱ 《現代佛教學術叢刊》第三十五冊，頁三六二。

的真偽之爭，其實只是事出有因，查無實據而已。

二、《楞嚴經》的結構及其主要內容

《楞嚴經》是一部大乘佛教的單譯經，內容豐富，素有佛教全書之稱。在此，擬從經題、經文結構的角度，對此經的主要內容作一概括介紹。

《楞嚴經》的全名為《大佛頂如來密因修證了義諸菩薩萬行首楞嚴經》，或簡稱為《大佛頂首楞嚴經》，又名《中印度那爛陀大道場經》。佛經之立題，依照古德所判，有七種方式：以人、法、喻三字，單方面的全名立題可有三種，雙字兩方面立題可有三種，三字三方面立題則有一種。《楞嚴經》的全名是以人、法而略兼於喻立題。「如來」是果地之人，「菩薩」是因地之人；「了義」是教法，「萬行」是行法，「首楞嚴」是果法。以「佛頂」二字直稱法體，以表徵此經所說之法的勝妙。因為其並非以同類事物相喻，故只說其略兼於喻。至於以《中印度那爛陀大道場經》為經名，來源於古經本經題下的小注：「一名《中印度那爛陀大道場經》，於灌頂部錄出別行。」此名大概是時人的方便指稱，不必過於執實。因此，後來流行的經本已不再題寫此經名。

《楞嚴經》是佛在「首楞嚴會」中以阿難受摩登伽女幻術誘惑為由頭，宣說而成的。全部經文共十卷，約七萬餘言。古代佛經分卷一般兼顧義理的完整和文字的多寡兩方面。為了裝藏的方便，通常以前者遷就後者。所以，多卷本佛經往往只能做到每一卷內義理的相對完整，而難於周全地兼顧二者。本書正文是依原經的分卷為順序劃分單元的，因而有時難免將同一內容分隔於兩卷之中。為方便閱讀，在此，參照古德判經的慣例，以「三分」古制為框架，打亂原經文本的分卷，僅僅以義理的完整為標準，分析此經的結構和內容。

依照古來注疏家的觀點，全經十卷可以劃分為三部分：第一部分稱為「經序分」，起自經首「如是我聞」至「提獎阿難及摩登伽歸來佛所」，也即卷一第一部分。這是全經的序言。第二部分稱為「經宗分」，緊接經序，是宣講經義的正文。起自「阿難見佛，頂禮悲泣，恨無始來一向多聞，未全道力」，直至卷十的末尾「傳示將來末法之中諸修行者，令識虛妄，深厭自生，知有涅槃，不戀三界」。第三部分稱為「經益分」，也稱「流通分」，即全經的結束語。緊接「經宗分」直至經尾。「經序分」中，佛受波斯匿王的邀請，帶領眾徒及大菩薩至王宮受齋。阿難先受別請，未預齋筵。阿難從外乞食畢，路過淫所，遭摩登伽女幻術的控制，將毀戒體。佛預知此事，匆匆結束齋筵，返回祇桓精舍與比丘及無數「辟支無學」舉行法會，演說深奧佛法。佛陀於法會演說神咒，並且敕令文殊依憑此咒前去解救阿難回歸佛所。「經益分」中，佛宣說弘揚、持誦此經所得的無量功德，以此勸請眾生念誦、受持。至此，佛於此會欲講說的內容已經全部宣說完畢，所有與會大眾皆滿心歡喜，禮佛而去。「經宗分」部分，內容複雜，是全經的主幹，應該對其進行重點解析。

《楞嚴經》是有一個嚴密而完整的思想體系的，其內容以理、行、果為框架，幾乎將大乘佛學的重要理論都囊括其中。而最能體現這一特質的，無疑就是「經宗分」了。元代沙門惟則在〈大佛頂首楞嚴經會解敘〉中說：「科經者，合理、行為正宗，離正宗為五分：一見道，二修道，三證果，四結經，五助道。謂見道而後修道，修道而後證果，此常途之序。」⑲以下就依照這一科判，對「經宗分」的內容作一概括。

一般認為，在「見道」部分之前，有數句是對全經內容的概括和暗示。它就是接續於「經宗分」的首句而出的一小段文字。在此，阿難「殷勤啟請十方如來，得成菩提，妙奢摩他、三摩、禪那最初方便」。這也可以看作是「經宗分」的總綱。

自卷一「佛告阿難：『汝我同氣，情均天倫』」起，直至卷四的「如何自欺尚留觀聽」，屬於「見道」部分。此部分是圍繞著佛於「經宗分」的起始所提出的一個基本觀點而展開的。此觀點就是：「生死相續，皆由不知常住真心性淨明體，用諸妄想。此想不真，故有輪轉。」為了使阿難及其會眾領悟這一原理，佛以層層剝筍式的遞進邏輯和多方巧妙的比喻，闡述了此「常住真心」實際上就是如來藏心。大致而言，可分四層去理解。

第一層，是卷一的剩餘部分。佛首先針對阿難「如是愛樂，用我心目」的想法，七次反詰阿難：此識心到底「今何所在」，阿難的七次回答都遭到佛的駁斥。這就是著名的「七次徵心」。然後，佛告訴阿難，世間一切修學人都「皆由不知二種根本」：一是生死根本，二是「無始菩提涅槃元清淨體」。前者為妄，即眾生眼、耳等六根產生的妄識；後者為真，即常住真心。

⑲ 元釋惟則《大佛頂首楞嚴經會解》卷首，清末常州天寧寺刻本。

世間眾生「執此生死妄想誤為真實」，因而「不得漏盡」解脫。最後，佛又以拳與手為喻力圖使阿難等開悟而未獲成功。

第二層，由卷二起首至同卷「王聞是言，信知身後捨生趣生，與諸大眾踴躍歡喜，得未曾有」。此處，波斯匿王向佛請教，外道認為「此身死後斷滅」，「云何發揮證知此心不生滅地？」佛以「觀河」及「面皺」兩個比喻說明「汝面雖皺，性未曾皺」。而此不變之性就是真性圓明常住之理。

第三層，跨卷二和卷三。接續前層直至卷三「舜若多性可銷亡，爍迦羅心無動轉」。佛首先以八種比喻加以說明，它們是：明還日輪、暗還黑月、通還戶牖、壅還牆宇、緣還分別、頑虛還空、鬱埻還塵、清明還霽。此八種「見」都是有因有據纔存在的，而眾生的「見性無還」，不生也不滅。此「見性」就是眾生的清淨本心。其二，佛又為大眾宣示，眾生之所以輪迴世間，是因為「二顛倒分別見妄」。此「二妄」即別業妄見和同分妄見。前者是指發生於眾生個體身上的虛妄幻相，後者是指所有世間眾生共同的虛妄見解。其三，佛告訴阿難「如是覺元，非和合生及不和合」，所有「幻妄」都是依於此「妙覺明體」而生起。為論述此說，佛以五陰、六入、十二處、十八界合為「四科」，系統地分析了此「四科」之根本並不是因緣和自然性，而是以「如來藏常住妙明，不動周圓妙真如性」為其根本的。這一部分篇幅最大。其四，佛又向大眾說明「七大」與如來藏的關係。「七大」，即地、水、風、火、空、見、識。雖然其作用、色相是虛妄的，其體性卻圓融無礙、周徧法界。因為其體性就是如來藏妙真如性，只是由於眾生的分別計度方纔顯現出來，是虛妄暫時的存在，沒有真實的意義。其五，阿難誦出偈語讚頌佛的微妙開示。

第四層，由卷四起首直至「所願從心，致大饒富，方悟神珠非從外得」。佛以「世界相續」、「眾生相續」及「業果相續」三種顛倒相續解釋世間有為諸相的生起和遷流。此三種相續都是因眾生的妄想執著而有，其性本來就是空。它們本來就是苦、集、滅、道「四諦」之理，也是如來藏真性所顯。在此層，佛多次以演若達多迷頭而狂奔為喻說明「識迷無因，妄無所依」的道理。佛並且指出，只要眾生放棄對三種顛倒相續的分別計度，就可證悟菩提。由此，也就過渡到了「修道」部分。

由卷四「阿難及諸大眾聞佛示誨，疑惑銷除」直至卷七「我以寶杵殞碎其首，猶如微塵。恆令此人所作如願」，屬於「修道」部分。佛於此部分為眾生指明了「捐捨小乘，畢獲如來無餘涅槃本發心路」，也就是攝伏攀緣心，「得陀羅尼，入佛知見」之道。此部分也可分為四層去理解。

第一層，由「修道」部分的首句直至卷五「妙理清徹，心目開明，歎未曾有」。此層的核心是初發菩提心所應具有的「二決定義」：其一是因地發心；其二是審詳煩惱根本。第一義，在於以無生滅之心為修習之因地心，然後纔能圓滿果地修證。第二義，眾生現前的六根就是煩惱的根本所在。在卷五的第一部分，佛明確指出，證悟無上菩提的關鍵就在於從六根中解脫出來。最後，佛親自說偈總結此「二決定義」。

第二層，由卷五「阿難合掌頂禮白佛」至同卷「是名菩薩從三摩地得無生忍」。此層重點講述「六解一亡」的道理，佛是以「華巾」作比喻對此進行說明的。佛取出一華巾，當眾順次結成六個結，向大眾說明「六結」是眾生無始妄心累積而顯現的塵境。此「六結」為五陰鬱結而成，由微至著依次為識結、行結、想結、受結、色結，前四陰各一結，色陰則分根、塵兩結。解結則依照由著至微的順序次第解開。先斷除前三結而證人空，再斷除想結、行結而證法空。二空證成，識結則隨之解開而得無生法忍。

第三層，接續前層直至卷六「皆發無等等阿耨多羅三藐三菩提心」。應佛的指示，諸位大士、菩薩自敘最初證悟所選擇的圓通法門：其一，憍陳那五比丘、優波尼沙陀、香嚴童子、普賢菩薩、優波離、大目犍連等敘述十八界中除耳根之外的十七種圓通法門。其二，烏芻瑟摩、持地菩薩、月光童子、瑠璃光法王子、虛空藏菩薩、彌勒菩薩、大勢至菩薩各自敘說選擇「七大」之一作圓通法門而證悟的過程。其三，觀音菩薩詳細敘述了耳根圓通，以熏聞修金剛三昧無作妙力，成三十二應身，入諸國土救度眾生等等。其四，文殊師利法王子應佛之命作偈讚歎上述二十五種圓通法門。

第四層，由卷六「阿難整衣服，於大眾中合掌頂禮」至卷七「我以寶杵殞碎其首，猶如微塵。恆令此人所作如願」。在此，阿難向佛請教「云何令其安立道場，遠諸魔事，於菩提心得無退屈？」佛分三方面回答了阿難的提問：其一，在強調「三決定義」即戒、定、慧「三學」的基礎上，重點講述了以戒淫、戒殺、戒盜、戒妄語為核心的四項「決定清淨明誨」。其二，如果上述四種律儀還不能滅除宿習，就須誦持「佛頂光明摩訶薩怛多般怛羅無上神咒」一百八遍。為此，佛詳細講解了建立道場以及如何誦咒的諸種儀軌。其三，應阿難的請求，佛陀令佛頂佛重宣此「大白傘蓋神咒」，然後又為會眾宣示了此神咒對諸佛和諸眾生分別所具有的十種無上法力。會中無數金剛、梵王、天帝釋、四大天王及其眷屬聽了佛的講述，紛紛表示願意護持誦持此咒的無量眾生。

由卷七「阿難即從座起，頂禮佛足而白佛言」直至卷八「作是觀者，名為正觀。若他觀者，名為邪觀」，屬於「證道」部分，也即修證三摩地直至涅槃之道。阿難又向佛提出三個問題：「云何名為乾慧之地？四十四心至何漸次得修行目？詣何方所，名入地中？」佛分三方面回答阿難的提問。

第一層，由此部分起首至卷七尾句。佛說：「欲修真三摩地，直詣如來大涅槃者，先當識此眾生、世界二顛倒因。顛倒不生，斯則如來真三摩地。」妄心熏以成業，因業感而妄相生起，此即眾生顛倒。眾生以無明妄力建立了過去、現在、未來三世以及東、南、西、北四方的界限。三世與四方和合相涉，變化出世界及其十二類眾生。十二類眾生的成因各自略有不同，但卻都是以世界虛妄輪迴為其主因的。此十二類眾生即卵生、胎生、溼生、化生、有色、無色、有想、無想、非有色、非無色、非有想、非無想。這一觀念是《楞嚴經》特有的分類。

第二層，由卷八首句至同卷「是則名為第三增進修行漸次」。「三種漸次」就是：其一，修習除去助因，也即斷世間五種辛菜；其二，真修刳其正性，也即斷除淫欲和殺生；其三，增進違其現業，也即盡滅六根向外塵的流逸。

第三層，由卷八「阿難，是善男子欲愛乾枯」至同卷「作是觀者，名為正觀。若他觀者，名為邪觀」。佛由此開始宣說菩薩五十五修行聖位。第一位為乾慧地，第一個十位即「十信」：信心住、念心住、精進心、慧心住、定心住、不退心、護法心、迴向心、戒心住、願心住。第二個十位即「十住」：發心住、治地住、修行住、生貴住、方便具足住、正心住、不退住、童真住、法王子住、灌頂住。第三個十位即「十行」：歡喜行、饒益行、無瞋恨行、無盡行、離癡亂行、善現行、無著行、尊重行、善法行、真實行。第四個十位即「十迴向」：救護一切眾生離眾生相迴向、不壞迴向、等一切佛迴向、至一切處迴向、無盡功德藏迴向、隨順平等善根迴向、隨順等觀一切眾生迴向、真如相迴向、無縛解脫迴向、法界無量迴向。「十迴向」之後，即是「四加行位」：暖地、頂地、忍地、世第一地。第五個十位即「十地」：歡喜地、離垢地、發光地、燄慧地、難勝地、現前地、遠行地、不動地、善慧地、法雲地。經過以上五十五位的漸次修行，方證得等覺、妙覺二聖位。應該指出，關於菩薩五十五修行聖位的名目及順序，佛教各經典的說法略有差別。《楞嚴經》的說法尤為獨特，因而於此特將其列出以備查考。

第四層，自卷八「爾時，文殊師利法王子在大眾中，即從座起」至同卷「汝當奉持」，此屬於「結經」部分。文殊師利菩薩請問「當何名是經？」佛答之以五名。經前題名是綜合此五名而命名之。

自卷八「說是語已，即時阿難及諸大眾」直至卷十「令識虛妄，深厭自生，知有涅槃，不戀三界」。此屬於「助道」部分。可分其為三層去理解。

第一層，由卷八此部分起首至卷九「作是說者，名為正說。若他說者，即魔王說」。佛應阿難所請，向大眾詳細敘述了「七趣」的成因及其相狀，也就是業報輪迴的理論。所謂「七趣」即地獄趣、鬼趣、畜生趣、人趣、仙趣、天趣、阿脩羅趣。「七趣」囊括欲界、色界、無色界「三界」共二十五有情眾生。正如許多論者所說，一般佛經經典只言「六趣」或稱「六道」，而此經獨加「仙趣」以成「七趣」。所謂「仙趣」，經中是這樣說的：「復有從人不依正覺修三摩地，別修妄念，存想固形，遊於山林人不及處，有十種仙。」「十仙」的名目是：地行仙、飛行仙、遊行仙、空行仙、天行仙、通行仙、道行仙、照行仙、精行仙、絕行仙。佛告訴大眾，「七趣」乃眾生「妄想受生，妄想隨業」，皆因「此等眾生不識本心，受此輪迴」。眾生應當除惑而正入修行路以證得菩提。

第二層，由卷九「即時如來將罷法座」至卷十「汝當恭欽十方如來究竟修進最後垂範」。佛於法會將罷之時，無問自說修習三摩地之中容易出現的五陰魔事。五陰即色、受、想、行、識。經文中將修習三摩地中因受五陰所障而產生的五十種「邪見」或「狂解」，稱之為「魔」，以提醒修行者注意剔除。因「魔」作祟，修行者得不到正受、正知和聖解，從而墮入外道或者無間地獄。只有將五陰之中的妄想銷盡，六根互用無礙，清淨如「淨琉璃」，修行者纔能超越五十五位菩薩修行位而入「如來妙莊嚴海，圓滿菩提」。

第三層，由卷十「阿難即從座起，聞佛示誨」至「令識虛妄，深厭自生，知有涅槃，不戀三界」。阿難在此又提出了三點疑問：一是五陰為何以妄想為本？二是五陰是頓滅還是漸滅？三是破除五陰的界限為何？佛應阿難所問，宣講了五陰以妄想為本的五條原因，五陰是「重疊生起」因而要次第銷，以及破除五陰的界限等等道理。

應該指出，也有人將上述第三層單獨列為一單元。因為從其內容看，一方面是對破除五陰諸魔以歸依清淨圓覺之本心等相關問題的概要回答，另一方面這三個問題也含有對「經宗分」所闡述的思想進行總結的意思。

此「助道」部分太虛大師將其判為「保綏菩薩初心」，第一層意為「明七趣生報以匡扶第二漸次」，第二層意為「辨五陰魔境以匡扶第三漸次」[20]。這一解釋準確地揭示了「助道」的含義以及此部分在全經中的地位，可作理解經文的參考。

三、《楞嚴經》佛學思想的特色

上一節，我們已經依照經文本身的邏輯順序對《楞嚴經》的內容作了初步介紹。在此，我們將通過對其佛性論、心性論、修行論以及密教內容的分析，概括出此經的基本特色。

[20] 見《大佛頂首楞嚴經研究》，《太虛大師全書》卷十四。

佛教的心性論思想主要是圍繞著如來藏系經典發展出來的。《楞嚴經》儘管不能單純歸於如來藏系，但其所包含的如來藏思想，在傳入中國的此類經典之中，也是相當獨特的，因而也是相當重要的。與其他經典相比，至少有兩點是非常突出的：其一是對「如來藏真心」的說明和強調；其二就是借助於此「如來藏真心」建構了一個對世間之成因的說明；其三是從這一「如來藏真心」引申出其獨具特色的修行觀。正如明代高僧憨山大師在《首楞嚴經懸鏡》中所說：「而此經者，蓋以一味清淨法界如來藏真心為體，以此一心建立三觀，修此三觀，還證一心。故曰無不從此法界流，無不還此法界流。」因此，準確地理解此經中所闡述的如來藏思想，是打開此經思想寶庫的鑰匙。

可能因其係晚出的原因，《楞嚴經》並未著力於闡述「一切眾生皆有如來藏」這一佛性論命題，而是著力於將其落實於眾生的心性層面和修行層面。這是此經與其他如來藏系經典的最大區別。卷一中，佛明確指出，諸修行人不知無上菩提，未能解脫成佛，都是因為不知曉兩種根本。「一者，無始生死根本。則汝今者，與諸眾生用攀緣心為自性者。二者，無始菩提涅槃元清淨體則汝今者，識精元明能生諸緣緣所遺者。」所謂「生死根本」是指眾生的六識攀緣心，眾生不知其為妄體，以其攀緣諸塵之境，妄生愛憎，由此就墮入生死輪迴。而作為眾生解脫成佛根據的「無始菩提涅槃元清淨體」，是《楞嚴經》較為獨特的提法。一般的如來藏系經典都用「如來藏自性清淨心」的名稱。而此經的這一提法，包含了三方面的含義：菩提、涅槃、識精。元釋惟則這樣疏解：「不染煩惱，名菩提；不涉生死，名涅槃；不染不涉，故號元清淨體；識精，陀那性識也。」㉑此處的菩提，也就是菩提心，屬於解脫之因；涅槃，也就是成佛的境界，為修行所得之果。而菩提、涅槃的自體都是本來清淨的，並非澄之使然，本來就遠離煩惱之濁，因此就顯現為真性菩提；也並非修之使淨，本來就遠離生死之染，因此就顯現為性淨涅槃。綜合二說，所謂「元清淨體」也就大致同於「如來藏自性清淨心」。當然，二者也有不同之處，容下再談。最應注意的是「識精」的提法。這一名相，在此經中甚為常見。從上述引文看，「無始菩提涅槃元清淨體」實際上就是「識精」。然而，《楞嚴經》中並未明確地界定「識精」的所指。歷來的解經者，大多將其解釋為第八識。但是，唯識學中的第八識其性並非全真，因而難於與「元清淨體」等同。仔細推敲經文之義，「識精」應該是指眾生心識之中原本清淨、不生不滅的常住真心。將上述三方面含義合於一體，「無始菩提涅槃元清淨體」就成為《楞嚴經》將佛性論、心性論、修行解脫論合於一體的中心名相。事實也正是如此。《楞嚴經》卷一中，佛告訴阿難及其會眾：「一切眾生從無始來，生死相續，皆由不知常住真心性淨明體，用諸妄想。此想不真，故有輪轉。」而此經正是圍繞著這一命題而展開的。實際上，「無始菩提涅槃元清淨體」不僅是眾生色身、識心的依據或本體，也是一切諸法和世間萬物之所以存在的最終依據，更是眾生解脫成佛的依據。

眾生生死和解脫的關鍵既然在於此「無始菩提涅槃元清淨體」，那麼，此體究竟位於何處呢？卷一中，佛連續七次反詰阿難，識心究竟「今何所在」，阿難分別作了回答。前六次回答

㉑ 元釋惟則《大佛頂首楞嚴經會解》卷一，清末常州天寧寺刻本，頁三二。

如下：「如是識心，實居身內」；「我心實居身外」；「知在一處」，也就是潛伏於眼根裡；「有藏則暗，有竅則明」，也就是說心是各種器官的綜合功能；「心則隨有」，也就是說心是隨著外塵的生滅而生滅的；「當在中間」，也就是位於根、塵之間。上述六種關於心的錯誤見解當即受到佛的駁斥，阿難於是以「無著」的「覺知分別心性」為「心」。佛又以雙遣有、無的方法反撥了阿難的說法。這就是「七處徵心」的梗概。在此，《楞嚴經》著力駁斥的是心的實體化觀念，以及以「活動」為「心」、將心的功能當作「心」本身的見解。前四次針對的是前者，後三次針對的是後者。實際上，佛反問阿難時所指的「心」應當是「真心」，而阿難卻以妄心來回應。因此，「七次徵心」所昭示的實際上是「妄識」無體的思想，也就是妄心並非實體性的存在，更不能以「分別心」為「心」。

不過，《楞嚴經》於卷二中又指出，「真妄、虛實、現前生滅與不生滅」並非兩體，而是並存於眾生的身心之中。佛以河與河水、人的面容與「本性」的關係為例說明，眾生的身心「變者，受滅；彼不變者，元無生滅」。因此，眾生身心雖有可滅，但其並非斷滅，而自有不生滅性存在。此「不生滅性」也就是「常住真心」。但是，此純真無妄之心無可指稱，難於實指，只可以以妄顯真。《楞嚴經》以五陰、六入、十二處、十八界「四科」凸現眾生身心之中的這一常住真心。《楞嚴經》卷二云：「幻妄稱相。其性真為妙覺明體，如是乃至五陰、六入，從十二處至十八界，因緣和合，虛妄有生。因緣別離，虛妄名滅。殊不能知生滅去來，本如來藏常住妙明，不動周圓妙真如性。性真常中，求於去來、迷悟，生死，了無所得。」這裡，明確指出，與眾生密切相關的陰、入、處、界等等有「生滅去來」的「幻妄」之體，都是本於如來藏「常住妙明、不動周圓」的「妙真如性」。也就是說，五陰、六入、十二處、十八界，就其相而言，都是因緣和合而有，因緣消散而亡；就其性而言，都是本於如來藏妙真如性。概括而言，其乃依真起妄，因此應該說其為「性真相妄」。這樣，一切眾生所具的此「無始菩提涅槃元清淨體」就成為眾生色身和識心的依據或本體。

與《華嚴經》所言「三界唯心」的思想相近，《楞嚴經》也有類似的思想，並且對其做了更為系統的發揮。《楞嚴經》卷二說：「一切眾生從無始來，迷己為物，失於本心，為物所轉，故於是中觀大觀小。若能轉物，則同如來，身心圓明，不動道場，於一毛端遍能含受十方國土。」值得注意的是，這種表述將世間萬物以及六道輪迴中的所有眾生之所以存在，歸結為「一切眾生從無始來迷己為物，失於本心」的結果。也就是說，所有虛妄的存在都是「妄心」之執著所成，而此「妄心」則是一切眾生「不知常住真心性淨明體」而依真起妄的結果。這一命題，《楞嚴經》從不同角度反覆作了說明。將散見於各卷的論說歸納起來，大致有「七大」、「三種相續」、十二類眾生顛倒之相和「七趣」之成因等四個理論環節。

在卷三中，佛首先指出通常所說「四大」和合產生世間萬物的見解是不能成立的，然後著重對於「七大」產生萬物的觀念進行了詳細批駁。所謂「七大」也就是在地、水、火、風「四大」之上再加空、見、識而構成。《楞嚴經》認為，不管是「四大」還是「七大」，都不能作產生萬物的根源，而只有周徧於法界的如來藏纔是萬物的最終依據。《楞嚴經》的結論就是：「汝元不知如來藏中，性色真空，性空真色，清淨本然，周徧法界。隨眾生心，應所知量，循業發現。世間無知，惑為因緣及自然性。」而「七大」自身本來就是「性真圓融」的，「皆如來藏，本無生滅」。只是由於無知之眾生以識心對其加以分別計度，它們方纔顯現出來。實際上，「七大」是「但有言說，無有實義」的。諸大種又是圓融的，所以，約事而論，諸大之相不但不相互陵滅，而且是相容的；約理而論，諸大之性本是妙覺圓明真心，只是因眾生的妄執妄見纔顯現出諸大之相。通過如此解析，《楞嚴經》否定了「四大」及「七大」產生萬物的觀點，而確立了如來藏妙真如性周徧於法界的觀念。

既然一切根、塵、陰、處、界以及「七大」等，都是如來藏清淨本然，為何能生出山河大地諸有為相呢？《楞嚴經》卷四是以「三種相續」解釋這一疑問的。「三種相續」是世界相續、眾生相續和業果相續。「性覺必明，妄為明覺。覺非所明，因明立所。所既妄立，生汝妄能。」這是說，真覺之心的體性必定是明，眾生錯誤地將此真覺當作妄覺。「覺」並不是所要明的對象，眾生以加明為因而妄立它的存在。這樣，也就產生了眾生的妄想之能。此妄想之能一經產生，就在沒有同和異之分別的一體中，突然顯現出不同的差別之境，並使這些差別之境相互對立。由此再進一步設立了無有差別的虛空境界。同與異的兩種境界既然已經產生，又接著妄想出既不是同，也不是異的境界。本來清淨的如來藏性就是因為如此的擾亂，便在同與異的對立中產生了粗識勞慮。此勞慮相續不斷，便產生了塵相。此塵相使心識渾濁不清而引起諸業相，即染汙不淨、擾動不安的八萬四千煩惱。由此無明妄力熏變而成地、水、火、風之四大。如此諸因緣輾轉相續，便產生了成、住、壞、空的有為世界。這就是世界相續的內容，其主要是說明世間有為諸法的生起原由。《楞嚴經》又以「眾生相續」和「業果相續」說明眾生之生起與遷流。妄心輾轉而生色、聲、香、味、觸、法六塵，根、塵相緣便引起四生繫縛。同業相纏便有胎、卵類眾生。不因父、母之緣，只依己緣，或者合溼而成形，此類叫溼生。或者離舊而赴新，叫化生。這是「眾生相續」的內容。此四生都是以殺、盜、淫三種根本貪求為業因，以業力之強弱而有卵、化、溼、胎的生起和生死的輪迴流轉。這是「業果相續」的內容。卷四的最後結論是：「如是三種顛倒相續，皆是覺明明了知性，因了發相，從妄見生山河大地諸有為相，次第遷流。因此虛妄，終而復始。」這裡突出的仍然是虛妄心的輾轉相熏。

上述「三種相續」的「世界相續」側重於解釋世間的成因，而「眾生相續」、「業果相續」除了可以解釋有為諸法的成因之外，實際上已經涉及到生死輪迴的成因問題。卷七、卷八、卷九又從不同角度，對生死輪迴為何仍以如來藏為體的問題作了詳細分析。

卷七以「眾生顛倒」和「世界顛倒」重申，依於如來藏妙真如心而起妄念方纔有世間十二類眾生的存在。所謂「妙性圓明，離諸名相，本來無有世界、眾生。因妄有生，因生有滅」，由此依真起妄就生出了妄惑妄業。實際上，妄性並無實體，不能作為所依。但此虛妄之心卻據其熏以成業，而業感相生便有了眾生顛倒。無明與眾生的根身相互織持凝結而成虛妄的根身，並且由此而確立了三世、四方的界限。其實，無明本來是空，並不是真實存在的根由；

世界本來也是空，並沒有常住的境相。但是，由無明妄力所結成的根身念念生滅、遷流不息，因而有了過去、現在、未來三世與東、南、西、北四方的分別。三世與四方和合相涉，變化出十二類不同的眾生。以色、聲、香、味、觸為對象的「六亂妄想成業性故，十二區分由此輪轉」，「乘此輪轉顛倒相故，是有世界卵生、胎生、溼生、化生、有色、無色、有想、無想、若非有色、若非無色、若非有想、若非無想」十二種類眾生。

卷八中，阿難又起疑問：「若此妙明真淨妙心本來徧圓，如是乃至大地、草木、蠕動含靈本元真如，即是如來成佛真體。佛體真實，云何復有地獄、餓鬼、畜生、脩羅、人、天等道？世尊，此道為復本來自有？為是眾生妄習生起？」這一發問，又一次觸及到此經的核心思想，即依真起妄何以可能的問題。這裡，《楞嚴經》又提出了「內分」和「外分」的概念。所謂「內分」即是「眾生分內因諸愛染發起妄情」，就是眾生身體內部的心理活動，「外分」也就是眾生以身體為根據而發生向外輻射的能量。這兩種情想正是諸趣升、墜的原因。在卷八的後一部分及卷九的第一部分，《楞嚴經》詳細闡述了「七趣」的成因。文長，難於再析，茲略。在此，只指出一點，依真起妄，因妄見而有「內分」和「外分」兩種染塵執想，是「七趣」的根本成因。這可以看作是此經對於生死輪迴問題的獨特解釋。

我們說，《楞嚴經》以如來藏思想為中心形成了嚴密的理論體系，而這一點，也體現於其修行論思想之中。在此經中，「二決定義」和「六解一亡」兩個環節既是連接「理」和「行」的關鍵，也是將佛性論、心性論落實於修行層面的典範。此層的核心是初發菩提心所應具有的「二決定義」：其一是「觀因地發心與果地覺，為同？為異？」；其二是「應當審詳煩惱根本」。對於第一義而言，眾生錯以「五疊渾濁」構成的生滅心為修習之因。所謂「五疊渾濁」即劫濁、見濁、煩惱濁、眾生濁、命濁。它們是眾生身中由地、水、火、風結成的「四纏」將其「湛圓妙覺明」之心分為視、聽、覺、察四種分別功能。這樣，眾生的圓明真心就被「五疊渾濁」所遮蔽。因此，修行解脫的第一要義就是「應當先擇死生根本，依不生滅圓湛性成。以湛旋其虛妄滅生，復還元覺。得云明覺無生滅性為因地心，然後圓成果地修證」。這裡的「死生根本」就是「六識攀緣心」。因此，修此無上妙法的首要之處就在於滅伏虛妄的六識，以無生無滅之心為修習之因地心，然後纔能圓滿果地修證。對於第二義而言，眾生現前的眼、耳、鼻、舌、身、意六根無始以來纏縛交織，「自劫家寶」，形成虛妄的有情眾生世界。「由此無始眾生世界生纏縛故，於器世間不能超越」。這就是煩惱的根本所在，六根就成為眾生輪轉生死的「結根」。因此，證悟無上菩提的關鍵也就在於六根。「結、解同源，縛脫無二」，修此無上妙法的第二要義也就在於入至一真無妄之地，使六根清淨。《楞嚴經》指出，本來圓明清淨的如來藏性因明上「加」覺而變成妄明妄覺，失去了真實體性而方有六根的功能。眾生若脫離有為諸相，隨順於一根就可從六根之妄中拔脫，就是「六解一亡」的修行法門。經中詳細講述了二十五種圓通法門，此處不贅，僅就其包含的修行原則略說一二。

卷四言：「阿難，今汝諸根若圓拔已，內瑩發光。如是浮塵及器世間諸變化相，如湯銷冰，應念化成無上知覺。」這是說，修習「六解一亡」法門可得二種妙德：一是於有情界脫離纏縛而得六根互用；二是於器界超越得證純真圓覺，也就是「無始菩提涅槃元清淨體」。由此，我們就可以看出《楞嚴經》為何不取常見的「如來藏自性清淨心」，而別出心裁用「無始菩提涅槃元清淨體」。菩提為因，正好對應於因地發心；涅槃為果，正好對應於果地之覺。這樣，「無始菩提涅槃元清淨體」就完全符合「二決定義」的第一義，即因地之心與果地之覺的合一。經過如此詮釋，我們就很容易看出《楞嚴經》修行論的特色實際上是返歸本源、還歸本覺的。這一特色的形成，也是其將如來藏思想落實於修行論的具體表現。

《楞嚴經》的另一重要內容是密教思想。卷七幾乎用全卷的文字講述了建立道場、誦念神咒的規則，還宣示了長達三千六百餘字的神咒咒文，宣講了誦持神咒的法力。卷五、卷六，諸位大士、菩薩自述圓通部分中，也有不少密教內容。特別是觀世音菩薩三十二應身的說法，明顯屬於密教。從經題而言，神咒應該是此經的核心，至少應該是除如來藏思想之外的另一中心。所以，中國歷代經錄都將其列入「祕密部」。儘管目前還未發現《楞嚴經》的梵文原本，但從其流入中國的時間，我們仍然可以大致推定它是屬於印度大乘佛教中、後期的作品。而西元六世紀至七世紀印度佛教逐漸密教化，《楞嚴經》自然免不了受此潮流影響。但是，此經又與純粹的密教經典不完全相同，理、行兩方面都與「顯教」有許多關聯。因此，即便它確實是一部密教經典，也應該說其走的是「顯密結合」的路子。這也可以看作《楞嚴經》的特色之一。

正因為《楞嚴經》是一部晚出的經典，所以它在內容方面就顯得十分龐雜和豐富，具有明顯的兼容並蓄的性質。一般而言，印度大乘佛學有四系經典，即般若中觀學、瑜珈唯識學、如來藏系以及密教經典。而《楞嚴經》所包含的思想既不完全屬於上述任何一系，也未脫離上述任何一系。綜觀全經，理、行結合而顯現的理論的嚴密性，顯、密結合而呈現的綜合性和包容性，是《楞嚴經》的最大特色。而以如來藏思想為核心而形成的佛性論、心性論、修行論合一的嚴密的理論體系，正是其之所以在中國佛教享有特殊地位的深層原因。

四、《楞嚴經》對中國佛教的影響

《楞嚴經》譯出不久，儘管受到少數人的懷疑，但是卻受到了中國佛教僧、俗兩界的普遍歡迎。不但有數家注疏問世，並且很快傳入日本、西藏。經文譯語的優美流暢，更博得歷朝歷代文人士大夫的喜愛。由於此經內容的廣博和包容性，更多的信眾將其當作大乘佛教的概論式的經典去閱讀。更為重要的是，此經對唐代以後天台、華嚴、淨土、禪宗以及佛事儀軌都產生了很大影響。

值得一提的是，儘管《楞嚴經》歷來都被列入「祕密部」，但其在中國佛教發生的影響卻並不在密教方面。它雖然在唐代密宗「三大士」大規模翻譯密教典籍之前已經譯出並且流通，但是對唐代漢密的形成並未發生明顯影響。儘管其於漢譯不久就被譯成藏文，但是也沒有留下有關影響藏密發展的史料。難怪有人要對其長期以來編入「祕密部」，提出異議[22]。有趣的是，《楞嚴經》本為密教經典，卻對顯教發生了巨大影響。「楞嚴咒」未能被唐代密教採納，但其卻成為後來顯教佛事儀軌的重要組成部分。元代修訂完成的《敕修百丈清規》赫然將「楞嚴咒」列為禪林必誦之咒。實際上，至遲從元代起，此咒已經成為各宗寺廟所做功課之一，直至今日，未曾改變。不過，公允地說，《楞嚴經》對中國佛教的影響確實更多地在於其顯教方面。

從上述對《楞嚴經》的介紹可以看出，此經既包含了《法華經》諸法實相的思想，而且也包括了《法華經》開佛知見、三乘歸一的內容。明釋真鑒於《大佛頂首楞嚴經正脈》中所歸納的此經的十條貢獻，有五條與《法華經》及其天台宗有關。這五條是：畢竟廢立、直指知見、發揮實相、改無常見以及引入佛慧等。天台宗的一念三千、一心三觀以及三諦圓融的思想，都可以從此經中找到依據以加強其理論滲透力。《楞嚴經》的戒、定、慧「三學」並重的思想，與天台宗止觀雙修的思想恰有異曲同工之妙。如此等等原因，不少台宗大德都對《楞嚴經》倍加重視，紛紛宣講、制作注疏。宋代天台宗的「山家」、「山外」派都很重視《楞嚴經》，智圓、仁岳等專門撰寫注疏弘揚此經。明代台宗大師真覺、傳燈、智旭三代相承弘傳《楞嚴經》，均有《楞嚴經》的注疏行世。經過宋、明的弘揚，《楞嚴經》在天台宗中的地位是穩固的，經中的許多內容已經滲入到天台宗的宗義之中。

現存的《楞嚴經》四十餘家注疏中，屬於台宗就有三分之一。主要書目如下：宋仁岳《楞

㉒ 參見李富華《楞嚴經釋譯》，佛光出版社，一九九六年初版，頁三二二。

嚴經集解》十卷、《楞嚴經熏聞記》五卷；宋智圓《楞嚴經谷響鈔》十卷；宋宗印《楞嚴經釋題》一卷；宋思坦《楞嚴經集註》十卷；真覺《楞嚴經百問》一卷；一松《楞嚴經祕錄》十卷；明智旭《楞嚴經玄義》二卷、《楞嚴經文句》十卷；清靈耀《楞嚴經觀心定解》十卷、《楞嚴經科文》一卷、《楞嚴經大綱》一卷。近代台宗大德也有這方面的著述，不再贅列。

《楞嚴經》與《華嚴經》也有許多相近的地方。《楞嚴經》所說三界六道「唯心所現」的思想與《華嚴經》「三界唯心」的思想非常相像，而將其「唯心」思想貫徹於輪迴觀念之中，又恰好可以彌補《華嚴經》這方面的簡略之處。其次，於一毛端現寶王剎以及坐於微塵轉大法輪的楞嚴大定與《華嚴經》的華嚴三昧，也有許多相通之處。第三，《楞嚴經》所說的菩薩修行的「五十五階位」與《華嚴經》所強調的菩薩「十地」恰好可以互相補充。第四，《楞嚴經》所體現的圓融思想對華嚴宗的法界圓融思想，是一個非常有力的支持。第五，《楞嚴經》所弘揚的常住真心思想恰好是華嚴宗賴以立宗的心性論根據。第六，《楞嚴經》所講的陰、處、界以及諸法都依於如來藏而起的思想，實際上成為了後期華嚴宗論述「不變隨緣、隨緣不變」理論的又一典據。正是由於上述原因，歷來的華嚴大德都將其視為己宗的寶典，以華嚴宗義解釋《楞嚴經》的做法代代相承，直至當代仍然未曾斷絕。宋代華嚴宗的大師戒還、子璿、淨源等連續數代都相當重視《楞嚴經》，不光撰有《楞嚴經》注疏，子璿還署「長水疏主《楞嚴》大師」之號。明代賢首宗大師誅宏、德清也都很注意對《楞嚴經》的弘傳。可以說，以《楞嚴經》經義充實華嚴宗義，反過來，以華嚴宗義解釋《楞嚴經》，是這些華嚴大師一貫的做法。這種思路，與台宗以天台宗義解釋《楞嚴經》的結論在許多方面都有不同。因此，二宗為此還常常發生爭論。

現存的《楞嚴經》注疏，屬於華嚴宗的最多。主要書目如下：宋子璿《楞嚴經義疏》二十卷、《楞嚴經科文》一卷；宋懷遠《楞嚴經義疏釋要鈔》五卷；宋戒環《楞嚴經要解》二十卷；明真鑒《楞嚴經懸示》一卷、《楞嚴經正脈疏》十卷、《楞嚴經科文》一卷；明誅宏《楞嚴經摸象記》一卷；明德清《楞嚴經懸鏡》一卷、《楞嚴經通義》十卷、《楞嚴經提綱》一卷；明圓澄《楞嚴經臆說》一卷；明通潤《楞嚴經合轍》十卷；明觀衡《楞嚴經懸談》一卷；明廣莫《楞嚴經直解》十卷；明真界《楞嚴經纂註》十卷；清續法《楞嚴經灌頂疏》；清通理《楞嚴經指掌疏》十卷、《楞嚴經懸示》一卷、《楞嚴經事義》一卷；清溥畹《楞嚴經寶鏡疏》十卷、《楞嚴經懸談》一卷、《楞嚴經科文》一卷。近代尊宿以賢首宗義解釋《楞嚴經》的也不在少數，茲略。

《楞嚴經》對於宋代之後的禪宗也產生了巨大的影響。之所以如此，原因是多方面的，大要如下：首先，貫注於《楞嚴經》之中的一個很重要的觀念就是「悟入實相」，而返歸心源的修證之道與禪宗之「悟」也非常相像。第二，「三種漸次」以及「六解一亡」的修行觀本身就存在著頓悟和漸修結合的傾向。第三，《楞嚴經》所言的「楞嚴大定」本身就是一種禪觀。第四，卷十所言的修習禪定於五陰之中容易出現的五十種魔境或邪乩，事實上成為後世坐禪者的指南。第五，值得深思的是，「楞嚴咒」正是首先被引入禪門，成為叢林規式之後，纔逐漸滲透到其他宗派的。禪宗僧人念誦《楞嚴經》，應該說是始於唐代。儘管將其記在神秀頭上，十分牽強。但是說，此經譯出未久，就引起了禪宗僧人的注意，是不會有錯的。至宋代，永明延壽對《楞嚴經》很推崇。他的態度對以後的禪宗吸收《楞嚴經》，起了很大作用。元代禪僧天如惟則於《楞嚴經》用力最勤，以至於有些學者認為「惟則之思想從《楞嚴經》、《圓覺經》、《華嚴經》得來」㉓。綜合而言，禪宗僧人對於《楞嚴經》的吸收有兩條路子：一是將其當作「教」典，走禪教合一之路；二是從中汲取禪悟的話頭。

禪宗僧人不光喜歡念誦《楞嚴經》，而且撰寫了不少以禪家觀點解釋《楞嚴經》的注疏，主要有：宋德洪《楞嚴經合論》十卷；宋咸輝《楞嚴經義海》三十卷；宋可度《楞嚴經箋》二十卷；元惟則《楞嚴經會解》十卷、《楞嚴經圓通疏》十卷；明函昰《楞嚴經直指》十卷；明大韶《楞嚴經擊節》一卷；明真可《楞嚴經前茅》二卷、《楞嚴經釋》一卷；明乘時《楞嚴經講錄》十卷；明元賢《楞嚴經略疏》十卷；明曾鳳儀《楞嚴經宗通》十卷；清濟時《楞嚴經正見》十卷；清淨挺《楞嚴經問答》十卷。

《楞嚴經》對淨土宗也有相當重要的影響。卷五大勢至菩薩自述圓通章成為歷代淨宗大德弘揚淨土法門的有力典據之一。現代淨宗大師印光法師將其單獨列出為《大勢至菩薩唸佛圓通章》，並且納入淨土立宗經典，成為「淨土五經」之一。隨著淨土法門影響的日益擴大，此章愈來愈受重視。在《楞嚴經》中，大勢至菩薩的念佛三昧依照「七大」本身的順序應該

㉓（日）忽滑谷快天《中國禪學思想史》（朱謙之譯），上海古籍出版社，一九九四年版，頁六九四。

排在第二十三位。但是，經文為了突出念佛圓通法門的殊勝，特意將其置於第二十四位。淨土宗大德都認為，念佛圓通是與觀世音菩薩的耳根三昧等量齊觀的法門。這就是此章對於淨土宗所具的特殊意義，也是《楞嚴經》對淨土宗的最大影響。

《楞嚴經》自述圓通部分的順序確實是經過特殊安排的。所言二十五圓通是十八界加上「七大」，而觀世音菩薩所述耳根圓通法門卻被排列於第二十五位。不光文字比其他部分長了許多，而且經中又藉文殊師利之口稱讚此耳根圓通：「未來修學人，當依如是法。我亦從中證，非唯觀世音。誠如佛世尊，詢我諸方便，以救諸末劫，求出世間人。成就涅槃心，觀世音為最。自餘諸方便，皆是佛威神。即事捨塵勞，非是長修學，淺深同說法。」這是說，觀世音菩薩所說的耳根法門是最好的「成就涅槃心」的法門，最適合阿難及其會眾以及末世眾生。與其他法門相比，此法門最深、最殊勝。此經卷六所說的觀世音菩薩「三十二應身」與《法華經・普門品》所言的「三十三身」一起，逐漸被演化成為具有中國特色的「三十三觀音」形象。《楞嚴經》中所言的觀世音菩薩所具有的「十四種無畏功德」和「四種不思議無作妙德」等隨機顯化之力，更成為觀世音信仰的重要原動力之一。《楞嚴經》卷六的這部分經文，與《法華經・普門品》、《華嚴經・入法界品》一起成為觀世音信仰的三大典據之一。

在中國，彌陀淨土、觀音菩薩幾乎是家喻戶曉，婦孺皆知。古語所云「家家有彌陀，戶戶有觀音」正反映了淨土法門和觀音信仰在中國大地的盛行情況，以及在民眾之中的深遠影響。《楞嚴經》在這兩方面的影響，標誌著其思想已經滲透到了民俗層面，可以說是將佛教典籍的滲透力發揮到了極致。同時，《楞嚴經》也是文人士大夫非常喜愛的經典，歷來的注疏極多。重要的有：宋王安石《楞嚴經疏義》；宋張無盡《楞嚴經海眼》；明鍾惺如《楞嚴經說》十卷；明焦弘《精解評林》三卷；陸西星《楞嚴經說要約》一卷、《楞嚴經述旨》十卷；清錢謙益《楞嚴經述解蒙鈔》十卷；清凌弘憲《楞嚴經證疏廣解》十卷；清劉道開《楞嚴經貫釋》十卷。

這樣，從宗派思想到文人士大夫，再到民間信仰及其民風民俗，《楞嚴經》都發揮了不可忽略的影響。明代智旭在《閱藏知津》中說，《楞嚴經》「為宗教司南，性、相總要，一代法門之精髓，成佛作祖之正印」。像《楞嚴經》這樣既有深邃的理論，又可具體指導佛門修行實踐，並且又影響到民眾心理層面的佛教經典，確實是不多見的。雖然此經譯出不久就有種種懷疑的論調，但並未影響中國僧俗兩界對其所投入的崇敬和熱情，也未影響中國民眾對其所言淨土、觀音法門的信仰。因此，無論此經的真或偽，都不能動搖其在中國佛教發展史上逐漸確立的歷史地位，也不能動搖現代佛教信眾繼續對其投入熱情和信仰。

卷一

【題解】佛在舍衛城祇園精舍與眾比丘舉行法會，阿難因外出未能與會，返程途中為摩登伽女之幻術所迷，險些毀戒失身，幸被佛陀所救，於是懇請佛陀慈悲開示，為大眾宣說十方如來所以證成佛果及修習止觀之方便法門。佛告阿難及與會諸大眾，一切眾生所以在六道中輪迴，生死中流轉，就是不懂得自己都有一個本來清淨、毫無染著且常住不變的真心。為了破妄顯真，佛通過七次問阿難「心在何處」，從各個側面揭示一切眾生所以在生死中輪迴、不得解脫的兩個根本原因，一是誤以原是使眾生落入無始生死的攀緣心為本心，二是執著種種顛倒妄想而遺棄本自具有的妙明真心。並開示與會諸大眾：大佛頂首楞嚴，乃三昧之王，它總攝一切修行法門，是證得涅槃聖果的康莊大道。

如是我聞。

一時，佛在室羅筏城❶祇桓精舍❷。與大比丘眾千二百五十人俱，皆是無漏大阿羅漢❸，佛子住持，善超諸有，能於國土成就威儀。從佛轉輪，妙堪遺囑。嚴淨毗尼❹，弘範三界。應身無量，度脫眾生。拔濟未來，越諸塵累。其名曰大智舍利弗❺、摩訶目犍連❻、摩訶拘絺羅❼、富樓那彌多羅尼子❽、須菩提、優波尼沙陀❾等而為上首。復有無量辟支無學❿，并其初心，同來佛所。

屬諸比丘，休夏自恣⓫。十方菩薩，咨決心疑。欽奉慈嚴，將求密義。即時如來敷座宴安，為諸會中宣示深奧。法筵清眾得未曾有，迦陵仙音偏十方界。恆沙菩薩來聚道場，文殊師利⓬而為上首。

時波斯匿王⓭為其父王諱日營齋，請佛宮掖，自迎如來。廣設珍羞無上妙味，兼復親延諸大菩薩。城中復有長者居士同時飯僧，佇佛來應。佛敕文殊分領菩薩及阿羅漢應諸齋主。唯有阿難⓮先受別請，遠遊未還，不遑僧次。

既無上座及阿闍黎⓯，途中獨歸。其日無供，即時阿難執持應器，於所遊城次第循乞，心中初求最後檀越⑯以為齋主，無問淨穢、剎利尊姓⑰及旃陀羅⑱。方行等慈，不擇微賤，發意圓成一切眾生無量功德。阿難已知，如來世尊訶須菩提及大迦葉為阿羅漢心不均平，欽仰如來開闡無遮度諸疑謗。經彼城隍，徐步郭門。嚴整威儀，肅恭齋法。

爾時，阿難因乞食次經歷婬室，遭大幻術。摩登伽女⑲以娑毗迦羅⑳先梵天咒攝入婬席。婬躬撫摩，將毀戒體。如來知彼婬術所加，齋畢旋歸。王及大臣、長者居士，俱來隨佛願聞法要。於時，世尊頂放百寶無畏光明，光中出生千葉寶蓮。有佛化身結跏趺坐，宣說神咒。敕文殊師利將咒往護。惡咒消滅，提獎阿難及摩登伽歸來佛所。

【章旨】阿難獨自托缽行乞，誤入淫所，為摩登伽女之幻術所迷，險些毀戒失身，幸得佛陀派文殊菩薩及時持咒救助。

【注釋】❶室羅筏城　即古印度舍衛國之京城，又稱舍衛城。❷祇桓精舍　「祇桓」即祇園，又稱祇樹給孤獨園，原是祇陀太子之園林，後被給孤獨長者購買，贈送給釋迦牟尼作為講法之場所，因當時太子只賣園，沒有賣園中之樹，當給孤獨長者把所購之園贈送給釋迦牟尼時，祇陀太子亦把樹贈送給釋迦牟尼，後兩人合力在園中建築精舍供釋迦牟尼說法之用，是釋迦牟尼傳教說法的重要道場。❸無漏大阿羅漢　「漏」是煩惱之異名，「無漏」即斷除一切煩惱之義；阿羅漢，意譯為無生，通常指已斷盡三界之煩惱惑見、不再墜入六道生死輪迴之小乘果位。❹毗尼　即佛教戒律之總名。❺舍利弗　又稱「舍利弗多」，意譯為「鶖鷺子」、「秋露子」，有些佛典中譯為「身子」，釋迦牟尼佛的十大弟子之一，以「智慧第一」著稱。❻摩訶目犍連　「摩訶」即「大」之義，故又稱「大目犍連」、「大目連」等，意譯為「天抱」，釋迦牟尼佛的十大弟子之一，以「神通第一」著稱。❼摩訶拘絺羅　又譯作「大勝」，是舍利弗之舅父，能言善辯，後隨釋迦牟尼佛出家，證阿羅漢果。❽富樓那彌多羅尼子　又稱「富樓那」、「彌多羅尼子」等，意譯為「滿慈子」、「滿禍子」，釋迦牟尼佛的十大弟子之一，以「說法第一」著稱。❾優波尼沙陀　因悟塵性是空得道，故又稱「塵性」，釋迦牟尼佛的弟子。❿辟支無學　「辟支」即「辟支佛」，意譯為「緣覺」、「獨覺」，是小乘之果位。所謂「緣覺」，指因聽聞佛法而悟道證果，而「獨覺」是指佛不在世時，通過自修自悟而證成小乘果。「無學」即小乘之最高果位。小乘分四果，前三果為有學，第四果「大阿羅漢」為無學。⓫休夏自恣　「休夏」即結束夏安居。在印度佛教中，僧人於每年四月十五日至七月十五日進行結夏安居，即固定在某一處靜修而不外出行化，三個月期滿後，僧人們要當眾作自我檢討，或由他人來檢舉自己的過失，此謂「自恣」。⓬文殊師利　又稱「文殊室利」，意譯為「妙吉祥」、「法王子」，是我國佛教的四大菩薩之一。⓭波斯匿王　中印度憍薩羅國國王，與釋迦牟尼同時代人，起初不信佛，後受釋迦牟尼教化，成為佛教之大護法之一。又稱「缽邏犀那侍多王」，意譯為「月光王」。⓮阿難　又稱「阿難陀」，意譯為「慶喜」、「無染」等，釋迦牟尼佛的十大弟子之一，以「多聞第一」著稱。⓯阿闍黎　又稱「阿舍黎」、「阿祇利」等，意譯為「教授」、「導師」、「軌範師」，指能矯正弟子行為、行為規範堪為弟子楷模之高僧。⓰檀越　「檀」即「布施」之義，佛教認為布施能使人超越生死，故稱施主為檀越。⓱剎利尊姓　古印度是一個嚴分種姓的社會，共有婆羅門、剎帝利、吠舍、首陀羅四種姓，「剎利」即「剎帝利」種姓，是古印度中之王者貴族種姓。⓲旃陀羅　是首陀羅種姓中之賤族，意為屠者、惡人。⓳摩登伽女　下賤種姓之賣淫女，名缽吉蹄。⓴娑毗迦羅　古印度外道論師之一，善咒術。

【語　譯】這部經是我親自聽佛講的。

有一天，佛住在舍衛城的祇園精舍，隨侍他的有一千二百五十位弟子。這些弟子們都是斷盡一切煩惱的大阿羅漢。他們善於護持佛法，並能隨機度化眾生。個個威儀整肅，智慧深湛，善於承繼佛之遺願，傳揚佛法。他們個個戒行清淨，堪為三界眾生之師範。他們善於以各種應化之身，度生濟世，利益未來，超越一切俗務的牽累。舍利弗、摩訶目犍連、摩訶拘絺羅、富樓那彌多羅尼子、須菩提、優波尼沙陀等，就是他們中最受推崇的代表人物。此外，還有許多小乘眾及初發心的學人其時也來到佛的住所。

當時，適值結夏安居期滿之日，又是一年一度的盛會，比丘有過，可當眾懺悔，並接受大眾的問難；十方菩薩，也前來向佛諮決疑問，探討佛法之深義奧旨，聆聽佛陀的教誨。其時佛陀安詳趺坐，為與會之諸大眾開示深奧的佛法，大家同沾法益，得未曾有。佛說法的聲音像迦陵鳥的鳴叫聲一樣柔和美妙，偏滿十方，無數的菩薩都聞聲前來參加法會，其中，最著名的當推文殊師利菩薩。

那天正好是波斯匿王之父逝世紀念日，波斯匿王為超薦其父王，特地在宮中舉辦了一個盛大的齋宴，準備了豐盛的美味佳餚，並親自到佛的住所恭迎佛陀及與會的諸大菩薩赴宴。其時，舍衛城中的許多長老居士也同時設齋，請四方僧人喫飯。大家都熱切地等著佛陀及諸大菩薩前來接受供養。那天當佛令文殊菩薩率領與會的諸大菩薩及阿羅漢前去赴宴時，只有我阿難一人，因在此之前就應邀到別的地方去了，未能參加這次的齋宴。

我阿難這次出遊，既無上座比丘陪同，又沒有親教師同行，只是獨自一人，回來那天，正好是波斯匿王在舍衛城宴請佛及諸大菩薩，故無人獻齋供食，我只好托缽沿街乞食，心想，這次沿街托缽，但以施食者為齋主，不論其所施之食是穢是淨，也不論施主之貧賤富貴，是尊貴的剎帝利也罷，是貧賤的首陀羅也罷，一概平等行乞，讓他們都有種福修善的機會，圓成他們的無量功德。阿難知悉佛曾呵斥須菩提和大迦葉身為阿羅漢，行乞時心仍存有捨貧就富和捨富就貧之差別，十分欽敬佛陀的無量慈心和平等胸襟，從而避免了諸多無端猜疑和誹謗，廣度一切眾生。想著想著，不知不覺已走到城邊，於是阿難整肅儀容，嚴記乞食之清規，徐步進城。

進城以後，阿難不分貧富貴賤，沿街托缽，不料經過一娼妓之家，有一摩登伽女使用幻術，趁阿難迷迷糊糊時將他擄入寢室，之後百般誘惑、撫摩，使阿難如醉如癡，眼看就要毀戒失身，阿難心雖恐懼，但已身不由己，只好默默祈求佛陀救護。佛陀已知阿難被幻術所迷，因此用齋之後，立即趕回精舍，波斯匿王和眾大臣及諸長老居士也跟著佛陀回到精舍，十分希望能夠聆聽佛陀為他們開示說法。此時，佛陀頭頂放射出無量光明，光中生出千葉寶蓮，有諸多化佛結跏趺坐於蓮花之上。隨之，佛念起神咒，並敕令文殊師利菩薩持神咒前去救護阿難。摩登伽女的幻術哪能擋得住佛陀的神咒，頓時就失效了，阿難此時也清醒了，文殊菩薩就把阿難和摩登伽女一起帶回佛的住所。

【說　明】此章敘述在佛陀與其弟子赴齋宴之時，阿難誤入淫女的幻覺，幸賴佛陀的救護，才保存住戒體。至此，全經的「經序分」結束，以下為「經宗分」。

阿難見佛，頂禮悲泣，恨無始來一向多聞，未全道力。殷勤啟請十方如來，得成菩提，妙奢摩他❶、三摩❷、禪那❸最初方便。於時，復有恆沙菩薩及諸十方大阿羅漢、辟支佛等俱願樂聞，退坐默然，承受聖旨。

佛告阿難：「汝我同氣，情均天倫。當初發心，於我法中見何勝相，頓捨世間深重恩愛？」阿難白佛：「我見如來三十二相❹勝妙殊絕，形體映徹，猶如瑠璃。常自思惟，此相非是欲愛所生。何以故？欲氣麤濁，腥臊交遘，膿血雜亂，不能發生勝淨妙明紫金光聚。是以渴仰，從佛剃落。」佛言：「善哉！阿難，汝等當知，一切眾生從無始來，生死相續，皆由不知常住真心性淨明體，用諸妄想。此想不真，故有輪轉❺。汝今欲研無上菩提❻，真發明性，應當直心詶我所問。十方如來同一道故，出離生死皆以直心。心言直故，如是乃至終始地位，中間永無諸委曲相。阿難，我今問汝，當汝發心，緣於如來三十二相，將何所見？誰為愛樂？」

阿難白佛言：「世尊，如是愛樂，用我心目。由目觀見如來勝相，心生愛樂故，我發心願捨生死。」佛告阿難：「如汝所說，真所愛樂，因於心目。若不識知心目所在，則不能得降伏塵勞❼。譬如國王為賊所侵，發兵討除，是兵要當知賊所在。使汝流轉，心目為咎。吾今問汝，唯心與目今何所在？」

【章　旨】佛告阿難：一切眾生所以在六道中輪迴，生死中流轉，就是不懂得自己都有一個本來清淨、毫無染著且常住不變的真心。

【注　釋】❶奢摩他　意譯為「止」，定之別名，佛教修行方法之一。❷三摩　又作「三摩提」、「三昧」，意譯為「正定」，是佛教的一種修行方法。❸禪那　意譯為「靜慮」、「思維修」，是一種靜心息慮、專注一境的修行方法。❹三十二相　又稱「三十二大人相」、「三十二大丈夫相」，是釋迦牟尼佛所具有之不同於凡俗眾生的異相，如「足下安平」、「垂手過膝」等。❺輪轉　即處於六道輪迴之中。❻無上菩提　「菩提」意譯為「妙智」，指能斷除世間煩惱、證成道果之智慧。菩提有佛與緣覺、聲聞之分，佛之菩提稱「阿耨多羅三藐三菩提」，亦即「無上菩提」。❼塵勞　煩惱之別稱。

【語　譯】阿難見到佛陀後，頂禮痛哭，懊恨交加，自己向來自恃廣記多聞，不肯用心修行，不料竟有今日之難，於是懇請佛陀慈悲開示，為大家說說十方如來所以證成佛果及修習止觀之最基本的方便法門。其時，在座的眾多菩薩及十方大阿羅漢、辟支佛等也一起懇請佛陀慈悲開示，並圍坐在佛陀的四周，恭敬地等待著聆聽佛法。

佛告訴阿難：「你與我是同一血統，情同手足，當初你是看到佛法有何殊勝之處，所以決定捨去世間的恩愛，跟著我出家修行？」阿難對佛說：「我當初看到如來三十二種相好莊嚴，世間無與倫比，身體如同琉璃，晶瑩剔透，我私下就想，此種莊嚴殊勝之相，絕非世間愛欲所生。為什麼這麼說呢？世間愛欲所成肉身，粗濁腥穢，不能成就如此清淨瑩潔、莊嚴妙好之相，所以十分渴望跟隨世尊出家，修習佛法。」佛說：「善哉！阿難。你們應該知道，一切眾生，從無始以來，所以會一直在六道中輪迴，生死中流轉，就是不懂得自己都有一個本來清淨、毫無染著且常住不變的真心，因而常常虛妄臆想，導致種種假相幻影，並把這種種假相幻影誤當作真實。你現在既然想修習這無上菩提正道，欲證見自己本來之清淨本性，那就先如實回答我以下所提出的問題：十方如來，同出一道，都是以直心超越生死。正因為心直言直，表裡如一，自初發心，至證成妙果，始終沒有任何迂曲不實之態度。阿難，我現在問你，你說你決定信奉佛法，是因為看到如來三十二種相好莊嚴，那麼，你當時是用什麼去看的？愛慕之想又是從何而起的呢？」阿難回答道：「世尊，這些愛慕之想，是以我之心目去觀想的，因親見佛之三十二種相好，故心生愛樂，因而決定捨去世間的恩愛，脫離生死苦海。」佛告訴阿難：「正如你所說的，見莊嚴相好而生愛樂，乃因於心目，如果不知道心目之所在，就不能棄除遮蓋和蒙蔽心性的煩惱塵勞，這有如一國之王，因受賊寇侵擾，發兵征討，首先當然應該知道賊寇之所在，一切凡俗眾生所以在六道中輪迴，生死中流轉，就是由於世俗的心與眼在作祟，我現在問你，你可知心與目之所在？」

阿難白佛言：「世尊，一切世間十種異生❶，同將識心居在身內。縱觀如來，青蓮華眼，亦在佛面。我今觀此，浮根四塵❷，祇在我面。如是識心，實居身內。」佛告阿難：「汝今現坐如來講堂，觀祇陀林今何所在？」「世尊，此大重閣清淨講堂在給孤園，今祇陀林實在堂外。」「阿難，汝今堂中先何所見？」「世尊，我在堂中，先見如來，次觀大眾。如是外望，方矚林園。」「阿難，汝矚林園，因何有見？」「世尊，此大講堂戶牖開豁，故我在堂得遠瞻見。」

爾時，世尊在大眾中舒金色臂摩阿難頂，告示阿難及諸大眾：「有三摩提，名大佛頂首楞嚴王，具足萬行十方如來，一門超出妙莊嚴路。汝今諦聽。」

【章　旨】佛告阿難，有一種三摩提，名大佛頂首楞嚴，乃三昧之王，它總攝一切修行法門，是十方如來脫離苦海，證得涅槃聖果的康莊大道。

【注　釋】❶十種異生　「異生」亦稱「凡夫」，指凡俗眾生造種種業，於六道中生死輪迴，其生通於五趣六道，異於聖者只生人、天。「十種異生」通常指卵生、胎生、溼生、化生、有色生、無色生、有想生、無想生、非有想生、非無想生。❷浮根四塵　「浮根」又稱「浮塵根」，如眼、耳、鼻、舌諸根；「四塵」即色、聲、香、味四境。

【語　譯】阿難對佛說：「世尊，一切世間的十類眾生，識心都位於身體之內，至於眼睛，就連世尊之青蓮花眼，也長在臉面之上，我的肉眼，自然是長在面上，而能觀的識心，實居於身體之內。」佛告訴阿難：「你現在坐在如來講堂內，你看祇陀林現在何處？」阿難答道：「世尊，此莊嚴清淨之大講堂，是在給孤獨園中，那祇陀林是在講堂之外。」佛說：「阿難，你在此講堂中看見了些什麼呢？」阿難答道：「世尊，我在講堂中首先是看見如來，再者是看見與會諸大眾，再往外望，纔看見園林。」佛說：「阿難，你是從哪裡去望見園林的？」阿難答道：「世尊，此大講堂，門戶開闊，所以我在講堂中一眼就可以望見園林。」

其時，世尊當著與會的諸大眾，伸出金色手臂，撫摸著阿難的頭，告訴阿難及與會諸大眾：「有一種三摩提，名大佛頂首楞嚴，乃三昧之王，它總攝一切修行法門，是十方如來脫離生死苦海，證得涅槃聖果的康莊大道，你欲修習佛法，現在就專心細聽。」

阿難頂禮，伏受慈旨。

佛告阿難：「如汝所言，身在講堂，戶牖開豁，遠矚林園。亦有眾生在此堂中，不見如來，見堂外者。」阿難答言：「世尊，在堂不見如來，能見林泉，無有是處。」「阿難，汝亦如是。汝之心靈，一切明了。若汝現前所明了心，實在身內，爾時先合了知內身。頗有眾生先見身中，後觀外物。縱不能見心、肝、脾、胃，爪生、髮長、筋轉、脈搖誠合明了，如何不知？必不內知，云何知外？是故應知，汝言覺了能知之心，住在身內，無有是處。」

【章旨】佛問阿難心目所在，阿難答道，心在身內，遭佛批駁。

【語譯】阿難向佛頂禮，伏身領受教旨。

佛告訴阿難：「你剛纔說，因為門戶開闊，你身在講堂內就可以遠眺園林，但是，也有一些人，身在講堂之中，只看到堂外的園林，卻看不見如來。」阿難答道：「世尊，身在堂中，看見堂外的園林，卻看不到堂內的如來，絕不會有這等事。」佛說：「阿難，你就是這樣的人。你的心靈能知覺一切。若是你能知能覺的心實在身內，就應該先見到身內的東西，後看見外物。確實有許多人，先見身內之物，後見身外之物，縱使不能看見體內之心、肝、脾、胃，但爪生髮長，筋骨輪轉，血脈跳動，也大體能知曉。如果確實不能內知，那又如何能夠外知呢？所以應該知道，你所說的能知能覺之心位於身內，是沒有道理的。」

阿難稽首而白佛言：「我聞如來如是法音，悟知我心實居身外。所以者何？譬如燈光然於室中，是燈必能先照室內，從其室門後及庭際。一切眾生不見身中，獨見身外，亦如燈光居在室外，不能照室。是義必明，將無所惑！同佛了義，得無妄耶？」

佛告阿難：「是諸比丘，適來從我室羅筏城循乞摶食❶，歸祇陀林。我已宿齋，汝觀比丘，一人食時，諸人飽不？」阿難答言：「不也，世尊。何以故？是諸比丘，雖阿羅漢，軀命不同。云何一人能令眾飽？」

佛告阿難：「若汝覺了知見之心，實在身外，身心相外，自不相干。則心所知，身不能覺；覺在身際，心不能知。我今示汝兜羅綿❷手，汝眼見時，心分別不？」阿難答言：「如是，世尊。」佛告阿難：「若相知者，云何在外？是故應知，汝言覺了能知之心，住在身外，無有是處。」

【章　旨】經佛陀的開示，阿難自感心在身內難以成立，故又改口心在身外，同樣遭到佛陀的駁斥。

【注　釋】❶摶食　亦作團食，把食物搓成團而食之。❷兜羅綿　古印度所產的一種質地柔軟之綿，此喻佛手之柔軟。

【語　譯】阿難稽首並對佛說：「我聽了世尊這麼一說，明白了心識實在身外，不在身內。為什麼這麼說呢？這有如燈燭，燃於室內，必然先照室內，再從其門窗，照及室外、庭院。一切眾生，不見身內，獨見身外，這有如燈光位於室外，不能照及室內，這是很淺顯、很明白的道理，應該不會有錯誤吧！應該與佛所說的義理是一致的吧？」

佛告訴阿難：「這與會的諸比丘，剛纔跟從我到舍衛城乞食後回到祇陀林來，我今已用過齋，你看看在座的眾比丘，是不是一人吃飯，其他的人也都會飽呢？」阿難答道：「不會的，世尊。為什麼呢？在座的眾比丘，雖然都是阿羅漢，但各自有自己的身體，怎麼一人吃飯，能令眾人皆飽呢？」佛告訴阿難：「如果你的能知能覺之心確實在身外，身與心互不相干，則心所知者，身不能覺；身所覺者，心不能知。我現在把手讓你看，你用眼看見我的手後，你的心是否也同時感覺到了？」阿難答道：「是的，世尊。」佛再告訴阿難：「既然你眼見我手時，心能同時感覺到，怎麼能說心在身外呢？所以應該懂得，你剛纔所說的能知能覺的心位於身外，是毫無道理的。」

阿難白佛言：「世尊，如佛所言，不見內故，不居身內；身心相知，不相離故，不在身外。我今思惟，知在一處。」佛言：「處今何在？」阿難言：「此了知心，既不知內而能見外，如我思忖，潛伏根裡[1]。猶如有人，取瑠璃椀合其兩眼。雖有物合，而不留礙。彼根隨見，隨即分別。然我覺了能知之心，不見內者為在根故。分明矚外無障礙者，潛根內故。」佛告阿難：「如汝所言，潛根內者猶如瑠璃，彼人當以瑠璃籠眼。當見山河，見瑠璃不？」「如是，世尊。是人當以瑠璃籠眼，實見瑠璃。」佛告阿難：「汝心若同瑠璃合者，當見山河，何不見眼？若見眼者，眼即同境，不得成隨。若不能見，云何說言，此了知心潛在根內，如瑠璃合？是故應知，汝言覺了能知之心潛伏根裡，如瑠璃合，無有是處。」

阿難白佛言：「世尊，我今又作如是思惟，是眾生身，腑藏在中，竅穴❷居外。有藏則暗，有竅則明。今我對佛，開眼見明，名為見外。閉眼見暗，名為見內。是義云何？」佛告阿難：「汝當閉眼見暗之時，此暗境界為與眼對？為不對眼？若與眼對，暗在眼前，云何成內？若成內者，居暗室中，無日月燈。此室暗中，皆汝焦腑。若不對者，云何成見？若離外見，內對所成。合眼見暗，名為身中。開眼見明，何不見面？若不見面，內對不成。見面若成，此了知心及與眼根，乃在虛空，何成在內？若在虛空，自非汝體，即應如來今見汝面，亦是汝身。汝眼已知，身合非覺，必汝執言身、眼兩覺，應有二知。即汝一身，應成兩佛。是故應知，汝言見暗，名見內者，無有是處。」

【章　旨】阿難屢遭佛陀駁難，又提出心如內臟，藏於內則暗，故不能自見，眼根等在外，故能外見。佛以人不能自觀其面，證不能反觀自身之暗；又以人若能自觀其面，則成二體，是理不能成立，駁斥阿難心既在內又在外的說法。

【注　釋】❶根裡　根指眼根，即肉眼之內。❷竅穴　指眼耳口鼻諸孔竅。

【語　譯】阿難對佛說：「照世尊這麼說，因為不能自見，故心不在身內；同時，身與心又能相互感知，所以身心沒有分離，心不在身外。那麼，心在何處呢？我經過反覆思考，知道心在什麼地方啦。」佛問阿難道：「在什麼地方呢？」阿難說：「此能知能覺之心，既不知內，卻能見外，我以為它一定是處於眼根之內。此如有人用琉璃碗蓋住雙眼，雖然眼睛被遮住了，卻照樣能夠看到外面的東西，因心處於眼根之內，故隨著視線即能感知外物而生分別知見。又因為這能知能覺之心，潛藏於眼根之內，故不能知見身內；而眼又如琉璃，透明而無障礙，故能分明見外。」佛反問阿難：「如果像你所說的，心潛藏於眼根之內，而眼如琉璃無障礙，當用琉璃罩住眼睛的時候，眼睛照樣能夠看見外面的山河大地，試問，此時可以同時看見罩在眼上的琉璃嗎？」阿難答道：「是的，世尊。當人們用琉璃罩住眼睛的時候，可以同時看見罩住眼睛的琉璃。」佛再問阿難：「你說心潛藏於眼根之內，而眼又如琉璃，當你望見外面的山河大地時，亦能同時看見眼睛嗎？如果能同時看見眼睛，眼睛又成為所看之境，而不是能看之根，心又怎會與它同時產生分別知見呢?!如果不能同時看見眼睛，怎麼能說此能知能覺之心是潛藏在眼根之內，如與琉璃相合呢？所以應該知道，你所說的心潛藏於眼根之內，是毫無道理的。」

阿難又對佛說：「世尊，經您這麼一開導，我現在又在這麼想：一切眾生的身體，肝等腑臟在內，而眼耳鼻等器官在外。腑臟等藏於體內則暗，眼根等處於外則明，就如現在我面對世尊，一開眼就看見一片光明，此為見外；如果把眼睛閉起來，就一片黑暗，此為內見，未知這種想法對不對？」佛告訴阿難：「當你把眼睛閉起來時，眼前一片黑暗，此黑暗之境與眼睛是相對應還是不相對應？如果與眼相對應，黑暗就在眼前，怎麼能說成是見內呢？如果眼前的一片黑暗竟能稱為內的話，當一個人居於暗室時，眼前的一片黑暗豈不成為他的腑臟了嗎！如果與眼不相對應，眼前的一片黑暗又怎麼能見呢？如果離開外見可以反觀身中之暗，那麼開眼怎麼不能看到自己的臉面呢？如果開眼不能看見自己的臉面，那麼能反觀自己身中之暗也是不能成立的。如果能夠自見其面，那麼此能知能覺之心及眼根等，則是處於虛空之中，怎麼說成是內呢？如果真在虛空之中，那就不是你之自體了。如果你一定堅持這種看法，那麼，我現在看見你面，我的身體也變成你的身體了。如果離身之眼已有知見，那麼，離眼之身自然是沒有感覺的了，而如果你一定要堅持身與眼各有自己的感覺，那麼應該二者也各有自己的知見，如此說來，你阿難一人之身，當有二體，應成二佛了。所以應該知道，你所說的見暗名為見內，是不能成立的。」

阿難言：「我嘗聞佛開示四眾[1]，由心生故，種種法生。由法生故，

種種心生。我今思惟，即思惟體，實我心性。隨所合處，心則隨有；亦非內、外、中間三處。」佛告阿難：「汝今說言，由法生故，種種心生，隨所合處，心隨有者，是心無體，則無所合。若無有體而能合者，則十九界❷因七塵合。是義不然。若有體者，如汝以手自挃其體，汝所知心為復內出？為從外入？若復內出，還見身中。若從外來，先合見面。」阿難言：「見是其眼，心知非眼，為見非義。」佛言：「若眼能見，汝在室中，門能見不？則諸已死，尚有眼存，應皆見物。若見物者，云何名死？阿難，又汝覺了能知之心，若必有體，為復一體？為有多體？今在汝身，為復偏體？為不偏體？若一體者，則汝以手挃❸一支時，四支應覺。若咸覺者，挃應無在。若挃有所，則汝一體自不能成。若多體者，則成多人。何體為汝？若偏體者，同前所挃。若不偏者，當汝觸頭，亦觸其足。頭有所覺，足應無知。今汝不然，是故應知，隨所合處，心則隨有，無有是處。」

【章　旨】阿難更以心生於與外境相合處問佛，佛以全身共一心體抑四肢各有一心體等比喻開導阿難，讓他懂得心並非生於與外境相合處。

【注　釋】❶四眾　出家之比丘、比丘尼，和在家之優婆塞、優婆夷，合稱「佛門四眾」。❷十九界　佛教稱眼、耳、鼻、舌、身、意為六根；色、聲、香、味、觸、法為六塵，眼識、耳識、鼻識、舌識、身識、意識為六識，合此六根、六塵、六識為十八界。所謂「十九界」、「七塵」為子虛烏有之存在。❸手挃　觸摸之義。

【語　譯】阿難又說：「我曾聽世尊對四眾開示說，由於眾生心有種種分別，故產生出宇宙萬象、一切諸法；又由於有了宇宙萬象、一切諸法，故眾生心有種種分別。我私下在想，這個能思維分別的自體，即是我的心性，它隨著與外境相合而產生，並不是孤立地處於內、外或中間。」佛告訴阿難：「你現在說，心的種種思維變化是由外界引起的，心是隨著與外界萬象合而有種種知見。如果是這樣的話，那心是沒有自體的，既無自體，則應無所合；如果既無自體，又能與外境合，則在十八界外，另有一無自體的十九界，六塵之外，另有一無自體的第七塵。這種說法是不能成立的。如果心是有自體，是隨所合處而生的話，那麼如果用你的手去觸摸自己身體，這種能知感觸之心是從內出的呢？還是從外入的？如果是從內而出的，那麼應該可以反觀身中腑臟，如果是從外入的，應該能夠先見到自己的臉面。」阿難不甚明白佛陀所說，辯解說：「見與不見，由眼不由心，今以心論見，似於理不合。」佛說：「如果眼能見，那麼你在室內，門乃是室之眼，門能見物否？再如有些已死之人，其眼尚存，應該都能見物，如果其眼真還能見物的話，又怎能叫作死人呢？還有，阿難，你那能知能覺之心，如果必有自體，是一體呢？還是多體？該心現就在你身內，是全身共有一心體呢？抑或四肢各有心體？如果是全身共一心體，那麼你用手指觸摸身上一個地方，四肢應該都有感覺，如果四肢同時都有感覺，被觸摸的就不應該有一固定所在，如果觸摸的是某一固定之處，那麼說全身共一心體的說法就不能成立；如果四肢各有一心體，則是一心多人，哪一體屬你呢？如果說心體偏滿全身，那同前面所說被觸摸的就不能是身體的某一處所一樣，是錯誤的；如果心體不偏滿全身，那麼當你觸摸頭時，應該是頭有感覺而足沒有感覺，但實際上並不是這樣，所以你所說的心生於與外境相合處是沒有道理的。」

阿難白佛言：「世尊，我亦聞佛與文殊等諸法王子談實相❶時，世尊亦言，心不在內，亦不在外。如我思惟，內無所見，外不相知。內無知故，在內不成。身心相知，在外非義。今相知故，復內無見，當在中間。」

佛言：「汝言中間，中必不迷，非無所在。今汝推中，中何為在？為復在處？為當在身？若在身者，在邊非中，在中同內。若在處者，為有所表❷？為無所表？無表同無，表則無定。何以故？如人以表，表為中時，東看則西，南觀成北。表體既混，心應雜亂。」阿難言：「我所說中，非此二種。如世尊言，眼色為緣生於眼識，眼有分別，色塵無知。識生其中，則為心在。」佛言：「汝心若在根塵❸之中，此之心體為復兼二？為不兼二？若兼二者，物體雜亂。物非體知，成敵兩立，云何為中？兼二不成，非知、不知，即無體性，中何為相？是故應知，當在中間，無有是處。」

【章　旨】阿難又提出心處於根與塵中間，也遭到佛陀的駁斥。

【注　釋】❶實相　在佛教中指無形無相之本體。❷所表　以某物為標誌。❸根塵　又作根境，乃六根（眼、耳、鼻、舌、身、意）與六塵（色、聲、香、味、觸、法）之並稱。

【語　譯】阿難又說：「世尊，我曾經親自聆聽過您與文殊菩薩等諸大士談論諸法實相，當時您曾經說過：『心不在內，亦不在外。』由此我想，心既然不知道體內腑臟，當在身外，但如果心在體外，又不能相互感知。而實際上心既無內知，又與身體能夠相互感知，所以，心既不在身內，也不在身外，應該是在中間。」佛說：「你說心在中間，這中間應該有一個確定的處所吧，這個確定的處所又在哪裡呢？是在你身外某一處所？還是在你的身體上呢？如果是在你身體上，是在身體的邊緣處，還是在身體中；如果是在身體邊緣處，就不能說是在中間，如果是在身體中，那同上面所說的在內就沒有什麼區別了。如果是在體外某一處所，那該處是否有所標示？如果沒有標示，那與無就沒有什麼差別；如果有所標示，這也是一個不確定的東西，為什麼這麼說呢？例如有人在某處立一標示，稱此為中，但如果從東邊去看，它則是西，就南邊去看，它則成北。所標示的物體既是如此不確定，其心肯定是雜亂不堪。」阿難說：「我所說的中，不是指這兩種。而是如世尊所說的，眼根之見色塵，乃產生於眼識，眼根有分別之功能，而色塵乃無知覺之物，眼根所以能分別色塵，乃因識生於其中，此不就是心之所在嗎？」佛說：「你所說的心如果是在根塵之中，那麼它是同時兼有根與塵二者呢？還是不同時兼而有之？如果是同時兼有二者的話，眼根與色塵都有了知覺，這豈不是心物混合，實際上，外塵無覺，而眼根有知，有知與無覺是相對而存在的，怎麼能說處於中間呢？所以說同時兼有二者是不能成立的。如果不同時兼有二者，那麼眼就不會成為能知之根，而色也無從成為所知之物，心之體性豈不是沒有了著落嗎？所以說心在根塵中間的說法是不能成立的。」

阿難白佛言：「世尊，我昔見佛與大目連、須菩提、富樓那、舍利弗四大弟子共轉法輪❶，常言覺知分別心性，既不在內，亦不在外，不在中間，俱無所在。一切無著，名之為心。則我無著，名為心不？」佛告阿難：「汝言覺知分別心性，俱無在者，世間虛空水陸飛行，諸所物象，名為一切。汝不著者，為在？為無？無則同於龜毛、兔角❷，云何不著？有不著者，不可名無。無相則無，非無即相。相有則在，云何無著？是故應知一切無著，名覺知心，無有是處。」

【章　旨】阿難再引佛說，心不住內，也不住外，也不住於中間，以說心無所著，又遭佛陀駁斥，佛指出既有心相，就有所著，無心自然無著。

【注　釋】❶轉法輪　「法輪」指佛法，轉法輪即弘揚佛法。❷龜毛兔角　龜本無毛，兔本無角，此指有名無實。

【語　譯】阿難又對佛說：「我過去看見世尊同大目連、須菩提、富樓那、舍利弗等四大弟子討論佛法時曾說，此能知能覺的分別心，既不在內，也不在外，更不在中間，沒有任何處所，也不執著於任何事相，能不能說，心就是一無所著呢？」佛說：「如果你所說的，心體一無所著，是指世間虛空，宇宙萬象，諸如水陸飛行諸物象，心都無所著，那麼，此心究是有是無？如果此心本來就不存在，那麼它有如龜毛兔角，僅是假名而已，因而也無所謂著與不著了；如果它本來是存在的，並位於某一處所，所云不住者，是不再住於其他物象之上，實際上它本來就是有著了，又怎能說無著呢？如果完全沒有心相概念，那自然就是無著，一有心體的存在，它就一定有所著，怎麼會是無著呢？所以應該懂得，認為不著一切名為心或者說心不著一切都是錯誤的。」

【說　明】佛針對阿難「如是愛樂，因於心目」的想法，以「七次徵心」啟發阿難。「七次徵心」義至此講解完畢。阿難等仍未解悟。

爾時，阿難在大眾中即從座起，偏袒右肩，右膝著地，合掌恭敬而白佛言：「我是如來最小之弟，蒙佛慈愛。雖今出家，猶恃憍憐。所以多聞，未得無漏，不能折伏娑毗羅咒，為彼所轉，溺於婬舍。當由不知真際所詣。惟願世尊，大慈哀愍，開示我等奢摩他❶路，令諸闡提❷，隳彌戾車❸。」作是語已，五體投地。及諸大眾，傾渴翹佇，欽聞示誨。

【章　旨】阿難七次答佛所問心在何處，佛從各個側面予以開導，但阿難都未能領會佛之妙旨，故請佛慈悲開示，指示證見真心實際的正定大道。

【注釋】❶奢摩他　指正定。❷闡提　指斷盡善根之人。❸彌戾車　指惡見、邪見。

【語譯】此時，阿難從座中站起，偏袒右肩，右膝跪地，合掌禮拜，恭敬地對佛說：「我是如來最寵愛的小弟，承蒙佛陀慈悲關愛，得以出家修習佛法。出家後，又依恃佛陀之愛憐而嬌慣自己，只圖多聞廣記，未能精進修行，所以未能證得無漏聖果，沒有能力折服娑毗羅咒術，為其魔力所迷惑，幾乎陷溺於淫舍之中，這是我不懂得真心實際所造成的。唯願世尊慈悲開示，為我等指示真心所在的奢摩他正定之路，令一切眾生，包括那些善根斷盡之輩，都能拋棄一切邪見，歸心佛法。」說罷，五體投地，虔誠禮拜，與會諸大眾也都以仰慕誠敬之心，渴望著聆聽佛陀的教誨。

爾時，世尊從其面門放種種光。其光晃耀，如百千日，普佛世界六種震動❶，如是十方微塵❷國土一時開現，佛之威神令諸世界合成一界。其世界中所有一切諸大菩薩，皆住本國。合掌承聽。

佛告阿難：「一切眾生從無始來種種顛倒，業種❸自然如惡叉聚❹。諸修行人不能得成無上菩提，乃至別成聲聞❺、緣覺❻，及成外道❼、諸天❽魔王❾及魔眷屬，皆由不知二種根本錯亂修習。猶如煮沙欲成嘉饌，縱經塵劫❿，終不能得。」

「云何二種？阿難，一者，無始生死根本。則汝今者，與諸眾生用攀緣心⓫為自性者。二者，無始菩提涅槃元清淨體。則汝今者，識精元明能生諸緣緣所遺者。由諸眾生遺此本明，雖終日行，而不自覺枉入諸趣。」

【章旨】佛陀指出一切眾生所以在生死中輪迴、不得解脫的兩個根本原因，一是誤以原是使眾生落入無始生死的攀緣心為本心，二是執著種種顛倒妄想而遺棄本自具有的妙明真心。

【注釋】❶六種震動　佛教認為，凡遇佛降生、入定、涅槃等，大地都會有動、起、踴、震、吼、激等六種震動。❷十方微塵　「微塵」在佛經中指極微小之物，「十方微塵」即指數量極多。❸業種　佛教認為凡俗眾生，因無明惑障而造種種業，這些業成為日後果報之因，此為業種。❹惡叉聚　「惡叉」為果名，其果三粒同一蒂，且落地後多聚集於一處，故稱「惡叉聚」。此喻惑、業、苦三者之間緊密相聯。❺聲聞　因聲聞法而悟道，指聽聞佛說法而悟道，在佛教中為小乘。❻緣覺　又作獨覺，指獨自悟道之修行者。與聲聞同為佛教中之小乘。❼外道　指佛教之外的其他宗教派別或思潮，如佛陀時代之六師外道等。❽諸天　佛教把世間分為三界：欲界、色界、無色界，其中，欲界有六天，色界有四禪十八天，無色界有四天；此外尚有日天、月天、韋馱天等諸天神，這些總稱之為諸天。❾魔王　天魔之王，即欲界第六天之他化自在天主，其名為波旬。❿塵劫　塵指微塵，劫指極長之時間，塵劫指無數個極長的時間。⓫攀緣心　於外取境著相之心。

【語　譯】其時，佛陀從其面門，放射出種種光芒，有如百千日光，普照諸佛世界，大地出現六種震動，十方國土，一時皆現佛之威神，佛以其神通，令眾多國土合成一世界。在此一大世界中，一切大菩薩，都在其所在國度，合掌禮拜，恭敬聆聽。

佛對阿難說：「一切眾生，從無始以來，不識本心，而生種種顛倒妄想，由惑造業，由業招果，業、因、果三者循環不息。許多修行者，之所以不能成就無上菩提，或者只能證果聲聞、緣覺，有的更是墮入外道、諸天乃至魔王及諸魔眷屬，就是因為不懂得兩種根本，而盲修傻煉，這有如欲煮沙成飯一樣，縱使經歷塵沙劫數的修煉，也難成正果。」

「那麼，是哪兩種根本呢？阿難，一者，就如你現在一樣，以攀緣心為自心性，實際上，這正是一切眾生所以在生死中流轉、不得解脫的根本。二者，是一切眾生無始以來本具的菩提自性，也就是你及一切眾生本自具有的妙明心體，此心體原本清淨，毫無染垢，但因眾生不守自性，隨緣而起妄想，並執著於種種妄想，反把此妙明本心遺棄了，因此雖然終日修行，但始終不能覺悟，結果當然只能墮入諸惡道中。」

【說　明】佛提出「兩種根本」義，這是《楞嚴經》的最重要主題。下文多有發揮。

「阿難，汝今欲知奢摩他路，願出生死。今復問汝。」即時如來舉金色臂，屈五輪指，語阿難言：「汝今見不？」阿難言：「見。」佛言：

「汝何所見？」阿難言：「我見如來舉臂屈指，為光明拳，耀我心目。」佛言：「汝將誰見？」阿難言：「我與大眾同將眼見。」佛告阿難：「汝今答我，如來屈指為光明拳，耀汝心目，汝目可見。以何為心，當我拳耀？」阿難言：「如來現今徵心所在，而我以心推窮尋逐。即能推者，我將為心。」佛言：「咄！阿難，此非汝心。」阿難矍然，避座合掌，起立白佛：「此非我心，當名何等？」佛告阿難：「此是前塵虛妄相想，惑汝真性。由汝無始至於今生，認賊為子，失汝元常，故受輪轉。」阿難白佛言：「世尊，我佛寵弟，心愛佛故，令我出家。我心何獨供養如來，乃至偏歷恆沙國土，承事諸佛及善知識發大勇猛，行諸一切難行法事，皆用此心。縱令謗法永退善根，亦因此心。若此發明不是心者，我乃無心，同諸土木，離此覺知更無所有。云何如來說此非心？我實驚怖，兼此大眾無不疑惑。惟垂大悲開示未悟。」

爾時，世尊開示阿難及諸大眾，欲令心入無生法忍❶。於師子座摩阿難頂而告之言：「如來常說諸法所生，唯心所現，一切因果世界微塵，因心成體。阿難，若諸世界一切所有，其中乃至草葉縷結，詰其根元，咸有體性。縱令虛空，亦有名貌，何況清淨妙淨明心性，一切心而自無體！若汝執悋，分別覺觀所了知性，必為心者，此心即應離諸一切色、香、味、觸，諸塵事業別有全性。如汝今者，承聽我法，此則因聲而有分別，縱滅一切見聞覺知，內守幽閑，猶為法塵分別影事。我非敕汝執為非心，但汝於心，微細揣摩。若離前塵，有分別性，即真汝心。若分別性，離塵無體，斯則前塵分別影事。塵非常住，若變滅時，此心則同龜毛、兔角，則汝法身同於斷滅，其誰修證無生法忍？」

即時，阿難與諸大眾默然自失。佛告阿難：「世間一切諸修學人，現前雖成九次第定❷，不得漏盡成阿羅漢，皆由執此生死妄想，誤為真實。是故，汝今雖得多聞，不成聖果。」阿難聞已，重復悲淚，五體投地，長跪合掌而白佛言：「自我從佛發心出家，恃佛威神，常自思惟，無勞我修將謂如來惠我三昧❸，不知身心本不相代，失我本心。雖身出家，心不入道。譬如窮子捨父逃逝，今日乃知雖有多聞，若不修行，與不聞等。如人說食，終不能飽。世尊，我等今者二障❹所纏，良由不知寂常心性。惟願如來哀愍窮露，發妙明心，開我道眼。」即時，如來從胸卍字❺涌出寶光，其光晃昱有百千色。十方微塵普佛世界一時周徧，徧灌十方所有寶剎諸如來頂，旋至阿難及諸大眾。告阿難言：「吾今為汝建大法幢❻，亦今十方一切眾生，獲妙微密性淨明心，得清淨眼。」

【章　旨】佛陀為阿難及與會諸大眾慈悲開示，闡明虛妄分別心與妙明真心的差別，指出學佛修習之最重要者，就是發明此各人本具之妙明真心。

【注　釋】❶無生法忍　悟得諸法不生不滅之理，是為無生法忍。❷九次第定　指色界之四禪、無色界之四處及滅受想定等九種禪定。以不雜他心，依次自一定入於他定，故稱次第定。❸三昧　又作三摩地、三摩提，意譯為定、正定，是一種把心定於一處，不令散亂的修行方法。❹二障　指煩惱障和所知障。佛教認為，凡俗眾生因貪、瞋、癡諸煩惱而障礙其證涅槃得解脫，此謂煩惱障；另一障礙眾生證涅槃得解脫的，是因愚癡迷惘，不明諸法事相及實性，故稱所知障。❺卍字　佛胸前有此標誌，是吉祥勝德之相。卍本非字，為武則天所制，讀音如「萬」。❻法幢　幢者，幢幡、旌旗之類；猛將建幢旗以示威武、勝利，故以法幢比喻佛菩薩說法能降伏眾生之煩惱，後來凡是於佛法之一家之見者，即稱為建立法幢。

【語　譯】「阿難，你想知道正定之路，希望脫離生死苦海，我再問你一個問題。」其時如來把手臂舉起來，並屈指為拳，對阿難說：「你看見這個了嗎？」阿難回答道：「看見了。」佛又說：「你看見什麼啦？」阿難說：「我看見如來舉臂屈指為光明拳，照耀我的心目。」佛說：「你用什麼見？」阿難說：「我和與會諸大眾都是以眼而見。」佛又告訴阿難：「你現在回答我，如來屈指為光明拳，耀你心目，你以眼睛得見，但你又以何為心，得知這就是光明拳？」阿難說：「世尊你現在詢問我心之所在，我便極力進行推究思考，我以為這個能推究思考的就是我的心。」佛聽後遂訓斥阿難道：「咄！阿難，這不是你的心！」阿難大吃一驚，立即起座，並合掌對佛說：「這不是我的心，又叫作什麼呢？」佛對阿難說：「你所說的心，實是因六塵幻相所生起的妄想，正是此顛倒妄想，障住你的妙明真性，使你從無始以來直至今生，一直認賊為子，失卻你的妙明本心，纔使你枉受輪迴之苦。」阿難對佛說：「我是佛陀寵愛之弟，因為對佛陀心生熱愛的緣故，纔隨著佛陀出家；我不但是以此心恭敬供養如來，而且自從出家以來，經歷無數國土，也是以此心去事奉諸佛及諸善知識，乃至發大威猛，去做一切難行之事，也是用此心；縱使誹謗佛法，或永斷善根，也是此心所致。如果說這不是心的話，我豈不成了無心之土塑木雕。離開此一能知能覺的心，我再沒有其他的心了，現今如來說這不是心，實在令我惶恐不安，就連在座的諸大眾，對這也是大惑不解啊，唯願世尊慈悲垂示，開導我等未悟之輩。」

此時世尊為了開示阿難及與會諸大眾，令他們都入無生法忍，於是就在獅子座上用手撫摸阿難的頭，並說：「如來常說，一切諸法，唯心所現；一切因果，乃至大至整個大千世界，小至微塵，也都是因心而成體相。阿難，世間一切諸法，乃至草芥、縷結，歸根結底都有其體性，即便虛空，也有其名稱，何況那清淨妙明之真心，它乃是一切諸法的本源，怎會反而無自體性呢！如果你堅持認定這個能知能覺的分別心就是妙明真心，那麼，此心應該是遠離一切聲色香味觸諸妄塵的，自有完全的體性。但是，你現在聽我說法而心有所思慮，此思慮之心乃是因聲而起的。即便摒除一切見聞覺知，讓心處於一種幽閑寂靜的狀態，這仍然屬於外緣六塵之獨頭意識，而非本自具有的妙明真心。我不是一定要你承認那個能知能覺的分別心不是真心，但你應該對那個心仔細揣摩，如果離開了前面所說的六塵境相，它仍存在覺了知性，那它就是真心；如果離開了六塵境相，其覺了知性即不復存在，那就是對應於六塵的虛幻存在，而不是真心了。六塵是遷流不息、變化無常的，當六塵變滅時，此分別心即不復存在而成為一種徒具假名的龜毛兔角，其時你的法身也不復存在，又有誰去修證無生法忍呢？」

當時阿難及與會諸大眾都覺得佛陀所說很有道理，而自己原來所持的看法確實是錯誤的，大家一時都默默無言。佛又對阿難說：「世間一切修習佛法者，有的雖然已修得九種禪定，但仍未能滅盡一切煩惱，達到阿羅漢的境界，因為執著此作為生死根本的分別妄想，誤以為真實，所以眼下雖然多聞廣記，但難成聖果。」阿難聽了佛陀這些話後，再次悲傷痛哭，隨後五體投地，合掌長跪對佛說：「自我發心跟從佛陀出家以來，心裡就經常有這樣一種想法，依恃佛之威神，即便我不精進修行，如來也會惠賜我三昧定力，殊不知身心是不能相互替代的。我失卻了本來具有之妙明真心，因此雖然出了家，心仍未入道，這有如離開了父母的窮孩子一樣，今天我纔懂得，雖然能多聞廣記，如果不潛心修行，同孤陋寡聞者是一個樣的，這有如整天談論山珍海味、美味佳餚，但終究填不飽肚子。世尊，我等現時為煩惱障和所知障所困，實在不懂得本具湛然寂照的妙明心性，唯願如來慈悲垂示，開發我等妙明真心，開啟我等道眼。」其時如來從胸前卍字，湧出無量寶光，其光耀眼異常，有千百種顏色，一時普照十方微塵、諸佛世界，一切寶剎及諸如來頂，隨後又照及阿難及與會諸大眾，即時佛告訴阿難：「我現在為你等宣講大法，也令十方世界一切眾生發現自己本具之微妙本性和妙明真心，開清淨道眼。」

「阿難，汝先答我，見光明拳。此拳光明，因何所有？云何成拳？汝將誰見？」阿難言：「由佛全體閻浮檀金❶，赩如寶山，清淨所生，故有光明。我實眼觀五輪❷指端，屈握示人，故有拳相。」佛告阿難：「如來今日實言告汝，諸有智者要以譬喻而得開悟。阿難，譬如我拳，若無我手，不成我拳。若無汝眼，不成汝見。以汝眼根，例我拳理，其義均不？」阿難言：「唯然，世尊。既無我眼，不成我見。以我眼根，例如來拳，事義相類。」佛告阿難：「汝言相類，是義不然。何以故？如無手，人拳畢竟滅。彼無眼者，非見全無。所以者何？汝試於途詢問盲人：『汝何所見？』彼諸盲人必來答汝：『我今眼前唯見黑暗，更無他矚。』以是義觀，前塵自暗，見何虧損？」阿難言：「諸盲眼前，唯覩黑暗，云何成見？」佛告阿難：「諸盲無眼，唯觀黑暗。與有眼人處於暗室，二黑有別？為無有別？」「如是，世尊，此暗中人與彼群盲，二黑校量，曾無有異。」「阿難，若無眼人全見前黑，忽得眼光還於前塵，見種種色，名眼見者；彼暗中人全見前黑，忽獲燈光，亦於前塵見種種色，應名燈見。若燈見者，燈能有見，自不名燈。又則燈觀，何關汝事？是故當知，燈能顯色。如是見者，是眼非燈。眼能顯色，如是見性，是心非眼。」

【章旨】佛以光明拳為例，開導阿難能見色之見性，是心非眼。

【注釋】❶閻浮檀金　指流經閻浮樹間之河流所產之沙金。該金光艷無比，為金中之最高貴者。❷五輪　在密教中，五輪指五智輪，即地、水、火、風、空五大。此指五指。以小指、無名指等逐一比配地、水、火、風、空五輪。

【語譯】佛說：「阿難，你現在先回答我這樣一個問題，你說你看見了光明拳，此拳是因何發光？如何能成拳的？你又為何能看見？」阿難回答道：「因為世尊全身都如同金光燦燦的閻浮檀金，光艷無比，如大寶山，所以世尊的拳也閃閃發光，我是以眼見此光明的；再者，世尊把五指握成拳狀，所以有拳頭之相。」佛告訴阿難：「我今日如實告訴你，所有有智慧的人，也須藉助譬喻，方能開悟。阿難，比如此拳，如果沒有我的手，就不能有這個拳頭，如果沒有你的眼睛，也不會有你之所見，用你眼根，同我的屈指成拳比，二者相類嗎？」阿難說：「是的，世尊，如果沒有我的眼睛，我也就一無所見，如來如果沒有手，也就不可能屈指成拳，因此，二者之道理是相類的。」佛告訴阿難：「你說二者道理相類，其實不然。為什麼這麼說呢？這有如無手之人，無論如何也握不成拳，但對於盲人來說，則不是全然無所見。為什麼會這樣呢？不妨在路上問問那些盲人，問問他們有何所見，那些盲人一定回答說：『我眼前只看見一片黑暗，別的什麼也看不見。』這樣說來，是眼前的塵境自暗，見性又何虧缺？」阿難說：「那些盲人只看到眼前是一片黑暗，怎麼能說有所見呢？」佛告訴阿難：「那些盲人沒有眼睛，看到的只是眼前一片黑暗，這與沒有眼疾者處於暗室之中，眼前也是一片黑暗，二者是有區別？還是沒有區別？」阿難回答道：「是的，世尊，處於暗室者只見眼前一片黑暗，與那些盲人只看到眼前一片黑暗，二者並沒有什麼區別。」佛說：「阿難，若那些盲人，原本所見只是一片黑暗，假如有朝一日，忽然眼明，就能見到種種顏色，如果說這算是一種眼見的話，那麼那些沒有眼疾之人，雖在暗室中也只見一片黑暗，但如果忽然燈亮，也能看見各種物品，這種見大概可以稱之為燈見了。如果這稱做燈見，燈既能見，自不應稱之為燈了；再者，既稱為燈見，又與你有什麼相干呢？所以應該懂得，燈雖能顯色，但不能見色，能見色者，是眼非燈。同樣，眼也只能顯色，不能見色，真正能見色之見性，是心不是眼。」

阿難雖復得聞是言，與諸大眾口已默然，心未開悟，猶冀如來慈音宣示。合掌清心，佇佛悲誨。爾時，世尊舒兜羅綿網相光手，開五輪指，誨敕阿難及諸大眾：「我初成道，於鹿園❶中為阿若多五比丘❷等及汝四眾言：『一切眾生不成菩提及阿羅漢，皆由客塵煩惱所誤。』汝等當時因何開悟，今成聖果？」時憍陳那起立白佛：「我今長老❸於大眾中獨得解名，因悟『客塵』二字成果。世尊，譬如行客投寄旅亭，或宿，或食，宿食事畢，俶裝❹前途，不遑安住。若實主人自無攸往，如是思惟，不住名『客』，住名『主人』。以不住者，名為『客』義。又如新霽[5]、清暘[6]升天，光入隙中。發明空中諸有塵相，塵質搖動，虛空寂然。如是思惟，澄寂名『空』，搖動名『塵』。以搖動者，名為『塵』義。」佛言：「如是。」

即時，如來於大眾中屈五輪指，屈已，復開；開已，又屈。謂阿難言：「汝今何見？」阿難言：「我見如來百寶輪掌，眾中開合。」佛告阿難：「汝見我手眾中開合，為是我手有開有合？為復汝見有開有合？」阿難言：「世尊，寶手眾中開合，我見如來手自開合，非我見性有開有合。」佛言：「誰動？誰靜？」阿難言：「佛手不住，而我見性尚無有靜，誰為無住？」佛言：「如是。」如來於是從輪掌中飛一寶光在阿難右，即時阿難迴首右盼。又放一光在阿難左，阿難又則迴首左盼。佛告阿難：「汝頭今日何因搖動？」阿難言：「我見如來出妙寶光，來我左、右。故左、右觀，頭自搖動。」「阿難，汝盼佛光，左、右動頭。為汝頭動？為復見動？」「世尊，我頭自動，而我見性尚無有止，誰為搖動？」佛言：「如是。」於是，如來普告大眾：「若復眾生以搖動者，名之為『塵』，以不住者名之為『客』。汝觀阿難，頭自動搖，見無所動。又汝觀我手自開合，見無舒卷，云何汝今以動為身？以動為境？從始洎終，念念生滅，遺失真性，顛倒行事。性心失真，認物為己。輪迴是中，自取流轉。」

【章　旨】佛為阿難等開示，應從客塵二字悟入佛法，所謂客者，即是遷流不居，塵者，就是晃動不止，舉凡客塵，都是虛幻不實的，唯有本然妙明真心，纔是真實的，不明此理，就難免陷入生死輪迴之中。

【注　釋】❶鹿園　釋迦牟尼佛成道後初轉法輪之地，位於現在的北印度瓦拉那西市以北約六公里處。❷五比丘　釋迦牟尼佛成道後首批度化的五位比丘，他們的名字各經記載不一，較常見的五位比丘是：一憍陳那，二頞鞞，三跋提，四十力迦葉，五摩男拘利。❸長老　指年高德劭的大比丘。❹裝　整裝的意思。❺新霽　本指風停雨止，此指天氣放晴。❻清暘　日出的意思。

【語　譯】阿難及與會諸大眾聽了佛陀這一番教誨，雖然大家默默無語，但心中仍未開悟，還希望如來再慈悲開示，因此大家清心合掌，等待著聆聽佛陀的教誨。其時世尊伸手展指對阿難及與會諸大眾說：「我當初成道於鹿野苑，為阿若多五比丘及諸四眾說：『一切眾生，所以不能成就菩提及證得阿羅漢果，都是由於妙明真心為客塵煩惱所覆蓋。』當時曾在場現在又在座的得道者們可以說一說，當初是因何開悟而證成聖果的？」其時憍陳那站起來對佛說：「我們這些資深的佛弟子，所以能在諸大眾中獨得解名，都是從『客塵』二字悟入並證成聖果，世尊，這有如路上行客，投宿旅館，在旅館中食宿之後，又整裝上路，不會老滯留在旅館中，如果是該房子的主人，就不會在食宿後就考慮上路的事。可見，短暫逗留的是客人，長期駐留的是主人，就其不住者，名之為『客』。又如雨後新晴，陽光照入隙縫之中，只見滾滾塵埃，但虛空則寂然不動。可見，虛空是澄寂的，而塵埃飄動不止。就其飄動不止者，名之為『塵』。」佛聽了憍陳那的話後說：「是的。」

隨後如來當眾中屈五輪指，屈後復伸，展開五指，又屈五指，對阿難說：「你現在看見了什麼？」阿難說：「我看見世尊之手掌，當眾又開又合。」佛對阿難說：「你看見我的手當眾開合，究竟是我的手有開有合？還是你之所見有開有合？」阿難答道：「是世尊的手自開自合，並非我的見性有開有合。」佛說：「此二者究竟是誰動誰靜？」阿難說：「佛之寶手在動，而我的見性，靜相尚不可得，哪來動靜？」佛說：「確是這樣。」隨後如來於掌中飛出一束金光，落在阿難右邊，阿難遂回首右顧；如來又放一光，落於阿難之左邊，阿難隨即左盼。佛就對阿難說：「你的頭今天為什麼左右晃動？」阿難說：「我看見如來手中的光一會兒落在我的右邊，一會兒落在我的左邊，所以左顧右盼，頭就晃動不已了。」佛對阿難說：「你看佛光，頭左右晃動，究竟是你的頭在左右晃動？還是你的見性在動？」阿難答道：「世尊，是我的頭在晃動，而我的見性，連止之相都不存在，哪來的晃動呢？」佛說：「是這樣的。」隨後如來對與會諸大眾說：「你們如果已經懂得所謂塵者，就是晃動不止的，所謂客者，就是遷流不居的，就如阿難的頭，晃動不止，而見性並無動靜；再如我的手在不停地開合，而見性並無屈伸。既然如此，為什麼還是經常以那些變幻無常、遷流不息的東西為實身、實境呢？總是這樣念念生滅，遺失本性，顛倒行事，認物為己，致使自己陷溺於生死輪迴之中呢？」

卷二

【題解】阿難及與會諸大眾祈請佛陀為垂示身心之真妄虛實，佛陀通過闡析物象與見性的關係（物象萬差，見性無別；物象有大小方圓之判別，而見性則徧十方，無所不在）、鏡與影的關係（心體是鏡，物象是影，影虛鏡實）、佛法之真心非是外道之自然（外道之自然有一自然之體）、亦非因緣和合生等，揭示了《楞嚴經》大義，即世間萬象，乃至有情眾生之五陰，都是妙明真心的影現。

爾時，阿難及諸大眾聞佛示誨，身心泰然，念無始來失卻本心，妄認緣塵，分別影事。今日開悟，如失乳兒忽遇慈母。合掌禮佛，願聞如來顯出身心真妄虛實，現前生滅與不生滅二發明性。

時波斯匿王起立白佛：「我昔未承諸佛誨敕，見迦旃延、毗羅胝子[1]，咸言此身死後斷滅，名為涅槃。我雖值佛，今猶狐疑。云何發揮證知此心不生滅地？今此大眾諸有漏❷者，咸皆願聞。」佛告大王：「汝身現在，今復問汝，汝此肉身為同金剛常住不朽？為復變壞？」「世尊，我今此身終從變滅。」佛言大王：「汝未曾滅，云何知滅？」「世尊，我此無常變壞之身雖未曾滅，我觀現前，念念遷謝，新新不住。如火成灰，漸漸銷殞，殞亡不息。決知此身，當從滅盡。」佛言：「如是，大王，汝今生齡已從衰老，顏貌何如童子之時？」「世尊，我昔孩孺，膚腠❸潤澤；年至長成，血氣充滿；而今頹齡，迫於衰耄❹，形色枯悴，精神昏昧，髮白面皺，逮將不久。如何見比充盛之時？」佛言大王：「汝之形容應不頓朽。」王言：「世尊，變化密移，我誠不覺。寒暑遷流，漸至於此。何以故？我年二十，雖號年少，顏貌已老初十歲時，三十之年又衰二十。於今六十又過於二，觀五十時，宛然強壯。世尊，我見密移，雖此殂落，其間流易，且限十年。若復今我微細思惟，其變寧唯一紀❺，二紀，實為年變。豈唯年變，亦兼月化。何直月化？兼又日遷。沉思諦觀，剎那❻剎那，念念之間不得停住。故知我身終從變滅。」佛告大王：「汝見變化，遷改不停，悟知汝滅。亦於滅時，汝知身中，有不滅耶？」波斯匿王合掌白佛：「我實不知。」佛言：「我今示汝不生滅性。大王，汝年幾時，見恆河水？」王言：「我生三歲，慈母攜我謁耆婆天❼，經過此流。爾時即知是恆河水。」佛言大王：「如汝所說，二十之時衰於十歲，乃至六十，日月歲時，念念遷變。則汝三歲見此河時，至年十三，其水云何？」王言：「如三歲時，宛然無異。乃至於今年六十二，亦無有異。」佛言：「汝今自傷髮白面皺，其面必定皺於童年。則汝今時觀此恆河，與昔童時觀河之見，有童耄不？」王言：「不也，世尊。」佛言大王：「汝面雖皺，而此見精性未曾皺。皺者，為變；不皺，非變。變者，受滅；彼不變者，元無生滅。云何於中受汝生死，而猶引彼末伽黎❽等，都言此身死後全滅？」王聞是言，信知身後捨生趣生，與諸大眾踴躍歡喜，得未曾有。

【章旨】佛以人的形體隨著歲月遷移而不斷變化，但見性並不因人之衰老而與孩童有什麼區別，開示波斯匿王等，於生滅身中，有不生不滅的東西存在。

【注釋】❶迦旃延毗羅胝子　二人均為釋迦牟尼時代的外道大師。❷有漏　漏乃煩惱之異稱，有漏即有煩惱。❸膚腠　腠即肌肉之紋理，膚即皮膚。❹耄　七十歲以上的老年人為「耄」。❺一紀　古代以十二年為一紀。❻剎那　意譯為須臾、念頃，指極短的時間。❼耆婆天　意為命天，為帝釋天之左右侍衛。❽末伽黎　古印度外道師，主張人死後一切皆滅。

【語譯】其時阿難及與會諸大眾聽了佛的開示後，大家都無比愉悅，身心泰然，想到自己自無始以來失卻本具之妙明真心，誤把虛塵妄境當作真實，今日蒙佛教誨，始得開悟，如一時失奶的嬰兒，忽遇慈母一般。大家合掌禮佛，祈請如來開示身心的真妄、虛實，從當前諸法遷流生滅與自心自性不生不滅兩個方面，弘闡佛法大義。

其時波斯匿王從座席中站起來對佛說：「我以前從未得到過諸佛的教誨，只是曾經聽迦旃延和毗羅胝子等說過，我們這個身體，死後即斷滅，此名為涅槃。今天雖然有幸聽聞佛陀說自心自性乃不生不滅，但心裡仍然還有疑問，究竟應該如何證明此自心自性是不生不滅的？現在與會的諸大眾，特別是那些還未有斷盡煩惱者，都十分希望聽聽佛陀的教誨。」佛即對波斯匿王說：「你現今身體健在，我且問你，你眼前的這個身體，是同金剛一樣，永存不朽呢？還是日後將會逐漸變化乃至失滅？」波斯匿王回答說：「世尊，我現在這個身體，終有一天會壞死散滅的。」佛對波斯匿王說：「你現在仍然健在，何以知道日後這身體終將壞死散滅？」波斯匿王說：「世尊，我這個身體，是一個無常變化之身，雖然現在還健在，但既然是無常變化之身，就如同眼前許多虛妄境相，念念不住，遷流不息，如同火滅成灰，漸歸消失，因此知道此身日後終將壞死散滅。」佛說：「是的，大王，你現在年歲已高，日漸衰老，與童年時候比，肌膚容貌如何？」波斯匿王答道：「世尊，我孩童之時，肌膚細嫩潤澤，及至成年，血氣方剛，到了晚年，日漸衰老，形容枯槁，精神昏昧，髮白面皺，大概不久於人世了，怎能與青壯年時代相比？」佛說：「大王，你的形體容貌，應該不是突然衰老的吧？」波斯匿王答道：「世尊，形體的變化，是隨著歲月暗自推移的，自己甚至都不曾覺察到。為什麼這麼說呢？當我二十歲時，雖然說還屬於青年時期，但容顏體態，已老於十歲之時；三十歲時，又老於二十歲時，現在已經六十二歲了，各方面都顯得垂垂老矣，回想五十歲時，身體還很健壯。世尊，人之形體容貌之隨歲月暗自遷移而日趨衰老，別說以十年為一期可以看出其中之明顯變化，如果細加推敲觀察，不僅是十年二十年一變，而且是每年都在變，豈止每年都在變，簡直是每月都在變，每日都在變；豈止每月都在變，時刻都在變，再進一步觀察，這種變化甚至是在剎那之間，念念不住。所以我由此推知，我這個形體肉身，終有一日會壞死散滅。」佛告訴波斯匿王：「你從形體隨歲月遷移而不斷變化推知終將壞死散滅，但你是否知道當你的形體壞滅之時，身中卻有不滅的東西存在嗎？」波斯匿王合掌回答道：「我實在不知道。」佛說：「我現在告訴你那生滅身中不生不滅之性。大王，你是在多大年紀時看到恆河的？」波斯匿王答道：「我三歲時，母親帶我去拜謁耆婆天時，曾經過恆河，那個時候就知道是恆河水。」佛說：「大王，正像你所說的，二十歲時，比十歲時要衰老多了，乃至到六十歲，之間是時時刻刻都在變化著的。但是，你在三歲時見到的此恆河水，與你在十三歲見到的此恆河水，二者有什麼不同嗎？」波斯匿王答道：「二者全然無異，甚至到我六十二歲時所見到的恆河水，也沒有什麼不同的地方。」佛說：「你現在髮白面皺，當然比童年衰老多了，但是，你現在的觀恆河，與童年之觀恆河，見性是否也有老幼之分？」波斯匿王答道：「不也，世尊，二時之見性並沒有老幼之分別。」佛說：「大王，與童年比，你現在雖然髮白面皺，但是見性並沒有變化，可見，所變的只是形體髮膚，而見性並沒有變化，此中不斷變化的形體確實最終將會壞死散滅，而那始終不變的見性，是不會隨著歲月的推移而有所生滅。因此，決不可相信那些外道的話，說什麼形體死後就什麼都不復存在了。」波斯匿王及與會的諸大眾聽了佛陀的這番開示後，知道此五蘊身死後，不過是捨此生彼罷了，並非全然失滅，因此，大家都歡欣雀躍，皆大歡喜。

【說明】佛以「觀河定見」啟發波斯匿王及其他會眾，試圖使其明白，五蘊聚合而成的身體遷滅後，並非全然消滅，而是捨此生彼。

阿難即從座起禮佛，合掌長跪，白佛：「世尊，若此見聞必不生滅，云何世尊名我等輩遺失真性，顛倒行事？願興慈悲，洗我塵垢。」即時如來垂金色臂，輪手下指，示阿難言：「汝今見我母陀羅手❶為正？為倒？」阿難言：「世間眾生以此為倒，而我不知誰正誰倒。」佛告阿難：「若世間人以此為倒，即世間人將何為正？」阿難言：「如來豎臂兜羅綿手上指於空，則名為正。」佛即豎臂，告阿難言：「若此顛倒，首尾相換，諸世間人一倍瞻視，則知汝身與諸如來清淨法身比類發明。如來之身名正偏知❷，汝等之身號性顛倒。隨汝諦觀，汝身、佛身稱顛倒者，名字何處，號為顛倒？」於時阿難與諸大眾瞪瞢❸瞻佛，目睛不瞬，不知身心顛倒所在。佛興慈悲，哀愍阿難及諸大眾，發海潮音❹偏告同會：「諸善男子，我常說言，色心諸緣❺及心所❻，使諸所緣法，唯心所現。汝身汝心，皆是妙明真精，妙心中所現物。云何汝等遺失本妙圓妙明心寶明妙性，認悟中迷晦昧為空？空晦暗中，結暗為色，色雜妄想，想相為身。聚緣內搖，趣外奔逸，昏擾擾相，以為心性。一迷為心，決定惑為色身之內。不知色身，外洎山河虛空大地，咸是妙明真心中物。譬如澄清百千大海，棄之唯認一浮漚體，目為全潮窮盡瀛渤。汝等即是迷中倍人，如我垂手，等無差別。如來說為可憐愍者。」

【章　旨】佛從呵斥世間之人以舉手為正，垂手為倒入手，指出此般之正、倒實乃虛妄心識妄加分別的產物，常人把此虛妄心識誤認為是自家心性，殊不知，包括眾生色身在內的一切諸法，實乃本自圓滿之妙明真心的影現物。

【注　釋】❶母陀羅手　母陀羅，又作「目陀羅」、「莫捺羅」等，意譯為印相、契印。母陀羅手，意為結印之手。❷正偏知　佛有十大名號，此為其中一個名號。❸瞪瞢　意為直視。❹海潮音　指佛、菩薩之音聲、應化。❺色心諸緣　色指物質性的東西，如五根、六塵；心指無形質之心識，如六識、八識。❻心所　即心所有法，指附隨於心為心所有之法。

【語　譯】其時，阿難從座而起，恭敬禮佛，合掌跪地對佛說：「世尊，如果見性是不生不滅的，那世尊為什麼呵斥我等遺失真性，顛倒行事？願我佛慈悲為懷，普降甘露法雨，為我等洗去蒙在心頭上的塵垢。」其時，佛隨即垂下金色的手臂，把手指指向地面，對阿難說：「你現在所看到我的手，是正還是倒？」阿難答道：「世間的眾生都以此為倒。但我不知道，如何是正，如何是倒。」佛告訴阿難：「如果世間眾生，以此為倒，即世間人以何為正？」阿難說：「若如來把手指指向天空，世間之人，則稱此為正。」佛隨即把手臂豎起來，告訴阿難：「若這樣就叫做正，那只不過是上下倒置，首尾互換罷了。世間眾生，如果一定要執著何者為正，何者為倒，這本身就是一種顛倒妄想。人之五蘊身與如來之清淨法身的相互關係也是這樣。如來法身，名正徧知，你等生身，名性顛倒，此身原沒有什麼不同，差別僅在於迷悟之間。請你們觀察思考，若與如來清淨身相比，稱眾生身為顛倒。既有顛倒之名，定有顛倒之相狀，那麼，請指出究竟顛倒在什麼地方？」當時，阿難及與會諸大眾個個瞠目結舌，目不轉睛望著佛，不知身心究竟顛倒在何處。佛見阿難及諸大眾皆茫然不知所對，實堪哀憐，興大慈悲，發海潮音，普告阿難及與會諸大眾：「諸善男子，我經常說，世間一切諸法及人們的一切意識行為，都是妙明真心的體現，包括你等的身心也是此一妙明真心影現之物。你等為何遺失此一本自圓滿之妙明真心，常自寂照的清淨本性，而誤認虛妄分別之一點迷情為自心性呢？由於這一點虛妄分別，而幻化出地、水、風、火諸色，再由諸色與虛妄心識集合成人的五蘊根身。此身內之心識受外界之刺激而妄念不斷，對外則追逐各種塵境無以止息，並且把此念念不住的迷情妄識誤認為自家心性，認為它就在眾生之身體之內，殊不知，一切眾生之色身，乃至色身之外一切山河大地，全是此一妙明真心之影現物。此有如置波滔連天的大海於不顧，而以忽隱忽現之一浮漚為全潮，實可悲矣。你等就是這般迷茫之輩，如我垂手舉手，本來無所謂正與倒，卻妄分正與倒，著實可憐可悲啊。」

【說明】佛以「垂手無違」作喻啟發阿難及會中大眾，但大眾仍然愚昧難知真義。

阿難承佛悲救深誨，垂泣叉手而白佛言：「我雖承佛如是妙音[1]，悟妙明心元所圓滿，常住心地❷。而我悟佛現說法音❸，現以緣心❹，允所瞻仰。徒獲此心，未敢認為本元心地。願佛哀愍，宣示圓音。拔我疑根，歸無上道❺。」

佛告阿難：「汝等尚以緣心聽法，此法亦緣，非得法性❻。如人以手指月示人，彼人因指當應看月。若復觀指以為月體，此人豈唯亡失月輪，亦亡其指！何以故？以所標指為明月故。豈唯亡指，亦復不識明之與暗！何以故？即以指體為月明性，明、暗二性無所了故。汝亦如是。若以分別❼我說法音為汝心者，此心自應離分別音，有分別性。譬如有客寄宿旅亭，暫止便去，終不常住。而掌亭人都無所去，名為亭主。此亦如是，若真，汝心則無所去，云何離聲無分別性？斯則豈唯聲分別心，分別我容，離諸色相，無分別性。如是乃至分別都無，非色非空。拘舍離❽等昧為冥諦❾，離諸法緣無分別性。則汝心性，各有所還，云何為主？」

阿難言：「若我心性各有所還，則如來說妙明元心云何無還？惟垂哀愍，為我宣說。」

佛告阿難：「且汝見我見精明元，此見雖非妙精明心，如第二月非是月影。汝應諦聽，今當示汝無所還地。阿難，此大講堂洞開東方，日輪升天則有明耀；中夜黑月，雲霧晦暝，則復昏暗；戶牖之隙則復見通，牆宇之間則復觀擁；分別之處則復見緣，頑虛⑩之中遍是空性；鬱孛之象則紆昏塵，澄霽斂氛又觀清淨。阿難，汝咸看此諸變化相，吾今各還本所因處。云何本因？

「阿難，此諸變化，明還日輪。何以故？無日不明，明因屬日，是故還日。暗還黑月，通還戶牖，擁還牆宇，緣還分別，頑虛還空，鬱孛還塵，清明還霽。則諸世間一切所有不出斯類。汝見八種見精明性，當欲誰還？何以故？若還於明，則不明時，無復見暗。雖明暗等種種差別，見無差別。諸可還者，自然非汝。不汝還者，非汝而誰?!則知汝心本妙明淨，汝自迷悶，喪本受輪，於生死中常被漂溺。是故如來名可憐愍。」

【章　旨】佛受阿難的請求，以八種比喻來辨析眾生的見性。

【注　釋】❶妙音　美妙絕倫的聲音。❷心地　心為萬法之本，能生一切諸法，故曰「心地」。❸法音　說法的聲音。❹緣心　攀緣事物的分別之心。❺無上道　如來所得之道，無有出其上者，故稱無上道，具體是指菩提。❻法性　諸法的本性。這種諸法的本性，在有情方面，叫做佛性；在無情方面，即叫做法性。法性也就是實相、真如、法界、涅槃的別名。❼分別　推量思惟之意，又譯作「思惟」、「計度」，即心及心所（精神作用）對境起作用時，取其相而思惟量度之。❽拘舍離　又作「瞿舍梨」、「劬奢離」，佛陀時代十種外道之一，意譯為「牛舍」。❾冥諦　為古代印度六派哲學中之數論哲學派所立二十五諦之第一諦。又作冥性、冥初。通常多稱自性諦、自性。數論學派將宇宙萬有區別為二十五種諦理，而以冥諦為第一諦，為萬物之本源、諸法之始，故亦稱冥初。❿頑虛　一切都不存在的絕對的虛空。

【語　譯】阿難承蒙佛的慈悲救度和深切教誨，合掌悲泣而對佛說：「我雖然承蒙佛的如此妙音，悟得妙明淨心，本自圓滿，常住於心地。但是，我卻是以攀緣思慮心來領悟佛所說法音的，來瞻仰佛的面容的。白白地獲得這顆心，卻未敢認其為自己的本元心地。希望佛憐愛我，為我宣示圓妙之音，拔掉我疑惑的根性，使我歸向於無上道。」

佛告訴阿難：「你們尚且以思慮心聽我說法，這樣獲得的法仍然屬於緣生法，並不能獲得法性。譬如人用手指指著月給人看，那些人應該憑藉手指的方向去看月。如果有人又觀看手指而將其當作月之體，這種人豈止失掉了月亮，就連同手指的含義也失掉了！為什麼呢？因為他是把指月亮的手指當作了明月。豈止僅僅是失去了手指的含義，也不知曉明與暗的含義！為什麼呢？因為他是將手指當作月亮的明性，對於明、暗二性都沒有了知。阿難，你也是如此。如果將聽我說法所產生的分別之心作為自己的心，此心自然就應該離開所分別的聲音而有分別之自性。譬如有客人寄宿於旅社，暫住幾日便會離去，最終是不會常住的。而掌管旅館的人是不會離開的，因此名為旅館主。心也是如此，如果是真心，你的心應該是沒有別的去處的。為什麼離開聲音而沒有分別之性呢？不但離開聲音而沒有分別之心，分別我的容貌，離開那些色相，也沒有分別之性。如此乃至離開香、味、觸等法，分別之心都不存在。對於非色非空的境界，離開法塵，同樣也沒有分別法塵的體性存在。拘舍離等外道昧於真諦，不知曉離開法之緣而沒有分別之性。你所認為的心性，卻是遇境而有，隨境而滅的，各自都有所歸，為什麼能夠稱之為主體呢？」

阿難言：「如果我的心性各自都有所歸宿，那麼如來所說的妙明真心為什麼沒有歸宿？衷心希望佛哀憐我們，為我等宣說這方面的道理。」

佛告訴阿難：「當你看我的時候，能看見我的是你的能見之心，此『見』雖然不是妙明真心，好像捏住眼睛所看見的第二月，並非月亮的影子。你應該仔細地聽我講，現在要為你演示真心本元無所歸去的道理。阿難，這座大講堂面向東方敞開大門，太陽升天就有明亮的光線；夜晚時候，雲霧遮住了月光，就又昏暗起來了；從窗戶的縫隙中看到的是通達，牆宇之間則又顯示出擁塞；從可以分別之處看到的是千差萬別的事物，而從無物的空間看到的則全部是空性；蒸汽隨著塵土飛揚，就呈現出一片混沌景象；雨過天晴，就顯現出一片清淨之色。阿難，你看到的這些變化的相狀，我現在各還原其本來的起因。什麼是本來的起因呢？

「阿難，這些變化，明亮來源於太陽。為什麼呢？沒有太陽就不曾有明亮，明亮因而屬於太陽，因此歸結為太陽。黑暗歸結為被雲霧遮蔽的月亮，通達歸結為門窗，阻塞歸結為牆壁，差異的物象歸結為分別，一無所有歸結為虛空，混沌還歸於塵土，清明還歸於雨後的晴天。可見世間的一切現象都不出這些類別。你所有的能夠看見這八種見精的明性，又應當還歸誰呢？為什麼如此問呢？如果還歸於明亮，那麼沒有光明之時，就應該再也見不到黑暗。雖然明、暗等有種種差別，但見性卻並無差別。那些可以還歸的，當然不是你的見性。但不還歸於你的見性，又能還歸於誰呢？！如此看來，你的本來明淨的妙心，你自己迷茫不知，遺棄了本來的明淨之心而陷入輪迴，沉淪於生死之中。因此如來將你等看作可憐的人。」

阿難言：「我雖識此見性無還，云何得知是我真性？」

佛告阿難：「吾今問汝，今汝未得無漏清淨，承佛神力，見於初禪❶，得無障礙。而阿那律❷，見閻浮提❸如觀掌中菴摩羅果❹。諸菩薩等見百千界，十方如來窮盡微塵清淨國土，無所不矚。眾生洞視不過分寸。

「阿難，且吾與汝觀四天王所住宮殿❺，中間遍覽水陸空行。雖有昏明種種形像，無非前塵分別留礙。汝應於此分別自他，今吾將汝擇於見中，誰是我體？誰為物象？阿難，極汝見源，從日月宮是物非汝，至七金山❻周徧諦觀，雖種種光亦物非汝，漸漸更觀雲騰鳥飛、風動塵起、樹木山川、草芥人畜，咸物非汝。阿難，是諸近遠諸有物性，雖復差殊，同汝見精，清淨所矚。則諸物類自有差別，見性無殊，此精妙明，誠汝見性。

「若見是物，則汝亦可見吾之見。若同見者，名為見吾，吾不見時，何不見吾不見之處？若見不見，自然非彼不見之相。若不見吾不見之地，自然非物，云何非汝？

「又則汝今見物之時，汝既見物，物亦見汝。體性紛雜，則汝與我并諸世間，不成安立。阿難，若汝見時，是汝非我，見性周徧，非汝而誰？云何自疑汝之真性，性汝不真，取我求實？」

【章旨】佛繼續為阿難等會眾宣講所見之物儘管有別，而自己的見性即「真性」卻是存在的道理。

【注釋】❶初禪　為小乘禪法四禪之一。在此境界中，修行者的心能寂靜審慮，感受到離開欲界之惡而生的喜、樂，心感喜受，身感樂受，故稱「離生喜樂」。但因為仍然具有「尋」、「伺」之心理活動，稱為初禪。一般而言，初禪具有「尋」、「伺」、「喜」、「樂」、「心一境性」等五大特點。❷阿那律　佛陀十大弟子之一。古印度迦毗羅衛城之釋氏，佛陀之從弟。關於其身世，有說為斛飯王之子，也有說為甘露飯王之子的。佛陀成道後歸鄉，阿那律與阿難、難陀、優波離等，即於其時出家為佛弟子。出家後之阿那律，修道精進，堪稱模範。彼嘗於佛說法中酣睡，為佛所呵責，遂立誓不眠，而罹眼疾，至於失明。然以修行益進，心眼漸開，最終成為佛弟子中天眼第一，能見到天上、地下六道眾生的相狀。❸閻浮提　又譯為「贍部洲」，閻浮是樹名。因為此洲的中心，有閻浮樹的森林，依此樹的緣故，稱為贍部洲，贍部洲就是我們現在所住的娑婆世界。❹菴摩羅果　又稱「阿末羅」、「阿摩洛迦」、「庵摩洛迦」等，果名。《玄應音義》卷二一說：「阿末羅，舊言庵摩羅，亦作阿摩勒。其葉似小棗，花亦白小，果如胡桃，其味酸而甜，可入藥分。經中言如觀掌中者也。」❺四天王所住宮殿　四天王所居住的天界，在須彌山腰，六欲天之第一重。四天王，又作「護國四王」、「四大天王」、「四王」，即持國（東方）、增長（南方）、廣目（西方）、多聞（北方）四天王。❻七金山　於須彌山及鐵圍山間之七座山，其山悉由金寶所成，故有此稱。七者即：㈠踰健達羅山，繞須彌之山，高四萬由旬。㈡伊沙馱羅山，繞踰健達羅，高二萬由旬。㈢朅地洛迦山。㈣蘇達梨舍那山。㈤頞濕縛羯拏山。㈥毗那怛迦山。㈦尼民達羅山。此七座金山，依序繞其前座，高度亦為前座之半。

【語　譯】阿難說：「我雖然知曉了此見性沒有還歸之處，那又如何得知我的真性呢？」

佛告訴阿難：「我現在問你，你現今並未獲得無漏清淨的聖果，只是稟承佛的神力，觀見到初禪的境界而自在無礙。而阿那律觀見閻浮提就如同觀看掌中的菴摩羅果一樣。諸位菩薩等觀見百千界，十方如來窮盡微塵清淨國土，沒有他們看不到之處。而眾生的肉眼能夠觀看的範圍卻只有分寸之地。

「阿難，我與你一起觀看四天王所住的宮殿，遍觀其間水中、陸地以及空中飛行的一切存在。這些雖然有昏暗與明亮種種形像的分別，但都無一不是因對眼前塵境而妄起的分別。你應該從中分別出自己的自性與他物，現在我從你親眼所見的存在中抉擇，誰是我的見體？誰為物象？阿難，你能看見遠處的日月宮是物而不是你，你可仔細遍觀近處圍繞須彌山的七金山，雖有種種光芒，也是物而不是你，你可逐漸觀看雲騰鳥飛、風動塵起、樹木山川、草芥人畜等等，這些都是物而不是你。阿難，這些遠近的物品的相狀，雖然千差萬別，但都是在你清淨的見精的矚望之下的。這些物類自有差別，而見性卻沒有差別，這個能見的妙淨明體，確實是你的見性。

「如果見性是物，那麼你也應該能夠看見我的見性。如果由於你、我見到同樣的東西，就叫看見了我的見性，那麼，我不看物時，你為何看不見我所不見之處呢？如果能夠見到我所不見之處，當然就不是那所不見的相狀。如果見不到我所不見之地，見性自然就不是物，為什麼不是你的真心呢？

「還有，你現在看物之時，你既然看到了物，物也應該看見你。這樣一來，無情的物體與有情的見性，體性紛然雜亂，那你與我以及世間，都無法成立了。阿難，如果你看我時，是你看見我而不是我看見你，這個無所不在的見性，不是你的真性還是誰呢？你為什麼要自己懷疑你的真性，反而想從我的言說中求證你的真性呢？」

阿難白佛言：「世尊，若此見性必我非餘，我與如來觀四天王勝藏寶殿，居日月宮，此見周圓遍娑婆國❶，退歸精舍祇見伽藍❷，清心戶堂但瞻簷廡。世尊，此見如是。其體本來周遍一界，今在室中唯滿一室。為復此見縮大為小，為當牆宇夾令斷絕？我今不知斯義所在，願垂弘慈為我敷演。」

佛告阿難：「一切世間大、小、內、外，諸所事業各屬前塵，不應說言見有舒縮。譬如方器，中見方空。吾復問汝，此方器中所見方空，為復定方？為不定方？若定方者，別安圓器，空應不圓。若不定者，在方器中，應無方空。汝言不知斯義所在，義性如是，云何為在？阿難，若復欲令入無方圓，但除器方，空體無方。不應說言，更除虛空方相所在。若如汝問，入室之時，縮見令小，仰觀日時，汝豈挽見齊於日面？若築牆宇，能夾見斷，穿為小竇，寧無續迹？是義不然。一切眾生從無始來，迷己為物，失於本心，為物所轉，故於是中觀大觀小。若能轉物，則同如來，身心圓明，不動道場❸，於一毛端遍能含受十方國土。」

【章　旨】阿難以為見性有大小的變化，而佛則用方器為比喻說明，見性本身並無舒展與收縮之分。世間眾生由於不懂得這些道理而為物所轉。

【注　釋】❶娑婆國　即「娑婆世界」的簡稱，「娑婆」漢譯為「堪忍」，因此世界的眾生堪能忍受十惡、三毒及諸煩惱而不肯出離，故名「堪忍世界」，或簡稱「忍土」。❷伽藍　「僧伽藍摩」的簡稱，漢譯為「眾園」，即僧眾所居住的園庭，亦即寺院的通稱。❸道場　又作「菩提道場」、「菩提場」，指中印度菩提伽耶的菩提樹下之金剛座上佛陀成道之處。一般所謂「道場」係指修習佛法之場所，因而「道場」可作為寺院之別名。

【語　譯】阿難對佛說：「世尊，如果這種見性一定是我的見性而不是別的任何物體，我與如來觀看四天王勝藏寶殿，或者居住在日月宮中，此見能夠遍及娑婆國土，但回到精舍卻只看見伽藍，進入清新的講堂卻只是見到四壁和廊廡。世尊，這種見就是如此。見體本來可以周偏一界，現今在室中卻只能滿於一室。這是見性由大縮小，還是被牆宇隔斷了呢？我現今不知道其中的道理所在，希望佛發大慈悲，為我演說其中的道理。」

佛告訴阿難：「一切世間的大、小、內、外等等所有事相各自都屬於前塵器世間相狀上的事，不應該說見性有擴大有縮小。譬如方形的器皿，從中可以看見方形的虛空。我現在問你，從這方形器皿中所見的方形虛空，是一個固定的方形呢？還是不固定的方形呢？如果是固定的方形，另外給其安裝一個圓形器皿，則空間就不應該是圓的。如果不是固定的形狀，在方形器皿中，就應該沒有方形的空間。你說不知曉見性的真義所在，實際上見性就是如此，為什麼還要問其所在呢？阿難，如果想除去方圓的形狀，只要除去方圓的器皿，空體就沒有方了。不應該說，再有一個虛空方相去去除。如果你問，進入室中之時，便縮見使其變小，仰觀太陽時，你豈不要將見性拉長，接近太陽的表面呢？如果築起牆宇，就能隔斷見性，在牆上穿一個小洞，見性為何沒有接續的痕跡呢？但事實卻不是這樣。一切眾生從無始以來，誤以為自己的見性就是物，從而失去了本心，被外物所轉，從物中觀大觀小。如果能夠轉物，就與如來相同，身心圓明，在道場中不動，就可以於一毛端遍能含受十方國土。」

阿難白佛言：「世尊，若此見精必我妙性，今此妙性現在我前，見必我真，我今身心，復是何物？而今身心分別有實，彼見無別，分辨我身。若實我心，令我今見，見性實我，而身非我。何殊如來先所難言，物能見我？惟垂大慈，開發未悟。」

佛告阿難：「今汝所言，見在汝前，是義非實。若實，汝前汝實見者，則此見精既有方所，非無指示。且今與汝坐祇陀林，遍觀林渠及與殿堂，上至日月，前對恆河。汝今於我師子座前，舉手指陳是種種相，陰者是林，明者是日，礙者是壁，通者是空。如是乃至草樹纖毫，大小雖殊，但可有形，無不指著。若必有見現在汝前，汝應以手確實指陳何者是見。阿難當知，若空是見，既已成見，何者是空？若物是見，既已是見，何者為物？汝可微細披剝萬象，析出精明淨妙見元，指陳示我。同彼諸物，分明無惑。」

阿難言：「我今於此重閣講堂，遠洎恆河，上觀日月，舉手所指，縱目所觀，指皆是物，無是見者。世尊，如佛所說，況我有漏初學聲聞，乃至菩薩亦不能於萬物象前剖出精見，離一切物別有自性。」

佛言：「如是，如是。」

【章　旨】佛應阿難所請，宣講見性並非是可以直接顯現在眼前而被觀察到。

【語　譯】阿難對佛說：「世尊，如果此見精一定是我的妙明真性，此妙明真性顯現在我的眼前，見性一定是真正的我，我現在的身心，又是什麼東西呢？而現今的身心能夠分別事物是否有實，而此見性沒有別的識心分辨我的身心。如果見性確實是我的心，應該可以使我看見；見性確實是我，而我的身則應該不是我。這與如來先前所駁斥的物能見我的觀點有什麼區別呢？希望佛發慈悲心，啟發我尚未覺悟的心。」

佛告訴阿難：「今天你所說的，見性在你的面前，這種觀點是不確實的。如果確實如此，你目前可以實在地見到它，那麼此見精既然有方所，就不應該沒有標示。現在我與汝坐在祇陀林中，遍觀林渠，看到殿堂，目光上及太陽、月亮，面對恆河。你現今在我的獅子座前，舉手指陳著種種相狀，陰暗的是樹林，明亮的是太陽，阻礙的是牆壁，通達的是虛空。如此這樣的指說下去，甚至草、樹及其他細小的東西，大小雖然不同，只要是有形體的，沒有不能指陳的。如果一定有見性顯現在你的眼前，你應該可以用手確定地指稱什麼是見性。阿難，你應當知曉，如果說空是見，既然空已經成為見，什麼又是空呢？如果說物是見，既然物已經是見，什麼又是物呢？你可以仔細地剖析世間的萬象，從中分析出精明清淨美妙的見元，指陳演示給我，就如同指稱其他事物一樣，歷歷分明，毫不含混。」

阿難說：「我現今在這座重閣講堂之中，遠望的是恆河，仰觀日、月，抬手所指，縱目所觀的，都是物象，而沒有辦法指稱出見性來。世尊，如佛所說的，如同我這樣的被煩惱所糾纏的初學聲聞不能從萬物之相狀中剖析出精見，甚至菩薩也不能從萬物之相狀中剖析出精見，認識到遠離一切物而別有自性。」

佛說：「是這樣，是這樣。」

佛復告阿難：「如汝所言，無有精見，離一切物別有自性。則汝所指，是物之中，無是見者。今復告汝，汝與如來，坐祇陀林，更觀林苑，乃至日月，種種象殊，必無見精受汝所指。汝又發明此諸物中，何者非見？」

阿難言：「我實遍見此祇陀林，不知是中何者非見。何以故？若樹非見，云何見樹？若樹即見，復云何樹？如是乃至，若空非見，云何見空？若空即見，復云何空？我又思惟，是萬象中，微細發明，無非見者。」

佛言：「如是，如是。」

於是，大眾非無學者聞佛此言，茫然不知是義終始，一時惶悚，失其所守。如來知其魂慮變慴，心生憐愍，安慰阿難及諸大眾：「諸善男子，無上法王是真實語，如所如說，不誑不妄，非末伽黎四種不死矯亂論議❶。汝諦思惟，無忝哀慕。」

【章　旨】對於佛宣說的這些道理，不但阿難不理解，會中的非無學者更感到疑惑。佛知曉會眾的心情，安慰阿難以及大眾。

【注　釋】❶末伽黎四種不死矯亂論議　為印度古代外道所執六十二見之一，即針對不死之問題，自己並非如實了知卻矯亂回答他人。此類外道共有四種，故又稱四種不死矯亂論、四不死矯亂論。四種是：㈠就善惡業報之問題，隨一己所理解者而答覆他人。㈡就他世有無之問題，隨問者之所見而答以如是如是。㈢就善不善法之問題，答以非善非惡。㈣取他人之見解而作為問題之答案。

【語　譯】佛又告訴阿難：「如你所說的，沒有見性能夠離開一切物而別有自性。那麼，你所指示的這些物象之中沒有見性。現今又告訴你，你與如來坐於祇陀林，又觀看林苑，甚至太陽、月亮，種種不同的物象，一定沒有見性可以供你去指稱。你再說說看，這些物象之中，哪一種是不可見的呢？」

阿難說：「我確實完全看到了祇陀林中的一切，不知其中什麼是不可見之物。為什麼呢？如果樹不是見，為什麼會看見樹呢？如果樹就是見，又為什麼說它是樹呢？如此乃至，如果空不是見，憑藉什麼見到空呢？如果空就是見，又為什麼說它是空呢？我又這樣思惟，這些萬象之中，仔細辨析起來，沒有不是見的。」

佛說：「是這樣，是這樣。」

由於這樣，與會的尚未到達無學果位的弟子，茫然不知這些義理的來由，一時間驚慌悚懼，不知所從。如來知曉這些弟子六神無主，思緒紊亂，心中產生憐愍，安慰阿難及諸大眾：

「諸位善男子，無上法王的真實語，完全是依照所證得的真理如實而說，不誑不妄，並非如末伽黎所說的四種不死矯亂論議。你仔細思惟，不要增添哀怨和羨慕的情緒。」

是時文殊師利法王子愍諸四眾，在大眾中即從座起，頂禮佛足，合掌恭敬，而白佛言：「世尊，此諸大眾，不悟如來發明二種精見、色空是、非是義。世尊，若此前緣色空等象，若是見者，應有所指。若非見者，應無所矚。而今不知是義所歸，故有驚怖，非是疇昔善根輕鮮。惟願如來大慈發明此諸物象，與此見精元是何物，於其中間無是、非是。」

佛告文殊及諸大眾：「十方如來及大菩薩，於其自住三摩地中，見與見緣並所想相，如虛空華本無所有。此見及緣元是菩提妙淨明體，云何於中有是非是？文殊，吾今問汝，如汝文殊更有文殊？是文殊者為無文殊？」

「如是，世尊！我真文殊，無是文殊。何以故？若有是者，則二文殊。然我今日非無文殊，於中實無是、非二相。」

佛言：「此見妙明，與諸空塵，亦復如是。本是妙明，無上菩提淨圓真心，妄為色空及與聞見。如第二月誰為是月？又誰非月？文殊，但一月真，中間自無是月非月。是以汝今觀見與塵，種種發明名為妄想，不能於中出是、非是。由是精真妙覺明性，故能令汝出指非指。」

【章　旨】佛應文殊菩薩的請求，向會眾再次宣說物象與見性之間沒有「是」與「非是」的區分。

【語　譯】這時，文殊師利菩薩哀憫四眾，在大眾中立即從座位起來，頂禮佛的雙足，合掌向佛禮拜，然後對佛說：「世尊，此諸大眾不悟如來發明的精見、色空是『是』還是『非是』的二種義理。世尊，如果前緣色空等是『見』的話，應該能夠指稱出來。如果不是『見』的話，應該沒有可以觀看的東西。這些聽眾現今不知曉這些義理的歸結，因此才有驚奇恐怖，但是這些聽眾已經不像從前那樣善根淺薄。希望如來以大慈悲闡明這些物象與此見精原本是什麼樣的存在，為什麼在其中間沒有『是』與『非是』的區別。」

佛告訴文殊以及大眾：「十方如來及大菩薩，由於自己住於三摩地境界中，見與見緣以及所想像的一切相狀，都如同虛空中的花，本來就是不存在的。此見及緣原本是菩提妙淨明體，為什麼在其中有『是』與『非是』呢？文殊，我現在問你，在你之外另立一位文殊，他是文殊？或者不是文殊？」

文殊菩薩回答：「如此，世尊！我是真文殊，沒有另外的文殊。為什麼呢？如果另外有一位文殊，那麼應該有二位文殊。然而今日既有一位真文殊，就不是無文殊，於中確實沒有是、不是二種相狀。」

佛說：「此見性妙明，而與一切物象一樣，都是如此。見性與物象本來都是同一妙明無上菩提淨圓真心，由於最初一念不覺，致使由真起妄，才產生萬象雜陳的境相，以及能見能聞等業識。譬如第二月，誰是月？誰又是非月？文殊，月亮只有一個，其中自然沒有是月與非月之分。因此，你現在觀察到的見以及塵境的種種現象，都是妄想，不能從中分出『是』與『非是』。只要覺知此清淨的妙覺真體，因此就能使你認識到一切可指陳的東西都是空花而已。」

阿難白佛言：「世尊，誠如法王所說，覺緣遍十方界，湛然常住，性非生滅。與先梵志娑毗迦羅❶所談冥諦，及投灰❷等諸外道種，說有真我遍滿十方，有何差別？世尊亦曾於楞伽山❸，為大慧❹等敷演斯義。彼外道等常說自然❺，我說因緣非彼境界。我今觀此覺性，自然非生非滅，遠離一切虛妄顛倒，似非因緣，與彼自然。云何開示不入群邪，獲真實心妙覺明性？」

佛告阿難：「我今如是開示方便，真實告汝。汝猶未悟，惑為自然。阿難，若必自然，自須甄明有自然體。汝且觀此妙明見中，以何為自？此見為復以明為自？以暗為自？以空為自？以塞為自？阿難，若明為自，應不見暗。若復以空為自體者，應不見塞。如是乃至諸暗等相以為自者，則於明時，見性斷滅，云何見明？」

【章旨】阿難以為佛所說的「覺性」與外道所說的「自然」觀點較為接近，佛則以「覺性」並無「自然之體」來解釋「覺性」並非自然的道理。

【注釋】❶娑毗迦羅　又作劫毗羅，譯為黃髮、金頭或龜種，印度古仙人名，為數論派之祖。因其鬚髮面色皆黃赤，故號為「黃赤色仙人」。❷投灰　指苦行外道，為求解脫，或達到某種願望所採納折磨自己的修行方式。❸楞伽山　據《華嚴經疏》卷五六的解釋，「楞伽」意譯為「難往」，包含四義：㈠種種寶性所成莊嚴殊妙故，㈡有大光和日月故，㈢高顯寬廣故，㈣伽王等居此，佛又於此開化群生，作勝益事故。此山居海之中，四面無門，非得通者莫往，故稱「難往」。關於楞伽山之位置，《慧苑音義》卷下謂楞伽山在南天竺南界，近海岸。❹大慧　菩薩名，音譯作摩訶摩底，在楞伽經會上，為一會之上首。❺自然　指不假任何造作之力，自然而然、本然如是存在之狀態。

【語　譯】阿難對佛說：「世尊，確實如您所說，靈覺能緣的見性充滿十方界，湛然常住，本性就是非生滅的。這種說法，與先前梵志娑毗迦羅所談的冥諦，以及投灰等諸外道所說的『真我遍滿十方』的觀點，有什麼差別呢？世尊也曾在楞伽山為大慧菩薩等宣講這些義理。那些外道等常說自然，認為世間的一切，內而眾生的心性，外而山河大地等自然物，都是自然而有的，不須造作，不加修證。因此，您宣說因緣義破斥他們。而我也認為，因緣並非他們所說的境界。我現今觀此覺性，也是自然而非生非滅的，遠離一切虛妄顛倒，這似乎不是因緣，而與外道所說的自然相似。您為什麼要這樣開示，力圖使我們不進入諸多外道邪計，並且由此獲得真實心妙覺明性呢？」

佛告訴阿難：「我現今如此方便開示，將最真實的真理告訴你。你卻仍然未能領悟，反而認為其與自然觀點相同。阿難，如果見性屬於自然，當然應該甄別明白，一定要有自然之體存在。你姑且觀察一下妙明之見中究竟是以什麼作為自體的。此見性是以『明』為自體的？還是以『暗』為自體的？是以『空』為自體的？還是以『塞』為自體的？阿難，如果以『明』為自體，應該見不到『暗』。如果是以『空』為自體的，應該見不到阻塞。如此乃至以諸暗等相狀為自體，那麼在『明』時，見性應該斷絕滅除，憑藉什麼見到『明』呢？」

阿難言：「必此妙見，性非自然。我今發明是因緣生，心猶未明，咨詢如來，是義云何合因緣性？」

佛言：「汝言因緣，吾復問汝。汝今因見，見性現前。此見為復因明有見？因暗有見？因空有見？因塞有見？阿難，若因明有，應不見暗。如因暗有，應不見明。如是乃至因空，因塞，同於明、暗。

「復次，阿難，此見又復緣明有見？緣暗有見？緣空有見？緣塞有見？阿難，若緣空有，應不見塞。若緣塞有，應不見空。如是乃至，緣明緣暗，同於空、塞。

「當知，如是精覺妙明，非因非緣，亦非自然，非不自然，無非不非，無是非是，離一切相，即一切法。汝今云何於中措心，以諸世間戲論❶名相❷而得分別？如以手掌撮摩虛空，祇益自勞，虛空云何隨汝執捉？」

【章　旨】阿難又感覺到此「覺性」合於「因緣性」，佛則明確指出，覺性是非因非緣的。

【注　釋】❶戲論　謂錯誤無意義之言論，即違背真理，不能增進善法而無意義之言論。❷名相　名，指事物之名稱，能詮顯事物之本體。相，指事物之相狀。以名能詮顯事物之相狀，故稱「名相」。

【語　譯】阿難又說：「這樣看來，這妙明的見性一定不是自然的。我現今又認為此見性應該從因緣而生，但我心中仍然有未明白的地方，特向如來請教，此見性為什麼合於因緣性？」

佛說：「你說到因緣，我又問你，你現在因為有見，見性方才能夠顯現在眼前。此見是因為有『明』才有的？還是因為有『暗』才有的？是因為有『空』才有的？還是因為有『阻塞』才有的？阿難，如果是因為有『明』才有的，應該看不到『暗』。如果因為有『暗』才有的，應該看不到『明』。如此類推，以『空』、『阻塞』為原因等同於『明』、『暗』。

「還有，阿難，此見性是以『明』為條件產生見？還是以『暗』為條件產生見？是以『空』為條件產生見？還是以『阻塞』為條件產生見？如果是以『空』為條件產生見，應該看不到『阻塞』。如果是以『阻塞』為條件產生見，應該看不到『空』。如此類推，以『明』、『暗』為條件等同於『空』、『塞』。

「你應當知道，這精覺妙明的見性，既不屬於因緣，也不是自然而有，但也不能說不是自然。它本來就沒有非與不非，也沒有是與非是的問題，它遠離一切相，又融攝一切法。你現今為什麼在此問題上勞慮，用世間戲論名相而去分別它呢？譬如以手掌去抓摩虛空，只是自取疲勞，虛空怎麼能夠讓你執捉到呢？」

阿難白佛言：「世尊，必妙覺性非因非緣，世尊云何常與比丘宣說，見性具四種緣？所謂因空、因明、因心、因眼，是義云何？」

佛言：「阿難，我說世間諸因緣相非第一義❶。阿難，吾復問汝，諸世間人說我能見，云何名見？云何不見？阿難，言世人因於日、月、燈光，見種種相名之為見。若復無此三種光明，則不能見。阿難，若無明時，名不見者，應不見暗。若必見暗，此但無明，云何無見？阿難，若在暗時，不見明故，名為不見。今在明時，不見暗相，還名不見。如是二相，俱名不見。若復二相，自相陵奪，非汝見性於中暫無。如是則知，二俱名見，云何不見？

「是故，阿難，汝今當知，見明之時，見非是明；見暗之時，見非是暗；見空之時，見非是空；見塞之時，見非是塞。四義成就。汝復應知，見見之時，見非是見。見猶離見，見不能及，云何復說因緣、自然及和合相？汝等聲聞，狹劣無識，不能通達清淨實相❷。吾今誨汝，當善思惟，無得疲怠妙菩提路❸。」

【章　旨】見性不屬於自然，不屬於因緣，也不屬於和合相。此章為此層義理的總結。

【注　釋】❶第一義　最高最究竟之真理。❷清淨實相　清淨，指遠離因惡行所致之過失煩惱。實相，原義為本體、實體、真相、本性等；引申指一切萬法真實不虛之體相，或真實之理法、不變之理、真如、法性等。這裡是說，諸法的本體是遠離染汙的清淨明覺之體。❸妙菩提路　指微妙不可思議的通向菩提的妙覺之路。

【語　譯】阿難對佛說：「世尊，妙覺之一定是非因非緣的，世尊為什麼常給比丘宣說，見性具有四種緣呢？所謂因空、因明、因心、因眼而有見性，是什麼含義呢？」

佛說：「阿難，我說世間諸因緣相不是第一義。阿難，我再問你，諸世間人說我能見，什麼名為『見』呢？什麼叫『不見』呢？阿難，世人憑藉日、月、燈光而見到種種相狀名之為『見』。如果沒有這三種光明，就不能見到。阿難，如果沒有光明時，就名『不見』，應該連『暗』也見不到。如果一定能見到『暗』，這又沒有光明，怎麼能說無『見』呢？阿難，如果在暗時，因為不見光明，名為『不見』。現在在明時，不見暗相，仍然名為『不見』。如是二相，都稱之為『不見』。如果『明』、『暗』二相，交互出現，不是你的見性在此中有所中斷。如此則知曉，二種情況都名為『見』，怎麼又叫『不見』呢？

「因此，阿難，你現今應當知曉，看見光明之時，見本身不是明，看見暗之時，見本身不是暗；看見空之時，見本身不是空；看見塞之時，見本身不是塞。明、暗、空、塞四義的成立，已經證明它們與見性本身無關。你還應當知曉，見性在『見』之時，所見者本身不是『見』。見尚且脫離見性，見性不能見及自身，怎麼又說屬於因緣、自然及和合相呢？你們聲聞，見地狹小，心志拙劣，不能通達清淨實相。我現今教誨你，應當善於思惟，一定不要在通往微妙的菩提大道上懈怠疲倦。」

【說　明】佛以「八還辨見」作喻啟發阿難及會中大眾，正確理解「見性」非因非緣，也非自然。「八還辨見」為：「明還日輪」、「暗還黑月」、「通還戶牖」、「壅還牆宇」、「緣還分別」、「頑虛還空」、「鬱𡋯還塵」、「清明還霽」。

阿難白佛言：「世尊，如佛世尊為我等輩宣說因緣及與自然、諸和合相與不和合，心猶未開。而今更聞見見非見，重增迷悶。伏願弘慈施大慧目❶，開示我等覺心明淨。」作是語已，悲淚頂禮，承受聖旨。

爾時，世尊憐愍阿難及諸大眾，將欲敷演大陀羅尼❷諸三摩提妙修行路。告阿難言：「汝雖強記，但益多聞，於奢摩他微密觀照❸，心猶未了。汝今諦聽，吾今為汝分別開示，亦令將來諸有漏者獲菩提果。

「阿難，一切眾生輪迴世間，由二顛倒分別見妄，當處發生，當業輪轉。云何二見？一者眾生別業❹妄見❺，二者眾生同分❻妄見。

【章　旨】阿難及其會眾仍然未能領悟佛所講說的義理。應阿難的請求，佛開始為阿難及其會眾宣講眾生之所以輪迴六道的二種原因，即「顛倒妄見」。

【注　釋】❶慧目　智慧之眼目。❷陀羅尼　即咒語，梵文意譯為作持、總持、能持、能遮。❸觀照　即以智慧觀事、理諸法，而照見明瞭之意。❹別業　與「總業」相對之語。指眾生殊別之業因，隨而眾生感各異之果。❺妄見　虛妄不實的見解。❻同分　此處為「眾同分」之略稱，指有情眾生之共性或共因。

【語　譯】阿難對佛說：「世尊，如佛世尊為我們宣說見性不屬於因緣並且與自然、諸和合相、不和合並不相應，我們的心仍然未能悟解。而現在又聽說所見也不是見性，又增加了迷惑。衷心希望您發大慈悲，給與我們洞澈一切的大智慧眼目，開示我們，使我們的覺心明淨。」說完這些話之後，阿難悲淚頂禮佛陀，等待接受佛的教誨。

這時，世尊憐愍阿難以及大眾，將要演說大陀羅尼諸三摩提微妙不可思議的修行之路。佛告訴阿難說：「你雖然強於記憶，只是增加了知識而已。對於奢摩他定中的微密觀照，尚未了悟。你現今仔細聽著，我現在為你分別開示，也使將來諸有漏者藉此獲得菩提果。

「阿難，一切眾生輪迴於世間，都是由於二種顛倒分別見妄所致，這種妄念當處取著發生，當處造業而輪轉。是哪二種妄見呢？第一種是眾生各別的業感和妄見，第二種是眾生共同的業感和妄見。

「云何名為別業妄見？阿難，如世間人目有赤眚❶，夜見燈光，別有圓影，五色重疊，於意云何？此夜燈明所現圓光，為是燈色？為當見色？阿難，此若燈色則非眚人，何不同見？而此圓影，唯眚之觀。若是見色，見已成色，則彼眚人見圓影者，名為何等？

「復次，阿難，若此圓影離燈別有，則合傍觀屏、帳、几、筵有圓影出，離見別有，應非眼矚，云何眚人目見圓影？是故當知，色實在燈，見病為影。影、見俱眚，見眚非病，終不應言是燈是見，於是中，有非燈非見。如第二月非體非影。何以故？第二之觀捏所成故，諸有智者不應說言，此捏根元是形非形，離見非見。此亦如是，目眚所成，今欲名誰是燈是見？何況分別非燈非見？

【章 旨】佛向會眾解釋「別業妄見」的含義。所謂「別業妄見」就是眾生由於各自特殊業力而導致的虛妄見解。

【注 釋】❶眚 眼睛長了白翳。

【語 譯】佛繼續說：「什麼叫『別業妄見』呢？

「阿難，譬如世間的人，如果眼睛中長了赤眚，在夜間見到燈光之時，必然感覺到燈火周邊另外有一層五彩的圓暈。應該如何認識這種現象呢？這燈火周邊的圓暈，是燈光本身的色彩呢？還是病人之眼見所現的顏色呢？阿難，這如果是燈光本身的顏色而並非患這種眼病者之所見，為什麼別人沒有同樣的『見』呢？而這圓暈，僅僅只有患這種眼病的人才能夠觀看到。如果說這圓暈是病人之見所成的顏色，見性已經呈現為顏色，那麼，那眼病患者所見的圓暈又是什麼呢？

「還有，阿難，如果這圓暈離開燈而自己存在，那麼觀看旁邊的屏風、衣帳、几筵等都應該有圓暈出現。離開見性而單獨存在圓暈，那麼，此圓暈應該不是僅僅通過眼睛才能見到，為什麼說僅僅只有眼睛中長了赤眚的人才能見到呢？因此，應當知道，燈光確實是由燈發出的，由於眼睛的疾病而見到圓暈。圓暈和見到圓暈的『見』都是由於翳障所致，但能夠見眼翳的見體卻並沒有得病，因此最究竟而言，不應該說是燈還是見，或者在其中追究既不是燈也不是見。譬如前面講過的第二月既不是月本身，也不是月亮的影子。為什麼這樣說呢？第二月是由於捏著眼目而成的，諸位智慧之士不應該說，這由於捏著眼目而形成的第二月是月又不是月，既離開見又不是見。這看見圓暈的道理，也是如此，本來就是眼病所造成的，現今怎麼能說誰是燈，誰是見呢？更何況去區分非燈還是非見呢？

「云何名為同分妄見？

「阿難，此閻浮提除大海水，中間平陸有三千洲，正中大洲東西括量，大國凡有二千三百，其餘小洲在諸海中，其間或有三兩百國，或一或二至於三十四十五十。阿難，若復此中有一小洲祇有兩國，唯一國人同感惡緣❶，則彼小洲當土眾生，睹諸一切不祥境界，或見二日，或見兩月，其中乃至暈適珮玦，彗❷孛飛流，負耳虹蜺，種種惡相。但此國見，彼國眾生本所不見，亦復不聞。

「阿難，吾今為汝，以此二事，進退合明。阿難，如彼眾生別業妄見，矚燈光中所現圓影，雖似前境，終彼見者目眚所成，眚即見勞，非色所造，然見眚者，終無見咎。例汝今日，以目觀見山河國土及諸眾生，皆是無始見病所成，見與見緣似現前境，元我覺明，見所緣眚，覺見即眚。本覺明心，覺緣非眚，覺所覺眚，覺非眚中，此實見見，云何復名覺聞知見？是故汝今見我及汝并諸世間十類眾生皆即見眚，非見眚者彼見真精。性非眚者，故不名見。

「阿難，如彼眾生同分妄見，例彼妄見別業。一人一病目人同彼一國，彼見圓影眚妄所生。此眾同分所現不祥，同見業中瘴惡所起，俱是無始見妄所生。例閻浮提三千洲中，兼四大海娑婆世界，並洎十方諸有漏國及諸眾生，同是覺明無漏妙心，見聞覺知，虛妄病緣，和合妄生，和合妄死。若能遠離諸和合緣及不和合，則復滅除，諸生死因，圓滿菩提不生滅性，清淨本心，本覺常住。」

【章　旨】佛向會眾解釋「同分妄見」。所謂「同分妄見」也就是眾生共同的妄見。

【注　釋】❶惡緣　能夠使眾生產生惡行的事物或條件。❷彗　即彗星。

【語　譯】佛繼續告訴阿難及其會眾：「什麼叫『同分妄見』呢？

「阿難，這閻浮提內大海水之外，中間的陸地有三千洲，正中間的大洲從東到西共有二千三百個大國，其餘的小洲都位於諸海之中，其間或有三兩百個國，或者一個或二個，甚至三十、四十、五十個國家。阿難，如果這閻浮提中有一個小洲僅有兩個國家，其中只有一個國家的人共同感受到惡緣，那麼，在這座小洲上居住的眾生，就看到了一切不祥的境界，有的看見了二個太陽，有的看見了兩個月亮，甚至有人看見了日食、月食，日、月上出現了如同珮玦一樣的光環，彗星隕落，流星飛逝，出現像耳環一樣的虹彩，如此等等惡相都在此國出現。只有此國的眾生見到這些惡相，其他國家的眾生，既沒有看見，又沒有聽見。

「阿難，我現在為你以這兩個事情為例，反覆地向你說明真妄的道理。阿難，像前述那些眾生的別業妄見，觀看燈光而出現環繞燈光的圓暈，即便好像是實有的外境，但到底還是觀看者眼睛的翳障所成，而翳障是由於眼睛的疲勞所致，此圓暈並非真實的外景所成。然而，眼睛長了翳障的人，其見性最終還是沒有病變。例如你今日，以眼睛所觀見的山河國土及諸位眾生，都是你無始以來所患見病所成的幻影，能見的妄見與所見的妄境，都屬於依他性所成，似有實無。如果推本窮源，原是我們本覺妙明的真心突然一念妄動，就如同眼中生出翳障一樣，致使產生能見的妄見與所緣的妄境。但本覺妙明的真心可覺照能緣的妄心以及所緣的妄境，這覺照的真體本自無病，自然非妄見可以比擬。覺照既然能夠覺知妄見，自然不再墜入妄見之中，能見帶妄的見性的真見即是常寂的心性，也是眾生修行的本因，怎麼能夠說是見聞覺知的妄見呢？因此你現在所看見的我、你以及諸世間的十類眾生，都是屬於妄見，並非能夠照見翳障之見的真見。真見純淨無雜，一塵不染，雖為妄見所依，但不隨妄見而有變動，根本不受眼睛之翳障的影響，所以就不能名之為見。

「阿難，別業妄見顯著而易於說明，同分妄見普遍而難知，今以別業妄見為例，再作說明。如果將一眼睛有病的人，比作一國，這個眼睛有翳障的人所見的圓暈，既是因眼病而生，那麼，這一國人所共同見到的不祥的景象，也是由共業中的惡緣而生起，同樣是無始以來的妄見所生，這與眼睛有翳障的人所獨自見到圓暈的情形一樣。再如，閻浮提三千洲中以及四大海的娑婆世界，甚至十方諸有漏之國及諸眾生，同樣是由這靈明覺照的清淨之心一念妄動，以虛妄的病緣為對象產生見聞覺知的功能，於是和合妄生，和合妄死。如果能夠遠離諸和合的因緣以及不和合的虛妄假象，那麼，就滅除了諸生死之因。生死之因既滅，圓滿菩提的不生滅性就得以顯現出來，這也就是清淨本心，也名為本覺常住。」

【說　明】佛應阿難的請求，向會眾宣講了眾生之所以輪迴六道的原因是二種顛倒妄見——「別業妄見」、「同分妄見」。所謂「別業妄見」就是眾生由於各自特殊業力而導致的虛妄見解。所謂「同分妄見」也就是眾生共同的妄見。

「阿難，汝雖先悟本覺妙明，性非因緣非自然性，而猶未明如是覺元，非和合生及不和合。阿難，吾今復以前塵問汝，汝今猶以一切世間妄想和合諸因緣性，而自疑惑證菩提心和合起者，則汝今者妙淨見精，為與明和？為與暗和？為與通和？為與塞和？若明和者，且汝觀明，當明現前，何處雜見？見、相可辨，雜何形像？若非見者，云何見明？若即見者，云何見見？必見圓滿，何處和明？若明圓滿，不合見和。見必異明，雜則失彼性明名字。雜失明性，和明非義。彼暗與通及諸群塞，亦復如是。

「復次，阿難，又汝今者妙淨見精，為與明合？為與暗合？為與通合？為與塞合？若明合者，至於暗時，明相已滅。此見即不與諸暗合，云何見暗？若見暗時，不與暗合，與明合者應非見明。既不見明，云何明合，了明非暗？彼暗與通，及諸群塞，亦復如是。」

【章旨】佛又為阿難宣說，本覺妙明的真心不但不是因緣所生和自然所成，而且並非和合而生，也不呈現為非和合相。

【語譯】佛繼續說：「阿難，你雖然已經悟知本覺妙明的真心，其本來就不是因緣所生，也並非自然所成，但仍然未能明瞭如此本覺妙心也並非和合而生，也並非不和合相。阿難，我現今又以眼前的境、物問你，你現今仍然從一切世間妄想和合的諸因緣性出發，而在內心中疑惑，那證得的菩提覺心是因和合而起。如此以來，你現今的妙淨見精，是與『明』和合呢？還是與『暗』和合？是與『通』和合呢？還是與『塞』和合？如果是與『明』和合，則你觀察光明之時，光明應當顯現出來，而究竟在什麼地方夾雜『見』呢？見性與明相是可以辨別的，如果兩者雜和，究竟有什麼形狀相貌可以辨認『見性』與『明相』的雜合呢？如果不是雜和，不是『見』，憑藉什麼去見光明呢？如果說『明相』就是『見』，既然明相已經成為見，憑藉什麼又去見『見』呢？如果一定要說見性圓滿，則又在何處與『明』和合呢？如果明相遍滿一切，就沒有地方容納見性與其相合。如果說見性與明相不同，現今如果雜合就應當失去見性與明相本有的名字。交雜而失去明性，再言見與明和合就失去了意義。其他如暗與通、塞，也是如此。

「還有，阿難，你妙明清淨的見精，是與『明』和合呢？還是與『暗』和合？是與『通』和合呢？還是與『塞』和合？如果是與『明』和合，當至於『暗』時，明相已經消失。此見性就應該不與『暗』和合，怎麼去看到『暗』呢？如果看見『暗』時，可以不與『暗』和合，與『明』和合也就不應該見到『明』。既然不見『明』，為什麼與『明』和合時，能夠分明知道這是『明』而不是『暗』呢？其他如暗與通、塞，也是如此。」

阿難白佛言：「世尊，如我思惟，此妙覺元與諸緣塵及心念慮非和

合耶？」

佛言：「汝今又言覺非和合。吾復問汝，此妙見精非和合者，為非明和？為非暗和？為非通和？為非塞和？若非明和，則見與明必有邊畔。汝且諦觀，何處是明？何處是見？在見在明，自何為畔？阿難，若明際中，必無見者，則不相及，自不知其明相所在，畔云何成？彼暗與通及諸群塞，亦復如是。

「又妙見精，非和合者，為非明合？為非暗合？為非通合？為非塞合？若非明合，則見與明性相乖角，如耳與明，了不相觸見。且不知明相所在，云何甄明合非合理？彼暗與通及諸群塞，亦復如是。」

【章　旨】佛在此反駁了阿難所說的「本覺妙明的清淨體與所緣的塵境以及心之念慮功能處於非和合狀態」的觀點。

【語　譯】阿難對佛說：「世尊，依照我的思惟，難道這本覺妙明的清淨體，與所緣的塵境以及心之念慮功能是處於非和合狀態嗎？」

佛說：「你現在又說，這本覺妙明的清淨體並非和合相。我現在問你，如果這本覺妙明的清淨體並非和合相，是不與『明』和合？還是不與『暗』和合？是不與『通』和合？還是不與『塞』和合？如果不是與『明』和合，那麼，『見』與『明』就必然有邊界。你仔細觀察，什麼地方是『明』？什麼地方是『見』？屬於『見』還是屬於『明』，其邊界在什麼地方呢？阿難，如果在『明』的邊際之內，一定沒有『見』，那麼，『明』與『見』就不相及，自然就無法知曉那明相的所在，邊界如何確立呢？其他如暗與通、塞，也是如此。」

「還有，如果這本覺妙明的清淨體不是和合相者，是不與『明』和合？還是不與『暗』和合？是不與『通』和合？還是不與『塞』和合？如果是不與『明』和合，那麼，見與明性就好像牛角，互相對立，永遠不相接觸，就如同耳朵與『明』永遠不相接觸一樣。如果見性並不知曉明相的所在，憑藉什麼來甄別『見』與『明』是和合相還是非和合相呢？其他如暗與通、塞，也是如此。」

「阿難，汝猶未明一切浮塵，諸幻化相，當處出生，隨處滅盡，幻妄稱相。其性真為妙覺明體，如是乃至五陰❶、六入，從十二處❷至十八界❸，因緣和合，虛妄有生。因緣別離，虛妄名滅。殊不能知生滅去來，本如來藏❹常住妙明，不動周圓妙真如❺性。性真常中，求於去來、迷悟，生死，了無所得。

阿難，云何五陰本如來藏妙真如性？阿難，譬如有人以清淨目觀晴明空，唯一晴虛，迥無所有。其人無故不動目睛，瞪以發勞，則於虛空別見狂華，復有一切狂亂非相。色陰❻當知，亦復如是。阿難，是諸狂華非從空來，非從目出。如是，阿難，若空來者，既從空來，還從空入。若有出入，即非虛空。空若非空，自不容其華相起滅。如阿難體，不容阿難。若目出者，既從目出，還從目入。即此華性，從目出故，當合有見。若有見者，去既華空，旋合見眼。若無見者，出既翳❼空，旋當翳眼。又見華時，目應無翳，云何晴空號清明眼？是故當知，色陰虛妄，本非因緣，非自然性。

阿難，譬如有人手足宴安，百骸調適。忽如忘生，性無違順。其人無故，以二手掌於空相摩。於二手中，妄生澀滑、冷熱諸相。受陰❽當知，亦復如是。阿難，是諸幻觸，不從空來，不從掌出。如是，阿難，若空來者，既能觸掌，何不觸身？不應虛空，選擇來觸。若從掌出，應非待合。又掌出故，合則掌知，離即觸入，臂腕、骨髓應，亦覺知入時蹤跡。必有覺心，知出知入。自有一物，身中往來，何待合知要名為觸？是故當知，受陰虛妄，本非因緣，非自然性。

阿難，譬如有人，談說酢梅，口中水出；思蹋懸崖，足心酸澀。想陰⑨當知，亦復如是。阿難，如是酢說，不從梅生，非從口入。如是，阿難，若梅生者，梅合自談，何待人說？若從口入，自合口聞，何須待耳？若獨耳聞，此水何不耳中而出？想蹋懸崖，與說相類。是故當知，想陰虛妄，本非因緣，非自然性。

阿難，譬如暴流，波浪相續，前際、後際，不相踰越。行陰⑩當知，亦復如是。阿難，如是流性不因空生，不因水有，亦非水性，非離空水。如是，阿難，若因空生，則諸十方無盡虛空，成無盡流，世界自然俱受淪溺。若因水有，則此暴流性應非水，有所、有相，今應現在。若即水性，則澄清時，應非水體。若離空水，空非有外，水外無流。是故當知，行陰虛妄，本非因緣，非自然性。

阿難，譬如有人取頻伽缾⑪塞其兩孔，滿中擎空，千里遠行，用餉他國。識陰⑫當知，亦復如是。阿難，如是虛空非彼方來，非此方入。如是，阿難，若彼方來，則本缾中，既貯空去，於本缾地應少虛空。若此方入，開孔倒缾，應見空出。是故當知，識陰虛妄，本非因緣，非自然性。」

【章旨】佛以五陰為例，告誡阿難，世間一切虛浮不實的塵境，所有虛假幻化之境相，都是生無所從來，滅也沒有去處，都是一些徒有其名之假相幻影，均無自體自性，其真正體性乃是菩提妙覺明體。

【注釋】❶五陰　亦作「五蘊」，指色、受、想、行、識五蘊，佛教認為，一切眾生的身體都是由五蘊和合而成的。❷十二處　指六根（眼、耳、鼻、舌、身、意）和六境（色、聲、香、味、觸、法）。❸十八界　指十二處加上眼識、耳識、鼻識、舌識、身識、意識等六識。泛指一切諸法。❹如來藏　指眾生身中所隱藏之如來清淨法身。❺真如　指無形無相又遍布於一切事物中之宇宙的本體。❻色陰　五陰之一，指有質礙之物質性東西。❼翳　遮蔽、障礙之意。❽受陰　五陰之一，領納義，對外界所產生的苦樂、喜憂等感受。❾想陰　五陰之一，對外境心中浮現某種表象之精神作用。❿行陰　五陰之一，原為造作之義，後衍為遷流變化義，指人們的身心活動。⓫頻伽缾　據傳頻伽鳥一身兩頭，頻伽缾因狀如頻伽鳥而得名。
⓬識陰　五陰之一，了別義。指小乘佛教的「六識」和大乘佛教八識中的「阿賴耶識」。

【語譯】「阿難，你還不明白世間一切虛浮不實的塵境，所有虛假幻化之境相，都是生無所從來，滅也沒有去處，都是一些徒有其名之假相幻影，其真正體性乃是菩提妙覺明體。這樣的幻化境相乃至五陰（色、受、想、行、識）、六入（眼、耳、鼻、舌、身、意等六根）、十二處（六根與六境的總合，六根即眼、耳、鼻、舌、身、意，六境即色、聲、香、味、觸、法）、十八界（六根六境六識之總合，六根六境如上述，六識即眼識、耳識、鼻識、舌識、身識、意識）都是因緣和合而生，因緣離散而滅。世間眾生不懂得這些虛妄境相的生滅去來，都是不生不滅、寂然常照如來藏性之隨緣影現，企圖在常寂不動的妙明真性中去尋求生滅去來，迷悟生死，最終都將是一無所得的。

阿難，為什麼說色受想行識五蘊本是如來藏妙明真性的隨緣影現呢？阿難，譬如有人以清淨明亮的眼睛，去觀看清澈明朗的晴空，唯見碧空萬里，更無他物。假若有人目不轉睛地注視天空，時間一長，眼睛疲勞後，就會眼花撩亂，眼前狂花亂舞，或出現許多奇形怪狀的東西，當知色陰，也是如此。阿難，眼前飛舞著的那些狂花或奇形怪狀的東西，既不是從空中來的，也不是眼睛中產生出來的。因為如果是從空中來的，最後又會回到空中去；但如果既有來，又有去，既有出，又有入，那就不是虛空了，虛空是沒有來去出入的；而如果不是虛空，也就不能容納這些亂舞之狂花和各種奇形怪狀的東西在其中生滅去來了。正如你阿難一樣，阿難的體中，自不能再有一個阿難的身體。如果是從目中產生出來的，最後又會回到眼睛中去。此花既從目出，目以能見為性，此花自也應有見性。如果此花真有見性，出去時既為花於空，回來時亦應見到眼睛。如果沒有見性，出去時自會翳障於空，回來又會翳障於眼。既然眼睛能看見空中之花，眼睛應該沒有翳障。為什麼現見空花亂舞，乃為翳眼？必見碧空萬里，纔稱得上是清明眼呢？因此應該知道，色陰是虛妄的，原無自性，本非自然之妙真如性。

阿難，譬如有人四肢晏然，身體順適，忽然之間好像忘了自身的存在，沒有了諸如苦樂等感受。但他無緣無故，以二手掌，相互摩擦，於是在兩手掌間頓時生起澀滑、冷熱諸感受。實際上，所謂受陰，也是如此。阿難，這種種幻觸，既不是從虛空中來，也不是自手掌中生出的。阿難，這種種幻觸如果是從虛空中來的，它為什麼只觸及手掌，而不觸及身體的其他部分呢？因此，這種幻觸的產生不應該從虛空方面去考慮。那麼，是不是從手掌中產生出來的呢？如果是從手掌中產生出來的，為什麼非得等到兩手相互摩擦後纔會產生呢？又，如果是掌中所生出，那麼兩掌合時，觸當從掌而出；兩掌離開時，觸當從掌而入。既有出有入，離手掌很近之臂腕骨髓，應該也有所知覺，為什麼都無所知覺呢？如果臂腕骨髓真有覺心，感知該觸之出入，那不是說原有一物往來於身體之中了嗎？又何須等到兩掌相互摩擦後纔會有那種感觸呢？因此，應該知道，受陰是虛妄而無自性的，本非自然之妙真如性。

阿難，譬如有人一談論酸梅時，必定生出口水來，一想到腳踏懸崖，腳掌心就會感到酸澀。想陰也是這樣。阿難，因談梅而口中生水，此水既不是由梅所生，也不是由外從口而入。

如果是酸梅所生，那麼，梅應該自談，而不必等人來談論。如果是自外從口而入，自當口聞，又何須等耳朵聽聞後口中纔出水呢？而如果唯有耳朵纔能聽聞，此水又為何不從耳中流出？至於一想到腳踏懸崖就足底酸楚，此中之道理與此相類似。因此應該知道，想陰是虛妄無自性，本非自然之妙真如性。

阿難，譬如滾滾流水，後浪推前浪，前後相繼，滾滾向前，永不止息。當知行陰亦是這樣。阿難，應當知道，這滾滾向前的水的流動性，並不是虛空所生，亦不是因水而有，也不是水的本性如是，但它又離散不開虛空與水。如果這瀑流是虛空所生，那麼十方無盡虛空，必成一片汪洋，世界將為滾滾流水所淹沒。如果這瀑流因水而有，那麼，瀑流之性體，必與水各異，並一定會有所表現，但實際上並非如此。若此瀑流之流動性即是水之本性，那麼，當瀑流澄清時，就不是水之自體了。如果說離開虛空與水另有瀑流，應該知道，虛空之外了無一物，而水外更無瀑流。因此，應該知道，行陰也是如此，是虛妄無自性，非本自然妙真如性。

阿難，譬如有人拿一個頻伽瓶，將其兩端之孔塞起來，瓶中盛的盡是虛空，他遠行千里，以此盛滿虛空的瓶饋送他國之人。識陰也是這樣。阿難，此瓶中之虛空，並非自遠方帶來，也不是從此方裝進去的。因為如果是從遠方帶來的，此瓶中既然在遠方盛走了一部分虛空，那麼，該地方理應少卻被盛走的那部分虛空，如果此虛空是從本地裝進去的，那麼，當開口倒瓶時，就應該看到原先的虛空從瓶中被倒出來。因此，應該知道，識陰也是如此，是虛妄無自性，本非自然妙真如性。」

【說　明】五陰及其功能非因緣生，也非自然界的性能，而是依如來藏真如自體而起的功能、作用。此義至此宣說完畢。

卷三

【題解】本卷中，佛繼續就阿難的提問，逐次宣說六入、十二處、十八界及其「七大」等都是「性真相妄」的。其中，入、處、界與前卷之五陰一起構成「四科」。五陰、六入、十二處、十八界，就其相而言，都是因緣和合而有，因緣消散而亡；就其性而言，都是本於如來藏妙真如性。概括而言，其乃依真起妄，因而說其為「性真相妄」。「七大」即地、水、風、火、空、見、識。雖然「七大」的作用、色相是虛妄的，其體性卻圓融無礙、周徧法界，因為其體性本來就是如來藏妙真如性。會中大眾聽聞佛的這些說法，都知曉世間一切諸物都是識心的分別計度，並無真實意義。父母所生之身也若存若亡，唯有本覺妙心纔是常住不滅的。

「復次，阿難，云何六入❶本如來藏妙真如性？

阿難，即彼目睛瞪發勞者，兼目與勞同是菩提瞪發勞相❷。因於明、暗二種妄塵發見居中，吸此塵象，名為見性。此見離彼明、暗二塵，畢竟無體。如是，阿難，當知是見非明、暗來，非於根出，不於空生。何以故？若從明來，暗即隨滅，應非見暗。若從暗來，明即隨滅，應無見明。若從根生，必無明、暗。如是見精，本無自性。若於空出，前矚塵象，歸當見根。又空自觀，何關汝入？是故當知，眼入虛妄，本非因緣，非自然性。

阿難，譬如有人以兩手指急塞其耳，耳根勞故，頭中作聲。兼耳與勞同是菩提瞪發勞相，因於動、靜二種妄塵發聞居中，吸此塵象，名聽聞性。此聞離彼動、靜二塵，畢竟無體。如是，阿難，當知是聞非動、靜來，非於根出，不於空生。何以故？若從靜來，動即隨滅，應非聞動。若從動來，靜即隨滅，應無覺靜。若從根生，必無動、靜。如是聞體，本無自性。若於空出，有聞成性，即非虛空。又空自聞，何關汝入？是故當知，耳入虛妄，本非因緣，非自然性。

【章 旨】佛又為阿難等多方宣說六入並無自體，而是依憑如來藏真如自體而起的功能、作用。眼入之見，不是從明、暗來，也不是依根、虛空而生起。耳入之聞，不是從動、靜來，也不是依根、虛空而生起。二者同是依真如自體而起的虛幻作用。

【注 釋】❶六入　即六根，眼根、耳根、鼻根、舌根、身根、意根。入，有二義：一為能入，指識能入塵取境。二為所入，指識能為塵提供處所。此處側重從能吸入塵象言之，故當以「吸入」義理解為佳。❷即彼目睛二句　此二句承接卷二「色陰瞪目發勞」之例。意思為：能見之目與所見之虛妄相，都是菩提心一念妄動所成。

【語 譯】佛繼續說：「其次，阿難，為何說六入也是以如來藏真如為本體呢？

阿難，如你所說，眼睛瞪視虛空太久，發生疲勞，就會看見虛空裡狂花亂飛。實際上，此種現象都是菩提心一念妄動所成。眼根憑藉明、暗兩種虛幻的現象而吸收相應的境相，便產生了見的性能。但此性能離開明、暗兩種現象，並沒有固定的自體。阿難，應當知道，此性能不是從明、暗來，也不由眼根而出，更不是虛空自己生出。為什麼呢？假如它是從明而來，暗時就應該當即消滅，也就應看不見暗。但實際上，明和暗是可以同時看到的。假如它是從暗而來，明時就應該當即消滅，也就看不見明。但實際上，也並非如此。假如此性能是從眼根產生，必然就沒有明、暗。這樣看來，此能見之精，本來就沒有自性。假如此見精是從虛空產生，既然可以看見境相，反轉回來也就應該可以看見自己的眼睛。其次，如果此『見』的性能真的是從虛空產生，也應是虛空自己在看，與你的眼根又有什麼關係呢？因此，應當知道，眼入是虛妄暫有的現象。既不屬於因緣所生，也不是自然界的性能。

阿難，譬如有人用手指很快地塞住兩隻耳朵，久之就會使耳朵疲勞，頭腦中就會發出嗡嗡的聲音。實際上，耳朵因疲勞所發出的聲音，都是菩提心一念妄動所成。耳根憑藉動、靜兩種虛幻的現象，吸受相應的境相，便產生了聞聽的功能。此功能離開動、靜兩種現象，畢竟沒有固定的自體。因此，阿難，應當知道，聞聲的功能不是從動、靜來，也不由耳根而出，更不是虛空自己產生出來。為什麼呢？假如此功能是從靜止而來，則面對運動的境相時，就應該聽不到聲音。假如此功能是從運動而來，則面對靜止的境相時，就應該感覺不到靜境。現在，耳朵動來聞動，靜來聞靜，可見它不是從動、靜中來。假如此功能是從耳根產生，可是耳根並沒有儲備動、靜兩種境相。如此看來，此聞聽的功能本來就是沒有自性的。假如此聞聽的功能是從虛空產生，但是，虛空既然具有能聞功能，就不應該再稱之為虛空。再者，虛空既然自己聽聞，那麼，此聞聽功能與耳入又有什麼關係呢？因此，應當知道，耳入只是虛妄暫有的現象。既不屬於因緣所生，也不是自然界的性能。

阿難，譬如有人急畜其鼻，畜久成勞，則於鼻中聞有冷觸。因觸分別通、塞、虛、實，如是乃至諸香、臭氣。兼鼻與勞同是菩提瞪發勞相，因於通、塞二種妄塵發聞居中，吸此塵象，名齅聞性。此聞離彼通、塞二塵，畢竟無體。當知是聞非通、塞來，非於根出，不於空生。何以故？若從通來，塞則聞滅，云何知塞？如因塞有，通則無聞，云何發明香、臭等觸？若從根生，必無通、塞。如是聞機❶，本無自性。若從空出，是聞自當迴齅汝鼻。空自有聞，何關汝入？是故當知，鼻入虛妄，本非因緣，非自然性。

阿難，譬如有人以舌舐吻，熟舐令勞。其人若病，則有苦味。無病之人，微有甜觸。由甜與苦顯此舌根。不動之時，淡性常在。兼舌與勞同是菩提瞪發勞相，因甜、苦、淡二種妄塵❷發知居中，吸此塵象，名知味性。此知味性離彼甜、苦及淡二塵，畢竟無體。如是，阿難，當知如是嘗苦、淡知非甜、苦來，非因淡有，又非根出，不於空生。何以故？若甜、苦來，淡則知滅，云何知淡？若從淡出，甜即知亡，復云何知甜、苦二相？若從舌生，必無甜、淡及與苦塵。斯知味根，本無自性。若於空出，虛空自味，非汝口知。又空自知，何關汝入？是故當知，舌入虛妄，本非因緣，非自然性。

【章旨】鼻入的嗅聞不是從通、塞來，也不是依靠鼻根、虛空而生。舌入的味覺不是從甜、苦、淡而來，也不是依靠舌根、虛空而生起。二者都是依真如自體而起的虛幻作用。

【注釋】❶聞機　指鼻根。機，即機牙。弩上發箭的掛矢之處和鉤弦制動的機件。因根有發聞之義，故以之為喻。❷甜苦淡二種妄塵　因淡無味，甜、苦纔有味，因而仍舊稱之為二種妄塵。淡，指非甜非苦的無味狀態。

【語譯】阿難，譬如有人急速抽縮鼻子。抽縮久了而使鼻子疲勞，就會產生冷氣衝入的感覺。因為有了這種感觸，便分別出了鼻子的通、塞與虛、實，以及香、臭等氣味。實際上，鼻子因疲勞而產生的感觸，都是菩提心一念妄動所成。鼻根憑藉通、塞兩種虛幻的現象而吸受相應的境相，便產生了嗅聞的功能。此功能若離開通、塞兩種現象，畢竟沒有固定的自體。應當知道，嗅聞的功能不是從通、塞來，也不是由鼻根而生，更不是虛空自己產生。為什麼呢？假若此功能是因暢通而來，鼻孔阻塞時，感知的功能應該消失，為何仍舊能知曉鼻孔阻塞呢？假如此功能是因阻塞鼻孔而來，鼻孔暢通時，感知的功能就應該隨之消失，為何仍舊能辨別香、臭等感受呢？假如此功能是從鼻根生出，可鼻根並沒有儲存通、塞兩種現象。這樣看來，嗅覺的性能本來就是沒有自性的。假如此功能是由虛空所生，它就應當能嗅到自己的鼻子。即便如此，這仍舊是虛空自己有嗅覺，與你的鼻子又有什麼相干呢？因此，應當知道，鼻入只是虛妄暫有的現象。既不屬於因緣所成，也不是自然界的性能。

阿難，譬如有人用舌舔自己的嘴脣，舔久之後就會疲勞。如果此人有病，就會感受到苦味。如果此人無病，就會感受到甜味。分別出甜、苦之味，方纔顯出舌根的作用，而嘴脣不動的時候，應該是淡然無味的。由此可見，舌頭本身以及因舌疲勞所產生的味覺功能，都是菩提心一念妄動所成。舌根憑藉甜味、苦味兩種虛幻的現象以及淡而無味的虛假狀態，吸受相應的境相，便產生了知曉味道的功能。實際上，此知味的功能如果離開了甜、苦、淡等虛假的狀態，畢竟沒有固定的自體。因此，阿難，你應當知道，此知味的功能不是從甜、苦來，也不是從淡而來；不是從舌根生起，更不是從虛空中產生。為什麼呢？假如此味覺是從甜味和苦味來，感受無味時，這個味覺就應該消失，何以仍能感受到淡味呢？假如此味覺是從淡產生出來，嘗到甜、苦味時，這個味覺也應該消失，為何仍然能感受到甜、苦兩種味道呢？假如此味覺是由舌根產生出來，可舌根並沒有儲存甜、苦、淡的味素，因而味覺是不可能由舌根產生出來的。可見，此知味的功能本來就是沒有自性的。假如此味覺是由虛空產生出來的，它就應屬於虛空自身，並不是非得經過口、舌不可。況且，既是虛空自己生出知味性，此知味性又與你的舌根有什麼相干呢？因此，應當知道，舌入是時空中虛妄暫存的現象。既不屬於因緣所生，也不是自然界的性能。

阿難，譬如有人以一冷手觸於熱手，若冷勢多，熱者從冷；若熱功勝，冷者成熱。如是以此合覺之觸顯於離知[1]，涉勢若成，因於勞觸。兼身與勞同是菩提瞪發勞相，因於離、合二種妄塵發覺居中，吸此塵象，名知覺性。此知覺體離彼離、合、違、順二塵[2]，畢竟無體。如是，阿難，當知是覺非離、合來，非違、順有，不於根出，又非空生。何以故？若合時來，離當已滅，云何覺離？違、順二相，亦復如是。若從根出，必無離、合、違、順四相[3]，則汝身知元無自性。必於空出，空自知覺，何關汝入？是故當知，身入虛妄，本非因緣，非自然性。

阿難，譬如有人勞倦則眠，睡熟便寤。覽塵斯憶，失憶為忘。是其顛倒生、住、異、滅[4]，吸習中歸，不相踰越，稱意知根。兼意與勞同是菩提瞪發勞相，因於生、滅二種妄塵集知居中，吸撮內塵，見聞逆流，流不及地[5]，名覺知性。此覺知性離彼寤、寐生滅二塵，畢竟無體。如是，阿難，當知如是覺知之根，非寤、寐來，非生、滅有，不於根出，亦非空生。何以故？若從寤來，寐即隨滅，將何為寐？必生時有，滅即同無，令誰受滅？若從滅有，生即滅無，誰知生者？若從根出，寤、寐二相隨身開合。離斯二體，此覺知者同於空華，畢竟無性。若從空生，自是空知，何關汝入？是故當知，意入虛妄，本非因緣，非自然性。」

【章　旨】身入的觸覺，既不從離、合而來，也不由順意、違意而有，更不是從身根與虛空之中產生。意識的覺知功能，不從睡眠、清醒等生滅作用而來，也不是從意根與虛空之中產生。二者同是依真如自體而起的虛幻作用。

【注　釋】❶以此合覺句　此句意思為：以兩手相合可以覺知冷、熱的感受，反證兩手相離時也有觸覺發生。由此可知，身入所對應的境相有離、合兩種情形。❷離彼離句　因離、合屬二塵，違、順屬二相，故云離彼二塵。苦觸違背眾生厭苦求樂的心理，故曰「違」。樂觸順從眾生厭苦求樂的心理，故曰「順」。❸四相　離、合二塵各有違、順二相，故成四相：離違相、離順相、合違相、合順相。❹生住異滅　指有為法的四種相狀。法之初有，名之為「生」。法之相似、相近，名之為「住」。法之相續、轉變，名之為「異」。法之消除、絕滅，名之為「滅」。❺流不及地　意根是以過去之五塵為所緣，以思憶為能緣的。如此便有忘失等現象，故而眼、耳、鼻、舌、身等五根的感覺內容並不能全部及於意根之地。

【語　譯】阿難，譬如有人一隻手是冷的，另一隻手是熱的。他用冷手去接觸另一隻熱的手，若冷手溫度很低，熱手的溫度便跟著下降；若熱手的溫度很高，冷手的溫度便跟著上升。依此看來，二手相合就會覺得有冷有熱；二手相離也會覺得有冷有熱。兩手相合便會有冷熱相互涉入。若涉入得太久，就會有發生感觸疲勞的現象。實際上，身根以及疲勞產生的變相，都是菩提心一念妄動所成。身根憑藉離、合兩種虛幻的現象，吸受相應的境相，便產生了觸覺功能。此功能若離開接觸與分開兩種感覺作用以及合意與不合意兩種判斷，畢竟沒有一個固定的自體。阿難，如此看來，應當知道，此觸覺功能不是從離開與接觸而來，也不是因違、順而有，不是由身根自己產生，也不是由虛空生成。為什麼呢？如果此功能是由身根接觸而來，當其分開時，觸覺就應該隨之消失，又何以仍舊能夠知曉身根與外塵相離呢？對於違、順二相，也應當如此去理解。如果此觸覺功能是從身根產生，而身根並沒有儲存離、合、違、順四相，依憑什麼去作出觸覺判斷呢？由此可見，你身體的觸覺本來就沒有自性。如果此觸覺功能是從虛空產生的，虛空自己具有的觸覺，與你又有什麼關係呢？因此，應當知道，身入是時空中虛妄暫有的現象。既不屬於因緣所生，也不是自然界的性能。

阿難，譬如有人勞苦疲倦就要睡眠，睡足了就覺醒。醒來之後，便會回憶起夢中所見境相，也會失去某些記憶，忘記某些景象。以上忽眠忽醒、或憶或忘，都是顛倒之相。這些顛倒之相生起、保存、變易、消滅，前後相續，次第遷流，收攝、潛伏於心內，這便是意根的知覺作用。實際上，意知根以及此根的知覺作用，都是菩提心一念妄動所成。意知根憑藉前五塵的生、滅作用，吸攝相應的內塵，使前五根所包含的部分內容循著由外至內的通道，流入意根之所在。如此，意根便有了覺知的功能。此功能若離開了睡眠、清醒與生、滅兩種境相，畢竟沒有一個固定的自體。如此看來，阿難，應當知道，此覺知功能不是從清醒、睡眠而來，也不是從生、滅之中產生，不是從意根之中生出，更不是從虛空之中產生出來。為什麼呢？如果此知覺功能是從清醒而來的，睡眠之時，它就應該消失，為何又能知曉正在睡眠呢？如果此覺知功能必從生塵而存在，當境相滅除之時，它就不應該再存在，領受滅塵的主體又是誰呢？如果此覺知功能必從滅塵而存在，那麼，當境相生起之時，它就應該隨著滅塵而消除，領受生塵、分別苦樂的主體又是誰呢？如果此覺知功能是從意根生出，覺醒、睡眠二相乃是隨著身內之肉團心而開合的。離開此開合之二體，此覺知功能就等於空中花，畢竟沒有固定的自性。如果此覺知功能是從虛空中生出來的，便是虛空自知自覺，與你的意入又有什麼關係呢？因此，應當知道，意根以及所對應的法塵，都是虛妄暫有的現象。既不屬於因緣所生，也不是自然界的性能。」

【說　明】六根及其功能非因緣生，也非自然界的性能，而是依如來藏真如自體而起的功能、作用。此義至此宣說完畢。

「復次，阿難，云何十二處❶本如來藏妙真如性？

阿難，汝且觀此祇陀樹林及諸泉池，於意云何？此等為是色生眼見？眼生色相？阿難，若復眼根生色相者，見空非色，色性應銷，銷則顯發一切都無。色相既無，誰明空質？空亦如是。若復色塵生眼見者，觀空非色，見即銷亡，亡則都無，誰明空色？是故當知，見與色空，俱無處所。即色與見二處虛妄，本非因緣，非自然性。

阿難，汝更聽此祇陀園中，食辦擊鼓，眾集撞鐘，鐘鼓音聲，前後相續，於意云何？此等為是聲來耳邊？耳往聲處？阿難，若復此聲來於耳邊，如我乞食室羅筏城，在祇陀林則無有我。此聲必來阿難耳處，目連、迦葉應不俱聞，何況其中一千二百五十沙門一聞鐘聲，同來食處。若復汝耳往彼聲邊，如我歸住祇陀林中，在室羅城則無有我。汝聞鼓聲，其耳已往擊鼓之處，鐘聲齊出，應不俱聞。何況其中象、馬、牛、羊種種音響。若無來往，亦復無聞。是故當知，聽與音聲俱無處所。即聽與聲二處虛妄，本非因緣，非自然性。

【章旨】佛為阿難等宣說十二處都無自體，而是依如來藏真如自體而起的功能、作用。眼入之見與所緣之顏色都無自體。耳入之聽與聲處之聲音都無固定的處所，都是依如來藏真如自體而起的虛妄作用。

【注 釋】❶十二處 六根、六境合稱十二處。因識不孤起，須依根仗境方纔生起，故根、境為識之生處。十二處為：眼處、耳處、鼻處、舌處、身處、意處、色處、聲處、香處、味處、觸處、法處。

【語 譯】佛繼續說：「其次，阿難，為什麼說十二處都是以如來藏真如自性為本體呢？

阿難，你現在去看祇陀園中的樹木和泉池，你怎樣認識它們呢？你以為是先有顏色之後纔生出見色的功能呢？還是直接由眼根生出顏色？阿難，若是眼根生出顏色，眼睛去看無色的虛空時，眼睛見色的功能就應該消失，從而應該呈現出一切都無纔對。顏色的相狀既然消失，怎麼能確定虛空為何呢？空與眼的關係也應該如此去理解。如果認為是色塵生出眼見，去觀看無色的虛空時，眼見就應該消亡，消亡則全都消失了，又怎麼去區分何者是虛空，何者是色相呢？因此，應當知道，眼根見色的功能及色相、虛空，都無固定的處所。也就是說，色處和眼處二處都是虛妄暫有的現象。既不屬於因緣所生，也不是自然界的性能。

阿難，你再聽聽祇陀園裡，通知大眾喫飯時擊鼓的聲音以及集合大眾時撞鐘的聲音。鐘鼓的聲音，前後相續，你怎樣認識它們呢？是此等鐘鼓之聲來到你的耳邊呢？還是你的耳根跑到聲音那邊去了？阿難，如果是聲音來到你的耳邊，譬如我往室羅筏城乞食，此祇陀林就不會有我的蹤跡。若說聲音來到你的身邊，目連、迦葉應該聽不到纔對。實際上，不光他倆，就連其中的一千二百五十比丘都聽到並來到了發聲處集合。如果是你的耳根跑到鼓聲的旁邊，如同我乞食歸來，住於祇陀園，室羅筏城就不會有我的蹤跡。聽鼓時，你的耳根既已跑到鼓聲之來源處，就應該聽不到同時所發出的鐘聲，何況還有象、馬、牛、羊等種種聲音夾雜於其中。如果說聽覺與聲音不是來往接觸而有，一切聲音便應該都聽不到。因此，應當知道，聽覺和聲音都沒有固定的處所。也就是說，耳處和聲處，二處都是虛妄暫有的現象。既不屬於因緣所生，也不是自然界的性能。

阿難，汝又齅此鑪中栴檀❶。此香若復然於一銖，室羅筏城四十里內同時聞氣，於意云何？此香為復生栴檀木？生於汝鼻？為生於空？阿難，若復此香生於汝鼻，稱鼻所生，當從鼻出。鼻非栴檀，云何鼻中有栴檀氣？稱汝聞香，當於鼻入，鼻中出香，說聞非義。若生於空，空性常恆，香應常在，何藉鑪中爇此枯木？若生於木，則此香質因爇成烟。若鼻得聞，合蒙烟氣？其烟騰空，未及遙遠，四十里內云何已聞？是故當知，香鼻與聞俱無處所。即齅與香二處虛妄，本非因緣，非自然性。

阿難，汝常二時，眾中持鉢。其間或遇酥、酪、醍醐❷，名為上味。於意云何？此味為復生於空中？生於舌中？為生食中？阿難，若復此味生於汝舌，在汝口中祇有一舌，其舌爾時已成酥味，遇黑石蜜應不推移。若不變移，不名知味。若變移者，舌非多體，云何多味？一舌之知若生於食，食非有識，云何自知？又食自知，即同他食，何預於汝，名味之知？若生於空，汝噉虛空，當作何味？必其虛空若作鹹味，既鹹汝舌，亦鹹汝面。則此界人同於海魚。既常受鹹，了不知淡。若不識淡，亦不覺鹹，必無所知，云何名味？是故當知，味、舌與嘗俱無處所，即嘗與味二俱虛妄，本非因緣，非自然性。

【章　旨】鼻處之嗅與香處之香味，舌處之嘗與味處之味，均無固定的處所，而是依如來藏真如自體而起的虛妄作用。

【注　釋】❶栴檀　又作真檀樹、栴陀那樹、栴彈那樹、栴檀那樹、真檀，也叫檀香。栴檀樹屬於香科，為常綠之喬木，幹高數丈，其材芳香，可供彫刻；研根為粉末，可為檀香，或製香油。檀香有赤、白、紫三種，以赤檀為上品。❷醍醐　又作「醍醐味」，指由牛乳精製而成的最精純的酥酪，為乳、酪、生酥、熟酥、醍醐等五味中最上品之味，為牛乳中最上之美味，故經典中每以醍醐比喻涅槃、佛性、真實教。

【語　譯】阿難，你現在再嗅此爐中所燃的栴檀香氣。這種香僅點燃一銖，室羅筏城內就會香氣四溢，方圓四十里同時可以嗅到香氣。你怎樣看待這種現象呢？此香是從梅檀木生出呢？是從鼻根產生？還是從虛空生出？阿難，如果此香是從你的鼻根產生，則香應從鼻根發出，可鼻根並非梅檀木，鼻中為何會有梅檀氣味？既然是你嗅到香氣，就應該從鼻孔吸入纔對。如果說鼻孔能放出香氣，而又稱其為聞香，這樣講是不符合『聞』的本義的。若說此香氣是從虛空中生出，而虛空的本性又是恆常不變的，因此香氣也應該是恆常不變的，何必還要藉爐中燃燒著的梅檀木纔有香氣呢？如果說香氣是由梅檀木產生，而此香氣卻是因燃燒而成煙。如果說鼻因木而得以聞香，何必又要將木變成煙、氣呢？況且，煙氣騰空上升並沒有多遠，而室羅筏城方圓四十里內的人為什麼卻都能嗅到此味呢？因此，應當知道，鼻根、嗅覺與香氣都沒有固定的處所。也就是說，嗅處和香處，二處都是虛妄暫有的現象。既不屬於因緣所生，也不是自然界的性能。

阿難，你常常於早晨、中午與大眾一起托缽至各處乞食，有時會得到酥、酪、醍醐等種種上等滋味。你怎麼認識它們呢？此等滋味是從虛空中產生呢？還是從舌根中生出呢？或者是存在於食物裡面呢？阿難，若說此滋味是從舌頭生出，可你的口中只有一個舌頭，它已經成為酥酪味，再遇到蜜糖就不應該會轉移。但如果其真的不變，就不能稱其為知道滋味。如果變移，舌頭只有一條，又何以可嘗出許多滋味呢？如果說滋味存在於食物裡面，食物並沒有分別作用，又怎麼能自知滋味呢？再者，食物自知滋味，就如同別人飲食一樣，與你又有何相干呢，而又怎麼能稱之為知味呢？如果說滋味是虛空自己產生，如果你食虛空，能否嘗出虛空是何滋味呢？如果虛空是鹹味，它既已鹹了你的舌，就應該同時鹹了你的面。如果是這樣，這個世間的人就應該都和海魚一樣了。既然常常受到鹹味，便應不會知道淡味。可是，如果真的不知道淡味，當然也就應不會知曉鹹味了。連鹹、淡都不知道，怎麼能稱之為知味呢？因此，應當知道，味、舌根與嘗都沒有固定的處所。也就是說，嘗與味都是虛妄暫有的現象。既不屬於因緣所生，也不是自然界的性能。

阿難，汝常晨朝以手摩頭，於意云何？此摩所知，誰為能觸？能為在手？為復在頭？若在於手，頭則無知，云何成觸？若在於頭，手則無用，云何名觸？若各各有，則汝阿難應有二身。若頭與手一觸所生，則手與頭當為一體。若一體者，觸則無成。若二體者，觸誰為在？在能非所，在所非能，不應虛空與汝成觸。是故當知，覺觸與身俱無處所。即身與觸，二俱虛妄，本非因緣，非自然性。

阿難，汝常意中所緣善、惡、無記三性生成法則。此法為復即心所生？為當離心，別有方所？阿難，若即心者，法則非塵，非心所緣，云何成處？若離於心，別有方所，則法自性為知？非知？知則名心，異汝非塵，同他心量。即汝即心，云何汝心更二於汝？若非知者，此塵既非色、聲、香、味、離、合、冷、煖及虛空相，當於何在？今於色、空都無表示，不應人間更有空外。心非所緣，處從誰立？是故當知，法則與心俱無處所。則意與法，二俱虛妄，本非因緣，非自然性。」

【章　旨】身處與觸處，意處與法觸，都沒有固定的處所。因此，二者都是依如來藏真如自體而起的虛妄作用。

【語　譯】阿難，你在早晨常常用手撫摩頭。這個摸觸的知覺，是以何者為能觸呢？在手，還是在頭？若在手，頭就應不會有知覺，為何仍舊稱為觸呢？若在頭，手就沒有用處，為何仍舊稱為觸呢？若頭與手各自都有知覺，那你一人應有兩個身體。若頭與手的知覺為同一感觸，那它們就應該是一體。若真的為一體，就沒有能觸和所觸的區分。但若說手與頭都有知覺且是二體，此二體皆為能觸，所觸又屬於誰呢？若說摸觸的知覺在能摸之手，即應該不是在所摸之頭；若說它在所摸之頭，即應該不是在能摸之手。現在頭和手都有觸覺，二者都是能觸，便不會再有接觸的舉動。你不會將虛空當作你的所觸吧！因此，應當知道，所覺之觸與能覺之身都無真實的處所。也就是說，身處與觸處，二者都是虛妄暫有的存在。既不屬於因緣所生，也不是自然界的性能。

阿難，你常常在意根中攀援外境，從而產生善、惡、無記三種法則。此法則是意根之心所生？還是離心以外別有一個所在？阿難，如果它們是從心裡生出，此法就不是外塵，不能算作心所緣之境。心所緣的對象纔叫作『處』。因而此法則便不能當作『處』了。若說此法則離開自心另有所在，它就應該有自性。而此自性是有知覺呢？還是沒有知覺呢？如果是有知覺的，就應該叫作心，並且不能再叫作『塵』，而是另外一個心，即他人之心。如果仍然堅持認為，離於心且有知覺之法塵是你的心，為何此心不與你的身合為一體卻要分成兩個呢？此法塵既無色、聲、香、味，又無離、合、冷、暖之觸覺及虛空之相，法塵究竟在什麼地方呢？它在色相、虛空之中都無所表示、顯現，你該不會認為法塵的處所在人世之外吧？色相有內、外之別，空難道也有外嗎？法塵非心非境，從何處為其建立處所呢？因此，應當知道，法則與心都沒有一個固定的處所。也就是說，二者都是虛妄暫有的現象。既不屬於因緣所生，也不是自然界的性能。」

【說明】關於十二處非因緣生，也非自然性，而是依真如自體而起的功能、作用，至此宣說完畢。

「復次，阿難，云何十八界❶本如來藏妙真如性？

阿難，如汝所明，眼、色為緣生於眼識。此識為復因眼所生，以眼為界？因色所生，以色為界？阿難，若因眼生，既無色空，無可分別，縱有汝識，欲將何用？汝見又非青、黃、赤、白，無所表示，從何立界？若因色生，空無色時，汝識應滅，云何識知是虛空性？若色變時，汝亦識其色相遷變，汝識不遷，界從何立？從變則變，界相自無；不變則恆，既從色生，應不識知虛空所在。若兼二種，眼、色共生，合則中離，離則兩合，體性雜亂，云何成界？是故當知，眼、色為緣生眼識界，三處都無。則眼與色及色界三，本非因緣，非自然性。

阿難，又汝所明，耳、聲為緣生於耳識。此識為復因耳所生，以耳為界？因聲所生，以聲為界？阿難，若因耳生，動、靜二相既不現前，根不成知，必無所知。知尚無成，識何形貌？若取耳聞，無動、靜故，聞無所成，云何耳形、雜色觸塵，名為識界？則耳識界復從誰立？若生於聲，識因聲有，則不關聞。無聞則亡聲相所在。識從聲生，許聲因聞而有聲相，聞應聞識。不聞非界，聞則同聲。識已被聞，誰知聞識？若無知者，終如草木。不應聲聞，雜成中界。界無中位，則內外相復從何成？是故當知，耳、聲為緣生耳識界，三處都無。則耳與聲及聲界三，本非因緣，非自然性。

【章 旨】佛又為阿難等宣說十八界並無自體，都是依如來藏真如自體而起的功能、作用。以眼根、色處為緣而生眼識的說法，以耳根、聲處為緣生耳識的說法，向三處推究都不成立。因而，它們都是依如來藏真如自體而起的虛妄作用。

【注 釋】❶十八界 由六根、六境、六識互相依持而成。六根，即內六入、內六處。六境，即外六入、外六處。六識，即眼識、耳識、鼻識、舌識、身識、意識。界，因；界限。

【語 譯】佛繼續說：「其次，阿難，為什麼說十八界也是以如來藏真如自性為本體呢？

阿難，如你已理解的，眼根與色塵相結合就生出眼識。此識是依眼根所生，以眼為識的界限而稱之為界呢？還是依色塵所生，以色為識的界限而稱之為界呢？阿難，如果是依眼根而生，就沒有作為識的對象的色相和虛空，即使有你的識，也是沒有用處的。你所見的不是青、黃、赤、白之色，又無長、短、方、圓等性狀可以表現，你的眼識從何處設立界限呢？如果說眼根依憑色塵而生，觀無色之虛空時，色塵已經消失，眼識就應當消滅。識既然已經消失，就沒有了能覺知色相的主體，為什麼觀看虛空時，眼識又能辨別虛空性呢？色塵變遷時，如果眼根不隨之變遷，又從何建立眼識界呢？但若說眼根隨色相變遷而變遷，二者都在變動，界限也無從建立；若說眼根不隨色相變遷而變遷，眼識就成了永恆的存在，既言此識依色塵而生，當然就不能識知虛空的所在。如果說眼識是兼根、境二者共同生成，那麼，它是眼根、色相相結合而生呢？還是相分離而生呢？如果是二者相和合而生，和合之中仍有縫隙。如果是二者保持一定距離而生，眼識就被分成兩半，一半有感覺，一半無感覺，體性雜亂，怎能成立一眼界呢？因此，應當知道，眼根、色塵為緣生眼識的說法，向三處推究都無所得。也就是說，眼根、色境及眼識三界都是依如來藏真如自體而起的虛妄暫有的現象。既不屬於因緣所生，也不是自然界的性能。

阿難，又如你所理解的，耳根和聲塵相互為緣生出耳識。此耳識是因耳所生，以耳為界？還是由聲所生，以聲為界？阿難，如果是因耳根而生，以耳根為界，則聲塵須具有運動和靜止兩種狀態，纔能形成耳識。動、靜兩種相狀若不現前，單靠耳根是不能有聽覺的。聽覺既不存在，耳識又是什麼形貌呢？若耳識從耳聞而來，沒有動、靜兩種聲塵之時，能聞之根也無從建立，怎麼能生識呢？若說肉耳能生識，可肉耳屬於身根的色相身根的對象應該是觸塵，因此怎麼能把耳形之身根當作能聞，並因而稱其為耳識界呢？耳識既非聞根肉耳所生，它又能從何處立界呢？如果耳識是聲塵所生，則不關耳聞之事。聲必因塵而顯現，若無聞聽，也就沒有聲相之所在。聲塵既已亡失，如何能生識呢？再者，耳識依從聲塵而生，也就意味著聲音也是因聞而有。聞聲之時，也就應該能聽到耳識的相狀呀！倘若並非如此，就不能稱之為耳識界。但是，如果能聽到耳識的相狀，此識就等同於聲塵，即所聞。這樣，作為能聞的主體又是誰呢？如果不存在能聞的主體，人豈不等同於草木了？也不應該說聲塵與耳根相混合構成中界，混合則應該沒有分界。這樣，在內根與外塵之間於何處建立界相呢？因此，應當知道，耳根與聲塵互相為緣生耳識的說法，從三處推究都無所得。也就是說，耳根、聲境、耳識三界都是依如來藏真如自體而起的虛妄作用。既不屬於因緣所生，也不是自然界的性能。」

阿難，又汝所明，鼻、香為緣生於鼻識。此識為復因鼻所生，以鼻為界？因香所生，以香為界？阿難，若因鼻生，則汝心中以何為鼻？為取肉形雙爪之相？為取齅知動搖之性？若取肉形，肉質乃身，身知即觸，名身非鼻，名觸即塵。鼻尚無名，云何立界？若取齅知，又汝心中以何為知？以肉為知，則肉之知元觸非鼻。以空為知，空則自知，肉應非覺。如是則應虛空是汝。汝身非知，今日阿難應無所在。以香為知，知自屬香，何預於汝？若香、臭氣必生汝鼻，則彼香、臭二種流氣不生，伊蘭[1]及栴檀木二物不來，汝自齅鼻為香？為臭？臭則非香，香應非臭。若香、臭二俱能聞者，則汝一人應有兩鼻。對我問道有二阿難，誰為汝體？若鼻是一，香、臭無二。臭既為香，香復成臭，二性不有，界從誰立？若因香生，識因香有。如眼有見，不能觀眼。因香有故，應不知香。知即非生，不知非識。香非知有，香界不成。識不知香，因界則非從香建立。既無中間，不成內、外。彼諸聞性，畢竟虛妄。是故當知，鼻、香為緣生鼻識界，三處都無。則鼻與香及香界三，本非因緣，非自然性。

【章　旨】以鼻根、香塵為緣而生鼻識的說法，向三處推究都不能成立。因此，鼻根、香境、鼻識三界都沒有自體，而是依如來藏真如自體而起的虛妄作用。

【注　釋】❶伊蘭　最臭的樹。據《觀佛三昧經》說，古印度末利山中有伊蘭樹，臭若死屍，熏聞四十由旬。其花紅色，甚可愛樂。若有食者，發狂而死。

【語　譯】阿難，如你所理解的，鼻根與香塵互相為緣生出鼻識。此鼻識是從鼻根所生，以鼻根為界？還是依於香塵而生，以香塵為界？阿難，如果它是從鼻根所生，則你心中是以何為鼻？以如雙垂爪的肉形為鼻？還是以嗅知、呼吸的性能為鼻？如果取臉上之肉形為鼻，肉質乃屬身根，其認知對象當然是觸塵，而絕不能是香塵。鼻根之名尚且得不到，為何能說此識是鼻根所生並以之立界呢？如果取嗅覺為鼻識，則你以何者為能知呢？如以鼻肉為能知，但肉之知覺本來屬於身根，其觸覺作用並不屬於嗅覺功能。如果以鼻孔內之虛空為能嗅知，則是此虛空自己具有知覺，你的鼻肉應該沒有感覺。這樣的話，虛空應該就是你。鼻肉既無知覺，你的全身也就應該沒有知覺。以此而論，因為虛空是沒有所在的，因此現在看到的阿難就會無處可以存在了。如果認為鼻識是香塵所生，則此知覺當然屬於香塵，與你就沒有了關係。香味、臭味如果都是從你的鼻孔產生，則它們就應該不會從伊蘭樹和栴檀木產生。此極臭和極香的兩種氣味不來的時候，你嗅自己的鼻，究竟應該是香？還是臭呢？是臭就不應是香，是香就不應是臭。如果兩種氣味都能嗅到，你一人就應該有兩個鼻。這樣一來，面對我詢問佛法的就會有兩個阿難，究竟哪一個是真體呢？如果說只有一個鼻卻能同時聞香和臭，則香、臭已混合為一，沒有區別了。香、臭既然都沒有自性，則鼻識之界從何建立呢？如果鼻識因香塵而生，鼻識也因香塵而有嗅的功能。但如同眼有見性卻不能看見眼睛一樣，鼻識雖有嗅能卻同樣不能自嗅其鼻。鼻識既然從香塵生，也應該不能自知其香纔對。如果鼻識能夠知道香，就不能說是香生識；如果不知道，則不可叫作鼻識。香若不靠嗅，則不知有香，香界就不能建立。鼻識若不知道香，所謂因香塵而建立香識界就無從談起。鼻根屬內，香塵屬外，並無處於其中間的鼻識，則內之鼻根、外之香塵都不存在。所謂的能嗅之識，當然也就是虛妄的了。因此，應當知道，鼻、香為緣生鼻識界的說法，向三處推究都不能確立，所以，鼻根、香境、鼻識都是虛妄暫有的現象。也就是說，鼻根、香境、鼻識三界都是依如來藏真如自體而起的功能、作用。既不屬於因緣所生，也不是自然界的性能。

阿難，又汝所明，舌、味為緣生於舌識。此識為復因舌所生，以舌為界？因味所生，以味為界？阿難，若因舌生，則諸世間甘蔗、烏梅、黃連、石鹽、細辛、薑、桂，都無有味。汝自嘗舌，為甜？為苦？若舌性苦，誰來嘗舌？舌不自嘗，孰為知覺？舌性非苦，味自不生，云何立界？若因味生，識自為味，同於舌根，應不自嘗，云何識知是味，非味？又一切味非一物生，味既多生，識應多體。識體若一，體必味生，鹹、淡、甘、辛和合俱生，諸變異相同為一味，應無分別。分別既無，則不名識，云何復名舌味識界？不應虛空生汝心識，舌味和合。即於是中，元無自性，云何界生？是故當知，舌、味為緣生舌識界，三處都無。則舌與味及舌界三，本非因緣，非自然性。

【章　旨】以舌根、味塵為緣而生舌識界的說法，向三處推究都不能成立。因而舌根、味塵、舌識三界都沒有自體，而是依如來藏真如自體而起的虛妄作用。

【語　譯】阿難，如你所理解的，舌根與味塵為緣而生出舌識。此舌識是依靠舌根產生，以舌為界限？還是依從味塵而生，以味為界限？阿難，如果舌識是舌根所生，則世間所有的甘蔗、酸梅、黃連、食鹽、細辛、生薑、玉桂等便都應該是無味的。如果沒有這些味塵來刺激你的舌根，你試著嘗嘗自己的舌究竟是甜？還是苦？如果舌是苦的，能嘗出苦味的主體又是誰呢？舌是不能自嘗的，究竟是誰來嘗舌呢？如果舌味不是苦的，味也不是由舌根自己產生的，究竟應該怎樣建立識界呢？如果說舌識僅憑味塵而生，此識也就變成了味。舌識與舌根同樣也不能自嘗，如何可能知道是有味還是無味呢？再者，味也有許多種，味識相應地也應有多體了。舌識之體如果是一個，因為其體必然從味生，因而所生之識也只能有一種。這樣，能生之味也只能有一種。如此，則鹹、淡、甜、辛只能混合而生。一經混合，就會有變化，本來不同的味就變成了一種味道，沒有什麼區別。此種分別味性的功能既然不存在，就不能再將其稱作識，怎麼還能說舌、味為緣而生舌識界呢？再者，也不能認為是虛空生出你的心識。因為如果舌根、味塵和合於一起，便失去了自性，識界從何處建立呢？因此，應當知道，舌、味為緣生舌識的說法，向三處推究都不能確定，三者都是虛妄暫有的現象。也就是說，舌根、味境、舌識三界都是依如來藏真如自體而有的功能、作用。既不屬於因緣所生，也不是自然界的性能。

阿難，又汝所明，身、觸為緣生於身識。此識為復因身所生，以身為界？因觸所生，以觸為界？阿難，若因身生，必無合、離二覺觀緣，身何所識？若因觸生，必無汝身，誰有非身知合離者？阿難，物不觸知，身知有觸。知身即觸，知觸即身。即觸非身，即身非觸。身、觸二相元無處所，合身即為身自體性，離身即是虛空等相。內、外不成，中云何立？中不復立，內、外性空，則汝識生，從誰立界？是故當知，身、觸為緣生身識界，三處都無。則身與觸及身界三，本非因緣，非自然性。

【章旨】以身根、觸塵為緣而生身識的說法，向三處推究都不能成立。因此，它們是依如來藏真如自體而起的虛妄作用。

【語譯】阿難，又如你所理解的，身根和觸塵為緣而生出身識界。此識是由身根所生，以身根為界？還是因觸所生，以觸為界？阿難，如果身識是依身根而生，不必藉於觸塵，如此即使有身根而無離、合兩種觸塵，也就是沒有粗和細兩種感覺能力來做其助緣，又怎麼會生起身識界呢？即使能生識，但因無分別的對象，也就不成其為識，身識從何建立呢？如果身識依觸塵而生，則它就與你的身無關。哪有不在自己身上感覺離、合而要在別人身上去感覺呢？阿難，世間之物不能自己觸自己而產生知覺，必定與身根相結合纔知曉有觸覺。如果因觸而知曉有身，則此知覺是從觸而生，就應是觸塵。如果因身而知曉有觸，則此知覺是從身而生，就應是身根。此知覺既然是從觸塵而生，便與身根無關。如果是從身根生，也與觸塵無關。

身根和觸塵二相，原本就沒有內與外互相對立的處所。觸與身結合，即是以身根為體性；若身與觸相離，即是虛空等相。內之身根和外之觸塵不能成立，中間所生之身識又從何處建立呢？中間的身識不能成立，則內、外的根和塵都不能成立。這樣，從何處為你的身識建立界限呢？因此，應當知道，身根和觸塵為緣而生身識界，向三處推究都不能成立，三者同是虛妄暫有的現象。也就是說，身根、觸塵、身識三界都是依如來藏真如自體而起的功能、作用。既不屬於因緣所生，也不是自然界的性能。

阿難，又汝所明，意、法為緣生於意識。此識為復因意所生，以意為界？因法所生，以法為界？阿難，若因意生，於汝意中必有所思發明汝意。若無前法，意無所生。離緣無形，識將何用？又汝識心與諸思量兼了別性為同？為異？同意即意，云何所生？異意不同，應無所識。若無所識，云何意生？若有所識，云何識意？唯同與異二性無成，界云何立？若因法生，世間諸法不離五塵，汝觀色法及諸聲法、香法、味法及與觸法，相狀分明以對五根，非意所攝。汝識決定依於法生，今汝諦觀法法何狀？若離色空、動靜、通塞、合離、生滅，越此諸相，終無所得。生則色、空諸法等生，滅則色、空諸法等滅。所因既無，因生有識，作何形相？相狀不有，界云何生？是故當知，意、法為緣生意識界，三處都無。則意與法及意界三，本非因緣，非自然性。」

【章　旨】以意根、法塵為緣生意識的說法，向三處推究都不能成立。因此，它們都是依如來藏真如自體而起的虛妄作用。

【語　譯】阿難，又如你所理解的，意根與法塵互相為緣而生意識界。此識是依意根所生，以意根為界？還是依法所生，以法為界？阿難，如果意識僅依靠意根而生，則必定有所思的法塵纔能發揮能思的作用。若無所思的對象，則能思的意根也無從生起。意根離卻所緣法塵，意識又有什麼作用呢？再者，你的識心與思量、了別的性能是相同的？還是相異的？如果是相同的，為何又說此思量、了別的功能是識心所生呢？如果是不相同的，則一定是和無知之外塵相同，談何意根生識呢？如果有所識知，則意根與意識同有了別性，怎麼可以分出何者是意根了別性，何者是意識了別性呢？意根與意識無論相同，還是不同，都無法確立其自性，怎麼能於此建立意識界呢？如果說意識是緣生法，則世間一切諸法都離不開色、聲、香、味、觸五塵。而色法、聲法、香法、味法、觸法都是相狀分明的。五塵各自對應於相應之根，但五塵並不是意根所攝之法。如果你的識心確實是依於法塵所生，你可以去仔細觀察法塵之法到底是什麼形狀呢？如果離開了色與虛空、動與靜、通與塞、合與離、生與滅等相狀，它是沒有自體的，除上述諸相之外，終無所得。法塵若生，則與五塵一同生；若滅則與五塵一同滅。識所依憑的對象既然沒有自體，因法塵而生的意識又作何形狀呢？能生之法既然沒有相狀，則意識界又以何建立呢？因此，應當知道，意根和法塵為緣而生意識的說法，向三處推究都不能成立。也就是說，意根、法塵、意識三界都是虛妄暫有的現象，都是依如來藏真如自體而起的功能、作用。既不屬於因緣所生，也不是自然界的性能。」

【說　明】關於十八界非因緣性，也非自然性，而是依如來藏真如自體而起的性能，至此宣說完畢。

阿難白佛言：「世尊，如來常說和合因緣，一切世間種種變化皆因四大❶和合發明。云何如來因緣、自然二俱排擯？我今不知斯義所屬，惟垂哀愍，開示眾生中道了義、無戲論法。」

爾時，世尊告阿難言：「汝先厭離聲聞、緣覺諸小乘法，發心勤求無上菩提。故我今時為汝開示第一義諦。如何復將世間戲論、妄想因緣而自纏繞。汝雖多聞，如說藥人，真藥現前，不能分別。如來說為『真可憐愍』。汝今諦聽，吾當為汝分別開示，亦令當來修大乘者通達實相。」

阿難默然承佛聖旨。

【章　旨】阿難之惑仍未消除，佛又為阿難等大眾宣說中道第一義諦，以破除其因緣、自然兩種妄想。

【注　釋】❶四大　即地、水、火、風。此經獨言「七大」，即地、水、火、風、空、見、識。

【語　譯】阿難對佛說：「世尊，您常常談論因緣和合的問題。您並且說，有情世間及其器世間的種種變化無不從地、水、火、風四大和合而暫時存在。究竟是什麼原因，您現在要將因緣和自然二者都排除在外？我現在不明白此義的依歸，請求如來哀愍，再能為我等及一切眾生開示中道了義及無戲論法的道理。」

此時，世尊告訴阿難：「你已經厭惡而離棄聲聞、緣覺等小乘法，發心求證無上覺道妙法。因此，現在我將為你開示大乘妙法第一義諦。剛纔我已經講過，你為何仍然將世間戲論和自然法纏繞於心，遲遲不肯捨棄？你雖博學多聞，卻像有些採藥的人只是熟讀藥名而並不十分了解其實質。一旦真藥出現於眼前，卻反而不能辨別清楚。如來說這種人是最可憐愍的。你現在注意傾聽，我將為你詳細開示，也讓以後修習大乘法的眾生明白實相的道理。」阿難肅靜地準備傾聽佛宣示神聖意旨。

「阿難，如汝所言『四大和合發明世間種種變化』。阿難，若彼大性體非和合，則不能與諸大雜和。猶如虛空不和諸色。若和合者，同於變化，始終相成，生滅相續。生死，死生，生生，死死，如旋火輪，未有休息。阿難，如水成冰，冰還成水。

汝觀地性，麤為大地，細為微塵，至鄰虛塵❶。析彼極微色邊際相七分所成，更析鄰虛即實空性。阿難，若此鄰虛析成虛空，當知虛空出生色相。汝今問言：由和合故，出生世間諸變化相。汝且觀此一鄰虛塵用幾虛空和合而有。不應鄰虛合成鄰虛。又鄰虛塵析入空者，用幾色相合成虛空？若色合時，合色非空。若空合時，合空非色。色猶可析，空云何合？汝元不知如來藏中，性色真空，性空真色，清淨本然，周徧法界。隨眾生心，應所知量，循業發現。世間無知，惑為因緣及自然性。皆是識心分別計度❷，但有言說，都無實義。

【章旨】以不可再分的「四大」和合作為萬物產生的根源的說法，是錯誤的。因為「四大」的每一種的體性，如果不是和合而成，就不可能與其他大種雜合。鄰虛塵與虛空並不存在相互和合而生的可能性。因此，地大之色乃是本於如來藏妙真如性，只是由於無知之眾生以識心對其加以分別計度，方纔顯現出來。

【注釋】❶鄰虛塵　已接近虛空的微塵。❷分別計度　分別，辨別事物的異同，使其界限清晰。計度，詳細考慮衡量。

【語譯】佛說：「阿難，如你所說的『四大和合產生了世間種種變化』。阿難，如果四大中的任一種其體性並非和合而成，它就不能與其他幾種相雜和。這就如同虛空不能與諸色和合一樣。如果是和合而成，就與世間的種種變化一樣，始終在和合中成就，生生死死，如同旋轉的火輪沒有止息。阿難，這就像水結成冰，冰再化作水一樣。

你看地的體性，粗的是大地，細的是微塵。當微塵接近虛無的時候，再進一步剖其為極微，就達到了色塵的邊際。如果將此微塵再分成七份，就更加接近虛無了。如此無限細分下去，就成為真實的體性。阿難，如果可以以此方法成就虛空，由此可見虛空是生於色相的。你今日問：是否由於和合的原因，纔產生了世間的種種變化之相。你可以觀察一下，每一鄰虛空之微塵是用了多少虛空纔和合而成。不應該說是鄰虛和合而成鄰虛。如果說是鄰虛之塵不斷細分而入虛空，那麼，究竟用多少微塵色相纔能合成虛空？如果說虛空是色與色相合而成，可合成之色並非虛空。如果說虛空是由空與空相合而成，和合之空並非為色。色儘管是可以再分析的，但怎麼可能以鄰虛和合成空呢？你原來並不知道如來藏性中所藏之色即是真空，而性空也是真色。此性空之如來藏本來清淨，周徧於法界，並且隨著眾生之心及其所知之量，根據他們的業感而顯現。世間無知之人，因迷惑而將其認作因緣和合而生，或當作自然之性。這些都是識心分別計度的結果，僅僅只是言說戲論，並沒有真實的意義。

阿難，火性無我，寄於諸緣。汝觀城中未食之家欲炊爨時，手執陽燧，日前求火。阿難，名和合者，如我與汝一千二百五十比丘今為一眾。眾雖為一，詰其根本，各各有身，皆有所生氏族名字。如舍利弗婆羅門種，優樓頻螺迦葉波種，乃至阿難瞿曇種姓。阿難，若此火性因和合有，彼手執鏡於日求火，此火為從鏡中而出？為從艾出？為於日來？阿難，若日來者，自能燒汝手中之艾，來處林木皆應受焚。若鏡中出，自能於鏡出然於艾，鏡何不鎔？紆汝手執尚無熱相，云何融泮？若生於艾，何藉日、鏡光明相接，然後火生？汝又諦觀，鏡因手執，日從天來，艾本地生，火從何方遊歷於此？日、鏡相遠，非和非合，不應火光無從自有。汝猶不知如來藏中性火真空，性空真火，清淨本然，周偏法界，隨眾生心，應所知量。阿難，當知世人一處執鏡，一處火生，偏法界執，滿世間起。起偏世間，寧有方所？循業發現。世間無知，惑為因緣及自然性。皆是識心分別計度，但有言說，都無實義。

【章　旨】佛以手執陽燧而於日前求取火種說明，火性並非和合而生，也不是自然而有。二者乃本於如來藏妙真如性，只是由於無知之眾生以識心對其加以分別計度，方纔顯現出來。

【語　譯】阿難，火性沒有自體，它是寄託於諸種成火的因緣之中而得以呈現。你觀察一下城中未進食的人家在將要做飯時，都要手中拿著陽燧於太陽下求取火種。阿難，所謂和合，就如同我和你們一千二百五十位比丘今天合為一眾。此大眾雖聚為一體，但究其根本，卻各各有自己的身體，都有自己的姓氏和種姓。如舍利弗是婆羅門種，優樓頻螺是迦葉波種姓，乃至阿難為瞿曇種姓。阿難，如果此火性因和合而有，他們手執鏡向太陽求火，火是從求取火種者所執的鏡中出生呢？還是從艾草中生出呢？或者是從太陽之中生出呢？阿難，如果是從太陽之中生出，既然能夠燃燒手中的艾草，就應該能夠將所經過之處的林木都加以焚燒。如果是從鏡中生出，其既然能從鏡中出來點燃艾草，為何不將鏡子熔化呢？執鏡之手尚且沒有熱的感覺，怎麼能夠熔化鏡子呢？如果火是從艾草之中生出，為何還要借助於太陽之光與鏡子之明相接觸而纔生出火種呢？你再仔細觀察一下，鏡子是拿在手裡的，太陽光是從天上來的，而艾草是在地上長出的，那麼，火究竟是從何方遊歷到這裡來的？太陽與鏡子相距很遠，並非和合於一處。儘管如此，仍然不應該認為火是沒有來歷而自有。你原來並不知道如來藏中所藏之色是真火，而性空也是真火。此性空之如來藏本來清淨，周偏於法界，並且隨著眾生之心及起所知之量而顯現。阿難，世間之人於一地持鏡，就能於其地生出火來。如果遍滿法界的人都持鏡求火，那麼整個世間到處都應布滿了火。火既然燃偏了整個世間，此世還會有安寧之處嗎？可見，火只是隨著眾生的業感而顯現的。世間無知之人，因迷惑而將其認作因緣和合而生，或當作自然之性。這些都是識心的分別計度，僅僅只是言說戲論，並沒有真實的意義。

阿難，水性不定，流息無恆。如室羅筏城迦毗羅仙❶、斫迦羅仙及鉢頭摩訶薩多❷等諸大幻師，求太陰精用和幻藥。是諸師等於白月晝，手執方諸❸承月中水。此水為復從珠中出？空中自有？為從月來？阿難，若從月來，尚能遠方令珠出水，所經林木皆應吐流。流則何待方諸所出？不流，明水非從月降。若從珠出，則此珠中常應流水，何待中宵承白月晝？若從空生，空性無邊，水當無際。從人洎天皆同滔溺，云何復有水陸空行？汝更諦觀，月從天陟，珠因手持，承珠水盤本人敷設，水從何方流注於此？月、珠相遠，非和非合，不應水精無從自有。汝尚不知，如來藏中性水真空，性空真水。清淨本然，周徧法界，隨眾生心，應所知量。一處執珠，一處水出，徧法界執，滿法界生。生滿世間，寧有方所？循業發現。世間無知，惑為因緣及自然性。皆是識心分別計度，但有言說，都無實義。

【章　旨】佛以幻師手執方諸於月前求取月中之水說明，水性並非和合而生，也不是自然而有。二者乃本於如來藏妙真如性，只是由於無知之眾生以識心對其加以分別計度，方纔顯現出來。

【注　釋】❶迦毗羅仙　古印度外道師之名，為數論派之祖師。迦毗羅，意譯為黃色，故又稱之為「黃頭仙人」。❷斫迦羅仙及鉢頭摩訶薩多　二人均是古印度外道之師，都善幻術。❸方諸　為古人於月夜使用方術求取水的器具，狀如珠子。

【語　譯】阿難，水性是不固定的，流動與停息都沒有固定的形態。譬如室羅筏城中的迦毗羅仙、斫迦羅仙及鉢頭摩訶薩多等大幻師，欲求取太陰之精用以製作幻藥。這些幻師於月白如晝之時，手執方諸承接月中之水。此水是從形同珠子的方諸之中生出的呢？還是空中本來就有的？或者是從月中出來的？阿難，如果此水是從月中來的，而月既能於如此遙遠的地方使珠中出水，那麼，其所經之處的林木就應該有水流出，何必再依靠方諸呢？如果林木之中並無水流出，可見此水不是從月中流出。如果此水是從珠中生出，此珠應該常有水流出纔對，何必等到午夜月明之時呢？如果此水是從空中生出，虛空沒有邊際，水也應該是沒有邊際的。這樣，從天上到人間到處應該被洪水淹沒，為什麼還有水、陸地、天空之分別呢？你再仔細觀察，月是在天空升起的，珠子是用手拿著的，而承放珠子的水盤是人為置放的，那麼，水是從什麼地方流注於此盤之中呢？月與珠相距很遠，本來就不是和合於一起。儘管如此，仍然不應該認為水是沒有來源而自有。你原來並不知道如來藏性中所藏之水即是真空，而性空也是真水。此性空之如來藏周徧於法界，並且隨著眾生之心及其所知之量而顯現。世間之人於一地持珠，就能於其地生出水來。如果整個法界的人都持珠求水，那麼，整個世間到處都應該布滿了水。水既然遍滿法界，此世間還有安寧之處嗎？可見，水只是隨著眾生的業感而顯現的。世間無知之人，因迷惑而將其認作因緣和合而生，或當作自然之性。這些都是識心的分別計度，僅僅只是言說戲論，並沒有真實的意義。

阿難，風性無體，動靜不常。汝常整衣，入於大眾。僧伽梨角動及傍人，則有微風拂彼人面。此風為復出袈裟角？發於虛空？生彼人面？阿難，此風若復出袈裟角，汝乃披風，其衣飛搖，應離汝體。我今說法，會中垂衣。汝看我衣，風何所在？不應衣中有藏風地。若生虛空，汝衣不動，何因無拂？空性常住，風應常生。若無風時，虛空當滅。滅風可見，滅空何狀？若有生滅，不名虛空。名為虛空，云何風出？若風自生被拂之面，從彼面生，當應拂汝。自汝整衣，云何倒拂？汝審諦觀，整衣在汝，面屬彼人，虛空寂然，不參流動，風自誰方鼓動來此？風、空性隔，非和非合，不應風性無從自有。汝宛不知如來藏中性風真空，性空真風。清淨本然，周徧法界，隨眾生心，應所知量。阿難，如汝一人微動服衣，有微風出。徧法界拂，滿國土生。周徧世間，寧有方所？循業發現。世間無知，惑為因緣及自然性。皆是識心分別計度，但有言說，都無實義。

【章 旨】佛以風吹衣角拂別人之面說明，風性並非和合而生，也不是自然而有。二者乃本於如來藏妙真如性，只是由於無知之眾生以識心對其加以分別計度，方纔顯現出來。

【語 譯】阿難，風性沒有自體，動靜無常。你常常整理衣服，走入大眾時，袈裟的衣角會碰到旁邊的人。如果有微風，則會拂及他人臉面。此吹動衣服的風是從袈裟角中生出呢？還是從虛空中生出？或者由他人臉面產生？阿難，此風如果是從衣角中生出，等於你穿的是風，當衣服搖動起來時，此風應該離開你的身體。我現在說法，與會的大眾都看到我的衣服下垂。你看我的衣服，風在什麼地方呢？不應該說衣中有藏風之處吧？如果風是從虛空中生出，為何衣服不動時，沒有風來拂面呢？虛空之性是恆常的，風也應該為恆常不變；無風之時，虛空也就應該消失纔對。風之消亡是可以觀察的，而虛空的消亡又是什麼樣子呢？虛空如果有生有滅，就不能再稱為虛空。既然稱為虛空，又為何說有風於此出生呢？如果風是從被拂之面自己生出來的，就應當能夠拂你的臉。是你自己在整衣，為何反倒先拂他人之面呢？你仔細觀察，整理衣服的是你，被拂之面是屬於他人的，虛空寂靜不參雜任何流動，風究竟是從何方鼓動來到此處的呢？風與虛空之性相相差很遠，並非和於一處。儘管如此，仍不能認為風是沒有來處而自有的。這是你原來並不知道如來藏中所藏之風即是真空，而性空也就是真風。此性空之如來藏本來清淨，周徧於法界，並且隨著眾生之心及其所知之量而顯現。阿難，如果你一人將衣服微微動一下，就會有微風生出。如果整個法界之人都拂動衣服，遍滿國土都應有風生出。風遍滿整個世間，此世還有安寧之地嗎？可見，風只是隨著眾生的業感而顯現的。世間無知之人，因迷惑而將其認作因緣和合而生，或當作自然之性。這些都是識心的分別計度的結果，僅僅只是言說戲論，並沒有真實的意義。

阿難，空性無形，因色顯發。如室羅筏城去河遙處，諸剎利種及婆羅門、毗舍、首陀兼頗羅墮、旃陀羅等新立安居，鑿井求水。出土一尺，於中則有一尺虛空。如是乃至出土一丈，中間還得一丈虛空。虛空淺深隨出多少。此空為當因土所出？因鑿所有？無因自生？阿難，若復此空無因自生，未鑿土前何不無礙？唯見大地，迥無通達。若因土出，則土出時，應見空入。若土先出，無空入者，云何虛空因土而出？若無出、入，則應空、土元無異因。無異則同，則土出時，空何不出？若因鑿出，則鑿出空，應非出土。不因鑿出，鑿自出土，云何見空？汝更審諦，諦審，諦觀：鑿從人手，隨方運轉，土因地移，如是虛空因何所出？鑿、空，虛、實，不相為用，非和非合，不應虛空無從自出。若此虛空性圓周偏，本不動搖，當知現前地、水、火、風，均名五大，性真圓融，皆如來藏，本無生滅。阿難，汝心昏迷，不悟四大元如來藏，當觀虛空為出？為入？為非出、入？汝全不知如來藏中性覺真空，性空真覺。清淨本然，周偏法界，隨眾生心，應所知量。阿難，如一井空，空生一井。十方虛空，亦復如是。圓滿十方，寧有方所？循業發現。世間無知，惑為因緣及自然性。皆是識心分別計度，但有言說，都無實義。

【章　旨】佛以鑿空出土而成井說明，空性並非和合而生，也不是自然而有。二者乃本於如來藏妙真如性，只是由於無知之眾生以識心對其加以分別計度，方纔顯現出來。

【語　譯】阿難，虛空之空大種性是沒有形相的，只是隨著光色的烘托纔顯發出來。譬如室羅筏城距離河流很遠，城中的王族、婆羅門教士、商人、農夫以及工匠、屠夫等等將新屋建好後，就要掘井求水。若掘出一尺的土，就有一尺的虛空。如此掘出一丈的土，就有一丈的虛空。與鑿出的泥土多少相應，就會顯出等量的虛空。此空是由所出之土生出的呢？還是由開鑿之力鑿出的呢？或乾脆將其當作無因而自己生出的？阿難，如果此空是無因自生的，土未開鑿掘出之前，為何不能通達無礙呢？僅僅看見大地，明顯地無法通達於地下。如果此空是因土被挖出纔有，挖出泥土之時，應該有虛空走入纔對。如果泥土先出，卻並無虛空走入，怎麼能說虛空是因掘土而生出呢？如果此空本來無出、無入，虛空與大地應該沒有差別。二者沒有差別則應該相同，為何土被挖出之時，虛空為何不同時出來呢？若是因開鑿而出現虛空，就應該開鑿出空而不是挖出土來。如果不是因為開鑿而生出虛空，開鑿只是挖出土來，為何卻見到空呢？你再仔細審視觀察，開鑿是由人手完成的，隨著方位在運轉，土只是轉移了地方，虛空究竟是從何處產生呢？鑿是堅實，空是虛無，一虛一實，二者怎麼可能和合呢？儘管如此，仍然不能認為虛空是無所從來而自有的。如果虛空之性圓融周徧，不動不搖，則其與前面所說的地、水、火、風一起稱為五大，其體真實圓滿，皆是如來藏妙真如性，本是無生無滅。阿難，只因你自性昏迷，不能領悟四大都是如來藏妙真如性的功能、作用。你應當觀察虛空究竟是出？還是入？或是非出、非入？你原來並不知道如來藏本覺即是真空，而真空也是本覺。此本覺之如來藏本來清淨，周徧於法界，並且隨著眾生之心及其所知之量而顯現。阿難，如一井之泥土被挖出，便有與一井等量的虛空。十方虛空，也是如此。虛空是圓融周徧十方的，豈有一定之方所嗎？虛空只是隨著眾生的業感而顯現的。世間無知之人，因迷惑而將其認作因緣和合而生，或當作自然之性。這些都是眾生識心分別計度的結果，僅僅只是言說戲論，並沒有真實的意義。

阿難，見覺無知，因色空有。如汝今者，在祇陀林朝明夕昏，設居中宵，白月則光，黑月便暗。則明、暗等，因見分析。此見為復與明、暗相并太虛空，為同一體？為非一體？或同非同？或異非異？阿難，此見若復與明與暗及與虛空，元一體者，則明與暗二體相亡。暗時無明，明時無暗。若與暗一，明則見亡，必一於明，暗時當滅。滅則云何見明、見暗？若明、暗殊，見無生滅，一云何成？若此見精與暗與明非一體者，汝離明、暗及與虛空，分析見元，作何形相？離明、離暗及離虛空，是見元同龜毛、兔角。明、暗、虛空，三事俱異，從何立見？明、暗相背，云何或同？離三元無，云何或異？分空分見，本無邊畔，云何非同？見暗見明，性非遷改，云何非異？汝更細審，微細審詳，審諦審觀：明從太陽，暗隨黑月，通屬虛空，壅歸大地，如是見精，因何所出？見覺空頑，非和非合，不應見精無從自出。若見聞知，性圓周徧，本不動搖，當知無邊不動虛空，并其動搖地、水、火、風，均名六大，性真圓融，皆如來藏，本無生滅。阿難，汝性沉淪，不悟汝之見、聞、覺、知本如來藏。汝當觀此見、聞、覺、知為生？為滅？為同？為異？為非生滅？為非同異？汝曾不知，如來藏中性見覺明，覺精明見。清淨本然，周徧法界，隨眾生心，應所知量。如一見根見周法界。聽、齅、嘗觸、覺觸、覺知，妙德瑩然，徧周法界。圓滿十虛，寧有方所？循業發現。世間無知，惑為因緣及自然性，皆是識心分別計度，但有言說，都無實義。

【章　旨】見種並非和合而有，也不是無因自有。二者乃本於如來藏妙真如性，只是由於無知之眾生以識心對其加以分別計度，方纔顯現出來。

【語　譯】阿難，能見之性本來沒有對象，因而就沒有所知，只是因色相與虛空等方纔得以顯發。譬如你現在所住的祇陀林早晨光明，傍晚昏暗，夜晚有月就有光明，無月便會昏黑。有明、暗等現象作對象，見性纔能對其作出分析。此見性與明、暗以及虛空究竟是同為一體呢？還是並非一體呢？或者是既同又不同？或者是既異又非異呢？阿難，此見如果與明、暗，以及虛空同為一體，但明與暗作為二體是不能共存的，暗時無明，明時無暗。此見如果與暗同為一體，則明時就應該消亡。同樣，如果此見與明同為一體，則暗時就應該消失。見性既然會消失，何以能夠見明、暗呢？如果明、暗有生滅，而見性卻沒有生滅，見與明、暗一體的義理怎麼能夠成立呢？如果此見與明、暗都不是一體，離開明、暗及虛空，你去分析此見之根源會得到什麼結果呢?離開明、暗、虛空等塵境,此見性究竟能是什麼形狀呢?見性如果離開明、暗及虛空諸塵境,見性的本元就如同龜毛、兔角一樣。明、暗、虛空三種現象都不相同,又怎能依其成立見性呢?明、暗相反,怎能成為一體呢?但是,若離開此三者,見性又不能存在,因而怎麼能說見性與三者相異呢?對虛空和見性的分析可知,二者同是沒有邊際的,為何說其不是同一體呢?見暗、見明,所見雖不同,見性卻不起變化,又怎能說此見性與明、暗是非異呢?你再仔細觀察,特別仔細地去研究:明發於太陽,暗隨從夜晚而來,通則屬於虛空,塞則歸於大地。如此則此見性是從哪裡出來的呢?見性具覺性,虛空則具頑鈍性,二者本來非和非合。儘管如此,並不能說此見性是無因而自有的。能見、能聞、能覺、能知之性圓滿周徧,本來就無動無搖,因而可知其與無邊無際、不動不搖的虛空和地、水、火、風,統名為六大種性。雖然各種性的作用、色相是虛妄的,但是其體卻是真實的,並且圓融無礙,圓滿周徧,都是以如來藏為體,本來就無生無滅。阿難,只因你心性沉淪,不能領悟自己的見、聞、覺、知功能是如來藏本體所起的功能。你應當再觀察此見、聞、覺、知功能是有生有滅的?是相同的?還是相異的?是不生不滅的?還是非同非異的呢?你原來並不知道如來藏所具之見性即是本明的覺體,本覺之精粹即是妙明的真見。此覺明之如來藏本來清淨,周徧於法界,並且隨著眾生之心及其所知之量而顯現。譬如此一見根既能遍觀法界,則耳根之聽、鼻根之嗅、舌根之嘗、身根之觸、意根之覺,虛靈朗然,充滿周徧法界。此見性圓滿存在於十方虛空,怎麼會有固定的所在呢?它只是隨著眾生的業感而顯現。世間無知之人,因迷惑而將其認作因緣和合而有,或當作自然之性。這些都是眾生識心的分別計度的結果，僅僅只是言說戲論，並沒有真實的意義。

阿難，識性無源，因於六種根塵妄出。汝今徧觀此會聖眾，用目循歷。其目周視，但如鏡中無別分析。汝識於中，次第標指。此是文殊，此富樓那，此目犍連，此須菩提，此舍利弗。此識了知，為生於見？為生於相？為生虛空？為無所因，突然而出？阿難，若汝識性生於見中，如無明、暗及與色、空，四種必無，元無汝見。見性尚無，從何發識？若汝識性生於相中，不從見生。既不見明，亦不見暗，明、暗不矚，即無色空。彼相尚無，識從何發？若生於空，非相非見。非見無辨，自不能知明、暗、色、空。非相滅緣，見、聞、覺、知，無處安立。處此二非，空則同無，有非同物，縱發汝識，欲何分別？若無所因，突然而出，何不日中別識明月？汝更細詳，微細詳審：見託汝睛，相推前境，可狀成有，不相成無。如是識緣因何所出？識動見澄，非和非合，聞、聽、覺、知，亦復如是。不應識緣，無從自出。若此識心本無所從，當知了別、見、聞、覺、知，圓滿湛然，性非從所。兼彼虛空、地、水、火、風，均名七大，性真圓融，皆如來藏，本無生滅。阿難，汝心麤浮，不悟見、聞、發明了知本如來藏。汝應觀此六處識心為同？為異？為空？為有？為非同異？為非空有？汝元不知如來藏中性識明知，覺明真識，妙覺湛然，徧周法界。含吐十虛，寧有方所？循業發現。世間無知，惑為因緣及自然性，皆是識心分別計度，但有言說，都無實義。」

【章　旨】識性並非和合而有，也不是無因自有。二者乃本於如來藏妙真如性，只是由於無知之眾生以識心對其加以分別計度，方纔顯現出來。

【語　譯】阿難，識性並無根源，而是依憑於六種根、塵妄生而現。你現在可以遍觀在座的大眾，用眼隨便地巡視一遍。此眼猶如鏡子，並沒有分析辨別的作用。你的意識卻於其間依次指出，這是文殊，這是富樓那，這是目犍連，這是須菩提，這是舍利弗。此識所具的了知的功能是生於眼？是生於塵相？還是生於虛空呢？或者是無因突然而自生？阿難，此識性如果是從見中生出，若無明、暗、色、虛空等四種塵相，就根本不會有你的見性。見性尚且不存在，又從何處發起眼識呢？如果此識性生於塵相之中，不是從見中生出。既不明，又不見暗。既無明、暗諸相，也就沒有色和虛空。既無上述諸相，此識從何處發生呢？如果此識性生於虛空，既非塵相，又非見根，則無能辨之性，當然無法知道明、暗、色、虛空。無有塵相，則所緣之境即滅，見、聞、覺、知就無處安立了。離開見性及色相，虛空則等同於無。即使虛空是有，但此有不同於物質之有，縱使你的意識生起作用，又以什麼作分別的對象呢？如果此識是無因而突然生出，何以白日不能看到明月呢？你再仔細審查、觀察，能見之眼根寄託在你的眼睛之中，所見的塵相就是現前所對之境。其中，有形狀的稱之為色塵，無形狀的稱之為虛空。如此，生識之緣究竟因何而有呢？識是有分別的，屬動；見是無分別的，屬靜。體性各異，本來就是非和非合的。耳識、鼻識、舌識、身識、意識，也是這樣。儘管如此，仍然不能認為此識是無因而自有。如果認為此識本無所從來，應當知道能分別之識與見、聞、覺、知等功用，同樣是湛然圓滿的，本來就不是從因緣所生。這樣，識心連同地、水、火、風、空、見，統名七大。七大之相雖然是虛妄的，其體卻是性真圓融的，都是如來藏性，本來無生無滅。阿難，只因你自心粗浮，不能領悟見、聞以及能了知之識本來就是如來藏性。你應當仔細觀察眼、耳、鼻、舌、身、意六處識心是同？是異？是空？是有？還是非同非異？或者是非空非有？你原來並不知道如來藏中所藏之識即是妙明真知，本覺之明也是真性之識。此覺明之如來藏本來清淨，周徧於法界。此如來藏識包含十方之虛空，怎麼能有固定的方所呢？而作為七大種之一的識性只是隨眾生之業感而顯現的。世間無知之人，因迷惑而將其認作因緣和合而生，或當作自然之性。這些都是識心分別計度的結果，僅僅只是言說戲論，並沒有真實的意義。」

【說　明】七大與如來藏真如自體的關係至此宣說完畢。

爾時，阿難及諸大眾蒙佛如來微妙開示，身心蕩然，得無罣礙。是諸大眾各各自知，心徧十方，見十方空如觀手中所持葉物。一切世間諸所有物皆即菩提妙明元心。心精徧圓，含裹十方。反觀父母所生之身猶彼十方虛空之中吹一微塵，若存若亡。如湛巨海流一浮漚，起滅無從。了然自知，獲本妙心，常住不滅。禮佛合掌，得未曾有。於如來前，說偈讚佛：「妙湛總持不動尊，首楞嚴王世希有❶。銷我億劫顛倒想，不歷僧祇獲法身❷。願今得果成寶王，還度如是恆沙眾❸。將此深心奉塵剎，是則名為報佛恩❹。伏請世尊為證明，五濁惡世誓先入❺。如一眾生未成佛，終不於此取泥洹❻。大雄大力大慈悲，希更審除微細惑❼。令我早登無上覺，於十方界坐道場❽。舜若多性可銷亡，爍迦羅心無動轉❾。」

【章 旨】阿難等會中大眾聽完佛的開示，身心蕩然，心無罣礙。阿難於是說偈禮讚佛德。

【注 釋】❶妙湛二句　前句讚佛，後句讚法。妙湛，指佛之法身遍滿一切處。總持，佛之報身具般若智，能總一切法，持無量義。不動尊，指佛之應身。❷銷我二句　銷除我們億劫以來的顛倒妄想，不必經過久遠劫數的修行而可即時證得法身。❸願今二句　自今以後精進修行以證得佛果而成為法寶之王，再行入世以救度恆河沙數的眾生。❹將此二句　將此深心回奉十方微塵剎土諸佛及其眾生，纔能報答佛微妙開示法義之深恩。❺伏請二句　伏地啟請世尊為我們證明，自己必先入五濁惡世教化眾生。五濁，即劫濁、見濁、煩惱濁、眾生濁、命濁。❻如一二句　如果還有一個眾生尚未成佛，自己始終不住於涅槃果地。❼大雄二句　希望佛力加持以清除我們仍遺留的微細疑惑。❽令我二句　希望憑佛力加持早日獲證無上覺道，在十方世界建立道場，教化眾生。❾舜若二句　即使虛空可以消除，而我們這種立志發願的心絕不會退轉。舜若多，虛空性。爍迦羅，堅固心。

【語 譯】此時，阿難及大眾聽了佛的微妙開示，身心空空蕩蕩，一點都無罣礙。各人都覺悟到真心遍滿十方虛空。於此真心之中，十方虛空猶如手中所持的樹葉一樣。一切世間所有的物象，都是此菩提妙明元心之所變現，此體含裹十方世界裡的一切。反觀父母所生的這個身體，猶如虛空當中吹起的一點微塵，若存若亡；又如澄澄湛湛、無邊無際的大海之中的一點浮漚，沉浮起滅不定。阿難及大眾了然自知，獲得了本來清淨，常住不滅的妙心。大眾恭敬禮拜釋迦牟尼佛，得以聽聞前所未有的妙法。大眾於是一同說偈讚歎佛德。(偈語語譯從略)

卷四

【題解】在此卷中，佛先以富樓那的發問為因，進一步闡述了山河大地等有為諸法都是依於如來藏妙真如性而起的。世間一切根、塵、陰、處、界等皆如來藏清淨本然，但是，因為世界相續、眾生相續、業果相續等「三種相續」而遷流輪轉。阿難及大眾又請求佛開示證悟無餘涅槃的法門。於是，佛為大眾宣說修無上妙法須明瞭的「二決定義」：第一義是，因地發心須以不生不滅之真如心為依。第二義是，從一根入手修入一真無妄之境地，使六根清淨。障蔽前者的是「五重渾濁」；修證後者的關鍵是詳細反省煩惱根本。

爾時，富樓那彌多羅尼子在大眾中即從座起，偏袒右肩，右膝著地，合掌恭敬，而白佛言：「大威德世尊，善為眾生敷演如來第一義諦。世尊常推說法人中，我為第一。今聞如來微妙法音，猶如聾人逾百步外聆於蚊蚋，本所不見，何況得聞？佛雖宣明，令我除惑，今猶未詳斯義究竟無疑惑地。世尊，如阿難輩雖則開悟，習漏未除。我等會中登無漏者，雖盡諸漏，今聞如來所說法音尚紆疑悔。世尊，若復世間一切根、塵、陰、處、界等皆如來藏清淨本然，云何忽生山河大地諸有為相，次第遷流，終而復始？又如來說地、水、火、風，本性圓融，周徧法界，湛然常住。世尊，若地性徧，云何容水？水性周徧，火則不生，復云何明水、火二性俱徧虛空，不相陵滅？世尊，地性障礙，空性虛通，云何二俱周徧法界？而我不知是義攸往，惟願如來宣流大慈，開我迷雲及諸大眾。」作是語已，五體投地，欽渴如來無上慈誨。

爾時，世尊告富樓那及諸會中漏盡無學諸阿羅漢：「如來今日普為此會宣勝義中真勝義性，令汝會中定性聲聞及諸一切未得二空、迴向上乘阿羅漢等，皆獲一乘寂滅場地真阿練若正修行處。汝今諦聽，當為汝說。」富樓那等欽佛法音，默然承聽。

【章　旨】富樓那又起疑惑，向佛發問：如果世間一切根、塵、陰、處、界都是如來藏妙真如性的本然功能，何以忽然生出山河大地等有為諸相？佛以慈音為大眾等解惑。

【語　譯】這時，阿難尊者說完偈頌之後，富樓那尊者即從大眾中起立，露出右肩，右膝跪地，合掌恭敬禮佛而對佛說：「大威德世尊，您最善於為眾生詳細解說證果成佛的第一義諦。世尊常推重我為說法之人中的第一名。但我聽了您上面的微妙講解以後，卻猶如聾子於百步之外欲聽蚊子的叫聲，連看見都不可能，哪裡還能夠聽得到呢？佛雖然說得很清楚，想讓我們除去疑惑，但我現在仍然未明白第一義諦的究竟道理，未達到無疑惑的境地。世尊，像阿難等阿羅漢，雖然悟到真心周徧、常住妙明，但其潛伏的習氣仍未除盡。如我一樣證得無漏之位的大眾，雖然已經證得煩惱已盡的無漏境界，但對於佛剛纔所說的道理，還是有許多糾纏不清的疑點。世尊，如果世間一切根、塵、陰、處、界，都是如來藏妙真如性的本然功能，何以忽然生出山河大地等有為諸法，而且它們次第遷流，終而復始？又如佛所常說，地、水、火、風四大的本性是圓融無礙、周徧法界，並且湛然不變，常住不滅。世尊，如果地性周徧法界，怎麼會有水呢？水性周徧法界，火便不能產生，更談不到光明的存在。水、火二性都遍滿空間，怎能不相互衝突、毀滅呢？世尊，地性具障礙相，空性具虛通相，為什麼又說二性都遍滿法界呢？我實在是不知此義理的歸屬所在。希望佛以大慈悲為我及會中諸大眾開示，使我們除去心中迷雲。」富樓那說完這段話以後，便五體投地，渴望佛賜予無上慈悲的教誨。

這時，佛對富樓那以及諸會中有漏、無漏阿羅漢說：「我今天普為此會中的諸位說最勝義中的真勝義，使得你們定性聲聞即初果阿羅漢，以及一切未證得人、法二空但卻願意回心向上乘的阿羅漢們，都能獲得中道了義的寂滅道場，並且得以達到真正寂靜的真修行處。希望你們仔細地聽講，我將仔細地為你們講解。」富樓那等會中諸眾都恭敬地默默聆聽佛的慈音。

佛言：「富樓那，如汝所言，清淨本然云何忽生山河大地？汝常不聞如來宣說『性覺妙明，本覺明妙』？」富樓那言：「唯然。世尊，我常聞佛宣說斯義。」佛言：「汝稱覺明，為復性明稱名為『覺』？為覺不明，稱為明覺？」富樓那言：「若此不明名為覺者，則無所明。」

佛言：「若無所明，則無明覺。有所非覺，無所非明，無明又非覺湛明性。性覺必明，妄為明覺。覺非所明，因明立所。所既妄立，生汝妄能。無同異中，熾然成異。異彼所異，因異立同。同異發明，因此復立無同無異。如是擾亂，相待生勞。勞久發塵，自相渾濁。由是引起塵勞煩惱，起為世界，靜成虛空。虛空為同，世界為異。彼無同異，真有為法。覺明空昧，相待成搖，故有風輪執持世界。因空生搖，堅明立礙。彼金寶者，明覺立堅，故有金輪保持國土。堅覺寶成，搖明風出。風、金相摩，故有火光，為變化性。寶明生潤，火光上蒸，故有水輪含十方界。火騰水降，交發立堅。溼為巨海，乾為洲、潭。以是義故，彼大海中火光常起，彼洲、潭中江河常注。水勢劣火，結為高山。是故山石擊則成燄，融則成水。土勢劣水，抽為草木。是故林藪遇燒成土，因絞成水。交妄發生，遞相為種。以是因緣，世界相續。」

【章　旨】為解除富樓那之惑，佛首先以「世界相續」解釋山河大地之生起。本來清淨的如來藏性，因眾生的妄想而產生了同與異的對立，並且因此而有了粗識勞慮，由此無明妄力熏變而成地、水、火、風之四大。如此諸因緣輾轉相續，便產生了成、住、壞、空的有為世界。

【語　譯】佛說：「富樓那，如你所問的，本來清淨的如來藏性為何忽然生出山河大地？你不是時常聽到如來說『覺之體性妙明，覺之本性明妙』嗎？」富樓那回答：「確實如此，世尊，我常聽佛宣講此理。」佛問：「你說覺明是本性自明方稱之為『覺』呢？還是覺本來不明，必須加明於其上方名之為『覺』呢？」富樓那回答：「若覺體毋須加明於其上就名之為『覺』，就沒有『明』的對象。無此對象，『覺』也難於獨存。」

佛開導說：「你說不加明於覺，也就沒有明覺。這是錯誤的。若此心中有加明的對象存在，則它就不是本明的真覺。若沒有加明的對象存在，則此『覺』便不是明覺了。如此，就失去了覺明之義而墜入無明。既無真明，也就不是湛然妙明的真覺了。覺之體性必定是明，若須加明而方稱之為『覺』，此真覺便被當作妄覺了。『覺』並不是所要明的對象，你以加『明』為因由而妄立它的存在。這樣，也就產生了你的妄想之能。如此，在本來清淨，沒有同和異之分別的一體中，就突然顯現出不同的差別之境，並使這些差別之境相互對立。由此再進一步設立了無有差別的虛空境界。同與異的兩種境界既然已經產生，又接著妄想出既不是同，也不是異的境界。本來清淨的如來藏性就是因為如此的擾亂，便在同與異的對立中產生了粗識勞慮。此勞慮相續不斷，產生了塵相。此塵相使心識渾濁不清而引起諸業相，即染汙不淨、擾動不安的八萬四千煩惱。這樣，便真的變現出了有為法。覺之體性本明，因妄執而有所明。明體與晦昧的虛空相互作用，使妄心動搖而產生風輪。此輪以其巨力而執持世界，使之得到安立。晦昧的虛空與明體相互作用，堅固的妄執之心欲明白此晦昧的空體，便結成地大之堅實、障礙之相。此妄心再堅持而凝結成金寶，因而有金輪以執持國土。堅持妄覺而成金寶，欲明虛空之念搖動而成為風，風與金相互摩擦產生火光變化。明淨的金寶多生溼潤，溼性因火、光而上升變為蒸氣，由此便有水輪含藏世界。火性向上升騰，水性向下降沉，二者交錯作用，溼的便變為巨海，乾的便成為洲、灘。正因為這樣，在大海中常有火光升起，洲、灘之上常有江、河流注。水勢劣於火，其與火相結合而成為高山。因此，山、石相摩會產生火花，融化之後變成水。土勢劣於水，其與水相結合，土中便長出草木。因此，林木、草叢經火燒之後變成土，壓、榨二者便有汁水流出。正是由於以上諸種因緣關係，世界便由成至壞，相續遷流，終始循環。」

「復次，富樓那，明妄非他，覺明為咎。所妄既立，明理不踰。以是因緣聽不出聲，見不超色，色、香、味、觸六妄成就，由是分開見、覺、聞、知。同業相纏，合離成化。見明色發，明見想成。異見成憎，同想成愛，流愛為種，納想為胎，交遘❶發生，吸引同業，故有因緣生羯羅藍❷、遏蒱曇❸等。胎、卵、溼、化，隨其所應。卵唯想生，胎因情有，溼以合感，化以離應。情、想、合、離，更相變易。所有受業，逐其飛沉。以是因緣，眾生相續。

富樓那，想、愛同結，愛不能離，則諸世間父母子孫相生不斷。是等則以欲貪為本。貪、愛同滋，貪不能止，則諸世間卵、化、溼、胎，隨力強弱，遞相吞食。是等則以殺貪為本。以人食羊，羊死為人，人死為羊。如是乃至十生❹之類，死死生生，互來相噉，惡業俱生，窮未來際。是等則以盜貪為本。汝負我命，我還汝債。以是因緣，經百千劫常在生死。汝愛我心，我憐汝色。以是因緣，經百千劫常在纏縛。唯殺、盜、婬三為根本。以是因緣，業果相續。

富樓那，如是三種顛倒相續，皆是覺明明了知性，因了發相，從妄見生山河大地諸有為相❺，次第遷流。因此虛妄，終而復始。」

【章旨】佛以「眾生相續」和「業果相續」說明眾生之生起與遷流。妄心輾轉而生色、聲、香、味、觸、法六塵，根、塵相緣便引起四生繫縛。同業相纏便有胎、卵類眾生。不因父、母之緣，只依己緣，或者合溼而成形，此類叫溼生。或者離舊而赴新，叫化生。此四生都是以殺、盜、淫三種根本貪求為業因，以業力之強弱而有卵、化、溼、胎的生起和生死的輪迴流轉。

【注釋】❶交遘　即性交。❷羯羅藍　梵文音譯，意譯則為凝滑、雜穢。指與異性交遘初受胎時之凝結物。❸遏捕曇　梵文音譯，意譯則為泡，即泡狀物。指受胎後第二個七日，胎所具的形態。❹十生　即十類眾生：卵生、胎生、溼生、化生、若有想生、若無想生、若有色生、若無色生、若非有想生、若非無想生。❺有為相　有為即有為法，其有四相：生、住、異、滅。

【語　譯】佛繼續說：「其次，富樓那，明白此妄想之因不是別的，而是不知道覺的體性本來就是明，卻仍欲去覺明，此本身就是妄，也是過錯之所在。業相既然因妄念而得以成立，欲明覺體的妄能自然就不能得到了義。正是此因，聽超不出聲塵，見超不出色塵。於是，色、聲、香、味、觸、法六種塵境便得以成立，由此區分出見、覺、聞、知。同一種業相糾纏在一起，或合而成形，或離而化生。妄心欲覺明而產生色境，欲明所見之色而產生妄想。因不同的妄見而造成憎恨，又因同一妄見而產生愛心。此愛心流注於心中成為種子，因不能將其捨棄而凝結成胎。此欲愛通過男女性交流注於父母之精血中。因此緣由而產生羯羅藍、遏捕曇等。胎、卵、溼、化四生，都是隨著其業緣而招不同的業果所成。卵生唯因妄想而受生，胎生是因愛戀之情而受生，溼生是依憑溼氣和暖氣相和合而產生，化生則是因厭離舊境、情繫他境而受生。此情、想、合、離四境並不是固定的，而是處在不斷變化之中。所有眾生都是依從自己的行業而受生，或者飛升，或者下沉。正是由於以上諸因，眾生在卵、胎、溼、化諸生之中相續不斷，流轉不息。

富樓那，妄想和愛結合在一起就使愛欲不能捨離，因而諸世間中，父母、子孫代代相續不斷。此類受生是以對情愛的貪求為其生死的本因。情愛所生之身，都需滋養其命，因而貪求不止。由此，諸世間中，卵生、化生、溼生、胎生都是依據其力量的強弱互相吞食。如此類別的受生是以貪求殺生為其生死的根本。人食羊，羊死之後變成人，人死之後又變成羊。如此，四生，乃至十種生類都是一樣的。他們死死生生，互相殘殺，互相吞食，帶著惡業輪迴受生，沒有休止並且窮盡未來之際。如此類別的眾生是以盜貪為其生死的本因。你欠我的命，我以命還你的債。這樣下去，雖然經歷百千劫數，卻仍然處於生死之中。你愛我的心，我憐你的色。雖然歷經百千劫數，依然互相纏縛難捨。上述業果的由來，都是以殺生、盜竊、淫欲三種貪習為其根本原因。有了這些因緣，業果就相續不斷，沒有停息之時。

富樓那，如此這般的三種業果相續，都是因為在本覺上加『明』而生無明，從無明便生出虛妄的了知性，所以生出了山河大地諸有為相的滅而復生，遷流不息。正是這些虛妄之念使有為諸相終而復始，相續流轉。」

【說明】以上，佛以三種顛倒相續——世界相續、眾生相續、業果相續，說明山河大地諸有為相何以生起。

富樓那言：「若此妙覺本妙覺明，與如來心不增不減，無狀忽生山河大地諸有為相。如來今得妙空明覺，山河大地有為習漏何當復生？」

佛告富樓那：「譬如迷人於一聚落惑南為北。此迷為復因迷而有？因悟所出？」富樓那言：「如是迷人亦不因迷，又不因悟。何以故？迷本無根，云何因迷？悟非生迷，云何因悟？」佛言：「彼之迷人，正在迷時，倏有悟人指示令悟。富樓那，於意云何？此人縱迷，於此聚落，更生迷不？」「不也，世尊。」「富樓那，十方如來亦復如是。此迷無本，性畢竟空。昔本無迷，似有迷覺。覺迷迷滅，覺不生迷。亦如翳人見空中華，翳病若除，華於空滅。忽有愚人於彼空華所滅空地，待華更生。汝觀是人為愚？為慧？」富樓那言：「空元無華，妄見生滅。見華滅空，已是顛倒，敕令更出，斯實狂癡，云何更名如是狂人為愚為慧？」佛言：「如汝所解，云何問言諸佛如來妙覺明空，何當更出山河大地？又如金鑛雜於精金，其金一純，更不成雜。如木成灰，不重為木。諸佛如來、菩提、涅槃，亦復如是。」

【章旨】富樓那又起疑惑而問道：「如來既得妙覺，山河大地諸有為習漏為何又能再次生起呢？」佛以比喻告知富樓那等會眾，有為習漏都由眾生之迷惑而生起，其真體不變，真不成妄，妄性本空。

【語譯】富樓那又問佛：「如果此妙覺本來就是覺明的，那就與如來藏心一樣不增不減。既然如此，為何又無緣無故生出山河大地等有為法諸相呢？如來已得此妙空明覺，山河大地等諸有為習漏還會不會再復生呢？」佛告訴富樓那：「譬如某人在某地迷失方向，誤認南方為北方。這個迷路人，是因為迷糊方纔迷路呢？還是因為覺醒方纔迷路呢？」富樓那回答：「此人既不是因迷糊而迷路，也不是因覺悟而生出迷來。為什麼呢？迷路本來就是無根的，怎麼會因迷惑而生出呢？既然已經覺悟了，更不會再生迷惑，怎麼能說因悟而生迷呢？」佛說：「在那個迷路者迷惑之時，忽然有一個覺悟的人指示他方向，使其明白。富樓那，你怎樣看待此事呢？此人縱然於此聚落生了迷惑，經此指點，還會於此地再生迷惑嗎？」富樓那回答說：「不會了，世尊。」佛接著說：「富樓那，十方如來也是如此，不會再生妄念。因為迷本來就是無根的，迷的本性是畢竟空。以前本沒有迷，只因一時之妄念而有了迷，一旦覺悟，迷便消失了。既然以覺悟之心滅除了迷惑，也就不會再生出迷惑。就好像眼睛有毛病的人『看見』空中有許多美麗的花。眼病若除去，空中有花的錯覺也就消除了。若有一個愚蠢的人，眼病醫好之後，仍在空中花滅除之處等待它重新出現。你說此人是愚蠢呢？還是聰明呢？」富樓那回答：「空中本來就沒有花，因病而妄見有花在空中生滅。見到空中花於空中生滅，已屬顛倒之見，再希望花於空中出現，實在是狂而癡的人。何必還要問我此人是聰明還是愚蠢呢？」佛說：「你既然這樣理解，為何還要問證得妙明空慧的諸佛如來怎麼能再生出山河大地呢？又如金礦中精金與其他雜質混結一起，將其煉成純金之後，當然就不會再有雜質了。又如將木燒成灰，當然就不可能再恢復為木。對於已證得菩提而達到涅槃境界的佛，也應如此去看待。」

「富樓那，又汝問言，地、水、火、風，本性圓融，周偏法界，疑水、火性不相陵滅，又徵虛空及諸大地俱偏法界，不合相容。富樓那，譬如虛空體非群相，而不拒彼諸相發揮。所以者何？富樓那，彼太虛空，日照則明，雲屯則暗，風搖則動，霽澄則清，氣凝則濁，土積成霾，水澄成映，於意云何？如是殊方諸有為相，為因彼生？為復空有？若彼所生，富樓那，且日照時，既是日明，十方世界同為日色，云何空中更見圓日？若是空明，空應自照，云何中宵雲霧之時，不生光耀？當知是明非日非空，不異空日。觀相元妄，無可指陳。猶邀空華結為空果，云何詰其相陵滅義？觀性元真，唯妙覺明。妙覺明心，先非水火，云何復問不相容者？真妙覺明，亦復如是。汝以空明，則有空現。地、水、火、風，各各發明，則各各現。若俱發明，則有俱現。云何俱現？富樓那，如一水中現於日影，兩人同觀水中之日，東西各行，則各有日隨二人去，一東一西，先無準的。不應難言：此日是一，云何各行？各日既雙，云何現一？宛轉虛妄，無可憑據。

【章　旨】佛又以「四大」種圓融的道理解釋富樓那的疑惑。約事而論，諸大之相不但不相互陵滅，而且是相容的。約理而論，諸大之性本是妙覺圓明真心，只是因眾生之執著妄見纔顯現出諸大之相。

【語　譯】佛又說：「富樓那，你以前曾經問過，儘管地、水、火、風本性圓融，周徧法界，你仍懷疑水、火之間是否真的不互相陵滅，俱徧法界的虛空和地性是否真的能夠相容？富樓那，譬如虛空之體性雖然並非就是萬物總相，但是虛空卻不拒絕萬物於其中發揮作用。為什麼呢？富樓那，那太虛空有日照就光明，烏雲屯集就現出黑暗，有風吹動就現出搖動之相，雨後天晴就會現出清麗之相，地氣凝聚就會現出濁重之相，塵土飛舞就會現出陰霾之相，水相澄清就會顯現清晰倒影，你怎麼看待這些呢？這些不同方式的境相，是因日、雲、風、雨而顯現呢？還是因虛空而有呢？富樓那，如果日照之時，光明是從日生，則十方世界應當同是日光之色，為何於虛空中又可以看見一個圓圓的太陽呢？如果是由虛空生出光明，虛空為恆常，故應常常自照，為何半夜及雲霧迷漫之時，看不見光明呢？由此應當知道，光明並不是從太陽發出，也不是從虛空而有，但卻離不開虛空、太陽。從形相上看，諸法都是虛妄的，沒有可以指陳的根本。這就好像空中花，本來就不是真實的存在，怎麼能夠再行追問它們怎樣互相作用而生滅變化呢？從真如性方面去看，此妙覺圓明真心本來就沒有地、水、火、風等相，為什麼還要追問它是否能容納萬物呢？對於這個常住真心，也應該如此去理解。你從虛空與光明去觀察，就有虛空顯現。如果從地、水、火、風各種現象去觀察，則有各種現象同時顯現。若從『四大』同時去觀察，則『四大』等現象就一起顯現。怎樣一起顯現呢？富樓那，譬如水中所現太陽的影子，兩人若同時去觀察，然後又分開向東或向西走，日影也就跟著二人向東或向西，可見日影並沒有固定的處所。你不應提出這樣的辯難：此日影既然只有一個，為何二人分行就變成兩個？如果日影真的變成兩個，為何水中只有一個呢？其實，這些都是妄心的宛轉計執，並沒有真實的憑據。

富樓那，汝以色、空相傾相奪於如來藏。而如來藏隨為色、空，周徧法界，是故於中風動、空澄、日明、雲暗。眾生迷悶，背覺合塵，故發塵勞，有世間相。我以妙明不滅不生合如來藏，而如來藏唯妙覺明，圓照法界。是故於中，一為無量，無量為一；小中現大，大中現小。不動道場徧十方界，身含十方無盡虛空，於一毛端現寶王剎❶，坐微塵裡，轉大法輪。滅塵合覺，故發真如妙覺明性。而如來藏本妙圓心，非心非空，非地非水，非風非火，非眼非耳、鼻、舌、身、意，非色非聲、香、味、觸、法，非眼識界，如是乃至非意識界。非明、無明，明、無明盡，如是乃至非老非死，非老死盡。非苦非集，非滅非道，非智非得。非檀那非尸羅，非毗棃耶非羼提，非禪那非般剌若，非波羅密多❷。如是乃至非怛闥阿竭❸，非阿羅訶❹、三耶三菩❺，非大涅槃，非常非樂非我非淨。以是俱非，世、出世故，即如來藏元明心妙。即心即空，即地即水即風即火，即眼即耳、鼻、舌、身、意，即色即聲、香、味、觸、法，即眼識界，如是乃至即意識界；即明、無明，明、無明盡；如是乃至即老即死，即老死盡。即苦即集，即滅即道，即智即得，即檀那即尸羅，即毗棃耶即羼提，即禪那即般剌若，即波羅密多，如是乃至即怛闥阿竭，即阿羅訶、三耶三菩，即大涅槃，即常即樂即我即淨。以是俱即，世、出世故，即如來藏妙明心元，離即離非，是即非即。如何世間三有眾生❻及出世間聲聞、緣覺，以所知心測度如來無上菩提，用世語言入佛知見？譬如琴、瑟、箜篌、琵琶，雖有妙音，若無妙指，終不能發。汝與眾生亦復如是。寶覺真心各各圓滿，如我按指，海印發光。汝暫舉心，塵勞先起，由不勤求無上覺道，愛念小乘，得少為足。」

【章　旨】如來藏容攝萬物而其本身卻是無妄之真心，此理是不能以常規去測度的。眾生之所以迷悶不解，是愛念小乘而未發心勤求無上菩提之故。

【注　釋】❶寶王剎　指佛寶法王的剎土，即三千大千一佛世界。❷非檀那四句　即非六度。檀那，即布施。尸羅，即持戒。毗棃耶，即忍辱。羼提，即精進。禪那，即禪定。般剌若，即般若。❸怛闥阿竭　即如來，有法身、報身、應身三身。❹阿羅訶　即「應供」，諸佛十號之一，意為應九法界眾生之供。❺三耶三菩　梵語音譯全稱為「阿耨多羅三藐三菩提」，意譯為「正偏知」、「止偏覺」，諸佛十號之一。大意是，佛所證得之智慧徧知萬事，佛心包融萬有。❻三有眾生　即欲有、色有、無色有三界中的眾生。

【語　譯】富樓那，你以為色和虛空於如來藏中互不相容、互相遞奪。其實，如來藏能隨同色、虛空而起變化，因而它是充滿法界的。這樣，在如來藏中纔會有風的吹動、虛空的澄清、太陽的光明、雲霧的昏暗等等。眾生由於迷悶，違背真覺，卻與塵緣相會合而顯發塵勞之相，因而形成世間諸相。我已經證得與如來藏合於一體的妙明不滅的真心自體，而此如來藏真覺妙明，圓照法界。在此如來藏性裡，『一』即具足無量法，無量法即包容於『一』中；小者可以顯現大者，大者容攝具足小者。此如來藏性如如不動，遍滿十方世界，包含十方無盡虛空，即使於正報最小的一毛端也可以顯現出依報之中的最大者——寶王剎土。如來可以坐於一微塵裡，講經說法，教化眾生。眾生若能滅除塵勞，也即背塵合於真覺就能發現真如妙覺。此本妙圓心的如來藏不同於識心，也不是空；不是地、水、風、火，不是眼、耳、鼻、舌、身、意，不是色、聲、香、味、觸、法，更不是眼識界及其意識界等十八界。此如來藏真心不是覺明，也不是無明，明、無明都不包含其中。如此乃至不是老，也不是死，老、死等十二因緣都不包含於其中。此如來藏真心不是苦、集、滅、道四諦，不是我空之智，更不是證得我空之理。此如來藏不是六度，不是如來、應供、正徧知，不是大涅槃，也不是常、樂、我、淨。以上所說種種『俱非』的道理說明，如來藏就是『真空』，因而所有世間法和出世間法都是如來藏。正因為如來藏是『真空』，纔有不空如來藏的妙用。這個寂而常照、照而常寂的圓明妙心既是識心和虛空，也是地、水、風、火四大種；既是眼、耳、鼻、舌、身、意六根，也是色、聲、香、味、觸、法六塵，也是眼識界至意識界等十八界。此元明妙心是十二因緣，也是四諦；是智，是得，是六度。如此乃至是如來、應供、正徧知、大涅槃，具常、樂、我、淨四德。以上所說諸法，都具足於如來藏之中，如來藏真心就是世間、出世間法的本元妙心。它離開有，也離開空；既即十界，也非即十界。此如來藏真心就是中道理體。無奈，三界眾生以及出世間聲聞、緣覺用有限的知識來揣度如來無上正覺，試圖用一般語言來透入佛之知見。這就好比琴瑟、箜篌、琵琶等樂器，雖然具備發出微妙聲音的功能，若無妙手去彈，始終不能發出優美的聲音。你與其他眾生，也是如此。本覺真心寶藏各自圓滿。我若動一指，海印三昧就湛然發光，應物顯形，萬象皆顯印於其中。你們一念心起，煩惱立即顯起。這都是由於你們不肯勤求無上菩提，貪愛小乘果位，少有所得，便感滿足而造成的。」

富樓那言：「我與如來寶覺圓明真妙淨心，無二圓滿。而我昔遭無始妄想，久在輪迴，今得聖乘，猶未究竟。世尊，諸妄一切圓滅，獨妙真常。敢問如來，一切眾生何因有妄，自蔽妙明，受此淪溺？」佛告富樓那：「汝雖除疑，餘惑未盡。吾以世間現前諸事，今復問汝：汝豈不聞室羅城中演若達多？忽於晨朝以鏡照面，愛鏡中頭，眉目可見，瞋責己頭不見面目。以為魑魅，無狀狂走。於意云何？此人何因無故狂走？」富樓那言：「是人心狂，更無他故。」佛言：「妙覺明圓，本圓明妙。既稱為妄，云何有因？若有所因，云何名妄？自諸妄想，展轉相因，從迷積迷，以歷塵劫。雖佛發明，猶不能返。如是迷因，因迷自有。識迷無因，妄無所依。尚無有生，欲何為滅？得菩提者，如寤時人說夢中事，心縱精明，欲何因緣取夢中物？況復無因，本無所有。如彼城中演若達多，豈有因緣自怖頭走？忽然狂歇，頭非外得。縱未歇狂，亦何遺失？富樓那，妄性如是，因何為在？汝但不隨分別世間、業果、眾生三種相續，三緣斷故，三因不生。則汝心中演若達多狂性自歇，歇即菩提。勝淨明心，本周法界，不從人得，何藉劬勞，肯綮修證！譬如有人於自衣中繫如意珠，不自覺知，窮露他方，乞食馳走。雖實貧窮，珠不曾失。忽有智者指示其珠，所願從心，致大饒富，方悟神珠非從外得。」

【章旨】佛又為富樓那及會中大眾解釋「識迷無因，妄無所依」之理。眾生只要斷除對世間、業果、眾生三種相續的分別，即可證得菩提。

【語譯】富樓那說：「我與如來同樣具有圓滿、光明、微妙、清淨的覺心。但是因為我無始以來就被妄想纏繞，長久於世間輪迴不休。現在雖有少得，列入聖道，但仍未證得究竟的果位。佛已滅除一切妄心，圓滿、獨妙的真常之心朗然顯現。敢問如來：是什麼原因使一切眾生有此妄心，遮蔽了自己虛妙靈明的真心而遭受輪迴之苦呢？」佛告訴富樓那：「你雖然除去了一些疑問，但仍有一些迷惑未曾除去。我現在以世間的事例來問你：你難道沒有聽說過室羅筏城中演若達多的事情嗎？有一日早晨，此人用鏡子自照其面，感覺鏡中之人的頭、眉非常可愛，責怪自己的頭看不見自己的面目，以為自己被邪魔所控制，於是無故發狂亂跑。這是怎麼一回事呢？此人因什麼原因而發狂亂跑呢？」富樓那回答說：「此人心中發狂，別無其他原因。」佛說：「靈明圓滿的妙覺真心，本來就是圓明靈妙的。現在既然稱其為妄心，怎麼會有原因呢？若真有什麼原因，就不稱其為妄心了。自己有許多妄想，輾轉相生，互為因果，從癡迷中纍積癡迷，歷經無數時劫便形成妄心。即使有佛的啟悟，仍然不能返迷歸真。如此看來，癡迷之因就是迷惑。癡迷本來就沒有什麼原因，妄心也沒有什麼所依。既然妄心本來就沒有產生的處所，又從何處去滅除呢？得到正覺的人猶如清醒的人講述夢中的事，再精明的人也沒有可能拿來夢中所見的物品。更何況妄心本來就沒有原因，也就沒有妄體。正如那個城中的演若達多，並無真實的原因使自己恐懼失掉了頭顱。直至其狂性停歇，方纔知道自己的頭仍然存在，並不是從外面找回來的。其實，即使在其狂心未歇之時，他的頭也未遺失。富樓那，妄性就是這樣，憑藉何因而執其存在呢？因此，你只要不隨著妄想而起分別之心，世間相續、業果相續、眾生相續三種相續之緣便會斷除，三種相續產生之因自然就不會存在。心中的狂性一旦停息，就即刻證得菩提。殊勝靈明的清淨真心本來就周徧於法界。此真心毋須從他人那裡得來，更毋須勞苦身心去修行以求證得！此正如有人自己衣服之中本來就繫著如意珠，可本人並不知曉，反而到處去乞討。他雖然貧窮，可衣中寶珠並未失去。

忽然有一位智者為其指出如意珠的所在，此人便從心所願，成為大富翁。這時，此人方纔明白寶珠並不是從外面得來的。」

即時，阿難在大眾中頂禮佛足，起立白佛：「世尊現說殺、盜、婬業三緣斷故，三因不生，心中達多狂性自歇，歇即菩提，不從人得。斯則因緣皎然明白，云何如來頓棄因緣？我從因緣心得開悟。世尊，此義何獨我等年少有學聲聞？今此會中大目犍連及舍利弗、須菩提等從老梵志[1]聞佛因緣，發心開悟，得成無漏。今說菩提不從因緣，則王舍城拘舍梨等所說自然，成第一義。惟垂大悲開發迷悶。」佛告阿難：「即如城中演若達多狂性因緣若得滅除，則不狂性自然而出。因緣、自然，理窮於是。阿難，演若達多頭本自然，本自其然，無然非自。何因緣故，怖頭狂走？若自然頭，因緣故狂，何不自然、因緣故失？本頭不失，狂怖妄出，曾無變易，何藉因緣？本狂自然，本有狂怖，未狂之際狂何所潛？

不狂自然，頭本無妄，何為狂走？若悟本頭，識知狂走，因緣、自然俱為戲論。是故我言，三緣斷故，即菩提心。菩提心生，生滅心滅。此但生滅，滅生俱盡，無功用道。若有自然，如是則明自然心生，生滅心滅，此亦生滅。無生滅者名為自然。猶如世間諸相雜和成一體者，名和合性；非和合者，稱本然性。本然非然，和合非合，合然俱離，離合俱非。此句方名無戲論法。菩提、涅槃，尚在遙遠，非汝歷劫辛勤修證。雖復憶持十方如來十二部經❷清淨妙理如恆河沙，祇益戲論。汝雖談說因緣、自然，決定明了，人間稱汝多聞第一。以此積劫多聞熏習，不能免離摩登伽難。何須待我佛頂神咒，摩登伽心婬火頓歇，得阿那含❸，於我法中成精進林，愛河乾枯，令汝解脫？是故，阿難，汝雖歷劫憶持如來祕密妙嚴，不如一日修無漏業，遠離世間憎、愛二苦。如摩登伽宿為婬女，由神咒力銷其愛欲，法中今名性比丘尼。與羅睺母耶輸陀羅同悟宿因，知歷世因貪、愛為苦，一念熏修無漏善故，或得出纏，或蒙授記。如何自欺(ㄑㄧ)尚(ㄕㄤˋ)留(ㄌㄧㄡˊ)觀(ㄍㄨㄢ)聽(ㄊㄧㄥ)？」

【章　旨】阿難等會中大眾仍留戀、執持因緣義，佛耐心勸導其修無漏非自然、非因緣之法。

【注　釋】❶梵志　佛教對一切外道出家者的泛稱。❷十二部經　即契經、重頌、諷頌、因緣、本事、本生、未曾有、譬喻、論議、自說、方廣、授記，前三者為經文的體裁，後九類是從經文所載的內容而立名。❸阿那含　意譯為「不來」。指斷盡欲界煩惱的聖者，是小乘四果中的第三果。

【語　譯】此時，阿難從大眾中站起向佛頂禮說：「剛纔世尊說殺、盜、淫三種業緣斷除，心中蘊藏的達多狂性自己就休歇了。此狂性休歇就得菩提正覺，而此菩提不是從他人處得來。這種說法顯而易見就是因緣法，世尊為何非得棄去因緣呢？我就是因因緣之理而開悟的。世尊，此義何嘗限於如我一樣的年輕的有學聲聞信持？現今與會的大目犍連、舍利弗、須菩提等都是先從外道修學之後纔因聽佛說十二因緣法而發心領悟，最終達至無漏境界。現在您說菩提不從因緣生，這樣，王舍城拘舍棃等外道所說一切都是自然的道理就成了至高的真理了。希望世尊垂示大悲，開導、解除我們的疑惑。」佛告訴阿難：「譬如城中演若達多的狂性因緣若除，不狂的本性就自然顯現。因緣、自然之理就是如此。阿難，演若達多的頭自然就在那裡。此自然乃是自然就如此，無時而不然。他是因什麼緣由纔恐怖遺失己頭而狂奔呢？如果頭是自然在那裡，只是因照鏡子的緣故而發狂，他何以不自然發狂而非要到照鏡之時纔發狂呢？自己本有的頭原是沒有失掉的，只是因恐怖而生出妄想，頭未曾變易，又何須憑藉此因緣方顯出狂性呢？如果說狂性本來自然，他本來就應有發狂之心，其未發狂之時，此狂性究竟潛伏於何處呢？如果說不發狂是自然的，其頭本來不是虛妄的存在，他為何會發狂而狂奔呢？如果領悟此頭的本來狀況，就會知曉即使發狂，此頭依然不失。如此，也就可明白因緣、自然之說都是戲論。因此我說，三種相續之緣若能斷除，當下就是菩提心。菩提心顯現，則妄心自然滅除。不過，此處所言仍然屬凡情生滅之見。菩提心是沒有生滅的，因而應將滅生滅心之心也予盡除，纔能顯現出無功用道的真心妙用。如果有自然，就有自然心生、生滅心滅的分別，這仍然屬於生滅現象。無生滅的叫自然，譬如世間的事物由各種因素混合構成一個整體，就稱其為和合性；不屬於和合性的，就稱其為本來自然性。本然並不是自然，和合並非和合，和合、自然俱遣，離此和合、自然與合此和合、自然之忘也要遣除。這纔是無戲論法。阿難，對你來說，菩提、涅槃仍然很遙遠，即使歷劫辛勤修行也不一定能夠證得。你雖然能夠憶持佛所說十二部經典如恆河沙數不可思議之清淨妙理，但這些只是增加了戲論罷了。你對於因緣、自然之理說得很清楚，因而大眾稱你為第一多聞之人。歷劫多聞熏習，你仍不能免除摩登伽女所加予你的淫欲之難。多聞如有益於修證，何必仍要依靠佛的神咒之力纔使摩登伽女馬上停止淫念，證得阿那含果，並於佛法之中努力精進，愛河徹底乾枯，同時也使你得到解脫呢？因此，阿難，你歷劫以來記憶持守如來的祕密微妙經典，不如用一日之功去勤修無漏法門，以遠離世間憎、愛二苦。如摩登伽女原為淫女，由於神咒之力消除了其愛欲，於佛法中今名性比丘尼。她與羅睺羅之母耶輸陀羅都領悟了過去的因緣，知曉歷世皆因貪、愛而成苦。她們在一念之中熏修無漏善業，一個超越了欲界生死的纏縛，一個承蒙佛的授記。你到現在為何還自己欺騙自己，甘願停留於見聞佛法上呢？」

阿難及諸大眾聞佛示誨，疑惑銷除，心悟實相❶，身意輕安得未曾有。重復悲淚，頂禮佛足，長跪合掌而白佛言：「無上大悲清淨寶王善開我心，能以如是種種因緣，方便提獎引諸沉冥出於苦海。世尊，我今雖承如是法音，知如來藏妙覺明心徧十方界，含育如來十方國土清淨寶嚴妙覺王剎。如來復責多聞無功，不逮修習。我今猶如旅泊之人，忽蒙天王賜與華屋，雖獲大宅，要因門入。惟願如來不捨大悲，示我在會諸蒙暗者，捐捨小乘，畢獲如來無餘涅槃❷本發心路。今有學者從何攝伏疇昔攀緣，得陀羅尼❸，入佛知見？」作是語已，五體投地，在會一心佇佛慈旨。

【章旨】阿難及會中大眾請求佛開示證悟無餘涅槃的法門。

【注釋】❶實相　一切事物真實、常住不變的本性，平等、最高的真理。❷無餘涅槃　即無餘依涅槃，身、智都灰滅的涅槃境界。❸陀羅尼　即咒語，梵文意譯為作持、總持、能持、能遮。

【語 譯】阿難及會中大眾聽了佛的開示教誨，心中的疑惑消除了，當即悟得實相，身、心即刻獲得未曾有過的輕鬆、安適。阿難哭泣著頂禮佛足，長跪著對佛說：「具無上大悲的清淨寶王，能以善巧之法引導、獎勵一切沉淪、頑冥的眾生出離苦海。世尊，我今日雖承蒙佛的開示，知曉妙覺明心的如來藏遍於十方國土，含藏孕育清淨而莊嚴的妙覺王剎。如來又斥責我，多聞博學並無益處，不如努力去修習無漏功夫。我現今猶如漂泊的旅人，忽然承蒙天王賜予華麗的大宅。雖獲大宅，仍須從門而入。希望佛不捨大悲，指示我等愚昧之人捨棄小乘，可以畢竟獲得如來無餘涅槃的途徑。初學之人應從何處入手纔能攝伏向來的無明及攀援，而得到陀羅尼，深入佛之知見呢？」說完此語，阿難五體投地禮拜佛後，與會中大眾一起一心一意等候佛的開示。

爾時，世尊哀念會中緣覺、聲聞於菩提心未自在者，及為當來佛滅度後末法眾生發菩提心，開無上乘妙修行路，宣示阿難及諸大眾：「汝等決定發菩提心，於佛如來妙三摩提❶不生疲倦，應當先明發覺初心二決定義。云何初心二義決定？」

「阿難，第一義者，汝等若欲捐捨聲聞，修菩薩乘，入佛知見，應當審觀因地發心與果地覺，為同？為異？阿難，若於因地以生滅心為本修因，而求佛乘不生不滅，無有是處。以是義故，汝當照明諸器世間，可作之法皆從變滅。阿難，汝觀世間可作之法，誰為不壞？然終不聞爛壞虛空。何以故？空非可作，由是始終無壞滅故，則汝身中堅相為地，潤溼為水，煖觸為火，動搖為風。由此四纏分汝湛圓妙覺明心為視，為聽，為覺，為察，從始入終，五疊渾濁。

云何為濁？阿難，譬如清水，清潔本然，即彼塵土灰沙之倫，本質留礙，二體法爾，性不相循。有世間人取彼土塵投於淨水，土失留礙，水亡清潔，容貌汩然，名之為濁。汝濁五重，亦復如是。阿難，汝見虛空徧十方界，空、見不分，有空無體，有見無覺。相織妄成，是第一重名為劫濁。汝身現摶四大為體，見、聞、覺、知，壅令留礙。水、火、風、土，旋令覺知。相織妄成，是第二重名為見濁。又汝心中憶識誦習，性發知見，容現六塵，離塵無相，離覺無性。相織妄成，是第三重名煩惱濁。又，汝朝夕生滅不停，知見每欲留於世間，業運每常遷於國土。相織妄成，是第四重名眾生濁。汝等見聞元無異性，眾塵隔越，無狀異生。性中相知，用中相背，同、異失準。相織妄成，是第五重名為命濁。

阿難，汝今欲令見、聞、覺、知遠契如來常、樂、我、淨，應當先擇死生根本，依不生滅圓湛性成。以湛旋其虛妄滅生，復還元覺。得元明覺無生滅性為因地心，然後圓成果地修證。如澄濁水貯於靜器，靜深不動。沙土自沉，清水現前，名為初伏客塵煩惱。去泥純水，名為永斷根本無明。明相精純，一切變現不為煩惱，皆合涅槃清淨妙德。

【章　旨】欲修無上乘妙法須先明瞭「二決定義」。第一義為須確知因地所發之心與果地所得之覺的不同。眾生錯以「五疊渾濁」之生滅心為修習之因。其實，修習無上乘妙法的第一要點就在於以無生滅心為因地心，然後方有可能圓成果地修證。

【注　釋】❶三摩提　也稱為三昧、三摩地、三摩帝、三摩底，意譯為定、等持、正定。心念定於一處，故曰「定」。遠離掉舉、散亂，故曰「等」。心不散亂，故曰「持」。

【語　譯】此時，佛哀愍會中對菩提正覺仍未自在且只得到小乘果位的聲聞、緣覺，也為將來佛滅度後末法時代欲發菩提心之人考慮，如此，佛向大眾開示一條最上乘的微妙法門。佛宣示阿難及大眾說：「你們既然決定發菩提心，對於佛法中的不可思議三摩提，立志勤求，不怕辛苦。首先應該明白發初心之時，有兩條最重要的決定性義理。什麼是發初心之『二決定義』呢？」

「阿難，第一項決定義是：如果你們決定捨棄聲聞小乘法，決定修大乘菩薩法，證入佛之知見，首先就應該仔細觀察因地所發之心與果地所證之覺是相同呢？還是相異呢？阿難，在因地如果以生滅心作為證入不生不滅之佛境的基礎，那是不可能的。理解第一決定義，你可先用智慧來觀察世間一切可造作之物，都要變遷滅壞。阿難，你也應觀察世間可造作之物，哪一種是不變壞的呢？從未聽說過虛空會變壞，為什麼呢？因為虛空不是可由人力造作的，因而它由始至終都不會變壞。你的身中堅固的部分是地性，潤溼的部分是水性，溫暖的部分是火性，搖動的部分是風性。四大纏結起來構成身體，由此四大構成的四纏分化了你湛然圓明的妙覺之心，發展而形成了看、聽、感覺、思維的功能。這四種功能始終都受『五疊渾濁』的牽纏。

什麼叫作『濁』呢？阿難，譬如清水本來就是清潔的，沒有半點汙染，而塵土、砂石之類都是有質礙的，這兩種體性是不相同的。世間有人若拿一撮塵土投入淨水中，土質就失去了質礙，淨水也失去了清淨之相而顯現混濁狀態。五重濁相也是如此原因形成的。阿難，你見到虛空遍滿十方世界，虛空與見的作用並不能分別，虛空雖有而無實體，見雖有作用而無感覺。上述二者融合於一體，相互交織，就妄成世間諸相。這就是五濁的第一重劫濁。身體既是四大種組合而成的，見、聞、覺、知要受到身體的限制，而地、水、火、風的變化功能又使你有了覺、知等功能。上述二者融合於一體，相互交織，就妄成世間諸相。這就是五濁的第二重見濁。你心中記憶、認識、誦習的功能發揮作用就會形成知見，並且包容、顯現色、聲、香、味、觸、法六塵事相。離開外塵就沒有事相可尋，離開知覺就沒有體性可得。外塵事相和知覺功能互相交織，融為一體，就妄成知見留存於意識之中。這就是五濁的第三重煩惱濁。又，你的心中從早到晚生生滅滅，相續不斷，知見常常留存於世間，而業力卻常常使一切隨著時間和空間變遷。虛妄知見和業果互相交織，融為一體，就妄成眾生諸相。這就是五濁的第四重眾生濁。見、聞、覺、知本來是一體的，沒有差別。只是因為六塵的隔離而顯出不同的六根體性。本性上是相知相覺的，在實際運用上則互相區分，同與不同，失去了標準。此種體性與作用互相交織，融為一體，就妄成生命諸相。這就是五濁的第五重命濁。

阿難，你現今欲從見、聞、覺、知功能上契合如來常、樂、我、淨之境界，應當先抉擇生死的根本，依據本來不生不滅的根性，捨棄虛妄生滅的識心，纔能證成圓滿清淨的真心。以不生滅的清淨心旋轉虛妄的生滅作用，降伏無明煩惱，纔能還歸本覺的自性。必須以原本光明的不生滅心來作修習的因地心，然後纔能圓成果地，得證無上菩提。正如欲澄清濁水須將其置於靜止的器皿裡，使其深沉不動。沙土慢慢下沉，清水自然顯現，這就叫初伏客塵煩惱。去掉沉澱下來的泥土，得到純淨之水，這就叫永斷根本無明。這樣，清淨純粹的明相顯現，對於一切變現都不會再生煩惱心，自然就契合於涅槃的清淨無染的妙德。

第二義者，汝等必欲發菩提心，於菩薩乘生大勇猛，決定棄捐諸有為相，應當審詳煩惱根本。此無始來發業、潤生，誰作？誰受？阿難，汝修菩提，若不審觀煩惱根本，則不能知虛妄根、塵何處顛倒。處尚不知，云何降伏，取如來位？阿難，汝觀世間解結之人，不見所結，云何知解？不聞虛空被汝隳裂。何以故？空無形相，無結解故，則汝現前眼、耳、鼻、舌及與身、心六，為賊媒，自劫家寶。由此無始眾生世界生纏縛故，於器世間不能超越。

阿難，云何名為眾生世界？世為遷流，界為方位。汝今當知，東、西、南、北、東南、西南、東北、西北、上、下為界，過去、未來、現在為世。方位有十，流數有三。一切眾生織妄相成，身中貿遷，世界相涉。而此界性，設雖十方，定位可明，世間祇目東、西、南、北，上、下無位，中無定方。四數必明，與世相涉，三四四三，宛轉十二。流變三疊，一十百千。總括始終，六根之中各各功德有千二百。阿難，汝復於中克定優劣。如眼觀見，後暗前明，前方全明，後方全暗，左右旁觀三分之二。統論所作，功德不全，三分言功，一分無德，當知眼唯八百功德。如耳周聽十方無遺，動若邇遙，靜無邊際，當知耳根圓滿一千二百功德。如鼻齅聞，通出入息，有出有入，而闕中交。驗於鼻根，三分闕一，當知鼻唯八百功德。如舌宣揚盡諸世間、出世間智，言有方分，理無窮盡，當知舌根圓滿一千二百功德。如身覺觸，識於違順，合時能覺，離中不知。離一合雙，驗於身根，三分闕一，當知身唯八百功德。如意默容十方三世一切世間、出世間法，唯聖與凡無不包容，盡其涯際。當知意根圓滿一千二百功德。

阿難，汝今欲逆生死欲流，返窮流根，至不生滅。當驗此等六受用根，誰合？誰離？誰深？誰淺？誰為圓通？誰不圓滿？若能於此悟圓通根，逆彼無始織妄業流，得循圓通，與不圓根日劫相倍。我今備顯六湛圓明本所功德，數量如是。隨汝詳擇其可入者，吾當發明令汝增進。十方如來於十八界一一修行，皆得圓滿無上菩提，於其中間亦無優劣。但汝下劣，未能於中圓自在慧。故我宣揚，令汝但於一門深入。入一無妄，彼六知根一時清淨。」

【章　旨】「二決定義」的第二義是詳審煩惱根本。眾生現前的眼、耳、鼻、舌、身、意六根，無始以來纏縛交織，形成虛妄的有情眾生世界。修無上乘妙法的第二要義就是入至一真無妄之地，使六根清淨。

【語　譯】第二項決定義是：如果你們決心發菩提心，欲以大勇猛的精神去求證菩薩道，決定拋棄一切有為相，就應該詳細審察煩惱的根本。你無始以來造業託生，發生業果而輪轉於生死之中，究竟誰是作者？誰是受者呢？阿難，你修菩提之道，如不詳細審察煩惱根本，就不會知道虛妄的六根、六塵是從何處生出顛倒的。顛倒之源尚未知曉，怎麼可能降伏煩惱證得佛果呢？阿難，你看世間解開繩結之人，如看不見結的所在，怎麼知道如何解開呢？誰也沒有聽說虛空會被你撕裂破毀。為什麼呢？因為虛空沒有形象，根本沒有結，不需要去解開。你的眼、耳、鼻、舌、身、識六根就是你的賊媒，自己劫去了自家寶藏。因而從無始以來於眾生世界就生出了互相纏繞的縛結，使其不能超脫物質世間。

阿難，什麼叫眾生世界呢？世就是時間的變遷流動，界就是空間的方向位置。你應當知道，東、西、南、北、東南、西南、東北、西北、上、下為界，過去、未來、現在為世。從方位來說，有十個；從遷流來說，有三世。一切眾生都是由虛妄交織而成，身中的變化與時空世界相互交涉干擾。空間位置雖有十個，但從有無確定的界限來說，眾生只注意東、西、南、北，上和下並沒有固定的位置，其他也無固定的方位。這樣，可以明確界定的就只有四個方向。這四個方向與三世相互涉入，互相配合，宛轉相乘，就得到十二之數。將此數再與時、空的三、四數相乘，就可得到一十百千的無窮數目。總括始終，六根之中各自都應該有一千二百功德。阿難，你應從中衡定它們的優劣。如眼睛之見，只可見到前面，不可能見到後面。前方完全可以看見，後面完全黑暗，旁觀左右也只能看到三分之二。統論眼睛的功德，其用並不完全。若以三分功德衡量，一分闕無，因而眼根只有八百功德。耳根之聽，十方均不遺漏。耳聞動塵之時，聲音一經發出，無論遠近都可以聽到；耳聞靜塵之時，其用便沒有邊際可尋。因此，耳根圓滿完成了一千二百功德。鼻根之嗅，可使氣息出、入流通，雖有出有入，但缺乏中間的交互作用，因而鼻根之用三分缺一，只有八百功德。舌根可以以語言宣揚所有世間、出世間的智慧，其言辭雖有一定的限域，但包含的義理卻可以無窮無盡，因而舌根圓滿完成了一千二百功德。身根之觸覺可以判斷觸塵是否和順己情，根、塵合時纔有觸覺起用，二者分離便不能起用。身根之觸覺，根、塵合時有兩種作用，離時沒有作用，因而其也是三分缺一，只完成了八百功德。意根則融納三世、十方一切世間、出世間諸法。無論聖法，還是凡夫之法，它都能盡其邊際，包羅無遺，因而意根圓滿完成了一千二百功德。

阿難，你現在想逆除生死輪轉的巨流，反思窮究生死流轉的根本，以達到不生不滅的果位，那麼，就應當體驗六種受用根，哪一個是合知的？哪一個是離知的？哪個深？哪個淺？哪個是圓通的？哪個是不圓通的？如果你能於六根之中悟得圓通根，並依循圓通根去修習，就可以逆轉無始以來虛妄交織而成的業力之流。在此，循著圓通根修與循非圓通根修，二者遲速之別同於一日與一劫間的差距。我已經完全說明了六根湛然圓明之性所具功德的數目，你可以選擇一個作為修習的門徑。我將為你再作闡發，以增加你進步的可能。十方如來於十八界中隨便哪一門都可以修行，也都能得到圓滿的無上正覺，並無優劣之分。只是你根器下劣，不能有足夠的智慧於十八界中自在選擇。因此，我要竭力宣揚，使你能夠從一門深入，證入一真無妄之地，於六知根可以同時清淨。」

阿難白佛言：「世尊，云何逆流、深入一門，能令六根一時清淨？」

佛告阿難：「汝今已得須陀洹果，已滅三界眾生世間見所斷惑，然猶未知根中積生無始虛習。彼習要因修所斷得，何況此中生、住、異、滅分齊剎數！今汝且觀現前六根，為一？為六？阿難，若言一者，耳何不見？目何不聞？頭奚不履？足奚無語？若此六根決定成六，如我今會與汝宣揚微妙法門，汝之六根誰來領受？」阿難言：「我用耳聞。」

佛言：「汝耳自聞，何關身、口？口來問義，身起欽承，是故應知非一終六，非六終一，終不汝根，元一元六？阿難，當知是根非一非六。由無始來顛倒淪替，故於圓湛一、六義生。汝須陀洹雖得六銷，猶未亡一。如太虛空參合群器，由器形異，名之異空。除器觀空，說空為一。彼太虛空云何為汝成同、不同？何況更名是一、非一？則汝了知六受用根亦復如是。由明、暗等二種相形，於妙圓中黏湛發見，見精映色，結色成根，根元目為清淨四大，因名眼體，如蒲萄朵，浮根四塵流逸奔色。由動、靜等二種相擊，於妙圓中黏湛發聽，聽精映聲，卷聲成根。根元目為清淨四大，因名耳體，如新卷葉，浮根四塵，流逸奔聲。由通、塞等二種相發，於妙圓中黏湛發齅，齅精映香，納香成根。根元目為清淨四大，因名鼻體，如雙垂爪，浮根四塵，流逸奔香。由恬、變等二種相參，於妙圓中黏湛發嘗，嘗精映味，絞味成根，根元目為清淨四大，因名舌體，如初偃月，浮根四塵，流逸奔味。由離、合等二種相摩，於妙圓中黏湛發覺，覺精映觸，摶觸成根。根元目為清淨四大，因名身體，如腰鼓顙，浮根四塵，流逸奔觸。由生、滅等二種相續，於妙圓中黏湛發知，知精映法，攬法成根。根元目為清淨四大，因名意思，如幽室見，浮根四塵，流逸奔法。

阿難，如是六根由彼覺明，有明明覺，失彼精了，黏妄發光。是以汝今離暗離明，無有見體；離動離靜，元無聽質；無通無塞，齅性不生；非變非恬，嘗無所出；不離不合，覺觸本無；無滅無生，了知安寄？汝但不循動、靜、合、離、恬、變、通、塞、生、滅、明、暗，如是十二諸有為相，隨拔一根，脫黏內伏，伏歸元真，發本明耀。耀性發明，諸餘五黏應拔圓脫。

【章　旨】本來圓明清淨的如來藏因明上加覺而成妄明妄覺，失去真實體性而形成了六根的功能、作用。眾生若離脫動、靜等十二諸有為相，隨順一根而現證真如自性就可從六根之中拔脫。

【語　譯】阿難對佛說：「世尊，如何逆轉生死之流，從一門深入而能使六根一時清淨？」佛告訴阿難：「你現今已經獲得預流果，已滅除了三界眾生世間見道位中所斷我執分別之惑。但是，仍未能知曉現前根中無始以來之虛妄習氣。這些習氣須在修道位中纔能斷掉，更何況在生、住、異、滅之中的分劑，頭緒繁多，數量無限！你現今觀察顯現於前的六根是一呢？還是六呢？阿難，若說是一，耳為何無見的功能？眼為何無聞的功能？頭為何不能走路呢？足為何不能言語呢？但若將根固定為六，我現在於會中向你們宣揚的微妙法門，你們的六根究竟是哪一根來領受的呢？」阿難回答：「我是用耳來聽的。」

佛說：「是你的耳在聽，與你的身、口又有什麼關係呢？你為何又用口來發問，身體又起來恭敬地承納法言呢？因此，應當知道，你的根，不是一個就是六個，不是六個就是一個，絕對不能說其本來就是一個或本來就是六個。無始以來，妄起顛倒，交互起用，因而纔有一根和六根的虛妄分別。你們這些獲預流果位者，六根的外馳習氣已經消除，但仍未消除法執。譬如太虛空包含各種物件，虛空便隨著物件而變化其形狀，名稱因而也各不相同。如果除去物件，可以將其看作一個。其實，太虛空怎能隨你說同或者不同呢？甚至稱它為一或不是一呢？你應該了解，六受用根也是如此。明和暗兩種色塵在妙圓的自性中，參雜交織，發生能見的作用。而此能見的功能與色相連結相映，凝結成根，其根元本為清淨四大，也就是眼體。它的形狀如同葡萄一樣，由色、香、味、觸四塵組成的浮塵根向外攀援，終日執著於色相上。動和靜兩種聲塵在妙圓的自性中互相激發，發生能聽的功能。而此能聽的功能與聲相連結相映，凝結成根，其根元本為清淨四大，也就是肉耳。它的形狀如捲曲的樹葉，由色、香、味、觸四塵所成的浮塵根向外攀援，終日奔逐聲塵。通、塞兩種香塵在妙圓的自性中互相顯發，發生能嗅的功能。而此功能與香相連結相映，凝結成根，其根元本為清淨四大，也就是鼻體。它的形狀如雙爪下垂，由色、香、味、觸四塵所組成的浮塵根向外攀援，終日流逸奔逐於香塵。恬和變味兩種味塵在妙圓的自性中互相顯發，發生能嘗的功能。而此能嘗的功能與味塵連結相映，凝結成根，其根元本為清淨四大，也就是舌體。它的形狀如新半月，由色、香、味、觸四塵所組成的浮塵根向外攀援，終日流溢奔逐於味塵。離、合兩種觸塵在妙圓的自性中互相摩擦，發生感觸的功能。而此感觸功能與觸塵連結相映，凝結成根，其根元本為清淨四大，也就是身體。它的形狀如腰鼓的鼓腔，由色、香、味、觸四塵所組成的浮塵根向外攀援，終日流逸奔逐觸塵。生、滅兩種法塵在妙圓的自性中交接相續，凝結成根，其根元本為清淨四大，也就是意識之思。其猶如暗室之中的視覺一樣，由色、香、味、觸四塵所組成的浮塵根隨法流轉，終日流逸奔逐法塵。

阿難，上面所說的六根本來都是妙圓真心，但因覺上加覺就變成妄明妄覺，失去真實之性，而發出有相有形的光輝。因此，你現在離開明、暗二塵，見體就不存在；離開動、靜，就沒有能聽的質體；離開通、塞，嗅的功能就不會產生；離開變味、恬味，嘗的功能就無處產生；離開離、合，感觸的功能也就不存在；離開生、滅，意識的了知性在何處寄託呢？只要你不依循動、靜、合、離、恬、變、通、塞、生、滅、明、暗等十二種有為相狀，任隨一根於其上拔除其執著的習用，使它潛伏於內而反歸本元的真心。發揮真心本有的明耀，其餘五根的膠著性，也會隨之拔除脫離。

不由前塵所起知見，明不循根，寄根明發，由是六根互相為用。阿難，汝豈不知今此會中，阿那律陀無目而見，跋難陀龍無耳而聽，殑伽神女非鼻聞香，驕梵鉢提異舌知味，舜若多神無身覺觸，如來光中映令暫現，既為風質，其體元無？諸滅盡定得寂聲聞，如此會中摩訶迦葉久滅意根，圓明了知，不因心念。阿難，今汝諸根若圓拔已，內瑩發光。如是浮塵及器世間諸變化相，如湯銷冰，應念化成無上知覺。阿難，如彼世人聚見於眼，若令急合，暗相現前，六根黯然，頭、足相類。彼人以手循體外繞，彼雖不見，頭足一辨，知覺是同。緣見因明，暗成無見。不明自發，則諸暗相永不能昏。根、塵既銷，云何覺明不成圓妙？」

【章　旨】依循前述法門使六根清淨，可得二種妙德：一是於有情界脫離纏縛而得六根互用；二是於器界超越得證純真圓覺。

【語　譯】不隨順十二種外塵所起的妄知妄見，明覺不必依循根元，只寄託於根元而發出靈明的功能，因而六根便可以交替使用。阿難，你難道不知道嗎？今日此會中阿那律陀目雖盲卻能看見，跋難陀龍雖無耳卻能聽見。殑伽神女雖無鼻而能聞香，驕梵鉢提不用舌頭卻能辨知味道，舜若多神雖無身體卻能借助於如來放光而暫時有感觸，其體本來就是風質，根本就無實在的存在。一切證得滅盡定的聲聞眾生，譬如此會中的摩訶迦葉，很久之前就已滅除意根，因而圓明了知一切諸法，不必憑心念而思維、感知。阿難，你若拔除了六根的執著性，其自性就會發出瑩然如玉的光輝。這樣一來，浮塵以及世間種種變化相都好像熱水消化冰雪一樣，心就會應念化成無上正覺。阿難，世間眾生從來就把眾生注意力集中於眼睛。若讓其很快地閉上眼睛，黑暗馬上就會顯現。此時，若有一人站於其前，他不能分辨出站立者的六根、頭、足。若其順著此人身體摸索一番，即使看不見，但對其人的頭、足的知覺是相同的。世人以為能緣之見必因光明而纔能顯現，黑暗之中不能發揮見的功能。然而，從自性所發出的知覺，即使有黑暗籠罩，其仍不會昏昧。若根、塵皆已銷盡，真覺之心哪有不成為圓融的妙用呢？」

阿難白佛言：「世尊，如佛說言：『因地覺心欲求常住，要與果位名目相應。』世尊，如果位中，菩提、涅槃、真如❶、佛性❷、菴摩羅識❸、空如來藏❹、大圓鏡智❺，是七種名，稱謂雖別，清淨圓滿，體性堅凝，如金剛王常住不壞。若此見、聽，離於明、暗、動、靜、通、塞，畢竟無體，猶如念心離於前塵，本無所有。云何將此畢竟斷滅以為修因，欲獲如來七常住果？世尊，若離明、暗，見畢竟空。如無前塵，念自性滅。進退循環，微細推求，本無我心及我心所，將誰立因，求無上覺？如來先說湛精圓常，違越誠言，終成戲論。云何如來真實語者？惟垂大慈，開我蒙悋。」

佛告阿難：「汝學多聞，未盡諸漏。心中徒知顛倒所因，真倒現前，實未能識，恐汝誠心猶未信伏。吾今試將塵俗諸事，當除汝疑。」即時，如來敕羅睺羅擊鐘一聲。問阿難言：「汝今聞不？」阿難、大眾俱言：「我聞。」鐘歇無聲，佛又問言：「汝今聞不？」阿難、大眾俱言：「不聞。」時羅睺羅又擊一聲，佛又問言：「汝今聞不？」阿難、大眾又言：「俱聞。」佛問阿難：「汝云何聞？云何不聞？」阿難、大眾俱白佛言：「鐘聲若擊，則我得聞。擊久聲銷，音、響雙絕，則名無聞。」如來又敕羅睺擊鐘，問阿難言：「爾今聲不？」阿難、大眾俱言：「有聲。」

少選，聲銷，佛又問言：「爾今聲不？」阿難、大眾答言：「無聲。」有頃，羅睺更來撞鐘，佛又問言：「爾今聲不？」阿難、大眾俱言：「有聲。」佛問阿難：「汝云何聲？云何無聲？」阿難、大眾俱白佛言：「鐘聲若擊，則名有聲。擊久聲銷，音、響雙絕，則名無聲。」

佛語阿難及諸大眾：「汝今云何自語矯亂？」大眾、阿難俱時問佛：「我今云何名為矯亂？」佛言：「我問汝聞，汝則言聞。又問汝聲，汝則言聲。唯聞與聲報答無定。如是云何不名矯亂？阿難，聲銷無響，汝說無聞。若實無聞，聞性已滅，同於枯木，鐘聲更擊，汝云何知？知有知無，自是聲塵或無或有，豈彼聞性為汝有無？聞實云無，誰知無者？是故，阿難，聲於聞中自有生滅，非為汝聞聲生、聲滅，令汝聞性為有為無。汝尚顛倒，惑聲為聞，何怪昏迷以常為斷？終不應言，離諸動、靜、閉、塞、開、通，說聞無性。如重睡人，眠熟牀枕，其家有人於彼睡時擣練舂米，其人夢中聞舂擣聲，別作他物：或為擊鼓，或為撞鐘。

即於夢時自怪其鐘為木石響。於時忽寤，遄知杵音。自告家人，我正夢時惑此舂音將為鼓響。阿難，是人夢中豈憶靜、搖、開、閉、通、塞？其形雖寐，聞性不昏。縱汝形銷，命光遷謝，此性云何為汝銷滅？

以諸眾生從無始來循諸色聲，逐念流轉，曾不開悟性淨妙常。不循所常，逐諸生滅。由是生生雜染流轉。若棄生滅，守於真常，常光現前，根、塵、識心應時銷落。想相為塵，識情為垢。二俱遠離，則汝法眼應時清明，云何不成無上知覺？」

【章旨】阿難仍對「二決定義」的第一義有疑問，佛以鐘聲與聞聲的關係說明能聞之性是不生滅，即「真常」的。眾生若捨棄生滅心，守護真常心，即可證得無上正覺之佛果。

【注釋】❶真如　指圓妙不二之理體。無妄曰「真」，不異曰「如」。❷佛性　眾生覺悟之因，即成佛的可能性。❸菴摩羅識　即無垢識、淨識。依法相唯識宗的說法，其為第八識中本來清淨的無漏性。此經中，其與如來藏自性清淨心含義相同。❹空如來藏　指作為客觀真理的如來藏自性清淨心。❺大圓鏡智　轉捨第八識而成的智慧。圓照萬法而無分別，故稱為「大圓鏡智」。

【語譯】阿難對佛說：「世尊，如佛所說：『因地所發之心與果地所得之覺心要相互對應，均須以不生不滅的常住之心為名目。』世尊，如來果位有菩提、涅槃、真如、佛性、菴摩羅識、空如來藏、大圓鏡智等七種名稱。名稱雖然不同，其含義都是清淨圓滿、堅固不壞，猶如金剛王之寶能壞一切而自己卻不被破壞。如果見、聽的功能離開明、暗、動、靜、通、塞，就沒有能變之體，猶如憶念心離開法塵就一無所有一樣。用此最終要斷滅的根性來作修道之因，怎麼能夠獲得用七種名目去稱呼的常住不變的如來果位呢？世尊，如果離開明、暗，就看不見任何東西。如果沒有顯現於前的外境，憶念之心就消滅了。如此進退循環地加以研究，本來就不存在我的心和心所。這樣，用什麼作修證的因地心去求證無上正覺呢？佛所說的真如本體，清淨、圓滿、常住，好像有些自語相違，似乎如同戲語。究竟什麼是如來所說的真實道理？希望如來再賜慈悲，開啟我們的愚障。」

佛告訴阿難：「你雖然博學多聞，但還未盡一切習漏。只知曉迷真執妄為顛倒之因，而疑常為斷的真顛倒顯現於前，你卻並不知道。你雖誠心聽講，但還是未信服我所說的道理。我現在用世間俗事來解除你的疑惑。」此時，佛讓羅睺羅擊鐘一次。佛於是問阿難：「你聽到了嗎？」阿難及大眾共同回答：「聽到了。」過一會，聲音消失了。佛又問：「你現在聽到鐘聲了嗎？」阿難及大眾都回答：「沒有聽到。」佛又讓羅睺羅擊鐘一次。佛問：「你現在聽到了嗎？」阿難及大眾都回答：「聽到了。」佛問阿難：「你說什麼纔叫聽到？什麼纔叫沒聽到？」阿難及大眾回答：「鐘敲起來，有聲音，我們就聽到了。敲過很久，聲音和回響都消失了，我們就聽不到。」佛又讓羅睺羅擊鐘。佛問阿難：「現在有聲音嗎？」阿難及大眾回答：「有聲音。」過了一會，聲音消散。佛又問：「現在有聲音嗎？」阿難及大眾都回答：「沒有聲音。」過了一會，佛又讓羅睺羅擊鐘。佛又問：「現在有聲音嗎？」阿難及大眾都回答：「有聲音。」佛問阿難：「怎樣叫作有聲？怎樣叫作無聲？」阿難及大眾都對佛說：「若敲擊鐘使其響，就叫作有聲。敲過後，聲響消散，就叫作無聲。」

佛對阿難及大眾說：「你們說話怎麼這樣雜亂無章？」阿難及大眾同時問佛：「我們怎麼雜亂無章呢？」佛回答：「我問你們『聽到了嗎？』你們回答『聽到了。』又問『有聲音嗎？』你們就回答『有聲音。』到底是『聽』還是『聲』，沒有固定回答。這怎麼不叫作混亂呢？阿難，聲音消散，沒有回響，你說聽不到。如果確實聽不到，能聞之心已經消除，就應該如同枯木一樣。再次擊鐘有聲產生時，你如何知曉呢？知曉有或者無，當然應屬於聲塵的有與無。難道還與你能聞之性的有、無有關係嗎？如果確實聽不到，作出此判斷的主體又是誰呢？因此，阿難，聲音是有生滅的，但聲音的生滅並不決定你的能聞之性的有與無。你對此顛倒迷惑，認為聲音就是聽聞。怪不得糊塗地認為真常之心有斷滅。你不能說，離開動、靜、閉、塞、開、通而沒有能聞之性。譬如有一熟睡的人，在其睡著時，其家有人搗布或舂米。此人於夢中聽到舂米聲或搗布聲，將其當作別的事情。或者以為是打鼓，或以為是敲鐘。他在夢中還感到奇怪，這鐘聲怎麼像木石的聲音呵。此人醒來後，纔知道原來是舂米的聲音。他告訴家人，於夢中將舂米的聲音誤認為鼓聲。阿難，此夢中人難道能記得靜、動、開、閉、通、塞嗎？其身雖然睡眠，能聞之性並未昏沉。你的形體縱然可以完全消滅，生命的光輝有可能凋謝，但怎麼能說能聞之性也會隨著形體的消滅而消滅呢？

一切眾生從無始以來追逐一切聲、色，隨著心念的變遷而變遷，從來不能悟解清淨、靈妙、常住的自性。他們不依循常住自性，而是追逐生滅的識心，因而生生不已，染汙而流轉不息。眾生若能捨棄生滅之心，守住常住不變的自性，圓明真常之心便會顯現，根、塵、意識心念便會立即消除。但是，對此清淨心的嚮往也屬於塵境，能持此想的心念也是染汙的。若能將這兩種微細塵、垢都消除，你的法眼即刻就會清淨明亮，豈有不成無上正覺的道理？」

卷五

【題解】在本卷初，佛又為阿難等會中大眾宣說本覺真心的證得須離開六根之結根，並不是離開六根不生不滅的真淨性。佛取出花巾當眾依次結成六個結，接著以此為例向大眾說明：六根雖係同一花巾所造，但畢竟不同，不能相混，因而解開此結也須次第而進行，眾生可以依自己根性選擇最適合的圓通法門悟入三摩地。應佛的吩咐，憍陳那等五比丘、優波尼沙陀、香嚴童子、藥王藥上二法王子、跋陀婆羅等等大士向佛及大眾陳述了各自以十八界之一為法門而證悟的經歷。烏芻瑟摩、持地菩薩、月光童子、瑠璃光法王子、虛空藏菩薩、彌勒菩薩、大勢至菩薩則分別敘述了以火、地、水、風、空、見、識等「七大」為修行法門而證入三摩地的經歷。這就是「六解一亡」的證悟法門。

阿難白佛言：「世尊，如來雖說第二義門，今觀世間解結之人，若不知其所結之元，我信是人終不能解。世尊，我及會中有學聲聞亦復如是。從無始際與諸無明俱滅、俱生，雖得如是多聞善根，名為出家，猶隔日瘧。惟願大慈哀愍淪溺。今日身、心，云何是結？從何名解？亦令未來苦難眾生得免輪迴，不落三有[1]。」作是語已，普及大眾五體投地，雨淚翹誠，佇佛如來無上開示。

爾時，世尊憐愍阿難及諸會中諸有學者，亦為未來一切眾生為出世因，作將來眼。以閻浮檀紫金光手摩阿難頂，即時十方普佛世界六種震動，微塵如來住世界者各有寶光從其頂出，其光同時於彼世界來祇陀林灌如來頂。是諸大眾得未曾有。於是阿難及諸大眾俱聞十方微塵如來異口同音告阿難言：「善哉！阿難，汝欲識知俱生無明，使汝輪轉生死結根，唯汝六根，更無他物。汝復欲知無上菩提，令汝速證安樂解脫、寂靜妙常，亦汝六根，更非他物。」阿難雖聞如是法音，心猶未明，稽首白佛：「云何令我生死輪迴、安樂妙常，同是六根，更非他物？」佛告阿難：「根、塵同源，縛、脫無二，識性虛妄，猶如空華。阿難，由塵發知，因根有相，相、見無性，同於交蘆。是故汝今知見立知，即無明本；知見無見，斯即涅槃無漏真淨。云何是中更容他物？」

爾時，世尊欲重宣此義而說偈言：「真性有為空，緣生故如幻；無為無起滅，不實如空華❷。言妄顯諸真，妄真同二妄；猶非真非真，云何見所見❸？中間無實性，是故若交蘆；結解同所因，聖凡無二路❹。汝觀交中性，空、有二俱非；迷晦即無明，發明便解脫❺。解結因次第，六解一亦亡；根選擇圓通，入流成正覺❻。陀那微細識，習氣成暴流；真非真恐迷，我常不開演❼。自心取自心，非幻成幻法；不取無非幻，非幻尚不生，幻法云何立❽？是名妙蓮華，金剛王寶覺；如幻三摩提，彈指超無學❾。此阿毗達磨，十方薄伽梵，一路涅槃門❿。」於是，阿難及諸大眾聞佛如來無上慈誨，祇夜伽陀雜糅精瑩，妙理清徹，心目開明，歎未曾有。

【章　旨】佛又為阿難等宣說本覺真心的證得，須離開六根的結根，而並不須離開六根的不生不滅的真淨性。在會中大眾的讚歎之中，佛又將前述「二決定義」以偈頌形式重述一遍。

【注　釋】❶三有　即色界、欲界、無色界三界。❷真性四句　依真性而起的有為法因其是緣生的緣故，因而是空；無為法因其是無起滅的緣故，因而也是如空中花一樣不真實。❸言妄四句　說妄心是為顯示真心，其實，真心、妄心都是虛妄的存在；真如自性不是真，也不是非真，何況六根、六塵呢？❹中間四句　根與塵之間沒有真實的自性，二者只是如同交蘆一樣莖、鬚互相依倚、支持；沉淪和解脫其所依都是相同的，聖人和凡夫並非兩條路途。❺汝觀四句　你可觀察一下蘆束的質性，說其是空、是有，都是不對的；昏沉、迷惑便是無明，發揮正覺靈明便是解脫。❻解結四句　解脫、結縛都要有先後次第，六結一經解開，清淨之境也就隨之消失；自己可以於六根中選擇最為圓通的一根，從此根入門，逆流而修，就可證得正覺果位。❼陀那四句　阿陀那這個微細識所藏的種子，因無明習氣的熏變而成生死之流；此識真與非真和合，因為恐怕凡夫執迷，我平常不肯宣示。❽自心五句　自心求取自心，將本來不是虛幻的諸法妄執而成幻法；非虛幻的真法尚且不生，幻法更無立足之地。❾是名四句　這就是如同蓮花般潔淨，如金剛寶劍般堅利的真覺；它是達到如幻三昧的捷徑，彈指間即可超過無學的果位。❿此阿三句　這就是論說十方一切如來如何證入涅槃的最究竟論藏。阿毗達磨，即論藏、無比法。薄伽梵，對佛的另一種稱呼。

【語　譯】阿難對佛說：「世尊雖然講了第二義門，但世間想解開此結的人，如不知綰結的根源，我相信他最終是不能解開此結的。世尊，我及會中有學聲聞正是如此。無始以來隨同無明俱生俱滅，雖然具有博學多聞的善根，並有出家的名分，但如隔日就會發作的瘧病一樣，瘧病時有發作。希望佛以大慈悲心憐愍沉淪眾生，為我們指示何處是身、心之結？如何纔能將其解開？這樣，也能使將來的苦難眾生得以免於三界輪迴。」說完這些話，阿難就和會中大眾五體投地，含著熱淚期待佛的開示。

這時，世尊哀愍阿難及會中有學果位的聲聞，也想為未來一切眾生開示修證脫離塵世的因地心及將來修行大乘的眼目。佛用他那紫金光手撫摩著阿難的頭，此時十方所有佛的世界都發生六種震動，無數如來住於其佛國中，寶光從其頭頂發出。這些光芒從各個佛國同時照射到祇陀林，投射到世尊的頭頂。會中大眾個個歡呼雀躍，感歎以前從未見過。這時，阿難及大眾都聽到十方無數的如來異口同聲告訴阿難：「好呵，阿難！你想知道與生俱來的無明使你輪迴流轉，而此生死的結根就是你的六根。除此之外，無其他。你還想知道無上菩提，而使你速證常、樂、我、淨之無餘涅槃的，就是你的六根。除此之外，別無其他。」阿難雖然聽見了如此法音，但心中仍然未能明白。於是，阿難稽首對佛說：「為什麼說使我生死輪迴和安樂解脫的，都是六根而無其他呢？」佛告訴阿難：「六根和六塵出於同一根源，縛結和解脫沒有差異，因為能識之性本是虛妄，就像空中之花一樣不存在。阿難，由六塵而引發知見，因六根而有諸相，諸相與知見都無自性，它們的根源如同互相依倚的交蘆一樣。因此，你於根性上再立一個知見，這就是無明的根本。明白此知見功能本來就是無見，那便是涅槃、無漏的真心。你為何仍然堅持說此真心中還有其他東西呢？」

這時，世尊為了重複解釋此意而說偈（偈頌語譯從略）。此時，阿難和大眾聽聞了佛的教誨、重頌，都感到文句精彩而瑩明，義理清楚透徹，大眾心眼洞開，感歎得到未曾有的法音。

阿難合掌頂禮白佛：「我今聞佛無遮大悲、性淨妙常真實法句，心猶未達六解一亡舒結倫次。惟垂大慈再愍斯會，及與將來施以法音，洗滌塵垢。」

即時，如來於師子座整涅槃僧，斂僧伽梨，攬七寶几，引手於几，取劫波羅天所奉華巾，於大眾前綰成一結，示阿難言：「此名何等？」阿難、大眾俱白佛言：「此名為結。」於是如來綰疊華巾又成一結，重問阿難：「此名何等？」阿難、大眾又白佛言：「此亦名結。」如是倫次綰疊華巾，總成六結。一一結成，皆取手中所成之結，持問阿難：「此名何等？」阿難、大眾亦復如是次第訓佛：「此名為結。」佛告阿難：「我初綰巾，汝名為結。此疊華巾先實一條，第二、第三云何汝曹復名為結？」阿難白佛言：「世尊，此寶疊華緝績成巾，雖本一體，如我思惟：如來一綰得一結名。若百綰成，終名百結，何況此巾祇有六結，終不至七，亦不停五。云何如來祇許初時，第二、第三不名為結？」

佛告阿難：「此寶華巾，汝知此巾元止一條，我六綰時，名有六結。汝審觀察，巾體是同，因結有異，於意云何？初綰結成，名為第一，如是乃至第六結生，吾今欲將第六結名成第一不？」「不也，世尊。六結若存，斯第六名終非第一。縱我歷生盡其明辯，如何令是六結亂名？」佛言：「如是，六結不同，循顧本因一巾所造，令其雜亂，終不得成。則汝六根亦復如是，畢竟同中生畢竟異。」佛告阿難：「汝必嫌此六結不成，願樂一成，復云何得？」阿難言：「此結若存，是非鋒起，於中自生此結非彼，彼結非此。如來今日若總解除，結若不生，則無彼此，尚不名一，六云何成？」佛言：「六解一亡，亦復如是。由汝無始心性狂亂，知見妄發。發妄不息，勞見發塵。如勞目睛，則有狂華於湛精明無因亂起。一切世間山河大地、生死、涅槃，皆即狂勞顛倒華相。」

【章旨】阿難向佛詢問「六解一亡」法門的內容。佛以巾綰結向大眾說明「六結」是眾生無始妄心纍積而顯現的塵境。

【語　譯】阿難合掌向佛頂禮並對佛說：「我今日聽聞佛以無邊大悲之心所演說的性淨妙常的真實法句，但心中仍然不能明瞭六解一亡舒展解結的次序。希望如來普施大悲，再次憐愍我們這些與會的大眾，也為未來的眾生著想，給我們宣示法音，以洗滌我們心中的塵垢。」

此時，如來在獅子座上整理好穿在裡面的涅槃僧衣，將身上的袈裟披好，然後把七寶几拉過來，伸手拿起放在七寶几上的劫波羅天奉獻的花巾。佛於大眾中，將花巾綰成一個結，拿給阿難看，並且問道：「這個叫什麼？」阿難及大眾都回答說：「這叫結。」於是，佛又綰疊花巾再成一結，又問阿難：「這個叫什麼？」阿難及大眾都回答說：「這個叫結。」佛如此綰疊花巾，總共結成六個結。每綰成一個結，佛都拿著手中所疊之結問阿難：「這叫什麼？」阿難及大眾也依次回答佛：「結。」佛對阿難說：「我第一次綰巾，你叫它結。疊結的花巾確實只有一條，第二次、第三次你們為何仍然要叫它結呢？」阿難回答說：「世尊，如寶疊花經紡織而成花巾，此巾雖然只是一條，但我這樣想：如來綰一次，得一結的名稱。如果綰一百次，最後一次所成叫百結。何況此巾現在只有六結，沒有達到七，也不停留在五。如來為何只允許初次所綰稱為結，第二、第三不叫作結呢？」

佛告訴阿難：「此寶花巾，如你所知，現今只有一條，我疊綰六次，就有六結之名。你仔細觀察，巾體是相同的，因為疊綰因而結方有不同。你的意思如何呢？初次綰結所成名為第一結，依次疊綰而成六結。我將第六結稱為第一結，行不行？」阿難說：「不行，世尊。

六結若全都存在，此第六結就不是第一結。我縱然用畢生的知慧明辨，怎麼也不能使此六結的名目混亂。」佛說：「如此看來，六結雖不相同，追溯其本卻是由一巾所造。讓其名稱雜亂，也是不可能做到的。你的六根也是如此。它是在畢竟同一的體性中生成六種不同的根境。」佛接著說：「你必然會嫌此六結不能使巾成為一體，而樂意還原成一巾。但怎樣做到呢？」阿難說：「如果六結同時存在，就會是非鋒起，其中自然就會產生此結不是彼結，彼結不是此結的說法。若將所有的結一起解除，就沒有此、彼的區分。一結的名稱尚且不存在，六結的名目怎麼還會存在呢？」佛又說：「六解一亡也是這個道理。你由於無始以來心性狂亂而產生虛妄的知見。這種虛妄知見無休無止的產生並纍積起來，形成了塵境。這就好像眼睛長久地盯視空中，就會在湛然清淨的明體中看見狂花亂起。一切世間山河大地、生死、涅槃，都是狂亂而成的虛妄的花相。」

阿難言：「此勞同結，云何解除？」如來以手將所結巾偏掣其左，問阿難言：「如是解不？」「不也，世尊。」旋復以手偏牽右邊，又問阿難：「如是解不？」「不也，世尊。」佛告阿難：「吾今以手左右各牽，竟不能解。汝設方便，云何解成？」阿難白佛言：「世尊，當於結心解，即分散。」

佛告阿難：「如是，如是。若欲除結，當於結心。阿難，我說佛法從因緣生，非取世間和合麤相。如來發明世、出世法，知其本因，隨所緣出，如是乃至恆沙界外一滴之雨，亦知頭數。現前種種松直棘曲，鵠白烏玄，皆了元由。是故，阿難，隨汝心中選擇六根，根結若除，塵相自滅。諸妄銷亡，不真何待？阿難，吾今問汝，此劫波羅巾六結現前，同時解縈，得同除不？」「不也，世尊。是結本以次第綰生，今日當須次第而解。六結同體，結不同時，則結解時，云何同除？」佛言：「六根解除亦復如是。此根初解，先得人空❶，空性圓明，成法解脫❷。解脫法已，俱空不生。是名菩薩從三摩地得無生忍❸。」

【章旨】解開六結要遵循一定的次序。六結即五陰，由微細至顯著依次為識結、想結、受結、色結，前四陰各一結，色陰獨具兩結，即根、塵。解結則由著至微而次第展開。先斷前三結而證人空，再斷想結、行結而證法空。二空證成，識結則隨之解開而得無生法忍。

【注 釋】❶人空 又名生空、我空。觀人為五陰（蘊）的假合，為因緣所生，沒有常體，故稱之為人空。❷法解脫 從一切法中擺脫出來，不被一切法所迷惑，這樣的境界叫法解脫。❸無生忍 真智安住於無生法而不動之境界，稱之為無生忍。無生，即無生法，指遠離生滅的真如理體。忍，認可、信受、無礙、不退。

【語 譯】阿難說：「這狂亂顛倒的花相以及絲巾的結，應怎麼去解除呢？」如來用一隻手偏拉綰結的花巾的左邊，問阿難：「這樣解，行不行？」阿難說：「不行，世尊。」佛又用手偏拉花巾的右邊，問阿難：「這樣解，行不行？」阿難說：「不行，世尊。」佛於是告訴阿難：「我現在用手從左邊拉，或從右邊拉，最後都不能將結解開。你想一個辦法將它解開。」阿難說：「世尊，應當從結的中心去解，如此就可以將它解開。」

佛告訴阿難：「是這樣，是這樣。如想除結，應當從結心入手。阿難，上面我說過的，成佛之法也是從因緣生。不過，此種因緣並不取世間和合而成的諸種粗相。如來所要說明的，是世、出世間法都從因緣而生。這樣擴而充之，即便是恆沙世界之外的雨水，我們也能知道它的數量。目前的各種境相，如筆直的松樹、彎曲的荊棘、潔白的天鵝、黝黑的烏鴉，我們都能了解其緣由。因此，阿難，你可隨你的心意於六根中選擇其中之一。如果一根的結一解開，各種塵相就會自然銷亡。這不是證得了真性嗎？阿難，我現在問你，此劫波羅巾六結已成，並放在你的面前，同時去解六結可以成功嗎？」阿難回答：「不行，世尊。這些結本來是順次一一綰成的，現在也應該按照順序一一去解。六結雖處於一巾之上，但不是同時綰成，怎麼能同時解開呢？」佛說：「解除六結也是這樣。要將這些結解開，先須斷滅六根所覺塵境而證人空，進而再斷想、行二結而證法空。生滅諸法既已滅除，也就沒有空相可生。這就叫菩薩從三摩地證得無生法忍。」

阿難及諸大眾蒙佛開示，慧覺圓通，得無疑惑。一時合掌頂禮雙足而白佛言：「我等今日身心皎然，快得無礙。雖復悟知一六亡義，然猶未達圓通本根。世尊，我輩飄零，積劫孤露，何心何慮預佛天倫？如失乳兒，忽遇慈母。若復因此際會道成，所得密言，還同本悟，則與未聞無有差別。惟垂大悲惠我祕嚴，成就如來最後開示。」作是語已，五體投地，退藏密機，冀佛冥授。

爾時，世尊普告眾中諸大菩薩及諸漏盡大阿羅漢：「汝等菩薩及阿羅漢生我法中，得成無學。吾今問汝，最初發心悟十八界，誰為圓通？從何方便入三摩地？」

憍陳那五比丘即從座起，頂禮佛足而白佛言：「我在鹿苑及於雞園觀見如來最初成道，於佛音聲悟明四諦。佛問比丘，我初稱解，如來印我名阿若多，妙音密圓，我於音聲得阿羅漢。佛問圓通，如我所證，音聲為上。」

優波尼沙陀即從座起，頂禮佛足而白佛言：「我亦觀佛最初成道，觀不淨相生大厭離，悟諸色性。以從不淨白骨微塵歸於虛空，空、色二無，成無學道。如來印我名尼沙陀，塵色既盡，妙色密圓。我從色相得阿羅漢。佛問圓通，如我所證，色因為上。」

香嚴童子即從座起，頂禮佛足而白佛言：「我聞如來教我諦觀諸有為相。我時辭佛，宴晦清齋，見諸比丘燒沉水香，香氣寂然來入鼻中。我觀此氣，非木、非空、非烟、非火，去無所著，來無所從。由是意銷，發明無漏。如來印我得香嚴號，塵氣倏滅，妙香密圓。我從香嚴得阿羅漢。佛問圓通，如我所證，香嚴為上。」

【章　旨】佛問會中菩薩及大阿羅漢：於十八界中選擇何者而證入圓通？五比丘、優波尼沙陀、香嚴童子等分別回答，以聲塵、色塵、香塵為本因而證入圓通。

【語　譯】阿難及會中大眾承蒙佛的開示，智慧的覺性圓滿通達，再也沒有疑惑之處。於是，阿難合掌頂禮佛足而對佛說：「我們今日都舒暢、快樂而沒有罣礙。雖然已領悟了一六解脫的道理，但仍然未能達到圓通的本根。我們歷劫飄零在生死苦海之中，猶如孤兒一般。怎麼會想到能與如來建立天倫血統呢？這就好像失乳的孤兒，忽然遇著慈母。如果想因此際遇而能成道，還應該身心修證。否則，僅僅停留於聞聽而以之為開悟，就和未聞法語沒有差別。希望佛能夠垂憐於我，使我們可以憑藉如來的最後開示而成就。」阿難說完這些話，五體投地，然後退回自己的座位，心裡祈望佛能於冥冥之中授以修行的祕密法門。

此時，佛普告會中的諸大菩薩以及諸漏已盡的阿羅漢：「你們這些菩薩及阿羅漢們，於佛講授的佛法之中，已經證得無學的果位。我現在問你們，從你們最初發心的動機以及心悟十八界性的體驗，究竟以哪一個法門最為圓通？從哪一法門入手最為便捷？」

憍陳那等五比丘隨即從座起立，頂禮佛足而對佛繼續說：「我們在鹿苑、雞園時，看見如來最初成道，並且因聽聞佛的聲音而領悟四諦。佛問我們是否理解，我最先說理解了。佛就印證認可，說我是最初悟解的人。我是依憑聲音證悟的，得到了阿羅漢果位。佛問什麼法門最為圓通，依照我們所證，以聲塵最為上等。」

優波尼沙陀接著從座位起立，頂禮佛足而對佛說：「我也看見佛最初成道。我是從觀身不淨相而生起大厭離心，領悟到諸多色質都是不清淨的，最終仍由白骨化為微塵，歸於虛空。而虛空與色相都沒有自性。這樣，我修成了無學阿羅漢果位，如來印可我，說我證得了色性空。身體色質既已空盡，自性的妙色現前，便達到了妙密圓通的果位。我是從色相上證得阿羅漢果位的。佛問什麼法門最為圓通，依照我所證，以色塵為最上。」

香嚴童子接著從座位上起立，頂禮佛足而對佛說：「我聽從佛的教導仔細觀察一切有為法的相狀。那時，我就辭別佛而獨居，宴息清心，寂然安處。看見比丘燃燒沉水香，香氣悠然進入我的鼻孔。我觀察此香氣既不是沉水香木所發出，也不是虛空所發出；它既不是煙，也不是火；來無所著，去無所從。由此，我成就了無漏果位，如來印可我得香嚴名號。虛空、香塵即刻消滅，自性的妙香現前，便達到了妙密圓通的果位。我是從觀想香塵而證得阿羅漢果位的。佛問什麼法門最為圓通，依照我所證，以香塵為最上。」

藥王、藥上二法王子并在會中五百梵天即從座起，頂禮佛足而白佛言：「我無始劫為世良醫，口中嘗此娑婆世界草、木、金、石，名數凡有十萬八千，如是悉知苦、醋、鹹、淡、甘、辛等味，并諸和合俱生變異，是冷、是熱，有毒、無毒，悉能徧知。承事如來，了知味性非空、非有，非即身心、非離身心，分別味因，從是開悟。蒙佛如來印我昆季藥王、藥上二菩薩名。今於會中為法王子，因味覺明，位登菩薩。佛問圓通，如我所證，味因為上。」

跋陀婆羅并其同伴十六開士即從座起，頂禮佛足而白佛言：「我等先於威音王佛聞法出家，於浴僧時隨例入室。忽悟水因，既不洗塵，亦不洗體，中間安然，得無所有。宿習無忘，乃至今時從佛出家，今得無學。彼佛名我跋陀婆羅，妙觸宣明，成佛子住。佛問圓通，如我所證，觸因為上。」

摩訶迦葉及紫金光比丘尼等即從座起，頂禮佛足而白佛言：「我於往劫，於此界中，有佛出世，名日月燈，我得親近聞法修學。佛滅度後，供養舍利，然燈續明，以紫光金塗佛形像。自爾已來，世世生生，身常圓滿紫金光聚。此紫金光比丘尼等即我眷屬，同時發心。我觀世間六塵變壞，唯以空寂修於滅盡，身心乃能度百千劫猶如彈指。我以空法成阿羅漢，世尊說我頭陀為最，妙法開明，銷滅諸漏。佛問圓通，如我所證，法因為上。」

【章　旨】藥王、藥上宣說以味塵為本因而證入圓通。跋陀婆羅及其十六開士講述以觸塵為本因，摩訶迦葉及紫金光比丘尼等講述以法塵為本因，證入圓通。

【語　譯】藥王、藥上菩薩及同行眷屬五百梵天隨即從座位起立，頂禮佛足而對佛說：「我從無始劫數以來，便是世上的醫生。我以口親嘗此娑婆世界的草、木、金、石等類藥物，名目達十萬八千之多。所有藥物的苦、酸、鹹、淡、甘、辛等味，以及它的各種變化作用，如冷、熱、有毒、無毒等屬性，我都全部熟悉知曉。我們師事如來修習佛法，明白了味性既不是空，也不是有；既不屬於身、心，也未曾離開身、心。我們是依憑藥物的味性而開悟的，親承佛印可，給予我們兄弟藥王、藥上二菩薩名號，於今日法會上，作為傳承佛法的王子。我們是由了解味性而證得菩薩果位的。佛問什麼法門最為圓通，依照我們所證，以味塵為最上。」

跋陀婆羅及其同伴十六位菩薩接著從座位起立，頂禮佛足而對佛說：「我們於威音王佛之時，就發心出家。在隨例跟從僧人入浴時，突然了悟水之因緣。水既不洗滌塵垢，也不洗滌身體；在水和身根之間，並不存在水塵和身體的分別。這樣，根、塵都無，水便安然沒有黏滯。過去的宿緣，至今未忘。我們現今從佛出家，得以成就無學果位。佛為我取名跋陀婆羅——賢首或賢護之義。我因為微妙的感觸而開悟，證得佛子即菩薩位。佛問什麼法門最為圓通，依照我們所證，以觸塵為最上。」

摩訶迦葉及紫金光比丘尼等隨即從座位起立，頂禮佛足而對佛說：「住劫之時，在此娑婆世界中，有一位佛出世，名號為日月燈。我有機緣親近此佛，得以聞聽法要並且依之修持。日月燈佛滅度後，我就供養其舍利，於佛像和舍利前，燃燈供養，並用紫金光塗飾佛像。從那時起，生生世世，我的身體常常充滿紫金色的光芒。這位紫金光比丘尼就是我的眷屬，與我同時發心。我觀察世間六塵的變化，最終都歸於寂滅。因而修持滅盡定，身體和心意度過百千劫猶如一彈指般迅速。我是因修習心空一念的觀法證得阿羅漢果位的。佛稱讚我是修頭陀行最成功的。我以了悟心意妙法而開悟，消滅了一切有漏煩惱。佛問什麼法門最為圓通，依照我所證，以法塵為最上。」

阿那律陀即從座起，頂禮佛足而白佛言：「我初出家常樂睡眠，如來訶我為畜生類。我聞佛訶，啼泣自責，七日不眠，失其雙目。世尊示我樂見照明金剛三昧，我不因眼，觀見十方，精真洞然，如觀掌果。如來印我成阿羅漢。佛問圓通，如我所證，旋見循元，斯為第一。」

周利槃特迦即從座起，頂禮佛足而白佛言：「我闕誦持，無多聞性。

最初值佛，聞法出家，憶持如來一句伽阿，於一百日，得前遺後，得後遺前。佛愍我愚，教我安居，調出入息。我時觀息微細，窮盡生、住、異、滅諸行剎那，其心豁然，得大無礙，乃至漏盡，成阿羅漢，住佛座下，印成無學。佛問圓通，如我所證，反息循空，斯為第一。」

憍梵鉢提即從座起，頂禮佛足而白佛言：「我有口業，於過去劫輕弄沙門，世世生生有牛呞病。如來示我一味清淨心地法門。我得滅心入三摩地。觀味之知，非體非物，應念得超世間諸漏。內脫身心，外遺世界，遠離三有，如鳥出籠，離垢銷塵，法眼清淨，成阿羅漢。如來親印登無學道。佛問圓通，如我所證，還味旋知，斯為第一。」

畢陵伽婆蹉即從座起，頂禮佛足而白佛言：「我初發心從佛入道，數聞如來說諸世間不可樂事。乞食城中，心思法門，不覺路中毒刺傷足，舉身疼痛。我念有知，知此深痛。雖覺覺痛，覺清淨心無痛痛覺。我又思惟，如是一身，寧有雙覺？攝念未久，身心忽空。三七日中諸漏虛盡，成阿羅漢，得親印記，發明無學。佛問圓通，如我所證，純覺遺身，斯為第一。」

須菩提即從座起，頂禮佛足，而白佛言：「我曠劫來，心得無礙，自憶受生如恆河沙。初在母胎，即知空寂，如是乃至十方成空，亦令眾生證得空性。蒙如來發性覺真空，空性圓明，得阿羅漢，頓入如來寶明空海，同佛知見，印成無學。解脫性空，我為無上。佛問圓通，如我所證，諸相入非，非所非盡。旋法歸無，斯為第一。」

【章　旨】阿那律陀、周利槃特迦、憍梵鉢提、畢陵伽婆蹉、須菩提等講述以眼、鼻、舌、身、意五根為本因證入圓通。

【語　譯】阿那律陀隨即從座位起來，頂禮佛足而對佛說：「我最初出家時，喜好睡眠，佛責備我像畜生一樣。聽了佛的斥責，我涕泣自責，七日未曾睡眠，雙目因而失明。佛於是教我修行樂見照明金剛三昧法。我不依憑肉眼，只依靠自性，觀察十方世界中的一切，猶如看掌中的果子一樣。佛印可我為阿羅漢。佛問什麼法門最為圓通，依照我所證，旋轉能見的根元是最好的法門。」

周利槃特迦隨即從座位起立，頂禮佛足而對佛說：「我本就缺乏博聞記誦的能力。最初遇到佛，聽聞佛說法就隨佛出家了。在一百日內，即便只背誦四句偈語，我也是前記後忘，後記忘前。佛哀愍我的愚鈍，教我安居自修，調攝出、入的氣息。於是，我觀察氣息的微細變化，窮盡其生、住、異、滅的各種相狀，由此體驗到諸行都是剎那常變的。這樣，心境便豁然開朗，得以證成大無礙境界，斷除了諸漏，成為阿羅漢。佛印可我為無學阿羅漢。佛問什麼法門最為圓通，依照我所證，依鼻根調氣返息，證成心空，是最好的法門。」

憍梵鉢提隨即從座位起立，頂禮佛足而對佛說：「我在過去世造了口業，看到一個掉了牙齒的老比丘喫東西，就輕慢侮辱了他。因此，我生生世世患有如同牛一樣反芻的毛病。佛教我修習一味清淨心地法門，我因此而斷滅了一切妄心，進入正定三昧境界。我於定中觀察嘗味的自性，它不從舌根自體生出，也不屬於外塵。在此一念之間，我就脫離了世間諸煩惱，於內脫離了身心，於外遺忘了世間，遠離了三界。猶如飛鳥出了籠子，我離開了一切塵垢，得以證成清淨無染的法眼，成就了阿羅漢果位。佛親自印可我為無學阿羅漢。佛問什麼法門最為圓通，依照我所證，返轉舌根的知味性是最好的法門。」

畢陵伽婆蹉隨即從座位起立，頂禮佛足而對佛說：「我初發心、跟隨佛學道之時，幾次聽佛說世間一切事物都是純苦無樂的。一日，我去城裡乞食，心裡琢磨著佛法精義，不小心腳被毒刺刺傷，全身立即疼痛起來。我想因為有知覺纔知曉疼痛，而我本來清淨的心既無痛的感覺，應是不會覺得痛的。我於是想，此身中難道有兩個知覺嗎？收攝這種知痛妄念不久，我的身心忽然感受到空寂。經過二十一日，一切煩惱習漏都空盡了，我成就了阿羅漢果位。

佛印可我為無學阿羅漢。佛問什麼法門最為圓通，依照我所證，純潔身心忘記身根，是最好的法門。」

須菩提隨即從座位起立，頂禮佛足而對佛說：「我從久遠劫世以來，心就已得無礙的境界，可以回憶起過去的受生經過。當初在母胎時，就知曉人我空寂，乃至十方世界都是空相。出家後，我也幫助眾生證得空性。承蒙如來開發自性正覺，證得圓滿光明的空性，使我得到阿羅漢的果位，頓入如來寶明空海的境地，並與佛秉有同樣的知見。佛印可我為無學阿羅漢，認為在證解空性方面，我是最上乘的。佛問什麼法門最為圓通，依照我所證，諸相皆非真實，不是究竟。旋轉虛妄諸法，復歸本元覺性，這是最好的法門。」

舍利弗即從座起，頂禮佛足而白佛言：「我曠劫來，心見清淨，如是受生如恆河沙，世、出世間種種變化，一見則通，獲無障礙。我於路中逢迦葉波兄弟相逐，宣說因緣，悟心無際，從佛出家，見覺明圓，得大無畏，成阿羅漢。為佛長子，從佛口生，從法化生。佛問圓通，如我所證，心見發光，光極知見，斯為第一。」

普賢菩薩即從座起，頂禮佛足而白佛言：「我已曾與恆沙如來為法王子，十方如來教其弟子，菩薩根者修普賢行，從我立名。世尊，我用心聞，分別眾生所有知見。若於他方恆沙界外有一眾生，心中發明普賢行者，我於爾時乘六牙象，分身百千，皆至其處。縱彼障深，未得見我。我與其人暗中摩頂，擁護安慰，令其成就。佛問圓通，我說本因，心聞發明，分別自在，斯為第一。」

孫陀羅難陀即從座起，頂禮佛足而白佛言：「我初出家，從佛入道，雖具戒律，於三摩地，心常散動，未獲無漏。世尊教我及俱絺羅觀鼻端白。我初諦觀，經三七日，見鼻中氣出入如烟，身心內明，圓洞世界，徧成虛淨，猶如瑠璃。烟相漸銷，鼻息成白，心開漏盡，諸出入息化為光明，照十方界，得阿羅漢。世尊記我當得菩提。佛問圓通，我以銷息，息久發明，明圓滅漏，斯為第一。」

富樓那彌多羅尼子即從座起，頂禮佛足而白佛言：「我曠劫來，辯才無礙，宣說苦、空，深達實相。如是乃至恆沙如來祕密法門，我於眾中微妙開示，得無所畏。世尊知我有大辯才，以音聲輪教我發揚。我於佛前助佛轉輪，因師子吼成阿羅漢。世尊印我說法無上。佛問圓通，我以法音降伏魔怨，銷滅諸漏，斯為第一。」

優波離即從座起，頂禮佛足而白佛言：「我親隨佛踰城出家，親觀如來六年勤苦，親見如來降伏諸魔，制諸外道，解脫世間貪欲諸漏。承佛教戒，如是乃至三千威儀、八萬微細性業、遮業，悉皆清淨，身心寂滅，成阿羅漢。我是如來眾中綱紀，親印我心，持戒修身，眾推為上。佛問圓通，我以執身，身得自在，次第執心，心得通達，然後身心一切通利，斯為第一。」

大目揵連即從座起，頂禮佛足而白佛言：「我初於路乞食，逢遇優樓頻螺、伽耶、那提三迦葉波宣說如來因緣深義，我頓發心得大通達。如來惠我袈裟著身，鬚髮自落。我遊十方得無罣礙，神通發明，推為無上，成阿羅漢。寧唯世尊，十方如來歎我神力圓明清淨，自在無畏。佛問圓通，我以旋湛心光發宣，如澄濁流，久成清瑩，斯為第一。」

【章　旨】舍利弗、普賢菩薩、孫陀羅難陀、富樓那彌多羅尼子、優波離、大目犍連等分別講述以眼識、耳識、鼻識、身識、意識為本因證入圓通的經歷。

【語　譯】舍利弗隨即從座位起立，頂禮佛足而對佛說：「從久遠劫以來，我就觀照自心的清淨相，所經歷的生生死死的次數，已如恆河沙數一樣多。對於世間種種事物的各種變化，一見就通曉，我因而獲得無障礙的境界。一日，我於路途遇到迦葉波三兄弟，他們在討論佛所講的因緣法義。我聽了他們的討論，就領悟到心念本來就是空寂的。我隨即就跟從佛出家，並且證悟自性正覺的光明圓滿之體，獲得大自在無畏智慧，成就大阿羅漢果位，現在成為如來的首座弟子。我是從佛口中所宣說的義理化生、養育出來的。佛問什麼法門最為圓通，依照我所證，觀照自心本來的清淨相，待光明圓滿達到極點而得大自在，是最好的法門。」

普賢菩薩隨即從座位起立，頂禮佛足而對佛說：「我已跟從過無量數佛，給他們作法王子。十方如來教其具大乘菩薩根機的弟子們所修習的普賢行，就是由我建立起來的。世尊，我用心去聽就能夠分別眾生的所有知見。如果在無限遠方世界之外，有眾生發心修習普賢行，我就會乘六牙白象分出百千個化身來到其面前。即便他業障深重，時不能看見我，我也會為他暗中摩頂，愛護他，輔助他，使其有所成就。佛問什麼法門最為圓通，依照我所證，以心聞來分別一切而得大自在，是最好的法門。」

孫陀羅難陀隨即從座位起立，頂禮佛足而對佛說：「我剛出家跟著佛學道時，雖然能遵守戒律，但對於禪定卻無力把握，心地散亂而未能達到無漏境界。世尊教我和拘絺羅兩目直視鼻端直至顯出白相。剛開始觀想了二十一天，感覺到鼻中出入的氣息像煙一樣；身心洞徹圓明，光明遍滿所有空間，如同琉璃一樣。後來，煙相漸漸消散，鼻中出入的氣息完全變成一片純白的光相。此時，我心開意解，諸漏盡除，所有出入氣息都化作智慧光明，遍照十方世界，我證得了阿羅漢果位。世尊授記，說我很快就會證得菩提正覺。佛問什麼法門最為圓通，依照我所證，觀想氣息，直至息清純白，發出智慧光明，滅盡諸漏，是最好的法門。」

富樓那彌多羅尼子從座位起立，頂禮佛足而對佛說：「我從久遠劫以來，就已辯才無礙，宣傳苦、空妙理，深深通達諸法實相。對於無數量如來的祕密法門，我都能於眾生中作微妙開示。我因此而得大無畏功德。世尊知曉我有大辯才，就教我以言語聲音宣揚佛法，於佛前幫佛旋轉法輪。我因如獅子吼般地弘揚佛法而成就阿羅漢果位。世尊印可我為說法方面的第一。佛問什麼法門最為圓滿，依照我所證，以言語聲音說法，降伏一切魔怨，消滅諸漏，是最好的法門。」

優波離隨即從座位起立，頂禮佛足而對佛說：「我親自追隨佛半夜裡越城出家，親眼看見佛修苦行六年，降伏諸魔，制服所有的外道，從世間的煩惱中解脫出來。承蒙佛教我專修戒律，三千威儀、八萬細行以及與生俱來的性業和可因時制宜的遮業，都完全清淨，身心寂然而證得阿羅漢果位。我因此而成為佛弟子中統領綱紀的上首。得到佛親自印心，在持戒修身方面，大眾推舉我做得最好。佛問什麼法門最為圓通，依照我所證，先執持身戒使身自在，再執持心戒使心得以通達，然後身心就可圓通暢達，這是最好的法門。」

大目犍連隨即從座位起立，頂禮佛足而對佛說：「我當初在路上化緣乞食時，遇到優樓頻螺、伽耶、那提三兄弟在宣講佛因緣法的深義，我頓時發心出家，得大通達。承蒙如來將袈裟披於我身，鬚髮自落，成為比丘。我遊歷於十方世界，來往自由，發明神通自在的威力，證成阿羅漢果位。不光是世尊，就連十方世界的如來都稱讚我的神力為第一，已經達至圓明清淨，可以自在無畏的境地。佛問什麼法門最為圓通，依照我所證，旋轉虛妄分別的意識還歸於湛然不動的自性，自性所發的光明猶如澄清濁水，澄之既久便會達至晶瑩透亮的狀態，這是最好的法門。」

【說　明】會中大眾就佛所詢問的「十八界中以何者最為圓通」各述所證，除耳根一門外，其餘全部陳述完畢。

烏芻瑟摩於如來前合掌頂禮佛之雙足而白佛言：「我常先憶久遠劫前性多貪欲。有佛出世名曰空王，說多婬人成猛火聚，教我徧觀百骸四肢諸冷煖氣，神光內凝化多婬心成智慧火。從是諸佛皆呼召我，名為火頭。我以火光三昧力故，成阿羅漢。心發大願，諸佛成道，我為力士，親伏魔怨。佛問圓通，我以諦觀身心煖觸無礙流通，諸漏既銷，生大寶燄，登無上覺，斯為第一。」

持地菩薩即從座起，頂禮佛足而白佛言：「我念往昔普光如來出現於世，我為比丘，常於一切要路、津口、田地、險隘有不如法，妨損車馬，我皆平填，或作橋梁，或負沙土。如是勤苦，經無量佛出現於世。或有眾生於闤闠處要人擎物，我先為擎至其所詣，放物即行，不取其直。毗舍浮佛現在世時，世多饑荒，我為負人，無問遠近，唯取一錢。或有車牛被於泥溺，我有神力為其推輪，拔其苦惱。時國大王延佛設齋，我於爾時平地待佛。毗舍如來摩頂謂我當平心地，則世界地一切皆平。我即心開，見身微塵與造世界所有微塵等無差別，微塵自性不相觸摩，乃至刀兵亦無所觸。我於法性悟無生忍，成阿羅漢，迴心今入菩薩位中。聞諸如來宣妙蓮華佛知見地，我先證明而為上首。佛問圓通，我以諦觀身界二塵等無差別，本如來藏，虛妄發塵，塵銷智圓，成無上道，斯為第一。」

月光童子即從座起，頂禮佛足而白佛言：「我憶往昔恆河沙劫有佛出世，名為水天，教諸菩薩修習水觀入三摩地。觀於身中，水性無奪。初從涕唾，如是窮盡津液精血、大小便利身中旋復，水性一同，見水身中與世界外浮幢王剎諸香水海等無差別。我於是時初成此觀，但見其水，未得無身。當為比丘室中安禪。我有弟子闚牕觀室，唯見清水徧在室中，了無所見。童稚無知，取一瓦礫投於水內，激水作聲，顧眄而去。我出定後，頓覺心痛，如舍利弗遭違害鬼。我自思惟，今我已得阿羅漢道，久離病緣，云何今日忽生心痛，將無退失？爾時，童子捷來我前，說如上事。我則告言，汝更見水，可即開門入此水中，除去瓦礫。童子奉教。後入定時，還復見水，瓦礫宛然，開門除出。我後出定，身質如初。逢無量佛，如是至於山海自在通王如來，方得亡身，與十方界諸香水海性合真空，無二無別。今於如來得童真名，預菩薩會。佛問圓通，我以水性一味流通，得無生忍，圓滿菩提，斯為第一。」

【章旨】烏芻瑟摩述說依憑火種性修習「自身欲樂煖觸」法門。持地菩薩述說依憑地大種性悟修「治平心地」法門。月光童子述說依憑水種性悟得自性清淨的法門。

【語譯】烏芻瑟摩在佛前合掌頂禮佛足而對佛說：「我記得在久遠劫之前，我秉性貪愛淫欲。至空王佛出世，說喜歡淫欲的人會引發身中的邪火。空王教我遍觀全身骨節、兩手兩足以及身內往來流動的冷暖氣等，神光在身內積聚以化去多生積習的淫心，轉為大火炬似的智慧光焰。十方如來因而稱我為火頭金剛。我依憑火光三昧之力而證得阿羅漢果位。我於心中發出大願，諸佛成道之時，我將作一名大力士，親自幫助諸佛制服魔怨。佛問什麼法門最為圓通，我是向內觀照身中的暖觸而得無礙流通的境界的。消除諸漏，生起智慧的寶焰，登上無上正覺，這是最好的法門。」

持地菩薩隨即從座位起立，頂禮佛的雙足而對佛說：「我記得過去世有位普光如來出現於世，我是其座下的一個比丘。我常於一切要津、路口以及田地、險隘等妨礙車馬通過的地方，或者填平坑凹，或者架造橋梁，或者背來沙土對其予以修補。我這樣勤苦精進地修持，歷經無數佛出世，未曾懈怠。在熱鬧擁擠之處，看到需他人幫忙運送的人，我就代其挑負，送至目的地，放下東西就走，分文不取。毗舍浮佛出世時，世間發生饑荒，我仍然是一位替人負運東西的人。無論遠近，我只取一錢的報酬。如有車和牛馬陷於泥淖，我就盡我的神力替其推拔以除去他們的煩惱。那時，有國王辦設齋筵供養佛。我就預先整治如來將要經過的道路。毗舍浮佛撫摩著我的頭對我說：『你應當平治你的心地。心地若平，一切世界都會平妥。』我一聽，就心開悟解，領悟到自身的地大微塵和能造世界的所有微塵並沒有差別。微塵沒有自性，也不互相摩擦，乃至地大所成的刀、槍與同是地大所成的肉體也不會抵觸損害。我是從對諸法體性的認識上悟得無生法忍，成就阿羅漢果位，又同心轉求大乘道，入於菩薩位中。聽了毗舍浮佛宣說妙蓮花的佛之知見，我最先證悟而成為會中的首座。佛問什麼法門最為圓通，我是以觀察內身和外界二塵平等而沒有差別，都是依如來藏而起的虛妄的功能、作用，塵相消失，智慧自然圓滿，因而成就無上大道的，這是最好的法門。」

月光童子隨即從座位起立，頂禮佛足而對佛說：「我記得在過去無數劫以前，有一位佛出世，名叫水天佛。他教授菩薩修習水觀以入三摩地。首先觀想身中的水大種性並無相衝突之處。如涕、淚、唾液以及大小便與精血在身中旋轉往復，各自所具的水性是一樣的。身中的水和世間內外的水，甚至浮幢王剎所有的香水海，也是沒有差別的。我於那時修習此觀時，只修至以水為身的程度而未證無身。我作為比丘在禪堂坐禪，有一位小弟子從窗縫中偷看。只見室內滿是清水，並無其他。小弟子年幼無知，就拿了一塊瓦片投於水中，激起一聲響動。看了一會，小弟子走了。我出定後，頓時感到心裡很痛，如同舍利弗被鬼魔所打一樣。我自己想，我已得阿羅漢果位，好久沒有病痛之事，為什麼今日突然有了痛感了呢？是我的修證有所退步嗎？這時，那個小弟子來到我跟前，說了剛纔的事。我就告訴他，你再看見水的時候，可立即開門進入水中，拿出那塊瓦片。我又入定後，那個小弟子仍舊看見水和水中的瓦片，他立即入室取出了瓦片。我出定後，身體也就恢復如初了。後來，我又跟隨許多如來修習。至山海自在通王如來時，我纔證無身的境界，並能與十方香水海合而為一。現今在世尊的座下，我得到童真的名字，列於菩薩之數。佛問什麼法門最為圓通，我是從觀察水性一味流通自在功能而證入無生法忍的境界，因而證入圓滿無上正覺的，修觀水大種性是最好的法門。」

瑠璃光法王子即從座起，頂禮佛足而白佛言：「我憶往昔經恆沙劫有佛出世，名無量聲，開示菩薩本覺妙明，觀此世界及眾生身皆是妄緣風力所轉。我於爾時觀界安立。觀世動時，觀身動止，觀心動念，諸動無二，等無差別。我時覺了此群動性，來無所從，去無所至，十方微塵顛倒眾生同一虛妄，如是乃至三千大千一世界內所有眾生，如一器中貯百蚊蚋，啾啾亂鳴，於分寸中鼓發狂鬧。逢佛未幾，得無生忍。爾時心開，乃見東方不動佛國，為法王子，事十方佛，身心發光，洞徹無礙。佛問圓通，我以觀察風力無依悟菩提心，入三摩地。合十方佛，傳一妙心，斯為第一。」

虛空藏菩薩即從座起，頂禮佛足而白佛言：「我與如來定光佛所得無邊身。爾時，手執四大寶珠照明十方微塵佛剎，化成虛空。又於自心現大圓鏡，內放十種微妙寶光，流灌十方盡虛空際。諸幢王剎來入鏡內，涉入我身，身同虛空，不相妨礙。身能善入微塵國土，廣行佛事，得大隨順。此大神力，由我諦觀四大無依，妄想生滅，虛空無二，佛國本同。於同發明，得無生忍。佛問圓通，我以觀察虛空無邊入三摩地，妙力圓明，斯為第一。」

彌勒菩薩即從座起，頂禮佛足而白佛言：「我憶往昔經微塵劫有佛出世，名日月燈明。我從彼佛而得出家，心重世名，好遊族姓。爾時，世尊教我修習唯心識定入三摩地。歷劫已來，以此三昧事恆沙佛，求世名心歇滅無有。至然燈佛出現於世，我乃得成無上妙圓識心三昧，乃至盡空如來國土、淨穢、有無，皆是我心變化所現。世尊，我了如是唯心識故，識性流出無量如來。今得授記，次補佛處。佛問圓通，我以諦觀十方唯識，識心圓明，入圓成實❶，遠離依他❷及徧計執❸，得無生忍，斯為第一。」

大勢至法王子與其同倫五十二菩薩即從座起，頂禮佛足而白佛言：「我憶往昔恆河沙劫有佛出世，名無量光。十二如來相繼一劫，其最後佛名超日月光。彼佛教我念佛三昧❹。譬如有人一專為憶，一人專忘。如是二人若逢、不逢，或見、非見。二人相憶，二憶念深，如是乃至從生至生，同於形影，不相乖異。十方如來憐念眾生，如母憶子。若子逃逝，雖憶何為？子若憶母，如母憶時，母子歷生，不相違遠。若眾生心憶佛念佛，現前當來必定見佛。去佛不遠，不假方便，自得心開。如染香人身有香氣，此則名曰香光莊嚴。我本因地以念佛心入無生忍。今於此界攝念佛人歸於淨土。佛問圓通，我無選擇，都攝六根，淨念相繼，得三摩地，斯為第一。」

【章　旨】瑠璃光法王子、虛空藏菩薩、彌勒菩薩及大勢至菩薩等分別講述以風大、空大、識大及念佛之心為因地而證入圓通。

【注　釋】❶圓成實　即圓成實性。於人空、法空上所顯現的圓滿成就的諸法實性，名為圓成實性。❷依他　即依他起性，指一切存在都是因緣和合而生，依賴他緣而生起。❸徧計執　即徧計所執性，指對種種有因緣而生起的存在周徧計度，從而妄執其為實體的存在。❹念佛三昧　憶念所皈依的無上正覺如來，從而使正覺得以現前，得到三昧定力。

【語　譯】瑠璃光法王子隨即從座位起立，頂禮佛足而對佛說：「我記得在過去久遠劫以前，有位無量聲佛出世，向大菩薩開示本覺真心，宣說此世界及眾生的身體都是妄緣攪亂的風力所生。我於那時就觀察十方世界的安立，時間、空間的運動、變化，身體心念的運動、變化，都是由風力作用所成。這些從本質上並沒有差別。我隨即明白，一切動相都是由風力所轉成，來無所從，去無所至，十方微塵世界以及一切顛倒眾生都是風力的虛妄作用。甚至三千大千世界每一世界之內的所有眾生，猶如裝在一個器物裡的數百蚊子，啾啾鳴叫，於很小的空間裡鼓動翅膀，狂叫亂鬧。我因無量聲佛的教導，不久就得到了無生法忍。當時，我心開意解，就現身於東方不動佛國，作了法王子。我事奉十方一切諸佛，身心朗然洞徹，內外無礙而光明自發。佛問什麼法門最為圓通，我因觀察風力無依無體而悟入菩提真心，得到正定，契合十方諸佛所傳心印。依照我所證，這是最好的法門。」

虛空藏菩薩隨即從座位起立，頂禮佛足而對佛說：「我曾與世尊共同事奉於定光佛所。

我於那時就證得了無有邊際的性空法身。我手執四大智慧寶珠照亮了十方世界所有微塵佛國，使所有外塵都化為虛空。我於自己內心顯現出大圓鏡智，並放出十種微妙寶光，流灌十方虛空界。所有浮幢王剎都被攝入此智之中，並由此進入我的身體中。我的身與虛空無礙圓融，正報之身能方便地進入依報的微塵國土，廣作一切佛事，發揮最大恆順眾生的力量。這種大威神力是由我觀察地、水、火、風四大種性並無所依之體，而是因妄想而有生滅，與虛空沒有差別。諸佛國土也是如此。我因此而悟解如來藏清淨本然，獲得無生法忍。佛問什麼法門最為圓通，我是以觀察虛空無邊無際而得入三摩地定力。要證得清淨圓明的正覺，這是最好的法門。」

彌勒菩薩隨即從座位起立，頂禮佛足而對佛說：「我記得在久遠劫以前，有位日月燈明佛出世，我跟從他出家。我的名利心很重，喜歡與富貴人家打交道。日月燈明佛就教我修習唯心識定以證入三摩地。從那時起的歷劫以來，我事奉過許多佛，追求世間虛名的心漸漸停歇消滅。等到燃燈佛出世，我方纔證得無上妙覺的識心三昧。所有佛土，以及有淨有穢的凡聖同居土，無淨無穢的常寂土，有淨無穢的實報莊嚴土，都是我的識心變現出來的。世尊，我了知因一切唯心的緣故，由識心流出無數的佛。現今承蒙世尊授記，我處於候補佛位。佛問什麼法門最為圓通，我是從仔細觀察十方世界一切都是唯心所現，因而證得圓明的圓成實性即真如的，遠離依他起性和偏計所執性，獲證了無生法忍，這是最好的法門。」

大勢至菩薩及其同伴五十二位菩薩隨即從座位起立，頂禮佛足而對佛說：「我記得過去無量數劫以前，有位無量光佛出世。此一劫中，先後有十二位佛出世，最後一位超日月光佛教我修習念佛三昧。譬如有一人專心憶念某人，而另一人卻總是不想念前述之人。這樣的兩個人即使相遇，也等於未曾相逢，看見了也等於沒有看見。二人如果互相憶念深切，一生一世，甚至無數次生死轉世，也都會形影不離。十方如來珍惜憶念眾生就如同母親思念兒子一樣。其子如果逃走不回家，母親儘管想念兒子，又有什麼用處呢？子女想念母親如果如母親想念子女一樣懇切，他們生生世世就不會遠離。眾生如果能於心中真切地憶念佛，現在或者將來，必定會見到如來，因為其距離佛並不遙遠。若能如此，就不需要假借其他方便，只要自心開悟，自然就能見到如來了。就如同做染香工作的人，身上自然就會有香氣，這種方法就叫香光莊嚴。我是以念佛心為本因而證入無生法忍的。現在於此世教化、普攝一切念佛的人，幫助他們歸向清淨光明的淨土。佛現在問什麼法門最為圓通，我對於六根並不加以分別和選擇，只是將六根都歸攝於念佛的一念上，念念不離淨念，心心與佛相應，即可證入三摩地，這是最好的法門。」

【說　明】烏芻瑟摩、持地菩薩等以自己的經歷，分別向佛敘說，火、地、水、風、空、識「六大」為證悟圓通的最好法門。大勢至菩薩則陳述，念佛三昧是最好的修行法門。

卷六

【題解】本卷可分為三部分。第一部分，由觀世音菩薩回答佛所提出的「於十八界何者最為圓通」的問題。觀世音菩薩因其所獲得的道果，使他能上合十方諸佛本覺妙心，下合六道一切眾生的悲仰，從而成就三十二應身、十四種無畏功德、四種不可思議無作妙德。觀世音菩薩向大眾詳細講述了三十二妙身和功德，並且依照自己所證說明，以耳根法門最為殊勝。第二部分，文殊師利菩薩奉佛之命，針對阿難及未來眾生的根機指出，前述二十四法門都要仰仗佛力加持纔能證成，因而觀世音菩薩所述法門最適合阿難及未來眾生的根機。第三部分，佛又應阿難等會中大眾的請求，開始宣說「安立道場，救護眾生」的「三決定義」，即戒、定、慧「三學」。本卷以戒淫、戒殺、戒盜、戒妄語為綱，講解了戒學的四項「決定明誨」。

爾時，觀世音菩薩即從座起，頂禮佛足而白佛言：「世尊，憶念我昔無數恆河沙劫，於時有佛出現於世，名觀世音。我於彼佛發菩提心，彼佛教我從聞、思、修入三摩地。初於聞中入流亡所，所入既寂，動、靜二相了然不生。如是漸增，聞、所聞盡；盡聞不住，覺、所覺空。空覺極圓，空、所空滅；生滅既滅，寂滅現前。忽然超越世、出世間，十方圓明，獲二殊勝：一者，上合十方諸佛本妙覺心，與佛如來同一慈力。二者，下合十方一切六道眾生，與諸眾生同一悲仰。世尊，由我供養觀音如來，蒙彼如來授我如幻聞熏聞修金剛三昧，與佛如來同慈力故，令我身成三十二應，入諸國土。

世尊，若諸菩薩入三摩地，進修無漏勝解現圓，我現佛身而為說法，令其解脫。若諸有學，寂靜妙明，勝妙現圓，我於彼前現獨覺身而為說法，令其解脫。若諸有學，斷十二緣，緣斷勝性，勝妙現圓，我於彼前現緣覺身而為說法，令其解脫。若諸有學得四諦空，修道入滅，勝性現圓，我於彼前現聲聞身而為說法，令其解脫。若諸眾生欲心明悟，不犯欲塵，欲身清淨，我於彼前現梵王身而為說法，令其解脫。若諸眾生欲為天主統領諸天，我於彼前現帝釋身而為說法，令其成就。若諸眾生欲身自在，遊行十方，我於彼前現自在天身而為說法，令其成就。若諸眾生欲身自在，飛行虛空，我於彼前現大自在天身而為說法，令其成就。若諸眾生愛統鬼神，救護國土，我於彼前現天大將軍身而為說法，令其成就。若諸眾生愛統世界，保護眾生，我於彼前現四天王身而為說法，令其成就。若諸眾生愛生天宮，驅使鬼神，我於彼前現國天王國太子身而為說法，令其成就。」

【章旨】觀世音菩薩廣陳自己依耳根而證入圓通的經歷，因聞、思、修而獲殊勝，成就三十二應身以引導眾生解脫。此章敘述，對應於眾生成就聖乘和諸天的根機，觀世音菩薩可以相應地顯現出十一應身相為其說法，令其解脫或成就。

【語譯】這時，觀世音菩薩從座位起立，頂禮佛足而對佛說：「世尊，回想在無數恆河沙劫以前，有一位佛出世，名叫觀世音。我跟從這位佛發菩提心，他教導我從聽聞、思維、修行三方面悟入三摩地。最初於聞性中修行，由於聞性內流，便離開了聲塵，因而沒有對象可聞；所聞之聲既無，動和靜兩種相狀也就根本不會產生。如此漸修增進，能聞之性和所聞的聲相便全部消亡。能聞之性和所聞的聲相既已消亡，能覺和所覺也就不再存在。這種覺空之性周徧於一切，覺空之智和所覺空境也隨之全部消滅，一切生滅由此也就不再存在，寂滅之性也就可以最終顯現出來了。當此之時，忽然就超越了世間、出世間，於十方世界圓滿周徧一切諸法，獲得兩種殊勝妙用。第一種，上合十方諸佛的本覺妙心，與如來具有同一的慈悲心和神力。第二種，下合一切六道眾生，與其具有同樣的苦樂悲歡。世尊，我由於供養觀音如來，承蒙他授予我神妙如幻的由聞性入流內熏以熏起本有覺性的金剛三昧力，使我與如來具有同樣的慈悲心和神力。由此，我修成了三十二種應化身，可以進入各種世間國土。

世尊，諸菩薩若入於三摩地，進修無漏之智並且達到聖智圓滿之時，我就會在他們面前顯現佛身而為其說法，使他們得到解脫。如果諸位有學阿羅漢已進入寂靜妙明的境地，其所得之妙境達至圓滿周徧，我就會在他們面前顯現獨覺身為其說法，使他們得到解脫。如果諸位有學阿羅漢斷除了十二因緣，並因此而顯現出殊勝的妙性，當此妙性圓滿周徧之時，我就會在他們面前顯現緣覺身為其說法，使他們得到解脫。如果諸位有學阿羅漢得以聞聽四諦和諸法皆空的道理，再進修至擇滅無為，也即滅諦無生之性將顯現圓滿之相時，我就會在他們面前顯現聲聞身而為其說法，使他們得到解脫。如果有眾生對自己的多欲之心有所悟解，不願再受貪欲塵勞之苦，一心想要清淨自己的身心，我就會在他們面前顯現梵王身而為其說法，使他們的願望能夠實現。如果有眾生想要做忉利天之主以統領諸天，我就會在他們面前顯現帝釋身而為其說法，使他們的願望能夠實現。如果有眾生想獲得自在天身以便可以遊行十方國土，我就會在他們面前顯現自在天身為其說法，使他們的願望能夠實現。如果有眾生想獲得大自在天身以便可以在虛空之中飛行，我就會在他們面前顯現大自在天身為其說法，使他們的願望能夠實現。如果有眾生喜歡統領鬼神以護持世間國土，我就會在他們面前顯現天大將軍身而為其說法，使他們的願望能夠實現。如果有眾生喜歡統領治理世界，保護人民，我就會在他們面前顯現東、南、西、北四大天王身而為其說法，使他們能夠實現其願望。如果諸位眾生喜歡生活在天宮中，並欲驅使鬼神，我就會在他們面前顯現四大天王太子身而為其說法，使他們的願望能夠實現。」

「若諸眾生樂為人王，我於彼前現人王身而為說法，令其成就。若諸眾生愛主族姓，世間推讓，我於彼前現長者身而為說法，令其成就。若諸眾生愛談名言，清淨自居，我於彼前現居士身而為說法，令其成就。若諸眾生愛治國土，剖斷邦邑，我於彼前現宰官身而為說法，令其成就。若諸眾生愛諸數術，攝衛自居，我於彼前現婆羅門身而為說法，令其成就。若有男子好學出家，持諸戒律，我於彼前現比丘身而為說法，令其成就。若有女子好學出家，持諸禁戒，我於彼前現比丘尼身而為說法，令其成就。若有男子樂持五戒，我於彼前現優婆塞身而為說法，令其成就。若有女子五戒自居，我於彼前現優婆夷身而為說法，令其成就。若有女人內政立身以修家國，我於彼前現女主身及國夫人、命婦大家而為說法，令其成就。若有眾生不壞男根，我於彼前現童男身而為說法，令其成就。若有處女愛樂處身，不求侵暴，我於彼前現童女身而為說法，令其成就。若有諸天樂出天倫，我現天身而為說法，令其成就。若有諸龍樂出龍倫，我現龍身而為說法，令其成就。若有藥叉樂度本倫，我於彼前現藥叉身而為說法，令其成就。若乾闥婆樂脫其倫，我於彼前現乾闥婆身而為說法，令其成就。若阿脩羅樂脫其倫，我於彼前現阿脩羅身而為說法，令其成就。若緊那羅樂脫其倫，我於彼前現緊那羅身而為說法，令其成就。若摩呼羅伽樂脫其倫，我於彼前現摩呼羅伽身而為說法，令其成就。若諸眾生樂人修人，我現人身而為說法，令其成就。若諸非人，有形、無形、有想、無想，樂度其倫，我於彼前皆現其身而為說法，令其成就。

是名妙淨三十二應，入國土身，皆以三昧聞熏聞修無作妙力，自在成就。」

【章　旨】觀世音菩薩陳述對應於人趣、天龍八部以及其他類眾生的根機，顯現的二十一應身相為其說法，使他們的願望能夠實現。

【語　譯】觀世音菩薩說：「如果有眾生喜歡成為人間的國王治理國家，我就會在他們面前顯現國王身而為其說法，使他們的願望能夠實現。如果有眾生喜歡主持家族事務以得到人們的推崇，我就會在他們面前顯現長者身而為其說法，使他們的願望能夠實現。如果有眾生喜歡清晰、明確的語言，我就會在他們面前顯現居士身而為其說法，使他們的願望能夠實現。如果有眾生喜歡治理國家，剖析判斷邦邑是非，我就會在他們面前顯現宰官身而為其說法，使他們的願望能夠實現。如果有眾生喜歡諸種數術，並欲以調護人身壽命自居，我就會在他們面前顯現婆羅門身而為其說法，使他們的願望能夠實現。如果有男子嚮往佛法，願意出家並且能夠守持戒律，我就會在他們面前顯現比丘身而為其說法，使他們的願望能夠實現。如果有女子嚮往佛法，願意出家並且能夠守持戒律，我就會在她們面前顯現比丘尼身而為其說法，使她們的願望能夠實現。如果有男子願意執持五戒而修行，我就會在他們面前顯現優婆塞身而為其說法，使他們的願望能夠實現。如果有女子願意執持五戒而修行，我就會在她們面前顯現優婆夷身而為其說法，使她們的願望能夠實現。如果有女子以相夫教子、做丈夫齊家治國的幫手為理想，我就會在她們面前顯現女主身及國夫人身、命婦大家身而為其說法，使她們的願望能夠實現。如果有男子願意保持童貞身，我就會在他們面前顯現童男身而為其說法，使他們的願望能夠實現。如果有處女希望保持處女之身，不願受異性的侵犯，我就會在她們面前顯現童女身而為其說法，使她們的願望能夠實現。如果有諸天人樂意出離天趣，我就會在他們面前顯現天身而為其說法，使他們的願望能夠實現。如果有諸龍樂意脫離龍類，我就會顯現龍身而為其說法，使他們的願望能夠實現。如果有藥叉樂意脫離藥叉類，我就會顯現藥叉身而為其說法，使他們的願望能夠實現。如果有乾闥婆樂意脫離其本類，我就會在他們面前顯現乾闥婆身而為其說法，使他們的願望能夠實現。如果有阿脩羅樂意脫離其本類，我就會在他們面前顯現阿脩羅身而為其說法，使他們的願望能夠實現。如果有緊那羅樂意脫離其本類，我就會在他們面前顯現緊那羅身而為其說法，使他們的願望能夠實現。如果有摩呼羅伽樂意脫離其本類，我就會在他們面前顯現摩呼羅伽身而為其說法，使他們的願望能夠實現。如果諸眾生樂意保持人身並且進而修養其身體，我就會在他們面前顯現人身而為其說法，使他們的願望能夠實現。如果諸種非人的——有形體的與無形體的、有思想意識的與無思想意識的一切物類，樂意脫離其本類，我就會在他們面前顯現與其對應之身而為其說法，使他們的願望能夠實現。

這就是我來無所從、去無所至無礙無滯的三十二種妙淨應入國土之身。它們都是我於耳根修習中，以本覺的聞性向內熏起始覺妙智所成就的無作妙力，自在顯現出來的。」

世尊，我復以此聞熏聞修金剛三昧無作妙力，與諸十方三世六道一切眾生同悲仰故，令諸眾生於我身心獲十四種無畏功德。一者，由我不自觀音，以觀觀者，令彼十方苦惱眾生觀其音聲即得解脫。二者，知見旋復，令諸眾生設入大火，火不能燒。三者，觀聽旋復，令諸眾生大水所漂，水不能溺。四者，斷滅妄想，心無殺害，令諸眾生入諸鬼國，鬼不能害。五者，熏聞成聞，六根銷復，同於聲聽，能令眾生臨當被害，刀段段壞，使其兵戈猶如割水，亦如吹光，性無搖動。六者，聞熏精明，明徧法界，則諸幽暗，性不能全。能令眾生，藥叉、羅剎、鳩槃茶鬼及毗舍遮、富單那等，雖近其傍，目不能視。七者，音性圓銷，觀聽返入，離諸塵妄，能令眾生禁繫枷鎖所不能著。

八者，滅音圓聞，徧生慈力，能令眾生經過險路賊不能劫。九者，熏聞離塵，色所不劫，能令一切多婬眾生遠離貪欲。十者，純音無塵，根境圓融，無對、所對，能令一切忿恨眾生離諸瞋恚。十一者，銷塵旋明，法界身心猶如瑠璃，朗徹無礙，能令一切昏鈍性障諸阿顛迦永離癡暗。十二者，融形復聞，不動道場涉入世間，不壞世界，能徧十方供養微塵諸佛如來，各各佛邊為法王子。能令法界無子眾生欲求男者，誕生福德智慧之男。十三者，六根圓通，明照無二，含十方界，立大圓鏡空如來藏，承順十方微塵如來祕密法門，受領無失。能令法界無子眾生欲求女者，誕生端正福德柔順眾人愛敬有相之女。十四者，此三千大千世界百億日月，現住世間諸法王子有六十二恆河沙數，修法垂範，教化眾生。隨順眾生方便智慧各各不同，由我所得圓通本根發妙耳門，然後身心微妙含容，周徧法界。能令眾生持我名號，與彼共持六十二恆河沙諸法王子，二人福德正等無異。世尊，我一名號與彼眾多名號無異。由我修習得真圓通，是名十四施無畏力福備眾生。

【章　旨】觀世音菩薩自述其依憑所修得的金剛三昧，使諸多眾生於其身心獲得十四種無畏功德。觀世音菩薩正是以此十四種施無畏功德力救度世間一切眾生，拔除其苦難、困厄，使其無所畏懼。

【語　譯】世尊，我用耳根聽聞聲音以熏習自己的聞性而證得無作妙力，如此就可與十方三世六道所有眾生同具悲仰之心，從而能使眾生從我的身心之中得到十四種無畏功德。第一，我不親自觀見世間的聲音，而只觀察世間觀看的主體。世間的苦惱眾生如果能一心稱念我名號，我就會觀其聲音，尋聲救苦，使其即刻獲得解脫。第二，我既已旋復妄見，因而眾生即使遇到大火之災，只要一心稱我名號，火就不能傷害他們。第三，我既已旋復妄聞，因而眾生即使被大水所漂，只要一心稱我名號，水就不能傷害他們。第四，我既已旋復妄想，就不會受到擾害，因而眾生即使誤入羅剎鬼國，只要一心稱我名號，鬼就不能傷害他們。第五，我因本覺內熏，六根也同時銷妄復真，因而能加被眾生，使其面臨被殺害的危險時，刀杖斷折成段，戈戟就如同以刀斷水、用口吹滅日光一樣失去效用。第六，我返聞熏習，本覺真性的光明遍照法界。這樣，所有暗昧的鬼神都無法自全。因而，我能加被眾生，使勇健鬼、惡鬼、魘魅鬼、吸血氣鬼、熱病鬼等等即便處於近旁，仍然不敢看一眼。第七，聲音和動靜二性已經消滅，能聞之性逆流而上，直至純一無妄之境，因而遠離一切虛妄浮塵。我將此定力加被眾生，能使他們脫離禁閉、繫縛、頸枷、鎖鏈的束縛。

第八，聲音寂滅，聞性也已圓滿，便可以遍生慈力；我將此力加被於眾生，當他們走過危險的路段時，惡賊、強盜不敢加害他們。第九，遠離聲塵，其他色塵也不再纏縛；我將此力加被於眾生，能使所有淫欲心重的眾生遠離貪欲。第十，純一聞音的妙性並無聲塵作為對象，根、境圓融，沒有能聞和所聞的對立；我將此力加被於眾生，使一切瞋恨、忿怒心重的眾生遠離所有瞋恨和忿怒。第十一，既銷根、塵，自性光明便顯現出來，法界和身心圓融為一體，好像琉璃一樣內外明徹。我將此力加被於眾生，能使所有生性昏迷愚笨的無善心眾生永遠離開無明、愚昧。第十二，銷融四大的幻形，恢復本有的聞性，真心於本有寂滅道場而能涉入世間，隨類現身而不壞世界之相，並且可以至十方供養、事奉如微塵那樣多的如來，於每位如來身邊做他們的法王子。我將此力加被於眾生，能使世間所有無子而欲得子的眾生生出有福德有智慧的男孩。第十三，六根圓通無礙，本明及其照用無有區別，將十方世界包含於內，並且證得大圓鏡智和空如來藏真如性，能夠接受十方世界無數量微塵如來的祕密微妙法門而絕不會忘失。我將此力加被於眾生，就能使世間所有無女而欲得女的眾生生出有福德、柔順、討人喜歡的美麗女子。第十四，此三千大千世界總共有百億個太陽和月亮，而住於世間的法王子則有六十二個恆河沙數之多。他們都在教化眾生，為眾生作楷模，並且依據眾生的根機採取各不相同的善巧方便智慧對其加以導引。我所得到的耳根圓通之根元若發揮自在妙用，我的身心就會微妙的含容周徧整個法界的眾生。我將此力加被於眾生，就能使世間所有念持我的名號的眾生獲得與那些持念六十二個恆河沙數法王子名號的眾生，同樣多的功德。世尊，單單持念我的名號與同時念持許許多多法王子的名號，二者所得功德是完全相同的。這些都是因為我修習耳根三昧而證得了真正的圓通。以上就是十四種施無畏力，福德周備而可普施十方眾生。

世尊，我又獲是圓通，修證無上道故，又能善獲四不思議無作妙德。一者，由我初獲妙妙聞心❶，心精遺聞，見、聞、覺、知不能分隔，成一圓融清淨寶覺，故我能現眾多妙容，能說無邊祕密神咒。其中，或現一首、三首、五首、七首、九首、十一首，如是乃至一百八首、千首、萬首、八萬四千爍迦羅首❷；二臂、四臂、六臂、八臂、十臂、十二臂、十四、十六、十八、二十至二十四，如是乃至一百八臂、千臂、萬臂、八萬四千母陀羅臂❸；二目、三目、四目、九目，如是乃至一百八目、千目、萬目、八萬四千清淨寶目❹。或慈，或威，或定，或慧，救護眾生，得大自在。二者，由我聞思脫出六塵，如聲度垣，不能為礙，故我妙能現一一形，誦一一咒，其形其咒能以無畏施諸眾生。是故十方微塵國土皆名我為施無畏者。三者，由我修習本妙圓通清淨本根，所遊世界皆令眾生捨身、珍寶，求我哀愍。四者，我得佛心，證於究竟，能以珍寶種種供養十方如來，傍及法界六道眾生，求妻得妻，求子得子，求三昧得三昧，求長壽得長壽，如是乃至求大涅槃得大涅槃。佛問圓通，我從耳門圓照三昧，緣心自在，因入流相，得三摩提，成就菩提，斯為第一。世尊，彼佛如來歎我善得圓通法門，於大會中授記我為觀世音號。由我觀聽十方圓明，故觀音名偏十方界。」

【章　旨】觀世音菩薩陳述其因修無上道而獲四種「不思議無作妙德」：一是同體形咒不思議，二是異體形咒不思議，三是因破貪而感求不思議，四是供養佛、眾生不思議。觀世音菩薩以己所證說明，以耳根證入圓通是最佳法門。

【注　釋】❶妙妙聞心　由耳根法門可以以本覺妙理起始覺妙智，妙智照妙理，理、智雙妙，故稱之為「妙妙聞心」。❷爍迦羅首　即堅固不壞的頭顱。❸母陀羅臂　以手顯示法印，因臂各有手，手各有印，故名之。❹清淨寶目　指法眼圓明清淨、無礙無染的相狀。

【語　譯】世尊，我又已證得耳根圓通，再歷位進修，終於證得無上佛道，因而又獲得不假造作、不可思議的四種神妙德相。第一，我由於獲得了妙妙聞心，脫離了能聞之根與所聞之境，見、聞、覺、知等功能便圓融為一體，成為一清淨光明的寶覺。因此，我能顯現許多奇妙的形貌，能說無邊的祕密神咒。有時，我便顯現出：一頭、三頭、五頭、七頭、九頭、十一頭，甚至一百零八頭、千頭、萬頭、八萬四千個堅固不壞的頭顱；二臂、四臂、六臂、八臂、十臂、十二臂、十四臂、十六臂、十八臂、二十二至二十四臂，乃至一百零八臂、千臂、萬臂、八萬四千母陀羅臂；二目、三目、四目、九目，甚至一百零八目、千目、萬目、八萬四千清淨寶目。這些應身，有的現出慈悲相，有的現出威武相，有的現出禪定相，有的現出智慧相，以救護眾生，使他們能夠獲得大自在。第二，我的聞、思已經脫離六塵，猶如聲音能穿過牆壁而不被其所阻礙一樣。因此，我以奇妙的功能所顯現的種種形貌，誦持的種種神咒，能將所有無畏之力施予眾生。因這些原因，十方微塵數國土的眾生都稱我為施無畏的大菩薩。第三，由聞、思而得來的本來微妙、清淨無染的圓通聞性，能使我所遊化的世間的眾生樂意施捨其身命和珍寶來哀求我的憐愍。第四，我深得諸佛不生不滅的真心，並已證得究竟堅固的正定，因而能將種種珍寶供養十方如來以及法界中的所有眾生。六道眾生，無妻而求妻的，我助其得妻；無子而求子的，我助其得子；求獲三昧定的，我助其得三昧定力；求長壽的，我助其長壽；乃至欲求取大涅槃的，我助其得大涅槃。佛問什麼法門最為圓通，我是由耳根法門返聞圓照聞性而得正定的，並且能隨緣應化，逆生死流而入涅槃流，直至生滅既盡而得三摩地，得成無上覺道。這是最好的修行法門。世尊，古佛觀世音如來讚歎我善得圓通法門，並在大會中為我授記，賜號為觀世音。我由於成就了觀聽的種種神妙法門，於十方世界都能圓明自在。所以，觀世音的名號自然就遍聞於十方世界。」

爾時，世尊於師子座從其五體同放寶光，遠灌十方微塵如來及法王子、諸菩薩頂。彼諸如來亦於五體同放寶光，從微塵方來灌佛頂，并灌會中諸大菩薩及阿羅漢。林木池沼皆演法音，交光相羅，如寶絲網。是諸大眾得未曾有，一切普獲金剛三昧。即時天雨百寶蓮華，青、黃、赤、白，間錯紛糅，十方虛空成七寶色。此娑婆界大地山河俱時不現，唯見十方微塵國土合成一界，梵唄詠歌，自然敷奏。

於是，如來告文殊師利法王子：「汝今觀此二十五無學、諸大菩薩及阿羅漢各說最初成道方便，皆言修習真實圓通。彼等修行，實無優劣、前後差別。我今欲令阿難開悟，二十五行，誰當其根？兼我滅後，此界眾生入菩薩乘，求無上道，何方便門得易成就？」

文殊師利法王子奉佛慈旨，即從座起，頂禮佛足，承佛威神，說偈對佛：「覺海性澄圓，圓澄覺元妙；元明照生所，所立照性亡❶。迷妄有虛空，依空立世界；想澄成國土，知覺乃眾生❷。空生大覺中，如海一漚發；有漏微塵國，皆依空所生。漚滅空本無，況復諸三有❸？歸元性無二，方便有多門；聖性無不通，順逆皆方便；初心入三昧，遲速不同倫❹。色想結成塵，精了不能徹；如何不明徹，於是獲圓通❺。音聲雜語言，但伊名句味；一非含一切，云何獲圓通❻？香以合中知，離則元無有；不恆其所覺，云何獲圓通❼？味性非本然，要以味時有；其覺不恆一，云何獲圓通❽？觸以所觸明，無所不明觸；合離性非定，云何獲圓通❾？法稱為內塵，憑塵必有所；能所非徧涉，云何獲圓通❿？見性雖洞然，明前不明後；四維虧一半，云何獲圓通⓫？鼻息出入通，現前無交氣；支離匪涉入，云何獲圓通⓬？舌非入無端，因味生覺了；味亡了無有，云何獲圓通⓭？身與所觸同，各非圓覺觀；涯量不冥會，云何獲圓通⓮？知根雜亂思，湛了終無見；想念不可脫，云何獲圓通⓯？識見雜三和，詰本稱非相；自體先無定，云何獲圓通⓰？心聞洞十方，生於大因力；初心不能入，云何獲圓通⓱？鼻想本權機，祇令攝心住；住成心所住，云何獲圓通⑱？說法弄音文，開悟先成者；名句非無漏，云何獲圓通⑲？持犯但束身，非身無所束；元非徧一切，云何獲圓通⑳？神通本宿因，何關法分別？念緣非離物，云何獲圓通㉑？若以地性觀，堅礙非通達；有為非聖性，云何獲圓通㉒？若以水性觀，想念非真實，如如非覺觀，云何獲圓通㉓？若以火性觀，厭有非真離；非初心方便，云何獲圓通㉔？若以風性觀，動寂非無對；對非無上覺，云何獲圓通㉕？若以空性觀，昏鈍先非覺；無覺異菩提，云何獲圓通㉖？若以識性觀，觀識非常住；存心乃虛妄，云何獲圓通㉗？諸行是無常，念性元生滅；因果今殊感，云何獲圓通㉘？我今白世尊，佛出娑婆界，此方真教體，清淨在音聞。欲取三摩提，實以聞中入㉙。離苦得解脫，良哉觀世音！於恆沙劫中，入微塵佛國，得大自在力，無畏施眾生㉚。妙音觀世音，梵音海潮音，救世悉安寧，出世獲常住㉛。我今啟如來，如觀音所說，譬如人靜居，十方俱擊鼓，十處一時聞，此則圓真實㉜。目非觀障外，口鼻亦復然，身以合方知，心念紛無緒[33]。隔垣聽音響，遐邇俱可聞。五根所不齊，是則通真實[34]。音聲性動靜，聞中為有無；無聲號無聞，非實聞無性[35]。聲無既無滅，聲有亦非生；生滅二圓離，是則常真實[36]。縱令在夢想，不為不思無；覺觀出思惟，身心不能及[37]。今此娑婆國，聲論得宣明。眾生迷本聞，循聲故流轉。阿難縱強記，不免落邪思。豈非隨所淪，旋流獲無妄[38]？阿難汝諦聽，我承佛威力，宣說金剛王，如幻不思議，佛母真三昧。汝聞微塵佛，一切祕密門，欲漏不先除，畜聞成過誤[39]。將聞持佛佛，何不自聞聞？聞非自然生，因聲有名字，旋聞與聲脫，能脫欲誰名[40]？一根既返源，六根成解脫。見聞如幻翳，三界若空華。聞復翳根除，塵銷覺圓淨[41]。淨極光通達，寂照含虛空。卻來觀世間，猶如夢中事。摩登伽在夢，誰能留汝形[42]？如世巧幻師，幻作諸男女；雖見諸根動，要以一機抽，息機歸寂然，諸幻成無性[43]。六根亦如是，元依一精明，分成六和合，一處成休復，六用皆不成，塵垢應念銷，成圓明淨妙[44]。餘塵尚諸學，明極即如來。大眾及阿難，旋汝倒聞機，反聞聞自性，性成無上道，圓通實如是[45]。此是微塵佛，一路涅槃門，過去諸如來，斯門已成就。現在諸菩薩，今各入圓明。未來修學人，當依如是法。我亦從中證，非唯觀世音[46]。誠如佛世尊，詢我諸方便，以救諸末劫，求出世間人。成就涅槃心，觀世音為最[47]。自餘諸方便，皆是佛威神。即事捨塵勞，非是長修學，淺深同說法[48]。頂禮如來藏，無漏不思議。願加被未來，於此門無惑，方便易成就。堪以教阿難，及末劫沉淪，但以此根修，圓通超餘者。真實心如是[49]。」

於是，阿難及諸大眾身心了然，得大開示，觀佛菩提及大涅槃，猶如有人因事遠遊，未得歸還，明了其家所歸道路。普會大眾天龍八部、有學二乘及諸一切新發心菩薩，其數凡有十恆河沙，皆得本心，遠塵離垢，獲法眼淨。性比丘尼聞說偈已，成阿羅漢。無量眾生皆發無等等阿耨多羅三藐三菩提心。

【章　旨】佛命文殊菩薩替阿難及未來眾生指點門徑。文殊以偈頌形式指出，前述二十四種法門都要仰仗佛力加持纔能見效，而觀世音菩薩的耳根法門卻毋須仰仗佛力，因而是最真實、最方便的法門。阿難及大眾聽了文殊師利菩薩的開示，知曉了修行解脫之路。

【注　釋】❶覺海四句　本覺真心忽生妄照而有妄所，妄境一經成立，本有的如來藏性就轉為無明妄識。❷迷妄四句　因迷妄而生虛空，因虛空而立世界；因妄想而結成國土世間，因妄覺而有眾生的存在。❸空生六句　虛空從大覺中生起，就如大海中起了一個小水泡；有漏的有情世界是依虛空而生起的，如水泡一滅，虛空就無一樣，色界、欲界、無色界的眾生也是如此。❹歸元六句　回歸本覺的方法雖然有多種，但結果是一樣的；對最初發心修習的眾生來說，仍要選擇當根之法，因為它關係到證入是快捷還是遲緩的問題。❺色想四句　因妄想而結成的晦昧不明的色塵，若用心精來觀察仍然難於明徹，怎麼能以此色塵來獲證圓通呢？❻音聲四句　音、聲雖然是語言文字的指代物，但仍然須有文字和句子纔能表達意義，更何況一字一音並不能包含一切意義，怎麼能以此聲塵而獲證圓通呢？❼香以四句　香塵須與鼻根相和合纔可以被知曉，如果離開鼻根就一無所知；對香塵的知覺既然是可變的，怎麼能以此觸塵而獲證圓通呢？❽味性四句　味塵須與舌根相和合纔可以被知曉，如果離開舌根就一無所知；對味塵的知覺既然是可變的，怎麼能以此味塵而獲證圓通呢？❾觸以四句　觸塵須與身根相和合纔可以被知曉，而能觸、所觸的結合是沒有定性的，怎麼能以此觸塵而獲證圓通呢？❿法稱四句　法塵是外五塵落在內心的影子，既然它是依憑外塵的，就有能、所之別。但內、外塵的落入與消失是有先後的，所以不能互徧互涉，怎麼能以此法塵而獲證圓通呢？⓫見性四句　眼根雖然洞然明徹，但它卻只能看清前面而不能同時看清後面，怎麼能以此見性而獲證圓通呢？⓬鼻息四句　鼻中的氣息出、入相通，但卻並沒有交接之氣將其相連，因而出氣與入氣是分離的，並不是互相涉入，怎麼能以此鼻根而獲證圓通呢？⓭舌非四句　舌根一定要有味塵與其相合纔能起作用；味塵如果消失，舌根就會沒有知覺，怎麼能以此舌根而獲證圓通呢？⑭身與四句　身根和觸塵相結合纔會有知覺；不過，身根屬有知，觸塵屬無知，二者各有邊際，並不能常常相合。二者一旦相離，身根也就不能起作用了，怎麼能以此身根而獲證圓通呢？⑮知根四句　意根的了知作用夾雜著胡思亂想，而此雜念最難消伏。想、念既然不能同時盡除，怎麼能以此意根而獲證圓通呢？⑯識見四句　識見是由根、塵、識三者和合而起作用的，推究起來，識見並不是從根生，也不是從塵或識而生。識見的自體既然都無法確定，怎麼能以此識見而獲證圓通呢？⑰心聞四句　耳識雖能洞徹十方，但要具有大菩薩般的威力纔能成就，初發心者怎麼能以此耳識而獲證圓通呢？⑱鼻想四句　觀想鼻息只是收攝散心的方便，須有能住之心和所住之境方可成就，而它本來就是妄心所成，怎麼能以此鼻識而獲證圓通呢？⑲說法四句　說法只是播弄聲音，而語言文字又是有漏法。長久修持已有一定成就者可以言下開悟，初發心者怎麼能以此而獲證圓通呢？⑳持犯四句　持戒只是約束身心，但對於無身境界後的行為就難於約束，守持戒律並不遍於一切處所，怎麼能以此而獲證圓通呢？㉑神通四句　神通本於宿世的因緣，與意識的分別作用無關。意念不能離開外物而獨存，怎麼能以此而獲證圓通呢？㉒若以地性四句　如果可以通過觀地性而悟入，堅礙的地性並不具通達之相，且屬於有為法而並不屬於聖法，怎麼能以此而獲證圓通呢？㉓若以水性四句　如果可以通過觀水性而悟入，有心念便不能當作真實之境，而真實不動的如如之理並不是六識覺觀可以證入的，怎麼能以此而獲證圓通呢？㉔若以火性四句　如果可以通過觀火性而悟入，但觀想火性只是厭離欲火，而不是真正離開一切欲望，因而此法並不是初發心者可以選擇的，怎麼能以此而獲證圓通呢？㉕若以風性四句　如果可以通過觀風性而悟入，但風有動有靜，屬於有對無常法。有對則不是無上覺體，怎麼能以此而獲證圓通呢？㉖若以空性四句　如果可以通過觀空性而悟入，空性所具有的昏昧，自然說明它並不是靈明覺知，而無覺的虛空當然與菩提是不相同的，怎麼能以此而獲證圓通呢？㉗若以識性四句　如果可以通過觀識性而悟入，識心並不是常住不變的，存心去觀想本來就是虛妄，怎麼能以此而獲證圓通呢？㉘諸行四句如果可以通過觀諸行都是無常的，有念就有生滅。以念佛的生滅心去求不生滅之理，怎麼會獲證圓通呢？㉙我今六句　我現在對佛說，如來為教化眾生而出現於娑婆世界，而此方世界真正清淨的教體在於借助聲音而聞聽。此方眾生若欲獲取三摩提的正定，最好的方法是從耳聞入手。㉚離苦八句　要求離苦而得解脫的法門最好的是觀世音菩薩的修法。他經過如恆河沙數之多的時劫，進入如微塵數之多的諸佛國土，以其大自在之力、十四無畏來布施眾生。㉛妙音四句　說法不滯、尋聲救苦的觀世音以清淨無染的梵音，如海潮般不失時機地救度眾生，使眾生都能得到安寧，證得真心常住的果位。㉜我今八句　我現在稟告佛：正如觀世音菩薩所說，若一人清淨閒居之時，十方同時擊鼓，十處同時都可以聽到。這證明能聞之性是清淨圓滿的。㉝目非四句　世人肉眼只能看見沒有障礙的地方，舌和鼻發揮功能的情形也是一樣，而身要有觸纔有感覺，心念又雜亂紛繁、沒有頭緒。㉞隔垣四句　耳根隔牆還能聽到聲音，遠處、近處的聲音都能聽到。其餘五根都不如耳根圓融無礙，所以確實是可以將耳根選作圓通法門。㉟音聲四句　聲音雖有動、靜之別，但聞性卻是超越有、無的。眾生以為無聲之時就沒有聞性，實際上，無聲之時，聞性卻更為敏銳。㊱聲無四句　無聲之時聞性並沒有滅除，而有聲之時聞性也並不是剛剛產生。聞性是離生離滅的，所以它是常住不變的。㊲縱令四句　縱然在夢中，並不因為無思無念就沒有聞性。聞性能超越思惟之外，這是身心其餘五根難於企及的。㊳眾生六句　眾生因對本有的聞性產生迷惑，只知向外馳求而流轉於生死。阿難雖然記憶力很好，仍不免被邪思所支配。這難道不是隨聲塵而沉淪嗎？只要回旋聞性之流而轉歸本性，就可獲證真如自性。㊴阿難九句　阿難，你仔細地聽著，我現在秉承佛的威力，宣說金剛王三昧法門，它的妙處如幻戲一樣，能生出一切諸佛。你已聽過如微塵數之多的一切如來所說之法，記得佛的一切祕密法門。但是如果不先將有漏的欲念盡除，博聞強記反而會成為過錯。㊵將聞六句　與其以聞性來記持如來所說之法，為什麼不返聞自己的聞性呢？「聞」不是自然產生的，有聲音的動相，纔有聞聽這一名詞的形成。如果旋轉聞性，將其與聲塵脫離，那麼，能脫的主體又是誰呢？㊶一根六句　將耳根反歸其本元，六根也就會一齊得以解脫。見、聞等都如幻翳一樣，三界也如空中花一樣。除去眼翳的根源，根、塵也就盡消，本覺的清淨相便顯現出來了。㊷淨極六句　圓滿清淨至極處，自性便通達、寂然常照、包含虛空。由此來觀照世間，就可以知道所有事物都如夢一樣虛妄。摩登伽女也是大夢中的幻影，怎能留住你的身形呢？㊸如世六句　猶如世間巧妙的幻師可以變幻出許多男、女一樣，世間的每一人都藉六根起用，但若拉動其中的機關使其停息，一切幻術便不再存在了。㊹六根七句　六根也和幻術一樣，原本依於心性的一點精明變作出六種和合。如果能於一處返本還源，六處就不會再起作用，所有的前塵汙垢都會應念銷滅。這樣便可以證成圓滿光明的清淨本覺。㊺餘塵七句　如果有些許微塵未能盡除，仍然處於有學果位，繼續修至光明圓滿的極處就可以成佛了。大眾及阿難，都須旋轉你們的聞性去聞你們的自性，明見真心自性的寂然自體，就算完成了無上大道。諸位所說的圓通法門，最真實的莫過於此了。㊻此是十句　無量數的佛都同修這一法門，過去諸佛也是從這一法門而得以成就的。現在諸菩薩也是經此法門而入此元明境界。未來修持佛法的人也應當依此而修行。不僅是觀世音菩薩以此法門證悟佛道，我也是從這一法門證成佛道的。㊼誠如六句　我誠實地回答佛所問的「諸法門中，何門最易成就」的問題。救度末劫欲出離苦海的眾生，成就涅槃真心法門，以觀世音菩薩所說的耳根圓通法門為最好。㊽自餘五句　至於其他各種修行方法都要仰仗佛的威力的加持，纔能得以捨棄塵勞，因而它們不是普通人所能修持，淺智之人並不能如同深智之人一樣可修成。㊾頂禮十句　頂禮無漏、不可思議的如來藏，願加被未來一切眾生，使其對耳根法門不生疑惑。因為其方便而易於成就，不但可以教化阿難，而且也可以用其教化末劫時期沉淪的眾生。他們只要依此耳根法門修行，就自然可以超過其他法門而速證圓通。所以，凡是要修楞嚴定的，其真實心的要訣就是如此。

【語　譯】這時，世尊在其獅子座同時放出光芒，灌注於十方微塵世界如來及法王子、諸菩薩的頭頂上。十方微塵世界的如來也從其五體同時放出光芒，並從無數的方向灌注於世尊的頭頂，同時也灌注於會中諸大菩薩及阿羅漢的頭頂上。此時，林中的樹木、池沼都奏出法音，所有光芒交織，如同寶絲網一樣。會中的大眾都感歎，往昔未曾見過，並且於此時都得到金剛三昧定。同時，又有無數量的青、黃、赤、白等色的百寶蓮花，從天而降。一瞬間，十方虛空變成金、銀、琉璃、硨磲、赤珠、瑪瑙、琥珀七寶的顏色。此娑婆世界的山河大地同時看不見了，只見十方微塵數的國土合成一界，自發地演奏著音樂讚頌佛音。

這時，佛對文殊師利法王子說：「如上述二十五位無學以及諸位大菩薩、阿羅漢各自說了其最初成道的方便法門，都言由其法門可以獲證圓通。他們的修行實在沒有優劣之分以及前後的差別。我現在欲使阿難開悟，請你說一說在此二十五門中，哪一門最適合阿難的根機？同時，我滅度後，此界中欲成無上佛法的眾生，依憑什麼方便法門最容易成就？」

文殊師利法王子遵照佛的慈悲旨意，起立向佛頂禮後，承受佛的威嚴神通而說偈回答佛所問。（偈語含義見注釋，語譯從略）

阿難及大眾聽了文殊師利菩薩的開示，當下覺得身心了然明朗。依此觀想佛菩提及大涅槃，猶如遊子遠遊他鄉，雖然還未回家，可是已經明白回家的道路。參加大會的天龍八部、有學阿羅漢、緣覺、聲聞以及一切初發心菩薩，其數量有十個恆河沙之多，都悟得本有真心，遠離一切塵垢，得至法眼清淨之地。性比丘尼聽了文殊師利所說的偈語之後，已證得阿羅漢果位。此外，無量無邊的眾生同時皆發出無可比擬的大菩提心。

阿難整衣服，於大眾中合掌頂禮，心迹圓明，悲欣交集，欲益未來諸眾生故，稽首白佛：「大悲世尊，我今已悟成佛法門，是中修行得無疑惑。常聞如來說如是言：自未得度先度人者，菩薩發心。自覺已圓能覺他者，如來應世。我雖未度，願度末劫一切眾生。世尊，此諸眾生去佛漸遠，邪師說法如恆河沙。欲攝其心入三摩地，云何令其安立道場，遠諸魔事，於菩提心得無退屈？」

爾時，世尊於大眾中稱讚阿難：「善哉！善哉！如汝所問，安立道場，救護眾生末劫沉溺。汝今諦聽，當為汝說。」阿難、大眾唯然奉教。

佛告阿難：「汝常聞我毗奈耶中，宣說修行三決定義。所謂攝心為戒，因戒生定，因定發慧，是則名為三無漏學。阿難，云何攝心我名為戒？若諸世界六道眾生其心不婬，則不隨其生死相續。汝修三昧，本出塵勞。婬心不除，塵不可出。縱有多智禪定現前，如不斷婬，必落魔道。上品魔王，中品魔民，下品魔女。彼等諸魔亦有徒眾，各各自謂成無上道。我滅度後末法之中，多此魔民熾盛世間，廣行貪婬，為善知識，令諸眾生落愛見坑，失菩提路。汝教世人修三摩地，先斷心婬，是名如來先佛世尊第一決定清淨明誨。是故，阿難，若不斷婬修禪定者，如蒸砂石欲其成飯，經百千劫祇名熱砂。何以故？此非飯本，砂石成故。汝以婬身求佛妙果，縱得妙悟，皆是婬根。根本成婬，輪轉三塗，必不能出。如來涅槃，何路修證？必使婬機、身心俱斷。斷性亦無，於佛菩提斯可希冀。如我此說，名為佛說；不如此說，即波旬說。

【章　旨】阿難發願化度末劫眾生，並且替他們請求佛開示如何攝伏妄心，建立安心道場。佛於此強調了「修行三決定義」，戒、定、慧「三學」。以下，佛重點講述了戒學的四種清淨律儀。其中，戒學之首為除淫根，此為「第一決定清淨明誨」。

【語　譯】阿難整理好衣服，於大眾中合掌頂禮佛足，心跡圓明，悲喜交集，為了對未來眾生有所幫助，阿難對佛說：「大悲的世尊，我現在已明白成佛的道路，依照耳根法門去修行，肯定可以達到無疑惑的境界。常常聽如來說，自己並未脫離苦海而發心先度他人的人，是菩薩發心。自己已證得本覺真心，再依照自己所證使別人也覺悟的人，就是如來應世而生。我雖然未度脫苦海，但我願意度脫一切末劫中的眾生。世尊，末法中的眾生距離佛在世的時間漸漸久遠，邪師外道所說之法便如恆河沙一樣多。如何纔可以使他們攝伏妄心、入於三摩地呢？他們怎樣安立道場纔能使其離開邪魔的擾亂，永遠不會使菩提心退轉呢？」

這時，世尊面對所有大眾稱讚阿難：「很好！很好！如你所問，怎樣安立道場，纔可以使末劫中的眾生不致於沉淪。你仔細聽著，我將為你立即解說。」阿難及其大眾都恭敬地準備聆聽。

佛於是對阿難說：「你常聽我說律藏中的三種決定義。攝心為戒，因戒生定，因定發慧，這就是『三無漏學』。阿難，為什麼說攝心為戒呢？如果一切世界六道眾生都沒有淫心，就不會隨著生死之流去相續輪轉。你修習三昧正定，本來是要求出離塵勞煩惱，淫心沒有除掉，塵勞就不可能出離。即使智慧淵深，禪定現前，但是若沒有斷除淫欲，必定墮落魔道，上品就成為魔王，中品就成為魔民，下品就成為魔女。這些邪魔也有許多魔徒，每一個都認為自己得到了無上道。我滅度後，於末法中這類魔民非常多，盛行世間，廣作淫欲之事，並且還自稱善知識，教化他人使其墮落於愛欲邪見的深坑之中，失去了成就菩提的正道。你將來教導世人修學三摩地，必須先斷除淫心，這就是過去所有諸佛所建立的第一個具有決定性的清淨教誨。因此，阿難，如果不斷除淫念就去修禪定，猶如蒸煮砂石要想使其變成飯，至多將其變成熱砂而已，並不會有飯出來。為什麼呢？因為砂石不是做飯的原料。你用淫欲之身想求證妙覺佛果，即使得到微妙開悟，但是從淫根所發的淫欲種子始終還在畜生、餓鬼、地獄中輪轉不休，必定不能出離。那麼，修證而獲得涅槃境界的道路究竟在何方呢？一定要將身體的淫根以及微細的淫念都斷除了，並且最終連斷的念頭都斷除了，纔有證悟無上道的希望。和我這種說法相同的，便是佛說；不相同的，便是魔說。

阿難，又諸世界六道眾生其心不殺，則不隨其生死相續。汝修三昧，本出塵勞；殺心不除，塵不可出。縱有多智，禪定現前，如不斷殺，必落神道。上品之人為大力鬼，中品則為飛行夜叉、諸鬼帥等，下品當為地行羅剎。彼諸鬼神亦有徒眾，各各自謂成無上道。我滅度後末法之中，多此鬼神熾盛世間，自言食肉得菩提路。阿難，我令比丘食五淨肉❶，此肉皆我神力化生，本無命根。汝婆羅門地多蒸溼，加以砂石，草、菜不生。我以大悲神力所加，因大慈悲假名為肉，汝得其味。奈何如來滅度之後，食眾生肉，名為釋子！汝等當知是食肉人縱得心開，似三摩地，皆大羅剎，報終必沉生死苦海，非佛弟子。如是之人，相殺相吞，相食未已。云何是人得出三界？汝教世人修三摩地，次斷殺生，是名如來先佛世尊第二決定清淨明誨。是故，阿難，若不斷殺，修禪定者，譬如有人自塞其耳，高聲大叫，求人不聞。此等名為欲隱彌露。清淨比丘及諸菩薩於歧路行，不蹋生草，況以手拔？云何大悲取諸眾生血肉充食？若諸比丘不服東方絲綿絹帛及是此土靴履裘毳、乳酪醍醐，如是比丘於世真脫，酬還宿債，不遊三界。何以故？服其身分皆為彼緣，如人食其地中百穀，足不離地，必使身心於諸眾生若身身分，身、心二塗不服不食。我說是人真解脫者。如我此說，名為佛說；不如此說，即波旬說。

【章旨】佛繼續宣說戒學中的「第二決定清淨明誨」——戒殺。

【注釋】❶五淨肉：即不見殺、不聞殺、不為我而殺、自死、鳥殘之肉。

【語譯】阿難，一切世界六道眾生都沒有殺心，就不會跟著生死之流去相續輪轉。你修習三昧正定，本來是要求出離塵勞煩惱。殺心沒有除掉，塵勞就不可能出離。縱然有許多智慧，禪定也已現前，如沒有斷除殺業，必定墮落於神道之中，與鬼神為伍。其中，上品成為大力鬼，中品成為飛行夜叉及其他各種鬼神，下品成為地行的羅剎鬼。他們這些鬼神也有許多徒眾，每一個都自認為得成了無上道。我滅度後，在末法之中，這種鬼神非常多，盛行世間，自稱喫肉可以成為獲得菩提的正路。阿難，我許可比丘可以喫五種淨肉。這五種肉是我以神通之力化生的，本來就沒有命根。這是因為你們婆羅門所居住的地方大氣過於潮溼，又多砂石，不能常生青草和蔬菜，我因而以大悲之力幻化成這五種肉使你們得以食用。奈何如來滅度之後，你們竟敢食眾生肉而仍稱為釋子！你們應當知道，食肉的人即使心開解悟，儘管有些類似三昧正定，其實還是大羅剎，福報享盡後仍然必定沉淪於生死苦海之中，這不是佛的弟子。這些人既然互相殺害、互相吞食，沒有盡期，怎麼能說可以跳出三界呢？你將來教導世人修三摩地，首先要讓其斷除淫心，其次要讓其斷除殺生。這就是過去所有諸佛所建立的第二個具有決定意義的清淨教誨。因此，阿難，如果不斷除殺生就去修禪定，猶如有人自己將耳朵塞起來，高聲大叫卻想讓別人聽不到。這就是欲蓋彌彰。持戒清淨的出家人及諸大菩薩在小路上行走都不踐踏青草，何況用手去拔呢？為什麼自稱大慈大悲的人卻還要喫眾生的血肉呢？假如這些出家人不穿東方的絲綢絹緞以及此國土中的皮靴、狐裘、鳥獸細毛織就之衣和乳酪醍醐等，這樣的出家人才能真正獲得解脫，還清其宿債，不再淪落三界。為什麼呢？因為穿著、吃用牠們身體的某一部分，便與牠們有了不解之緣。正如人喫地上長出的百穀，其手足也就不能離開地面。因此，修道之人必定要從身體和心理兩方面對於眾生的身中肉、身上皮毛都不穿不喫，甚至連服用的念頭都要沒有。我說這種人纔算真解脫。和我以上說法相同的，便是佛說；不相同的，便是魔說。」

阿難，又復世界六道眾生其心不偷則不隨其生死相續。汝修三昧，本出塵勞，偷心不除，塵不可出。縱有多智，禪定現前，如不斷偷，必落邪道。上品精靈，中品妖魅，下品邪人。諸魅所著，彼等群邪亦有徒眾，各各自謂成無上道。我滅度後，末法之中，多此妖邪熾盛世間，潛匿姦欺，稱善知識。各自謂已得上人法，詃惑無識，恐令失心。所過之處，其家耗散。我教比丘循方乞食，令其捨貪，成菩提道。諸比丘等不自熟食，寄於殘生，旅泊三界，示一往還，去已無返。云何賊人假我衣服，裨販如來？造種種業皆言佛法，卻非出家具戒比丘，為小乘道。由是疑誤無量眾生墮無間獄❶。若我滅後，其有比丘發心決定修三摩提，能於如來形像之前身然一燈、燒一指節及於身上爇一香炷，我說是人無始宿債一時酬畢，長揖世間，永脫諸漏。雖未即明無上覺路，是人於法已決定心。若不為此捨身微因，縱成無為，必還生人酬其宿債，如我馬麥❷正等無異。汝教世人修三摩地，後斷偷盜，是名如來先佛世尊第三決定清淨明誨。是故，阿難，若不斷偷修禪定者，譬如有人水灌漏巵欲求其滿，縱經塵劫，終無平復。若諸比丘衣鉢之餘，分寸不畜，乞食餘分施餓眾生，於大集會合掌禮眾，有人捶詈同於稱讚，必使身心二俱捐捨，身肉骨血與眾生共，不將如來不了義說❸迴為己解以誤初學。佛印是人得真三昧。如我所說，名為佛說；不如此說，即波旬說。

【章　旨】佛繼續宣說戒學中的「第三種決定清淨明誨」——戒偷盜。

【注　釋】❶無間獄　即無間地獄。梵語音譯為「阿鼻地獄」。是八熱地獄的最深一層，其中的罪人晝夜受苦，無有休息間歇之時，因而名之為「無間地獄」。❷馬麥　據《興起經》記載：釋迦於過去毗婆尸佛時，曾為一外道。當時，有國王宴請毗婆尸佛及其僧眾，佛及僧食後回歸時，替一有病未出席的比丘帶一份飯菜。佛及僧眾經過此外道所居住的山林時，外道聞見香味而生嫉妒心，便說道：「禿頭沙門應喫馬料，不必喫香噴噴的飯菜。」釋迦成佛後，舍衛國的阿耆達王請佛及五百比丘至其住所供齋三月。佛及眾僧抵達王宅後，魔鬼當即入宮迷惑國王，國王於是忘卻了供齋的事情。又適逢此城饑荒，無從乞食，恰有馬師將一半的馬料供養佛及眾僧。九十日後，王方纔醒悟，向佛懺悔。舍利弗請問因緣，釋迦佛便講述了這一因果。❸不了義說　即方便、權宜的說法，與「了義說」即最究竟、真實的說法相對應。

【語　譯】阿難，一切世界六道眾生如果都沒有偷盜心，就不會隨著生死之流去相續輪轉。你修習三昧正定，本來是要求出離塵勞煩惱，偷盜心沒有除掉，塵勞就不可能出離。縱然有許多智慧，禪定即使現前，如果沒有斷除偷盜業，必定墮落於邪道之中，上品就成為精靈，中品就成為妖怪，下品就會被妖怪所附著。這些鬼怪也有許多徒眾，每一個都自認為得成了無上道。我滅度之後，末世中這種鬼怪非常多，他們盛行世間，居心險惡，自稱為善知識，宣稱自己得到了無上大法，欺騙無知的眾生，使其失去本心；其所過之處，使民眾耗盡家財。我教導比丘循著各個方向乞食，使他們拋棄貪心，成就菩提道。因此，我不讓比丘自開伙食，是要讓他們知道身本來就是虛幻的，不過寄居於此世以了殘生而已，若出離三界就不要再回來。有些賊人為何竟穿上出家人的衣服，假藉如來的名義造種種惡業，說如此纔是佛法。他們卻將真正出家求道並且受具足戒的比丘非議為求取小乘道者。由於這些疑惑、迷誤使眾生墮入無間地獄。我滅度後，如有比丘決心發心修學三摩地，並且能在如來像前把身中肉割開，注滿油來點燈；或者將手指燒去一節；或者在身上燃一炷香。我說此人無始以來的宿債都於一剎那間償還了，一定可以永遠脫離三界，除盡有漏。雖然對於無上覺道還未十分明瞭，但是對於真正的佛法已經下決心來求證了。如果捨不得在身上點燈或燃香等微小事情來懺除業障，即使得到無漏無為法，但仍要回至世間償還其宿債，與我在毗蘭邑中食馬麥的果報一樣。你將來教導世人修三摩地，除前述二者之外，其次要斷除偷盜之心。這就是所有諸佛所建立的第三個具有決定性的清淨教誨。因此，阿難，如果不斷除偷盜就直接去修禪定，猶如有人將水灌入一個漏瓶卻想讓其灌滿，即使經歷塵沙劫數也沒有完成的時候。諸比丘除了自己必需的衣服和食具之外，無有分毫積蓄，並且將乞食所得的剩餘部分施捨給饑餓的眾生；於大眾集會中，合掌禮拜眾人，即使被人打、罵，仍然要對其以禮相待。如此，眾生必定要將自己的身、心都捐獻、施捨，甚至血、肉、骨都可以與眾人共享；絕對不將佛的不了義說作為對自己見解的迴護，以免貽誤初學佛法者。佛印可這樣的人能得真正三昧。與我這種說法相同的，便是佛說；不相同的，便是魔鬼的說法。

阿難，如是世界六道眾生，雖則身心無殺、盜、婬，三行已圓；若大妄語，即三摩提不得清淨，成愛見魔，失如來種。所謂未得謂得，未證言證，或求世間尊勝第一。謂前人言，我今已得須陀洹果、斯陀含果、阿那含果、阿羅漢道、辟支佛乘、十地地前諸位菩薩，求彼禮懺，貪其供養。是一顛迦銷滅佛種，如人以刀斷多羅木。佛記是人永殞善根，無復知見，沉三苦海，不成三昧。我滅度後，敕諸菩薩及阿羅漢應身生彼末法之中，作種種形，度諸輪轉。或作沙門、白衣居士、人王宰官、童男童女，如是乃至婬女、寡婦、姦偷、屠販，與其同事，稱讚佛乘，令其身心入三摩地。終不自言我真菩薩、真阿羅漢，洩佛密因，輕言未學。

唯除命終，陰有遺付。云何是人惑亂眾生，成大妄語？汝教世人修三摩地，後復斷除諸大妄語，是名如來先佛世尊第四決定清淨明誨。是故，阿難，若不斷其大妄語者，如刻人糞為栴檀形，欲求香氣，無有是處。我教比丘直心道場，於四威儀一切行中，尚無虛假，云何自稱得上人法？譬如窮人妄號帝王，自取誅滅，況復法王，如何妄竊？因地不真，果招紆曲。求佛菩提如噬臍人，欲誰成就？若諸比丘心如直弦，一切真實，入三摩提，永無魔事。我印是人成就菩薩無上知覺。如我所說，名為佛說；不如此說，即波旬說。」

【章　旨】佛繼續宣說戒學中的「第四決定清淨明誨」——戒妄語。

【語　譯】阿難，一切世界的六道眾生，雖然身心都沒有殺、盜、淫三業，此三行都已圓滿盡除。但是，如果犯大妄語戒，其三摩地就難於清淨，必定成為貪愛名利，妄生邪見的愛見魔，失掉如來種性。所謂大妄語就是指：未得道而說已得道；未證果而說已證果。或者為求得世間名聞，要別人崇拜他是最尊貴、最優異的，於是就對別人說自己已經證得聲聞四果以及獨覺、緣覺二聖乘，甚至十地及其地前菩薩。以此手段求取別人的禮拜、懺悔，貪圖別人的供養。這種人簡直就是顛迦，斷了善根，消滅了佛性種子，就如有人用刀斬斷了多羅木一樣，永遠不會再生。佛說這種人永遠斷除了善根，不會再有正知正見，要墮落三途苦海，絕對不能證成真正的三昧。我滅度後，命令諸菩薩和阿羅漢應化種種身，生於末法時期，來救度在輪迴中受苦的眾生。他們有的化作沙門、白衣居士或國王、宰官、童男童女，如此乃至淫女、寡婦、奸偷、小販，與一般眾生共同居住、生活，讚揚令人成佛之法，使他們的身心證入三摩地。這些菩薩和阿羅漢始終不會親口向別人說：『我是真正的菩薩，我是真正的阿羅漢。』他們不會故意洩露密行，輕示於未學後進。除非世壽命終，方纔暗中有所遺囑。上述這些人為什麼要妖言惑眾而成大妄語呢？你教導後世初發心修三摩地的眾生，除前述三者之外，還要斷除大妄語。這就是過去諸佛所建立的第四個具有決定性的清淨教誨。因此，阿難，如果不斷除大妄語，就好像用人糞刻成檀香木狀，想在其中求得香氣，那是絕對不可能的。我教一切出家人，直心是道場，在行、住、坐、臥四種威儀及一切行為中，都不能有絲毫虛假。怎麼能夠允許那些人妄自尊大，說自己已得到大法眼呢？譬如窮苦的人妄自稱王稱帝，一定會招來滅門誅族的災禍，何況法王至尊，怎麼可以妄自竊居呢？因地修行尚且不真實，果位則一定會彎曲。以此因地要證得佛菩提心，就好像有人想用嘴來咬自己的肚臍一樣，誰能夠成功呢？如果所有出家人心直如弓弦，一切都真實而沒有虛假，這樣纔能證入三摩地，永遠沒有魔事障礙。我印可這些人修行者，能夠真正成就菩薩無上正覺。和我這種說法相同的，便是佛說；不相同的，便是魔說。」

【說　明】佛陀向會眾指出，修道中戒學是非常重要的。戒學「四決定義」說明完畢。

卷七

【題解】此卷分三部分。第一部分中，佛告訴阿難，如果持四種清淨律儀戒就可使身心「皎如冰霜，自不能生一切枝葉」。第二部分中，佛告訴阿難，如果持四種清淨律儀戒仍然未能滅除宿習，就可一心誦持大白傘蓋神咒一百零八遍以建立道場，求得佛、菩薩及其眷屬的加持、授記和護佑。釋迦佛於是應阿難所請讓佛頂佛誦出長達三千六百餘字的神咒，之後釋迦佛又親自解說神咒對十方如來和眾生分別所具有的無上法力。第三部分中，佛開始宣說修真正三摩地的途徑和方法。在此卷中，佛宣說了修此真正三摩地應當先了解眾生、世界二顛倒因——「眾生顛倒」和「世界顛倒」。有此二顛倒纔有了十二類眾生，即卵生、胎生、溼生、化生、有色、無色、有想、無想、非有色、非無色、非有想、非無想。

「阿難，汝問攝心，我今先說入三摩地修學妙門。求菩薩道要先持此四種律儀，皎如冰霜，自不能生一切枝葉，心三口四❶，生必無因。阿難，如是四事，若不遺失，心尚不緣色、香、味、觸，一切魔事，云何發生？若有宿習，不能滅除，汝教是人一心誦我佛頂光明摩訶薩怛多般怛羅❷無上神咒。斯是如來無見頂相❸無為心佛從頂發輝、坐寶蓮華所說心咒。且汝宿世與摩登伽歷劫因緣，恩愛習氣非是一生及與一劫。我一宣揚，愛心永脫，成阿羅漢。彼尚婬女，無心修行，神力冥資，速證無學。云何汝等在會聲聞求最上乘決定成佛？譬如以塵揚於順風，有何艱險？若有末世欲坐道場，先持比丘清淨禁戒，要當選擇戒清淨者第一沙門，以為其師。若其不遇真清淨僧，汝戒律儀必不成就。戒成已後，著新淨衣，然香閒居，誦此心佛所說神咒一百八徧，然後結界，建立道場，求於十方現住國土無上如來，放大悲光來灌其頂❹。阿難，如是末世清淨比丘，若比丘尼、白衣檀越心滅貪婬，持佛淨戒，於道場中發菩薩願，出入澡浴，六時行道。如是不寐，經三七日，我自現身，至其人前，摩頂安慰，令其開悟。」

【章　旨】佛告訴阿難，如果戒學四種律儀得以受持，一切魔事就不會發生；如果仍然有宿習未能滅除，可以教人誦習「大白傘蓋神咒」。

【注　釋】❶心三口四　心三，指貪、瞋、癡三毒。口四，指妄言、綺語、兩舌、惡口。❷摩訶薩怛多般怛羅　即大白傘蓋之義。❸無見頂相　佛三十二相中的肉髻相。此相是佛所具有的一切眾生所無法見到的頂點，故名之「無見頂」。❹灌其頂　即灌頂。古天竺風俗，國王即位要用四海之水灌其頂以表示祝賀。佛教密宗藉此表達其加持、認可之義。按內容分傳法灌頂和結緣灌頂；按形式分摩頂灌頂和放光灌頂、授記灌頂。在卷六中，佛已為會中大眾作了摩頂灌頂和放光灌頂。

【語　譯】佛繼續說：「阿難，你問如何使散亂之心統攝為一，我現在先向你說入三摩地的修學妙門。如果欲求得菩提之道，首先要執持上述的四種律儀。這樣就可使身心皎潔如冰霜，自然就不會出現種種枝葉，三種心業和四種口業也就沒有產生的根基了。阿難，此四種律儀如果能沒有遺漏地做到，心尚且不攀緣色、香、味、觸等塵境，一切魔事怎麼會發生呢？如果有些宿習一時難於除掉，你可以教這些人一心一意誦念我所說的佛頂光明摩訶薩怛多般怛羅無上神咒（即大白傘蓋神咒）。這是無見頂相的無為心佛從頂發出無量寶光，從光中湧出千葉寶蓮，而如來坐於此蓮座上所說的心咒。你在過去世中，與摩登伽女有歷劫的因緣，恩愛習氣並不限於一生一世及一劫。不過，只要你聽了我的宣揚，就會永遠脫離愛心而成為阿羅漢。那個摩登伽是一淫女，沒有心思修行，尚且可以在此神咒之力的暗助之下，迅速證成無學阿羅漢的果位。你們這些會中聲聞已發心求取最上乘佛法，決心成就佛果，就如將塵土在順風中揚起一樣，能有什麼艱難險阻呢？在末法時代，若有人發心建立道場修習佛法，應當首先持比丘清淨禁戒，並且要選擇持戒清淨的第一等沙門作為授戒師。如果遇不到真正的清淨僧，其欲修持的禁戒律儀必定不能成就。如清淨法授戒以後，再穿上清淨的衣服，燃香靜坐，誦持此心佛所說的神咒一百零八遍，然後劃定界限建立壇場。祈求現在已經在十方國土中的如來，從其大悲心中放出大光明來為其灌頂。阿難，在末世中的這些想作道場的清淨比丘以及比丘尼、白衣施主，如果心中除滅了貪淫的欲望，奉持佛的清淨戒律，就可以於道場中發四弘誓菩薩願。出入道場必須沐浴潔身每日修行六個時辰，靜坐六個時辰。這樣夜以繼日，經歷三個七日，我自然就會現身為其摩頂慰勉，使其能夠豁然開悟。」

阿難白佛言：「世尊，我蒙如來無上悲誨，心已開悟，自知修證無學道成。末法修行建立道場，云何結界合佛世尊清淨軌則？」佛告阿難：「若末世人願立道場，先取雪山大力白牛，食其山中肥膩香草，此牛唯飲雪山清水，其糞微細。可取其糞和合栴檀，以泥其地。若非雪山，其牛臭穢，不堪塗地。別於平原穿去地皮，五尺已下取其黃土，和上栴檀、沉水、蘇合、薰陸、鬱金、白膠、青木、零陵、甘松及雞舌香，以此十種細羅為粉，合土成泥以塗壇場地。方圓丈六，為八角壇。壇心置一金、銀、銅、木所造蓮華，華中安鉢，鉢中先盛八月露水，水中隨安所有華、葉。取八圓鏡，各安其方，圍繞華鉢。鏡外建立十六蓮華，十六香鑪間華鋪設莊嚴香鑪。純燒沉水，無令見火。取白牛乳置十六器，乳為煎餅，并諸砂糖、油餅、乳糜、蘇合、蜜薑、純酥、純蜜，於蓮華外各各十六，圍繞華外以奉諸佛及大菩薩。每以食時，若在中夜，取蜜半升，用酥三合。壇前別安一小火鑪，以兜樓婆香煎取香水，沐浴其炭，然令猛熾。投是酥蜜於炎爐內，燒令烟盡，享佛、菩薩。

令其四外徧懸幡華。於壇室中四壁敷設十方如來及諸菩薩所有形像，應於當陽張盧舍那❶、釋迦、彌勒❷、阿閦❸、彌陀❹、諸大變化觀音形像兼金剛藏❺安其左右。帝釋、梵王、烏芻瑟摩并藍地迦❻、諸軍茶利❼與毗俱胝❽、四天王等、頻那夜迦❾，張於門側，左右安置。又取八鏡覆懸虛空，與壇場中所安之鏡方面相對，使其形影重重相涉。於初七中，至誠頂禮十方如來、諸大菩薩、阿羅漢號。恆於六時誦咒圍壇，至心行道。一時常行一百八徧。第一七中，一向專心發菩薩願，心無間斷。我毗奈耶先有願教。第二七中，於十二時一向持佛般怛羅咒。至第七日，十方如來一時出現，鏡交光處，承佛摩頂，即於道場修三摩地。能令如是末世修學身心明淨，猶如瑠璃。阿難，若此比丘本受戒師及同會中十比丘等，其中有一不清淨者，如是道場多不成就。從三七後，端坐安居，經一百日。有利根者，不起於座得須陀洹。縱其身心聖果未成，決定自知成佛不謬。汝問道場建立如是。」

阿難頂禮佛足而白佛言：「自我出家，恃佛憍愛，求多聞故，未證無為。遭彼梵天邪術所禁，心雖明了，力不自由。賴遇文殊令我解脫。雖蒙如來佛頂神咒，冥獲其力，尚未親聞。惟願大慈重為宣說，悲救此會諸修行輩，末及當來在輪迴者承佛密音，身意解脫。」於時會中一切大眾普皆作禮，佇聞如來祕密章句。

爾時，世尊從肉髻中涌百寶光，光中涌出千葉寶蓮。有化如來坐寶華中，頂放十道百寶光明。一一光明皆遍示現十恆河沙金剛密迹❿，擎山持杵，徧虛空界。大眾仰觀，畏愛兼抱，求佛哀祐，一心聽佛無見頂相放光如來宣說神咒。

【章　旨】佛應阿難請求宣說建立道場的儀軌。爾後，阿難又請求佛親自講解如來佛頂神咒。

【注　釋】❶盧舍那　三身中的報身佛，又稱受用身。意譯曰淨滿或光明遍照。❷彌勒　意譯曰慈氏，又稱補處佛、未來佛。釋迦牟尼佛寂滅後，將有彌勒繼承佛位，故名之曰「未來佛」。❸阿閦　即阿閦佛。意譯曰不動、無動、無瞋恚。其國土位於東方，名善快。❹彌陀　即阿彌陀佛。此佛光明無量，照十方國無所障礙。❺金剛藏　菩薩名。其形像為忿怒身，或持金剛杵以伏惡魔。❻藍地迦　即青面金剛。此金剛一身四手，身為青色。❼軍荼利　即軍荼利金剛。此金剛八臂，作忿怒形。❽毗俱胝　又稱毗俱胝天女、毗俱胝觀音，為八大觀音之一。此天女三目四手，現忿怒形。❾頻那夜迦　即歡喜天。其像為夫婦二身合抱，象頭人身。❿金剛密迹　夜叉神的總名，又稱密迹力士。其形手持金剛，常親近佛，能聞佛祕密事跡。

【語　譯】阿難對佛說：「世尊，我蒙受如來無上悲愍和教誨，心已經開悟，已自知證得無學阿羅漢果位。但我想問佛，末法時代的修行人如何結界以建立壇場纔符合世尊的清淨規則？」佛告訴阿難：「如果末世之人，願意建立壇場，應當尋找雪山的大力白牛。因為此牛只吃雪山上的肥膩香草，只飲雪山上的清水，所以其糞便又微且細。可以取此大力白牛的糞便與栴檀和合成泥，並以此塗抹地面。如果不是雪山上的牛，其糞便是臭穢的，不能用來塗地。如果在平原上，也可以挖掘地面至五尺深，取出其坑底黃土，將此黃土與栴檀、沉水、蘇合、薰陸、鬱金、白膠、青木、零陵、甘松及雞舌香等十種香料合在一起，用細羅羅成細粉，澆水成泥以塗抹地面。壇方圓一丈六尺，呈八角形。壇心放置一用金、銀、銅、木所造的蓮花，在蓮花中安置一缽，缽中盛八月的露水，於水中隨意安放所有花、葉。再取八面圓鏡，安放於八角壇的每一方向上，讓鏡子圍繞著花缽。圓鏡之外，再放置十六個蓮花和十六個香爐，與花交錯安置以莊嚴香爐。於香爐中燃燒純淨的沉水香，但不要讓其燃出火光。取白牛之乳放入十六個器皿中，將牛乳做成餅，並且將餅和砂糖、油餅、乳糜、蘇合、蜜薑、純酥、純蜜等物各分盛於十六個器皿中，使其圍繞於蓮花外面，以此來供養諸佛及大菩薩。每到日中受食之時，以上述供品供養佛。如果在中夜，則要取蜜半升，再加酥三盒，於壇前放置一個小火爐，以白茅香煎成香水來洗滌所用的木炭。待炭乾燥後，將其放於爐內使其猛烈燃燒，於此時將酥和蜜投入爐火之中，一直燒至煙盡之時。以此方法享祭佛和菩薩。

壇場的外圍懸掛各種幡、花，於壇室內四壁上張掛十方如來及諸菩薩聖像，壇中正中位置面南向陽處懸掛盧舍那佛、釋迦佛、彌勒佛、阿閦佛、阿彌陀佛以及觀世音菩薩諸多變化形像，並以金剛藏菩薩安置於左右兩邊；將帝釋、梵王、烏芻瑟摩以及藍地迦、諸軍茶利、毗俱胝、四大天王、頻那夜迦等張貼於門的左右兩側。再取八面鏡子凌空懸掛，與壇中八面圓鏡彼此相對，使其影形交相互照，重重無盡。在第一個七日中，晝夜六時至誠頂禮十方如來、諸大菩薩、阿羅漢的名號，另外六時圍繞壇場行進，專心一意念誦楞嚴心咒一百零八遍。在第二個七日，要心無間斷地專心發菩薩願。我於毗奈耶中已經有關於發願的言教。第三個七日，晝夜十二時一心持誦大白傘蓋楞嚴神咒，至第七日，十方如來就會於鏡光交映之中同時出現，親手撫摩修道者的頭頂。在這樣的道場中修習三摩地，能使那些末法中的修行者，身心明淨，如同琉璃一樣。阿難，如果比丘原本的受戒師及同壇中的諸位戒證師有一人的戒根不清淨的話，於此道場就難於取得功德。從第三個七日之後，修學者要進入端坐安居的階段。經過一百日的打坐，如果是利根，於打坐期未滿時就已證得須陀洹果。即使此時身心尚有俱生細惑，聖果仍未證成，但是已經確定地知道成佛確實是能夠成功的。你所問的建立道場的事就是如此。」

阿難頂禮佛足而對佛說：「自從我出家以來，憑藉佛的疼愛，只求多聞而未能證得無為法，因而遭受那梵天邪術的控制。當時心是清醒的，只是自己無力控制自身，失去了自主。幸虧遇到了文殊，纔使我得到解脫。我雖承受如來佛頂神咒的解救，暗中獲得其力。但是，我尚未聽到佛的親口講述。請求大慈的世尊再為我宣說此咒，以大悲之心救度此會中我輩修行者，以及將來仍於輪迴中沉淪的眾生，使其承受密咒之音，身心得到解脫。」此時，與會的大眾都同時起立向佛頂禮，恭敬等候佛宣說祕密心咒。

這時，世尊從肉髻中湧發出百寶光明，於光中又湧出千葉蓮花，化身如來坐於蓮花之中。此化身如來頂上放射出十道百寶光明，一一光中皆遍顯十恆河沙金剛密迹，有的擎山，有的持杵，遍布於虛空界。與會大眾仰觀此景，既畏懼又喜愛，都請求佛的護佑。於是，大眾都一心一意地傾聽無見頂放光如來宣說大白傘蓋楞嚴神咒。

「南無薩怛他蘇伽多耶阿羅訶帝三藐三菩陀寫　一　薩怛他佛陀俱
胝瑟尼釤　二　南無薩婆勃陀勃地薩跢鞞弊　三　南無薩多南三藐三菩
陀俱知南　四　娑舍囉婆迦僧伽喃　五　南無盧雞阿羅漢跢喃　六　南
無蘇盧多波那喃　七　南無娑羯唎陀伽彌喃　八　南無盧雞三藐伽跢喃
九　三藐伽波囉底波多那喃　十　南無提婆離瑟赧　十一　南無悉陀
耶毗地耶陀囉離瑟赧　十二　舍波奴揭囉訶娑訶娑囉摩他喃　十三　南
無跋囉訶摩泥　十四　南無因陀囉耶　十五　南無婆伽婆帝　十六　嚧
陀囉耶　十七　烏摩般帝　十八　娑醯夜耶　十九　南無婆伽婆帝　二十
那囉野拏耶　二十一　槃遮摩訶三慕陀囉　二十二　南無悉羯唎多耶
二十三　南無婆伽婆帝　二十四　摩訶迦羅耶　二十五　地唎般剌那伽
囉　二十六　毗陀囉波拏迦囉耶　二十七　阿地目帝　二十八　尸摩舍那

泥婆悉泥 二十九 摩怛唎伽拏 三十 南無悉羯唎多耶 三十一 南無
婆伽婆帝 三十二 多他伽路俱囉耶 三十三 南無般頭摩俱囉耶 三十
四 南無跋闍羅俱囉耶 三十五 南無摩尼俱囉耶 三十六 南無伽闍
俱囉耶 三十七 南無婆伽婆帝 三十八 帝唎荼輸囉西那 三十九 波
囉訶囉拏囉闍耶 四十 跢他伽多耶 四十一 南無婆伽婆帝 四十二
南無阿彌多婆耶 四十三 哆他伽多耶 四十四 阿囉訶帝 四十五 三
藐三菩陀耶 四十六 南無婆伽婆帝 四十七 阿芻鞞耶 四十八 跢他
伽多耶 四十九 阿囉訶帝 五十 三藐三菩陀耶 五十一 南無婆伽婆
帝 五十二 鞞沙闍耶俱嚧吠柱唎耶 五十三 般囉婆囉闍耶 五十四
跢他伽多耶 五十五 南無婆伽婆帝 五十六 三補師毖多 五十七 薩
憐捺囉剌闍耶 五十八 跢他伽多耶 五十九 阿囉訶帝 六十 三藐三
菩陀耶 六十一 南無婆伽婆帝 六十二 舍雞野母那曳 六十三 跢他
伽多耶 六十四 阿囉訶帝 六十五 三藐三菩陀耶 六十六 南無婆伽

婆帝　六十七　剌怛那雞都囉闍耶　六十八　跢他伽多耶　六十九　阿囉
訶帝　七十　三藐三菩陀耶　七十一　帝瓢南無薩羯唎多　七十二　翳曇
婆伽婆多　七十三　薩怛他伽都瑟尼釤　七十四　薩怛多般怛嚂　七十五
南無阿婆囉視耽　七十六　般囉帝揚岐囉　七十七　薩囉婆部多揭囉
訶　七十八　尼揭囉訶揭迦囉訶尼　七十九　跋囉毖地耶叱陀你　八十
阿迦囉蜜唎柱　八十一　般唎怛囉耶儜揭唎　八十二　薩囉婆槃陀那目
叉尼　八十三　薩囉婆突瑟吒　八十四　突悉乏般那你伐囉尼　八十五
赭都囉失帝南　八十六　羯囉訶娑訶薩囉若闍　八十七　毗多崩娑那羯
唎　八十八　阿瑟吒冰舍帝南　八十九　那叉剎怛囉若闍　九十　波囉薩
陀那羯唎　九十一　阿瑟吒南　九十二　摩訶羯囉訶若闍　九十三　毗多
崩薩那羯唎　九十四　薩婆舍都嚧你婆囉若闍　九十五　呼藍突悉乏難
遮那舍尼　九十六　毖沙舍悉怛囉　九十七　阿吉尼烏陀迦囉若闍　九十
八　阿般囉視多具囉　九十九　摩訶般囉戰持　一百　摩訶疊多　一百一

摩訶帝闍 二 摩訶稅多闍婆囉 三 摩訶跋囉槃陀囉婆悉你 四 阿唎耶多囉 五 毗唎俱知 六 誓婆毗闍耶 七 跋闍囉摩禮底 八 毗舍嚧多 九 勃騰罔迦 十 跋闍囉制喝那阿遮 一百十一 摩囉制婆般囉質多 十二 跋闍囉擅持 十三 毗舍囉遮 十四 扇多舍鞞提婆補視多 十五 蘇摩嚧波 十六 摩訶稅多 十七 阿唎耶多囉 十八 摩訶婆囉阿般囉 十九 跋闍囉商羯囉制婆 二十 跋闍囉俱摩唎 一百二十一 俱藍陀唎 二十二 跋闍囉喝薩多遮 二十三 毗地耶乾遮那摩唎迦 二十四 啒蘇母婆羯囉跢那 二十五 鞞嚧遮那俱唎耶 二十六 夜囉菟瑟尼釤 二十七 毗折藍婆摩尼遮 二十八 跋闍囉迦那迦波囉婆 二十九 嚧闍那跋闍囉頓稚遮 三十 稅多遮迦摩囉 一百三十一 刹奢尸波囉婆 三十二 翳帝夷帝 三十三 母陀囉羯拏 三十四 娑鞞囉懺 三十五 掘梵都 三十六 印兔那麼麼寫 三十七 誦呪者至此句稱弟子某甲受持

烏吽　三十八　唎瑟揭拏　三十九　般剌舍悉多　四十　薩怛他伽都
瑟尼釤　一百四十一　虎吽　四十二　都嚧雍　四十三　瞻婆那　四十四
虎吽　四十五　都嚧雍　四十六　悉耽婆那　四十七　虎吽　四十八
都嚧雍　四十九　波羅瑟地耶三般叉拏羯囉　五十　虎吽　一百五十一
都嚧雍　五十二　薩婆藥叉喝囉剎娑　五十三　揭囉訶若闍　五十四　毗
騰崩薩那羯囉　五十五　虎吽　五十六　都嚧雍　五十七　者都囉尸底南
五十八　揭囉訶娑訶薩囉南　五十九　毗騰崩薩那囉　六十　虎吽　一
百六十一　都嚧雍　六十二　囉叉　六十三　婆伽梵　六十四　薩怛他伽
都瑟尼釤　六十五　波囉點闍吉唎　六十六　摩訶娑訶薩囉　六十七　勃
樹娑訶薩囉室唎沙　六十八　俱知娑訶薩泥帝隸　六十九　阿弊提視婆
唎多　七十　吒吒甖迦　一百七十一　摩訶跋闍嚧陀囉　七十二　帝唎菩
婆那　七十三　曼荼囉　七十四　烏吽　七十五　莎悉帝薄婆都　七十六
麼麼　七十七　印兔那麼麼寫　七十八　至此句準前稱名，若俗人稱弟子某

甲

囉闍婆夜 七十九 主囉跋夜 八十 阿祇尼婆夜 一百八十一 烏

陀迦婆夜 八十二 毗沙婆夜 八十三 舍薩多囉婆夜 八十四 婆囉斫

羯囉婆夜 八十五 突瑟叉婆夜 八十六 阿舍你婆夜 八十七 阿迦囉

密唎柱婆夜 八十八 陀囉尼部彌劍波伽波陀婆夜 八十九 烏囉迦婆

多婆夜 九十 剌闍壇茶婆夜 一百九十一 那伽婆夜 九十二 毗條怛

婆夜 九十三 蘇波囉拏婆夜 九十四 藥叉揭囉訶 九十五 囉叉私揭

囉訶 九十六 畢唎多揭囉訶 九十七 毗舍遮揭囉訶 九十八 部多揭

囉訶 九十九 鳩槃茶揭囉訶 二百 補丹那揭囉訶 二百一 迦吒補丹

那揭囉訶 二 悉乾度揭囉訶 三 阿播悉摩囉揭囉訶 四 烏檀摩陀

揭囉訶 五 車夜揭囉訶 六 醯唎婆帝揭囉訶 七 社多訶唎南 八

揭婆訶唎南 九 嚧地囉訶唎南 十 忙娑訶唎南 二百十一 謎陀

訶唎南 十二 摩闍訶唎南 十三 闍多訶唎女 十四 視比多訶唎南

十五　毗多訶唎南　十六　婆多訶唎南　十七　阿輸遮訶唎女　十八
質多訶唎女　十九　帝釤薩鞞釤　二十　薩婆揭囉訶南　二百二十一　毗
陀耶闍瞋陀夜彌　二十二　雞囉夜彌　二十三　波唎跋囉者迦訖唎擔
二十四　毗陀夜闍瞋陀夜彌　二十五　雞囉夜彌　二十六　茶演尼訖唎擔
二十七　毗陀夜闍瞋陀夜彌　二十八　雞囉夜彌　二十九　摩訶般輸般
怛夜　三十　嚧陀囉訖唎擔　二百三十一　毗陀夜闍瞋陀夜彌　三十二
雞囉夜彌　三十三　那囉夜拏訖唎擔　三十四　毗陀夜闍瞋陀夜彌　三十
五　雞囉夜彌　三十六　怛埵伽嚧茶西訖唎擔　三十七　毗陀夜闍瞋陀
夜彌　三十八　雞囉夜彌　三十九　摩訶迦囉摩怛唎伽拏訖唎擔　四十
毗陀夜闍瞋陀夜彌　二百四十一　雞囉夜彌　四十二　迦波唎迦訖唎擔
四十三　毗陀夜闍瞋陀夜彌　四十四　雞囉夜彌　四十五　闍耶羯囉摩度
羯囉　四十六　薩婆囉他娑達那訖唎擔　四十七　毗陀夜闍瞋陀夜彌
四十八　雞囉夜彌　四十九　赭咄囉婆耆你訖唎擔　五十　毗陀夜闍瞋陀

夜彌 二百五十一 雞囉夜彌 五十二 毗唎羊訖唎知 五十三 難陀雞
沙囉伽拏般帝 五十四 索醯夜訖唎擔 五十五 毗陀夜闍瞋陀夜彌
五十六 雞囉夜彌 五十七 那揭那舍囉婆拏訖唎擔 五十八 毗陀夜闍
瞋陀夜彌 五十九 雞囉夜彌 六十 阿羅漢訖唎擔毗陀夜闍瞋陀夜彌
二百六十一 雞囉夜彌 六十二 毗多囉伽訖唎擔 六十三 毗陀夜闍
瞋陀夜彌 六十四 雞囉夜彌跋闍囉波你 六十五 具醯夜具醯夜 六十
六 迦地般帝訖唎擔 六十七 毗陀夜闍瞋陀夜彌 六十八 雞囉夜彌
六十九 囉叉罔 七十 婆伽梵 二百七十一 印兔那麼麼寫 七十二

至此依前稱弟子名

婆伽梵 七十三 薩怛多般怛囉 七十四 南無粹都帝 七十五 阿
悉多那囉剌迦 七十六 波囉婆悉普吒 七十七 毗迦薩怛多鉢帝唎
七十八 什佛囉什佛囉 七十九 陀囉陀囉 八十 頻陀囉頻陀囉瞋陀瞋
陀 二百八十一 虎鈝 八十二 虎鈝 八十三 泮吒 八十四 泮吒泮

吒泮吒泮吒　八十五　娑訶　八十六　醯醯泮　八十七　阿牟迦耶泮　八
十八　阿波囉提訶多泮　八十九　婆囉波囉陀泮　九十　阿素囉毗陀囉
波迦泮　二百九十一　薩婆提鞞弊泮　九十二　薩婆那伽弊泮　九十三
薩婆藥叉弊泮　九十四　薩婆乾闥婆弊泮　九十五　薩婆補丹那弊泮
九十六　迦吒補丹那弊泮　九十七　薩婆突狼枳帝弊泮　九十八　薩婆突
澀比犂訖瑟帝弊泮　九十九　薩婆什婆唎弊泮　三百　薩婆阿播悉摩犂
弊泮　三百一　薩婆舍囉婆拏弊泮　二　薩婆地帝雞弊泮　三　薩婆怛
摩陀繼弊泮　四　薩婆毗陀耶囉誓遮犂弊泮　五　闍夜羯囉摩度羯囉
六　薩婆囉他娑陀雞弊泮　七　毗地夜遮唎弊泮　八　者都囉縛耆你弊
泮　九　跋闍囉俱摩唎　十　毗陀夜囉誓弊泮　三百十一　摩訶波囉丁
羊乂耆唎弊泮　十二　跋闍囉商羯囉夜　十三　波囉丈耆囉闍耶泮　十
四　摩訶迦囉夜　十五　摩訶末怛唎迦拏　十六　南無娑羯唎多夜泮
十七　毖瑟拏婢曳泮　十八　勃囉訶牟尼曳泮　十九　阿耆尼曳泮　二十

摩訶羯唎曳泮 三百二十一 羯唎多遲曳泮 二十二 蔑怛唎曳泮 二
十三 嘮怛唎曳泮 二十四 遮文茶曳泮 二十五 羯邏囉怛唎曳泮 二
十六 迦般唎曳泮 二十七 阿地目質多迦尸摩舍那 二十八 婆私你曳
泮 二十九 演吉質 三十 薩埵婆寫 三百三十一 麼麼印兔那麼麼寫 三
三十二 至此句依前稱弟子某人
突瑟吒質多 三十三 阿末怛唎質多 三十四 烏闍訶囉 三十五
伽婆訶囉 三十六 嚧地囉訶囉 三十七 婆娑訶囉 三十八 摩闍訶囉
三十九 闍多訶囉 四十 視毖多訶囉 三百四十一 跋略夜訶囉 四
十二 乾陀訶囉 四十三 布史波訶囉 四十四 頗囉訶囉 四十五 婆
寫訶囉 四十六 般波質多 四十七 突瑟吒質多 四十八 嘮陀囉質多
四十九 藥叉揭囉訶 五十 囉剎娑揭囉訶 三百五十一 閉隸多揭囉
訶 五十二 毗舍遮揭囉訶 五十三 部多揭囉訶 五十四 鳩槃茶揭囉
訶 五十五 悉乾陀揭囉訶 五十六 烏怛摩陀揭囉訶 五十七 車夜揭

囉訶 五十八 阿播薩摩囉揭囉訶 五十九 宅袪革荼耆尼揭囉訶 六十
唎佛帝揭囉訶 三百六十一 闍彌迦揭囉訶 六十二 舍俱尼揭囉訶
六十三 姥陀囉難地迦揭囉訶 六十四 阿藍婆揭囉訶 六十五 乾度波
尼揭囉訶 六十六 什伐囉堙迦醯迦 六十七 墜帝藥迦 六十八 怛隸
帝藥迦 六十九 者突託迦 七十 昵提什伐囉毖釤摩什伐囉 三百七十
一 薄底迦 七十二 鼻底迦 七十三 室隸瑟密迦 七十四 娑你般帝
迦 七十五 薩婆什伐囉 七十六 室嚧吉帝 七十七 末陀鞞達嚧制劍
七十八 阿綺嚧鉗 七十九 目佉嚧鉗 八十 羯唎突嚧鉗 三百八十
一 揭囉訶揭藍 八十二 羯拏輸藍 八十三 憚多輸藍 八十四 迄唎
夜輸藍 八十五 末麼輸藍 八十六 跋唎室婆輸藍 八十七 毖栗瑟吒
輸藍 八十八 烏陀囉輸藍 八十九 羯知輸藍 九十 跋悉帝輸藍 三
百九十一 鄔嚧輸藍 九十二 常伽輸藍 九十三 喝悉多輸藍 九十四
跋陀輸藍 九十五 娑房盎伽般囉丈伽輸藍 九十六 部多毖路荼

九十七　荼耆尼什婆囉　九十八　陀突嚧迦建咄嚧吉知婆路多毗　九十九
薩般嚧訶凌伽　四百　輸沙怛囉娑那揭囉　四百一　毗沙喻迦　二
阿耆尼烏陀迦　三　末囉鞞囉建路囉　四　阿迦囉密唎咄怛斂部迦　五
地栗剌吒　六　毖唎瑟質迦　七　薩婆那俱囉　八　肆引伽弊揭囉唎
藥叉怛囉芻　九　末囉視吠帝釤娑鞞釤　十　悉怛多鉢怛囉　四百十一
摩訶跋闍嚧瑟尼釤　十二　摩訶般賴丈耆藍　十三　夜波突陀舍喻闍
那　十四　辮怛隸拏　十五　毗陀耶槃曇迦嚧彌　十六　帝殊槃曇迦嚧
彌　十七　般囉毗陀槃曇迦嚧彌　十八　路姪他　十九　唵　二十　阿那
隸　四百二十一　毗舍提　二十二　鞞囉跋闍囉陀唎　二十三　槃陀槃陀
你　二十四　跋闍囉謗尼泮　二十五　虎𤙖都嚧甕泮　二十六　莎婆訶
二十七」

【說　明】此章是佛頂光明化身如來所說的神咒，通稱「楞嚴咒」。「咒」是密語，古人譯經時慣常因其為「祕密」，所以不翻其意只以漢字擬梵文音節而標示。密咒的字句含義豐富，非得修密且有阿闍黎指導方可知曉其真義，因而在此不作注釋和語譯，只就其大意略加說明。此咒凡四百二十七句，三千六百二十字。全咒可分為五會：第一會由第一句至一百三十七句止，是毗盧遮那真法會；第二會由第一百三十八句至一百七十八句止，是釋尊應化會；第三會由第一百七十九句至二百七十二句止，是觀音合同會；第四會由第二百七十三句至三百三十二句止，是金剛藏折攝會；第五會由第三百三十三句至四百十八句止，是文殊弘傳會。以上五部分大旨為：歸命諸佛、菩薩、眾賢聖等，祈願諸佛加持以離開惡鬼、疾病及其他災禍等。第四百十九句至四百二十七句方是此咒主旨之所在，故被稱之為「心咒」或「咒心」。因其是如來藏真如心所成，故名之曰「心咒」；全咒又是如來藏真如心，故又名之曰「咒心」。咒末三字「莎婆訶」意為速成，令我所作迅速成就。

楞嚴咒誦持法總共有三十餘種。從總體上可分六類：第一，成就法，身、口、意三業清淨，一心誠意誦持密咒，能易於成就所作。第二，增益法，持咒可以增益道業。第三，破惡法，持咒可以破除一切惡習。第四，息災法，持此咒可以清除一切災害。第五，勾招法，持此咒可以將無論遠近的妖魔鬼怪全都捉來。第六，吉祥法，誠心持咒，一切都可以遂心滿意，遇難呈祥。

「阿難，是佛頂光聚悉怛多般怛羅祕密伽陀[1]微妙章句，出生十方一切諸佛。十方如來因此咒心，得成無上正徧知覺。十方如來執此咒心，降伏諸魔，制諸外道。十方如來乘此呪心，坐寶蓮華，應微塵國，十方如來含此呪心，於微塵國轉大法輪。十方如來持此呪心，能於十方摩頂授記。自果未成，亦於十方蒙佛授記。十方如來依此呪心，能於十方拔濟群苦。所謂地獄、餓鬼、畜生、盲聾瘖瘂❷，怨憎會苦、愛別離苦、求不得苦、五陰熾盛❸，大小諸横❹，同時解脫。賊難、兵難、王難、獄難，風、火、水難，飢渴、貧窮，應念銷散。十方如來隨此呪心，能於十方事善知識，四威儀中供養如意，恒沙如來會中推為大法王子。十方如來行此呪心，能於十方攝受親因，令諸小乘聞祕密藏不生驚怖。十方如來誦此呪心，成無上覺，坐菩提樹，入大涅槃。十方如來傳此呪心，於滅度後，付佛法事，究竟住持，嚴淨戒律，悉得清淨。若我說是佛頂光聚般怛羅呪，從旦至暮音聲相聯，字句中間亦不重疊，經恒沙劫終不能盡。亦說此呪名如來頂❺。

【章　旨】此咒名叫「大白傘蓋咒」，是如來藏妙明元心，十方如來以此咒心為密因修證了義諸菩薩行，然後圓成果地修證，得成大涅槃。十方如來自覺、覺他之功用亦皆因執持念誦此咒而得以成就。

【注　釋】❶祕密伽陀　指此咒中有重頌匯入。伽陀，即重頌，為佛經體裁之一。❷地獄句　指見聞佛法的八處障難，又稱「八無暇」。一，地獄；二，餓鬼；三，畜生；四，北俱盧洲；五，盲聾喑啞；六，佛前佛後；七，世智辯聰；八，長壽天。瘖，因嗓子發病而不能說話。瘂，因生理缺陷而不能說話。❸怨憎會苦句　指八苦，除怨憎會苦、愛別離苦、求不得苦、五陰熾盛苦之外，還有生、老、病、死苦。怨憎會苦，怨恨、憎恨的人、事匯聚於一處。愛別離苦，喜愛的人、事偏要分離。求不得苦，要求、願望不能實現，想得到的東西不能得到。五陰熾盛苦，五陰即五蘊——色、受、想、行、識。五陰與「取」聯結在一起便產生貪欲，它是一切苦的根源。❹大小諸橫　指眾生所遭遇的許多變故。「橫」體上說有九類，細說則無數。「九橫」是：一，病不服藥，傷生致死。二，被王法所誅殺。三，非人奪其精氣。四，被火焚燒致死。五，溺水致死。六，被惡獸所吞食。七，墮落山崖致死。八，被毒殺或被詛咒而死。九，為饑渴所困，不得飲食而死。❺如來頂　因為此咒是佛無見頂相放光如來，即佛頂佛所誦出，故亦稱其為「如來頂咒」。於其中也有禮讚此咒至尊至妙之意。

【語　譯】佛繼續說：「阿難，這是由佛頂光聚中的化佛所說的大白傘蓋、祕密伽陀匯集其中的微妙的段落和語句。此咒能生出十方一切諸佛。十方如來都是因為執此咒心而成就無上正遍知覺的。十方如來持此咒心能降伏一切魔幻，制伏一切外道邪見。十方如來依憑此咒心坐於寶蓮花中，應緣遊歷微塵數國土，隨類現身救度眾生。十方如來含此咒心能於微塵國土轉大法輪來教化眾生。十方如來誦持此咒心就可以到十方世界為一切眾生摩頂授記，即使眾生未能自己證得佛果，十方如來也會為其授記，預言其何時成佛。十方如來依憑此咒心能夠於十方世界救濟苦難眾生，諸如地獄、餓鬼、畜生、盲聾喑啞等『八無暇』眾生，怨憎會苦、愛別離苦、求不得苦、五陰熾盛苦等八苦，大、小一切『橫』，都因此咒力加持而同時得以解脫。又因此咒力，眾生所遇到的賊難、兵難、王法難、牢獄難以及風、火、水難，饑渴無食、貧窮等等，都能應其所念誦而得以消除散盡。十方如來隨順此咒力的威力，能於十方世界幫助、開導諸位善知識，並且在行、住、坐、臥四威儀中隨順心意得到供養，於無量數諸佛大會中被推舉為大法王子。十方如來誦持此咒心，能於十方世界攝受護念歷劫以來自己所屬的眷屬，使這些修習小乘者因聽聞如來的祕密大法，不會產生驚恐。十方如來誦持此咒心能成就無上佛道，可以轉煩惱而成菩提，轉生死而成大涅槃。十方如來傳揚此咒心，於其滅度之時付囑佛法事務，使後來者能永遠住持正法，嚴持清淨戒律，身心皎潔清淨。如果我欲完整地敘說此大白傘蓋咒，即使從早到晚聲音相續，字字句句皆不重複，歷經無量無數劫，仍然不能窮盡其全部內容。因此，此咒也可以稱之為至尊至勝的『如來頂咒』。

汝等有學未盡輪迴，發心至誠取阿羅漢，不持此咒而坐道場，令其身心遠諸魔事，無有是處。阿難，若諸世界隨所國土所有眾生，隨國所生樺皮、貝葉、紙素、白氎書寫此呪，貯於香囊，是人心昏未能誦憶，或帶身上，或書宅中，當知是人盡其生年，一切諸毒所不能害。阿難，我今為汝更說此呪，救護世間，得大無畏，成就眾生出世間智。若我滅後，末世眾生有能自誦，若教他誦，當知如是誦持眾生，火不能燒，水不能溺，大毒、小毒所不能害。如是乃至龍天❶、鬼神、精祇❷、魔魅❸所有惡呪皆不能著，心得正受。一切呪詛、厭蠱、毒藥、金毒、銀毒，草木蟲蛇萬物毒氣，入此人口成甘露味。一切惡星并諸鬼神、磣心毒人於如是人不能起惡，頻那夜迦諸惡鬼王并其眷屬，皆領深恩，常加守護。

阿難，當知，是呪常有八萬四千那由他恆河沙俱胝金剛藏王菩薩種族，一一皆有諸金剛眾而為眷屬，晝夜隨侍。設有眾生於散亂心非三摩地，心憶口持，是金剛王常隨從彼諸善男子，何況決定菩提心者？此諸金剛菩薩藏王精心陰速，發彼神識。是人應時，心能記憶，八萬四千恆河沙劫周徧了知，得無疑惑。從第一劫乃至後身，生生不生，藥叉❹、羅剎❺

及富單那❻、迦吒富單那❼、鳩槃茶❽、毗舍遮❾等并諸餓鬼，有形、無形、有想、無想，如是惡處。是善男子，若讀若誦，若書若寫，若帶若藏，諸色供養，劫劫不生，貧窮下賤，不可樂處。此諸眾生，縱其自身不作福業，十方如來所有功德悉與此人。由是得於恒河沙阿僧祇不可說不可說劫，常與諸佛同生一處。無量功德如惡叉聚，同處熏修，永無分散。

【章　旨】佛宣說眾生誦持、書寫此咒可以得到的護佑。

【注　釋】❶龍天　即天龍，指天龍八部：一，天；二，龍；三，夜叉；四，乾闥婆；五，阿脩羅；六，迦樓羅；七，緊那羅；八，摩睺羅迦。❷精祇　得天之靈曰「精」，得地之靈曰「祇」。❸魔魅　專門障礙道法曰「魔」，專門迷惑世人曰「魅」。❹藥叉　也稱「夜叉」，捷疾鬼。❺羅剎　意譯「可畏」，食人鬼。❻富單那　意譯「臭惡鬼」，主熱病。❼迦吒富單那　即奇臭惡鬼。❽鳩槃茶　食人精氣之鬼，是南方增長天王的領鬼。❾毗舍遮　吃精氣之鬼，東方持國天王的領鬼。

【語　譯】你們這些未脫離輪迴的有學眾生，若想發至誠心求證阿羅漢果位，如不誦持此咒，即使坐於道場，欲使身心遠離諸魔的擾亂，也是不可能的。阿難，如果一切世界、一切國土中的所有眾生，以其國土所有的樺樹皮、貝多樹葉、白紙、白棉布等書寫此咒，藏於香囊。即使這些眾生心中迷亂，不能誦記此咒，只要將書寫的此咒帶在身上，或者寫於住宅的牆壁上，此人就可以盡享其應得的生年，一切毒物都不能加害於他。阿難，我再為你說，此咒還可以救護世間一切眾生，使其得大無畏，並使其斷盡迷惑，得到出世間的智慧。如果我滅度後，末世中的眾生若能自己誦持或者教他人誦持此咒，火就不能燒壞其身，水就不能淹沒其體，一切大毒如瘟疫、小毒如毒蛇，都不能損害他們。如此類推，甚至天龍、鬼神、精祇、魔魅的所有惡咒都不能近其身。因為他們已得到正定正受，所以一切詛咒、邪術、毒藥、金毒、銀毒，草、木、蟲蛇之毒，以及萬物的一切毒氣，一入此人之口反而變成無上甘露。一切不吉祥的惡星及惡神惡鬼、最惡毒的人，對於念誦此咒者，都不能生起惡念。歡喜金剛、其他惡鬼王及其眷屬，都因領受佛的大恩而時常守護這些持咒的眾生。阿難，你應當知道，此咒常有八萬四千萬億恆河沙數百億金剛藏王菩薩種族護持，而每一種族又有許多金剛眷屬，晝夜侍奉誦持此咒的眾生。心念散亂，尚未得三摩地定的眾生，如果心憶此咒或口念此咒，這些金剛藏王就會時常跟從這些善男子，更何況那些決心發菩提心的人呢？金剛藏王菩薩會以大悲力暗中加持，開發眾生的神識慧根。由於這些，念、憶此咒的人能記憶八萬四千恆河沙劫以來的事情，並且對其完全了悟，沒有任何疑惑。從初發心的第一劫起，直至成佛之前的後身，生生世世都不會生於藥叉、羅剎及富單那、迦吒富單那、鳩槃茶、毗舍遮以及所有餓鬼、有形、無形、有想、無想這些惡處之中。這些善男子，無論是讀還是誦，無論是抄寫還是默寫此咒，也不論是佩帶還是珍藏於家中。總之，不管用什麼方法供養此咒，任何時間都不會生於貧窮下賤的家庭以及不愉快的地方。這些誦持此咒的眾生，即使自己沒有修福，但十方如來的所有功德都會迴向給他們。由此原因，他們就可以於無量無數的時間之中，常與諸佛生於一起。無量無邊的功德，猶如一蒂三果的『惡叉聚』一樣，永遠不會脫離。他們與佛同處，受佛熏習，永遠不與佛分離。

是故能令破戒之人戒根清淨。未得戒者令其得戒。未精進者，令得精進。無智慧者，令得智慧。不清淨者，速得清淨。不持齋戒，自成齋戒。阿難，是善男子持此咒時，設犯禁戒於未受時，持咒之後，眾破戒罪無問輕重，一時銷滅。縱經飲酒，食噉五辛❶種種不淨，一切諸佛、菩薩、金剛、大仙、鬼神不將為過。設著不淨破弊衣服，一行一住悉同清淨。縱不作壇，不入道場，亦不行道，誦持此咒還同入壇行道功德，無有異也。若造五逆無間重罪❷，及諸比丘、比丘尼四棄❸、八棄❹，誦此咒已，如是重業，猶如猛風吹散沙聚，悉皆滅除，更無毫髮。阿難，若有眾生從無量無數劫來所有一切輕重罪障，從前世來未及懺悔，若能讀誦、書寫此咒，身上帶持，若安住處、莊宅、園館，如是積業，猶湯銷雪。不久皆得悟無生忍。

復次，阿難，若有女人未生男女欲求孕者，若能至心憶念斯咒，或能身上帶此悉怛多般怛羅者，便生福德智慧男女。求長命者，即得長命。欲求果報速圓滿者，速得圓滿。身命色力，亦復如是。命終之後，隨願往生十方國土，必定不生邊地、下賤，何況雜形❺？阿難，若諸國土州縣、聚落饑荒疫癘，或復刀兵、賊難、鬬諍，兼餘一切厄難之地，寫此神咒安城四門并諸支提，或脫闍上；令其國土所有眾生奉迎斯咒，禮拜恭敬，一心供養；令其人民各各身佩，或各各安所居宅地，一切災厄悉皆銷滅。阿難，在在處處國土眾生隨有此咒，天龍歡喜，風雨順時，五穀豐殷，兆庶安樂。亦復能鎮一切惡星隨方變怪，災障不起，人無橫夭，杻械枷鎖不著其身，晝夜安眠，常無惡夢。阿難，是娑婆界有八萬四千災變惡星，二十八大惡星而為上首；復有八大惡星以為其主，作種種形，出現世時能生眾生種種災異。有此咒地，悉皆銷滅。十二由旬成結界地，諸惡災祥，永不能入。是故如來宣示此咒，於未來世保護初學諸修行者入三摩提，身心泰然，得大安隱。更無一切諸魔、鬼神及無始來冤橫宿殃、舊業陳債來相惱害。汝及眾中諸有學人及未來世諸修行者，依我壇場如法持戒，所受戒主逢清淨僧，於此咒心不生疑悔。是善男子於此父母所生之身，不得心通十方如來，便為妄語。」

【章　旨】誦持此咒能使破戒者銷盡其罪，世間眾生齊銷諸災難，人安地豐。此咒也能保護未來修正果。

【注　釋】❶五辛　指蔥、蒜、韭、薤、興渠等五種味重而有刺激作用的蔬菜。❷五逆無間重罪　指殺父、殺母、殺阿羅漢、破和合僧、出佛身血等五種須墮入五無間地獄的重罪。❸四棄　指殺、盜、淫、妄四種比丘波羅夷罪。波羅夷即棄，謂犯此罪者永棄於佛法之外。❹八棄　即比丘尼八棄，指殺、盜、淫、妄、摩觸、八事、覆藏、隨順等八種波羅夷重罪。「觸」指與有染心男子以身相觸。「八事」包括與染心男子捉手、捉衣、入屏相處、共立、共語、共行、身相倚、共期行淫。此八事方成「棄罪」。「覆藏」指明知同輩犯重罪而故意覆藏不發露於眾。「隨順」指隨順犯戒而被檢舉的比丘，或者供給其所需的物品並且與其共語。❺雜形　指地獄、惡鬼、畜生三惡道眾生。

【語　譯】既然誦持此咒能有如此神力，所以也能使破戒的人戒根恢復清淨；未得戒的人，使其得戒；未精進的，使其精進；沒有智慧的，使其得到智慧；身心不清淨的，使其迅速得以清淨；不能持齋戒的，使其自能成就齋戒。阿難，這些善男子持此咒後，從前所犯的一切破戒之罪，無論輕重，都會即刻銷滅。即使曾經飲過酒，喫過五辛等種種不淨的東西，因誦此咒，一切諸佛、菩薩、金剛、大仙、鬼怪等都不能怪罪於他。假如他穿的是破爛的衣服，但是他的一舉一動還是清淨的。即使他不結壇，不入道場，也不行道，只要誦持此咒，所得功德仍與入壇行道所得相同。如果犯了五逆無間重罪以及比丘四棄、比丘尼八棄罪，誦完此咒後，如此的重罪之業就好比狂風吹散沙堆一樣，消除殆盡，沒有絲毫痕跡留下來。阿難，如果有眾生從無量無數劫以來所造輕重罪障，因為是從前帶來的緣故，還未來得及懺悔，若能讀誦、書寫此咒，將其帶在身上，或者供養於自己的住所、莊園、園林等等之中，宿世的積業就如雪遇滾沸的水一樣迅速銷融。不久，此持咒之人便能證得無生法忍。

其次，阿難，如果有女人未生男育女而欲求懷孕，只要以至誠的心記誦此咒，或者能將其帶於身上，便能生下福德、智慧雙全的男女來。求長壽的人，也可以憑藉此咒而如願長壽；欲求得圓滿果報的也能憑藉此咒很快圓滿成就。求身體健康、強壯的，其命終之後，可以隨自己的願力往生十方任何國土，絕對不會轉生於邊地及下賤的地方，何況生於三惡道呢？阿難，若各個國土中的州、縣、村落遭遇饑荒或者瘟疫，或者刀兵賊難，只要書寫此咒並將其懸掛於城內四門及支提塔上，或者幡幢上，讓國土中的所有眾生都迎奉此咒，恭敬禮拜，一心供養，每一市民都佩帶此咒，或者將其安奉於所居住的宅院中，所有一切災禍便都會全部銷除。阿難，所有國土中的一切眾生，只要奉持此咒，天龍八部都會歡喜而使風調雨順，國泰民安，五穀豐登。此咒也能鎮壓一切隨方變怪的惡星，使災害、障礙不能生起，市民不因遭遇橫禍而死亡，杻械枷鎖不加於其身，晝夜安然入睡，不作惡夢。阿難，這個娑婆世界有八萬四千災變惡星，它們由二十八個大惡星統率，最終又由八大惡星主宰著。這些惡星變幻出種種形狀出現於世，給眾生帶來種種災禍、怪異。但在此咒發揮作用的地方，這些災禍、怪異都會消滅。九百六十里以內的結界地區，所有橫惡災害都不能侵入。因此，如來宣說示現此咒來保護未來世初學佛法的眾生，並使諸修行者早日悟入三摩地，使其身心泰安，得大安隱。更不會有一切魔鬼神怪以及無始以來的冤家、橫禍、宿業、災殃、舊債來擾亂侵害。你和會中諸多三果以上的修學者及未來世修學之人，若能依從我所說的壇場軌則，如法持戒修行，又能逢真正清淨的僧人作戒師，專心致志、無半點疑惑地誦持此咒心，若說這樣的善男子依靠其父母所生的肉身不能與十方如來心心相印，獲證圓通，這便是妄語。」

說是語已，會中無量百千金剛一時佛前合掌頂禮而白佛言：「如佛所說，我當誠心保護如是修菩提者。」爾時，梵王并天帝釋、四大天王亦於佛前同時頂禮而白佛言：「審有如是修學善人，我當盡心至誠保護，令其一生所作如願。」復有無量藥叉大將、諸羅剎王、富單那王、鳩槃茶王、毗舍遮王、頻那夜迦、諸大鬼王及諸鬼帥，亦於佛前合掌頂禮：「我亦誓願護持是人，令菩提心速得圓滿。」復有無量日月天子、風師、雨師、雲師、雷師并電伯等，年歲巡官、諸星眷屬，亦於會中頂禮佛足而白佛言：「我亦保護是修行人，安立道場，得無所畏。」復有無量山神、海神，一切土地，水、陸、空行，萬物精祇并風神王、無色界天，於如來前同時稽首而白佛言：「我亦保護是修行人得成菩提，永無魔事。」爾時，八萬四千那由他恆河沙俱胝金剛藏王菩薩，在大會中即從座起，頂禮佛足而白佛言：「世尊，如我等輩所修功業久成菩提，不取涅槃，常隨此咒救護末世修三摩提正修行者。世尊，如是修心求正定人，若在道場及餘經行，乃至散心遊戲聚落，我等徒眾常當隨從侍衛此人。縱令魔王、大自在天求其方便，終不可得。諸小鬼神去此善人十由旬外，除彼發心樂修禪者。世尊，如是惡魔，若魔眷屬欲來侵擾是善人者，我以寶杵殞碎其首，猶如微塵。恆令此人所作如願。」

【章　旨】會中金剛、梵王、天帝釋、四大天王及其眷屬等聽完佛所說念誦此咒的功德，紛紛回稟佛，願意護持念誦此咒的一切眾生。

【語　譯】佛說完這段話後，會中的無量百千金剛同時走到佛面前合掌頂禮，然後對佛說：「如佛所說，我等當誠心誠意來保護這些修行菩提大道的眾生。」這時，梵王、天帝釋、四大天王也同時走到佛面前合掌頂禮，然後對佛說：「如果確實有如您所說修學的善人，我等就會誠心誠意保護，使他們一生所作的都能如願。」又有無數藥叉大將、諸羅剎王、富單那王、鳩槃茶王、毗舍遮王、頻那夜迦、諸大鬼王及諸鬼神等也於佛面前合掌頂禮，然後對佛說：「我等也發願護持這樣的修學人，使其菩提心能迅速圓滿證成。」又有無數日月天子、風師、雨師、雲師、雷師及電伯等、年歲巡官、諸星眷屬，也於會中頂禮佛足而對佛說：「我等也願意保護這樣的修學人安置道場，使他們無所畏懼。」又有無數山神、海神，所有土地神，一切在水中、陸地、空中生活的神靈，萬物精氣及風神王、無色界天，都於佛前同時稽首而對佛說：「我等也發願護持這樣的修學人，使其成就菩提心，永遠不遭受魔事。」這時，又有八萬四千那由他恆河沙俱胝金剛藏王菩薩隨即從座位起立，頂禮佛足而對佛說：「世尊，如我們所修得的功德，很早就已成就菩提，但我們還不願進入涅槃，為的是能常隨侍持誦此咒的末世修學者。世尊，這樣的修心以求得正定的人，如果於道場中，或者於別處活動，甚至於在鄉村散心，我及徒眾都會時常跟隨保護他們。即使魔王、大自在天想尋找這些修行人的漏洞，始終都不可能得手。其他的所有小鬼，除非願意發心修習禪定，否則我們必定驅逐他們，使其遠離修學者八百里以外。世尊，如果這些惡魔及其眷屬想侵擾修學者，我們就會用寶杵將其頭顱打碎，使其成為粉末，一定要使那些修學者所作的都能如願。」

阿難即從座起，頂禮佛足而白佛言：「我輩愚鈍，好為多聞，於諸漏心未求出離。蒙佛慈誨得正熏修，身心快然，獲大饒益。世尊，如是修證佛三摩提，未到涅槃，云何名為乾慧之地❶？四十四心❷至何漸次得修行目？詣何方所，名入地中？云何名為等覺菩薩？」作是語已，五體投地，大眾一心，佇佛慈音，瞪瞢瞻仰。爾時，世尊讚阿難言：「善哉！善哉！汝等乃能普為大眾及諸末世一切眾生修三摩提，求大乘者，從於凡夫終大涅槃，懸示無上正修行路。汝今諦聽，當為汝說。」阿難、大眾合掌刳心，默然受教。

佛言：「阿難，當知妙性圓明，離諸名相，本來無有世界、眾生。因妄有生，因生有滅，生滅名妄，滅妄名真，是稱如來無上菩提及大涅槃二轉依❸號。阿難，汝今欲修真三摩地，直詣如來大涅槃者，先當識此眾生、世界二顛倒因。顛倒不生，斯則如來真三摩地。阿難，云何名為眾生顛倒？阿難，由性明心，性明圓故，因明發性，性妄見生，從畢竟無成究竟有。此有所有，非因所因，住所住相，了無根本。本此無住，建立世界及諸眾生。迷本圓明，是生虛妄。妄性無體，非有所依。將欲復真，欲真已非，真真如性。非真求復，宛成非相。非生非住，非心非法，展轉發生，生力發明，熏以成業，同業相感。因有感業，相滅相生，由是故有眾生顛倒。

【章　旨】阿難詢問「四十四心」、修證漸次以及十地的究竟義。佛首先以「二顛倒因」說明有為染法的生起。由於妄心熏以成業，業感相生而有眾生顛倒。這是染法生起的第一原因。

【注　釋】❶乾慧之地　即乾慧地。三乘共通的第一地。因智慧乾燥而未淳熟，故名之曰「乾慧地」。❷四十四心　即十信、十住、十行、十迴向和四加行。❸轉依　唯識學名相。意為轉變所依，即轉捨第八識中煩惱障種子而轉得實性之涅槃。轉捨第八識中所知障種子而轉得無漏真智即菩提。

【語　譯】阿難隨即從座位起立，頂禮佛足而對佛說：「我們愚笨而且貪求多聞博學，對於諸有漏心未求出離，承蒙佛慈悲教誨得正助熏修楞嚴大定的方法，身心都感覺愉快而且獲得很大的利益。世尊，如此修證三摩地，尚未達到涅槃境界，何以只能稱為乾慧地？四十四心須經過怎樣的階段纔能得到修行得悟的眼目？到什麼階段纔可叫入『地』中？等覺菩薩的果地是何情形？」說完這些話，阿難五體投地禮拜佛，會中大眾一心一意睜著雙眼仰望佛，等候佛慈悲的開示。這時，世尊稱讚阿難：「好啊！好啊！你已經能為大眾及末世一切修三摩地求大乘佛法的眾生，為凡夫修證大涅槃指示無上正確的道路。你現在仔細聽著，我將為你說明。」阿難、大眾合掌靜心，恭敬肅靜地傾聽佛的開示。

佛說：「阿難，你應當知道，自性靈妙圓明，是離開名字和相狀的，本來就沒有世界和眾生。因妄念而有世界、眾生的生起，因生起纔有還滅，生、滅二相就叫虛妄。滅除虛妄就稱為『真』，而這就是所謂如來無上菩提和大涅槃兩種轉依所得之名稱。阿難，想修習真正的三摩地，希望直達如來的大涅槃果位，你現在首先應當明白造成眾生、世界二種顛倒的原因。不生顛倒，纔可稱之為如來真正的三摩地。阿難，什麼叫眾生顛倒？阿難，由於本覺妙明真心的本性是圓融靈明的。只是因為於明上加明纔生出了能見的妄見，以致於從畢竟無名無相的湛然寂靜中變出有名有相的虛妄境界。無明與業相以及見相與境界相，都沒有能依和所依。所住的無明和能住的眾生，都確實是沒有根本的。依照這種虛妄無住的無明業識而建立了世界和眾生。如來藏性本來圓明，只是依真起妄纔生出了妄惑妄業。實際上，妄性並無實體，不能作為所依。實際上，捨妄復真的念頭本身就是妄想，而不是真正的真如性。以生滅妄心去求得不生不滅真心，是以妄逐妄，非但見不到真如性，相反卻會生出妄見及其塵勞相狀。無明是非生的，業識是無住的，見分是非心的，相分是非法的，它們都沒有自體。只因迷惑執著，妄上加妄，展轉發生，熏習而成業相。同業相感潤生，彼此相生相滅，所以纔有眾生顛倒的存在。

阿難，云何名為世界顛倒？是有所有，分段❶妄生，因此界立，非因所因，無住所住，遷流不住，因此世成。三世、四方和合相涉，變化眾生成十二類。是故世界因動有聲，因聲有色，因色有香，因香有觸，因觸有味，因味知法。六亂妄想成業性故，十二區分由此輪轉。是故世間聲、香、味、觸，窮十二變為一旋復。乘此輪轉顛倒相故，是有世界卵生、胎生、溼生、化生、有色、無色、有想、無想、若非有色、若非無色、若非有想、若非無想。

阿難，由因世界虛妄輪迴動顛倒故，和合氣成八萬四千飛沉亂想。如是故有卵羯邏藍❷流轉國土，魚、鳥、龜、蛇其類充塞。由因世界雜染輪迴欲顛倒故，和合滋成八萬四千橫豎亂想。如是故有胎遏蒲曇❸流轉國土，人、畜、龍、仙其類充塞。由因世界執著輪迴趣顛倒故，和合煖成八萬四千翻覆亂想。如是故有溼相蔽尸❹流轉國土，含蠢蠕動其類充塞。由因世界變易輪迴假顛倒故，和合觸成八萬四千新故亂想。如是故有化相羯南❺流轉國土，轉蛻飛行其類充塞。由因世界留礙輪迴障顛倒故，和合著成八萬四千精耀亂想。如是故有色相羯南流轉國土，休咎精明其類充塞。由因世界銷散輪迴惑顛倒故，和合暗成八萬四千陰隱亂想。如是故有無色羯南流轉國土，空散銷沉其類充塞。

由因世界罔象輪迴影顛倒故，和合憶成八萬四千潛結亂想。如是故有想相羯南流轉國土，神鬼精靈其類充塞。由因世界愚鈍輪迴癡顛倒故，和合頑成八萬四千枯槁亂想。如是故有無想羯南流轉國土，精神化為土、木、金、石其類充塞。由因世界相待輪迴偽顛倒故，和合染成八萬四千因依亂想。如是故有非有色相成色羯南流轉國土，諸水母等以蝦為目其類充塞。由因世界相引輪迴性顛倒故，和合咒成八萬四千呼召亂想。由是故有非無色相無色羯南流轉國土，咒詛厭生其類充塞。由因世界合妄輪迴罔顛倒故，和合異成八萬四千迴互亂想。如是故有非有想相成想羯南流轉國土，彼蒲盧等異質相成，其類充塞。由因世界怨害輪迴殺顛倒故，和合怪成八萬四千食父母想。如是故有非無想相無想羯南流轉國土，如土梟等附塊為兒及破鏡鳥以毒樹果抱為其子，子成，父母皆遭其食，其類充塞。是名眾生十二種類。」

【章　旨】因無明妄力建立了三世和四方的界限，它們互相和合相涉，變化出世界及其一切十二類眾生。十二類眾生各自的成因略有不同，但是都是以世界虛妄輪迴為其主因的。

【注　釋】❶分段　即分段根身。眾生由生至死，身體具有階段性的變化，因而稱為分段根身。❷卵羯邏藍　指胎、卵未分的凝滑之相。羯邏藍，意譯為「凝滑」。❸胎遏蒲曇　指胎、卵漸分而呈現的相狀。遏蒲曇，意譯為「疱」。❹溼相蔽尸　指溼生的軟肉相狀。蔽尸，意譯為「軟肉」。❺化相羯南　指蛻化成身而呈現的體相。羯南，意譯為「硬肉」。

【語　譯】阿難，什麼叫作世界顛倒呢？『能有』之無明與『所有』之眾生的根身相互執持凝結而成虛妄的根身，並且由此而確立了三世、四方的界限。其實，無明本來是空，並不是真實存在的根由；世界本來也是空，並沒有常住的境相。由無明妄力所結成的根身念念生滅、遷流不息，因而有了過去、現在、未來三世與東、南、西、北四方的分別。三世與四方和合相涉，變化出十二類不同的眾生。因此，因無明風動而有了聲，因動念習氣的熏染而變幻成色境，有色境便有香、臭，有香、臭便有觸，因感觸而有味性，因味性而有了思維意識的對象。此六種現象構成雜亂的妄想，形成業力的性能。這就是十二類眾生受生的原因。他們死此生彼，輪轉六道，從未停息。因此，世間的色、聲、香、味、觸、法六塵和眼、耳、鼻、舌、身、意六根因緣和合，窮盡囊括了世間十二類眾生的變化，並且成為一個循環往復的輪轉。依據這種輪轉的顛倒變化而有了有情世界的十二類眾生：卵生、胎生、溼生、化生、有色、無色、有想、無想、若非有色、若非無色、若非有想、若非無想。

阿難，因不斷虛妄想像而有世界的輪迴，以動念為因，交氣為緣，因此纔有八萬四千飛揚和沉滯的亂想。兩種氣結合而凝結成的卵羯邏藍流轉各處國土，形成如魚、鳥、龜、蛇等類生物充塞世間。世間的雜染輪迴與真性相背而成愛欲顛倒惑，此愛欲惑和合而有八萬四千橫豎亂想。橫則成龍、畜亂想，豎則成人、仙亂想。亂想與色相結合而生成胎遏蒲曇流轉各處國土，形成如人、畜、龍、仙等類生命充塞世間。由世間輪迴的顛倒妄惑的作用，業緣與溼氣執著和合而成八萬四千翻覆亂想。由此便有溼相蔽尸流轉各處國土，形成含蠢蠕動等類生命充塞世間。由世間輪迴的變易妄想而假託所依，便有了八萬四千新、舊亂想。由此便有化相羯南流轉各處國土，形成轉變身形與蛻化身形等類生命充塞世間。由世間輪迴的色相質礙而有的障蔽顛倒，於是和合而成八萬四千精耀亂想。或執著日月之精華以成自己的明耀，由此便有色相羯南流轉各處國土，形成吉、凶二相及明耀等類生命充塞世間。由世間輪迴眾生厭棄有相色身，欲滅身歸無，因而有銷散顛倒惑的產生，此惑與黑暗和合便成八萬四千陰隱亂想。由此亂想業因而有無色羯南流轉各處國土，形成空、散、銷、沉等類生命充塞世間。

由於世間輪迴的虛妄眾生貪求靈通、妄執影像，所以便有罔象顛倒惑的產生。此惑糾結執著便成八萬四千潛結亂想。由此亂想業而有有想相羯南流轉各處國土，形成神鬼、精靈等類生命充塞世間。由於世間輪迴的虛妄眾生愚昧暗鈍而有癡顛倒的產生。此癡糾結和合而成八萬四千枯槁亂想。由此亂想業而有無想相羯南流轉各處國土，其精化為土、木等，其神化為金、石等，充塞世間。由於世間輪迴的相待性使眾生產生虛妄的顛倒惑。此惑和合黏染而成八萬四千因依亂想。因人成事，依附草、木，便有非有色相成色羯南流轉各處國土，如水母等以水沫成身、以蝦為眼目，互相依託而成生類充塞世間。由於世間輪迴眾生因聲呼召，引發神識而有自性顛倒惑的產生。依惑起業而有八萬四千呼召亂想。此亂想和合邪咒而有非無色相無色羯南流轉各處國土，隨詛咒而作祟的靈異者和隨厭禱而作祟的妖怪等類充塞世間。由於世間輪迴的眾生性情迷罔，妄自背棄自性，以他物為己物。此二妄相合，遂有顛倒妄想強合異類，成八萬四千迴互亂想。由此亂想業致感業果而有非有想相成想羯南流轉各處國土，因而那些如細腰蜂一樣納別質而化為己命的生類便充塞世間。由於世間輪迴的虛妄眾生懷怨報恨，這種相互殺害的顛倒惑和合而成八萬四千食父母的怪異亂想。由此亂想而有非無想相無想羯南流轉各處國土，這樣，如貓頭鷹等抱土塊以為子、破鏡鳥抱毒果樹以為子，待子長成，父母卻皆遭其子吞食，諸如此類生命也充塞世間。這就是眾生的十二種類別。」

卷八

【題解】本卷可分三部分。第一部分，接續卷七，佛應阿難所請，詳細宣說正修三摩地的方法和程序。首先立三種漸次：一為修習除其助因，二為真修刳其正性，三為增進違其現業。其次依次修行「五十五位真菩提路」，也稱為「五十五心」。五十五位是十信、十住、十迴向、四加行、十地以及等覺，最終可成就無上妙覺。第二部分，佛應文殊師利菩薩所請，宣說此經的題名。第三部分，阿難又對真如佛體與諸趣的關係產生了疑問。在本卷中，佛詳細宣說了「七趣」中的欲界眾生的成因和狀況。欲界六趣是：地獄趣、鬼趣、畜生趣、人趣、仙趣、天趣中的六欲天。

「阿難，如是眾生一一類中亦各各具十二顛倒，猶如捏目亂華發生，顛倒妙圓真淨明心，具足如斯虛妄亂想。汝今修證佛三摩提，於是本因元所亂想，立三漸次，方得除滅。如淨器中除去毒蜜，以諸湯水并雜灰香洗滌其器，後貯甘露。云何名為三種漸次？一者修習除其助因，二者真修刳其正性，三者增進違其現業❶。

云何助因？阿難，如是世界十二類生不能自全，依四食住。所謂段食❷、觸食❸、思食❹、識食❺。是故佛說一切眾生皆依食住。阿難，一切眾生食甘故生，食毒故死。是諸眾生求三摩提，當斷世間五種辛菜。是五種辛熟食發婬，生啖增恚。如是世界食辛之人，縱能宣說十二部經，十方天仙嫌其臭穢，咸皆遠離。諸餓鬼等因彼食次，舐其脣吻，常與鬼住，福德日銷，長無利益。是食辛人修三摩地，菩薩、天仙、十方善神不來守護。大力魔王得其方便，現作佛身來為說法，非毀禁戒，讚婬、怒、癡。命終自為魔王眷屬，受魔福盡，墮無間獄。阿難，修菩提者永斷五辛，是則名為第一增進修行漸次。

云何正性？阿難，如是眾生入三摩地，要先嚴持清淨戒律，永斷婬心，不餐酒肉，以火淨食，無啖生氣。阿難，是修行人若不斷婬及與殺生，出三界者無有是處。當觀婬欲猶如毒蛇，如見怨賊。先持聲聞四棄、八棄，執身不動。後行菩薩清淨律儀，執心不起。禁戒成就，則於世間永無相生相殺之業。偷劫不行，無相負累，亦於世間不還宿債。是清淨人修三摩地，父母肉身不須天眼，自然觀見十方世界。覩佛聞法，親奉聖旨，得大神通，遊十方界，宿命清淨，得無艱險。是則名為第二增進修行漸次。

云何現業？阿難，如是清淨持禁戒人，心無貪婬，於外六塵不多流逸。因不流逸，旋元自歸。塵既不緣，根無所偶，反流全一，六用不行。十方國土皎然清淨，譬如瑠璃內懸明月，身心快然，妙圓平等，獲大安隱。一切如來密、圓、淨、妙皆現其中。是人即獲無生法忍。從是漸修，隨所發行，安立聖位。是則名為第三增進修行漸次。

【章旨】佛宣說修證三摩地的「三種漸次」：第一，修習除其助因，即不食五辛；第二，真修以刳其正性，即斷淫和殺生等；第三，增進違其現業，即外塵不多流逸。

【注釋】❶現業　即六根所用，指六根流逸於外塵，如眼見色、耳聽聲、鼻嗅香、舌嘗味、身覺觸、意知法。❷段食　欲界人、天、脩羅、畜生等以有形物為食，且分段進餐以維持生命，故名之。❸觸食　鬼神只以觸享受氣味以維持生命，故名之。❹思食　色界諸禪天，無飲食之事，唯以禪思維持生命，故名之。❺識食　無色界諸天只以無形體之識為食維持生命，故名之。

【語譯】佛繼續說：「阿難，如此十二類的每一類眾生各自都具有十二種顛倒妄相，猶如以手捏目，眼前就會產生種種狂花亂飛，妙圓真淨明心因顛倒妄念的擾亂也具有如此的虛妄亂想。你現在修證佛三摩地，只須從這種顛倒產生的根本原因處，以三種漸進的方式除滅這樣的亂想。譬如於本來清潔的容器中，除去後來放置的毒蜜，再用滾熱的水拌入灰香洗滌此器之後，方可貯存甘露。什麼是三種漸進方式呢？第一，通過修行除去助惡之緣；第二，通過真修斷除惡業，使其合於正性；第三，增進聖位，使其與現業完全相反。

什麼叫助因呢？阿難，這個世界的十二類眾生都不能獨自保全自己的生命，而是依靠四食得以存在。四食就是段食、觸食、思食、識食。因而，佛說過一切眾生都依靠食物而存在。阿難，一切眾生食甘甜的食品而生存，食有毒的東西就死亡。因此，一切眾生求證三摩地應當斷絕食用世間五種辛菜。這五種辛菜，若熟食會助發淫欲，若生吃會增加瞋恚。世間食辛的人，即使能宣說十二部經的道理，十方天仙因討厭其臭穢也會遠離他們。一切餓鬼則因其人食用辛菜而來舐其嘴脣，因而其人常與鬼同住，福德漸漸消除解體，長久沒有利益。這種食辛之人欲修三摩地，菩薩、天仙及一切善神不會來守護他。而大力魔就會乘此機會化作佛身為其說法，誹謗禁戒而讚賞淫、怒、癡等惡行。此種食辛之人命終之後，當然會成為魔鬼的眷屬，在享盡魔鬼福報後將墮入無間地獄。阿難，修證菩提須永遠斷除五辛，這就是第一增進修行的漸進方式。

什麼叫正性呢？阿難，這些眾生欲證入三摩地，首先須嚴格持守戒律，永遠斷除淫心，不食酒、肉，並且須食用以火煮熟的食物，不喫任何生、冷食物。阿難，如果這些修行人不斷除淫心，戒絕殺生，要想出離三界是不可能的。應當觀察，淫欲就好像毒蛇，也好像怨家、劫賊一樣。因此，修行人首先應當修持聲聞禁戒，即比丘四棄、比丘尼八棄，使身體不為任何外物所動。然後，再履行菩薩清淨律儀，使執心不再生起。禁戒修成之後，於世間永遠就不會再有因淫欲而相生、因瞋恚而相殺的業行。沒有偷盜、劫財行為，也就沒有互相賒欠的負擔，也就不會有需要償還的宿債。如此的三摩地修行者，不需要藉助天眼，僅僅依靠父母所生的身體，自然而然地就可觀看到十方世界，親自耳聞目睹佛的說法，並且親奉佛旨而得到大神通，遊歷十方世界，宿命清淨，無有任何艱難險阻。這就是第二增進修行的漸進方式。

什麼叫現業呢？阿難，如上清淨持戒的人，心中沒有貪淫欲望，並且對於外塵不再流逸眷顧。因不流逸外塵，即可返觀清淨自性，不與外塵相緣，根就沒有對象與其相對，心之全體就可返歸於清淨之心，六根的六用也就不起作用了。這樣，修行者只見十方國土皎然清淨，就如同琉璃瓶內懸著明月一樣，身心灑脫無礙，妙圓平等而獲大安定和大平穩。一切如來祕密、圓滿、清淨、微妙的境界都呈現出來，此人就即刻獲得了無生法忍。由此門徑漸進修行，隨其修行淺深所現之境界，安立相應的聖位。這就是第三增進修行的漸進方式。

阿難，是善男子欲愛乾枯，根境不偶，現前殘質不復續生，執心虛明，純是智慧。慧性明圓，鎣十方界，乾有其慧，名乾慧地。欲習初乾，未與如來法流水接。即以此心，中中流入，圓妙開敷，從真妙圓重發真妙。妙信常住，一切妄想滅盡無餘。中道純真，名信心住。真信明了一切圓通，陰、處、界三，不能為礙。如是乃至過去、未來無數劫中，捨身、受身，一切習氣皆現在前。是善男子皆能憶念，得無遺忘，名念心住。妙圓純真，真精發化，無始習氣通一精明。唯以精明進趣真淨，名精進心。心精現前，純以智慧，名慧心住。執持智明，周遍寂湛，寂妙常凝，名定心住。定光發明，明性深入，唯進無退，名不退心。心進安然，保持不失，十方如來氣分交接，名護法心。覺明保持，能以妙力迴佛慈光。向佛安住，猶如雙鏡光明相對，其中妙影重重相入，名迴向心。心光密迴，獲佛常凝無上妙淨，安住無為，得無遺失，名戒心住。住戒自在，能遊十方，所去隨願，名願心住。

【章　旨】佛由此開始宣說菩薩五十五位修行聖位。第一位為乾慧地。第二個十位即「十信」：信心住、念心住、精進心、慧心住、定心住、不退心、護法心、迴向心、戒心住、願心住。

【語　譯】阿難，此善男子欲愛的念頭已經乾枯，相與塵不相偶合，目前的最後身相永遠不再捨生而又受生。保持自己自心的靈明洞徹，智慧的自性光明圓滿普照十方世界。沒有塵、根的障礙，只有智慧，因而名之為乾慧地。欲愛的習氣剛剛乾枯，但無明仍未完全斷除，因此還不能與諸佛如來的真如法性相接合。以此乾慧地之心於念念中如箭箭中的，直至法性之流。此時，圓通的妙理猶如蓮花開放，從此真妙圓明之心中，重新發出更為真妙的智慧之光。這樣就證得了常住的圓妙信心。一切妄想自然滅盡無餘，完全於中道純真之心中運行。這就是信心住。所證真實的信心能明瞭一切圓通，陰、處、界再也不能障礙它。這樣，對過去、未來無數劫中所捨去之身以及將受之身的一切習氣，都能清楚地顯現於眼前，並且能記住，永不遺忘。這就是念心住。妙圓的正信之心成為真實的真精，它將無始以來的習氣都融化為一精明妙用的整體。而這一精明就是如如智體，以此精明去契合真淨的如如理體，這就叫精進心。以真淨理體為體性的心精顯現出來，就將一切無明習氣都化為智慧，這就叫慧心住。執持此智慧光明之境，身心內外周徧寂湛，心體寂而常照，照而常寂，這就叫定心住。定力既深，就會發出智慧光明。此光明慧性愈入愈深，達到只進不退的程度，這就叫作不退心住。此心安穩地深入，始終保持不失，就能與十方如來的氣分相互交接，內護心法，外護佛法。這就叫作護法心。始覺的智慧保持不失，就能以智光的妙力迴轉諸佛的慈光，入於自己的心中，自己的心光又回到佛的心中。猶如兩鏡相對，其光相互映照，相互攝入。這就叫迴向心。心光綿密回照，獲得佛的常凝無上妙淨之力，使此心安住於無為之境中，永遠不會遺失。這就叫戒心住。安住清淨戒體，自由自在，又能遊化十方世界，隨願往返。這就叫願心住。

阿難，是善男子以真方便發此十心，心精發暉，十用涉入，圓成一心，名發心住。心中發明，如淨瑠璃內現精金。以前妙心履以成地，名治地住。心地涉知，俱得明了，遊履十方，得無留礙，名修行住。行與佛同，受佛氣分，如中陰身自求父母，陰信冥通，入如來種，名生貴住。既遊道胎，親奉覺胤，如胎已成，人相不缺，名方便具足住。容貌如佛，心相亦同，名正心住。身心合成，日益增長，名不退住。十身❶靈相一時具足，名童真住。形成出胎，親為佛子，名法王子住。表以成人，如國大王以諸國事分委太子。彼剎利王世子長成，陳列灌頂，名灌頂住。

【章旨】十住位包括發心住、治地住、修行住、生貴住、方便具足住、正心住、不退住、童真住、法王子住、灌頂住。生佛家而為佛子，故名「十住」。

【注　釋】❶十身　佛所具的十種身相，即菩提身、願身、化身、力身、莊嚴身、威勢身、意生身、福身、法身、智身。

【語　譯】阿難，修滿十信位的善男子，以真實的法門發起以上的十心妙用。心精發揮功能，此十心妙用便互相涉入，十心圓成唯一真心，名發心住。依此妙心發明妙智，就好像清潔的琉璃瓶內置放精金，毫無遮蔽，一覽無遺。依以前所證成的妙心契真如妙理，依真理起真修，一切行持皆於此而起，因而叫治地住。心地的始覺涉入本覺的理體，理、智都明瞭，所以能遊化十方世界，一切皆無障礙，因而叫修行住。所修妙行已與佛相同，領受了佛的真如氣分。就好像中陰身自己尋找同業作為其父母一樣。既然與佛行業相同，陰信相通，便可入於如來種姓。這就叫生貴住。既然入於佛的胎藏，就是大覺法王的真嗣，猶如胎已育成，人相不缺。佛相不缺，就叫方便具足住。不但容貌與佛相同，心相也與佛相通，這就叫正心住。外貌和內心之佛相逐漸增長，這就叫不退住。於此位再行增長，佛所具有的十身靈相全部具足，這叫童真住。佛形既成，出胎現世，親為佛的得法之子，這就叫法王子住。太子的身形長大如同成人，世間的國王就會交付一些國事讓其負責。佛也與那些剎利王一樣，其法王子長大成人以後，排位等候灌頂以紹繼其位，這就叫灌頂住。

阿難，是善男子成佛子已，具足無量如來妙德，十方隨順，名歡喜

行。善能利益一切眾生，名饒益行。自覺、覺他，得無違拒，名無瞋恨行。種類出生，窮未來際，三世平等，十方通達，名無盡行。一切合同種種法門，得無差誤，名離癡亂行。則於同中顯現群異，一一異相，各各見同，名善現行。如是乃至十方虛空滿足微塵，一一塵中現十方界。現塵、現界不相留礙，名無著行。種種現前，咸是第一波羅密多❶，名尊重行。如是圓融，能成十方諸佛軌則，名善法行。一一皆是清淨無漏，一真無為，性本然故，名真實行。

【章旨】十行包括：歡喜行、饒益行、無瞋恨行、無盡行、離癡亂行、善現行、無著行、尊重行、善法行、真實行。十行廣攝菩薩六度，攝物利生，念念具足諸波羅密多。

【注釋】❶波羅密多　即到彼岸之意。生死境界，叫此岸。涅槃境界，叫彼岸。「波羅密多」，意為離生死此岸，度煩惱中流，到涅槃彼岸。波羅密有六種，即布施、持戒、忍辱、精進、禪定、般若，此又稱「六度」。

【語譯】阿難，此善男子既然已經成為佛子，就具足無量如來的妙德。在十方世界中，一切隨順眾生隨緣而度，此名歡喜行。善於為一切眾生謀求善福利，此名饒益行。不但自己覺悟，而且使一切眾生覺悟。對於所受一切侮辱，都不違拒而能忍受，此名無瞋恨行。在十二類眾生中，都能隨類而前往化度；窮盡過去、現在、未來以及周徧十方的眾生，都能平等待之，使其通達無礙，此名無盡行。知種種法門並將其融合成一體，始終沒有差錯，此名離癡亂行。在作為根本的法性中，顯現出各種不同的作用。在每一個別的現象上，又能見到它在根本上是相同的，此即名為善現行。這樣再進一步至於十方世界包含所有微塵，每一微塵都顯現十方世界。顯現微塵與微塵顯現世界都不相妨礙，此即名為無著行。種種現前的行為都是第一波羅密多，都能使眾生達到最高的究竟處，此即名為尊重行。如此圓融通達，能夠完成十方諸佛的儀軌和法則，此即名為善法行。如上所說的各種次序和境界，一一都是清淨無染的，都是一真無為法的真實本然的流露，此即名為真實行。

阿難，是善男子滿足神通，成佛事已，純潔精真，遠諸留患。當度眾生，滅除度相，迴無為心向涅槃路，名救護一切眾生離眾生相迴向[1]。壞其可壞，遠離諸離，名不壞迴向。本覺湛然，覺齊佛覺，名等一切佛迴向。精真發明，地如佛地，名至一切處迴向。世界、如來互相涉入，得無罣礙，名無盡功德藏迴向。於同佛地，地中各各生清淨因，依因發揮取涅槃道，名隨順平等善根迴向。真根既成，十方眾生皆我本性。性圓成就，不失眾生，名隨順等觀一切眾生迴向。即一切法，離一切相，唯即與離二無所著，名真如相迴向。真得所如，十方無礙，名無縛解脫迴向。性德圓成，法界量滅，名法界無量迴向。

阿難，是善男子盡是清淨四十一心，次成四種妙圓加行❷。即以佛覺用為己心，若出未出，猶如鑽火欲然其木，名為煖地。又以己心成佛所履，若依非依，如登高山，身入虛空，下有微礙，名為頂地。心佛二同，善得中道，如忍事人，非懷非出，名為忍地。數量銷滅，迷覺中道，二無所目，名世第一地。

【章旨】十迴向包括：救護一切眾生離眾生相迴向、不壞迴向、等一切佛迴向、至一切處迴向、無盡功德藏迴向、隨順平等善根迴向、隨順等觀一切眾生迴向、真如相迴向、無縛解脫迴向、法界無量迴向。以大悲心迴向一切眾生，故名之。在「四十一心」之後，佛又宣說「四加行」以明心、佛互攝。

【注　釋】❶迴向　菩薩以大悲願心處於世間救度眾生，使其迴真向俗，迴智向悲，使真俗圓融、悲智不二。這就是「迴向」，又叫悲願。❷加行　入於正位之前的準備，加一段力，故名「加行」。唯識學以暖地、頂地、忍地、世第一地等四善根為加行位，因而以四加行作為四善根的異名。

【語　譯】阿難，此修滿十行的善男子，神通已經滿足，佛事也已經成就，如來藏性之體、用同樣已經純潔精真，遠離了一切殘留的過患。當其救度眾生之時，不見有眾生需度，也無度生之相。回有為行入無為心，再依無為心向涅槃路。如此救護一切眾生，永無休息，此名為救護一切眾生離眾生相迴向。滅除了一切可以滅除的，遠離了一切可以遠離的，最終連能滅除、能遠離之相都不再存在，此名為不壞迴向。真心至精發出光明，心地等同於佛的心地，此名為等一切佛迴向。因地之精真已經等同於佛地，就能含藏無邊境界，能現無量國土，此名為至一切處迴向。十方世界與如來互相涉入，一點也無罣礙，此名為無盡功德藏迴向。在佛與眾生平等的性地中發生各各不同的清淨之因。依此因而發揮妙用，取得涅槃的道果，此名為隨順平等善根迴向。真實的道根既已成就，遍觀十方世界眾生所具佛性與我同為一體。現在我既圓滿成就，也當使眾生同樣成就，不能失卻眾生而不救度，此名為隨順等觀一切眾生迴向。即一切法而離一切相，並連『即』和『離』的念頭都不存在。空、有不著，二邊雙亡，此名為真如相迴向。真如之體遍於十方，一切無礙，此名為無縛解脫迴向。真如自性的妙德既已圓成，法界的邊際和數量的觀念也已滅除了。此名為法界無量迴向。

阿難，以上就是四十一清淨妙心的境界。除此之外，還要進入四種微妙、圓滿的加行。用如佛一樣的覺性當作自己加行的因地心，似乎將要覺悟，其實尚未圓滿。猶如鑽木取火，火光雖未燃發，但暖氣已經逸出。此名為暖地。又以自己加行的因地心為佛覺的踐履之地。此時，其心相未能全忘，似乎仍然以心地為所依，但心相確實已經除盡，所以心地並不是心相的所依。這就如登上高山的峰頂，身體已經入於虛空之中，足卻並未離開地面。此名為頂地。心、佛相同，已經證得中道妙義。此時，將證得而未曾徹底證得，心中明瞭卻傾吐不出，就如同忍耐事務之人一樣。此名為忍地。一切境界和名稱、數量，完全消除。迷惑、覺悟，作為相對而立的概念，已經沒有確定的所指。此名為世第一地。

阿難，是善男子於大菩提善得通達，覺通如來，盡佛境界，名歡喜地。異性入同，同性亦滅，名離垢地。淨極明生，名發光地。明極覺滿，名燄慧地。一切同異所不能至，名難勝地。無為真如性淨明露，名現前地。盡真如際，名遠行地。一真如心，名不動地。發真如用，名善慧地。阿難，是諸菩薩從此已往，修習畢功，功德圓滿，亦目此地名修習位。慈陰妙雲，覆涅槃海，名法雲地。

如來逆流，如是菩薩順行而至，覺際入交，名為等覺。阿難，從乾慧心至等覺已，是覺始獲金剛心中初乾慧地。如是重重，單複十二，方盡妙覺，成無上道。是種種地皆以金剛觀察如幻十種深喻❶。奢摩他❷中，用諸如來毗婆舍那❸清淨修證，漸次深入。阿難，如是皆以三增進❹故，善能成就五十五位真菩提路。作是觀者，名為正觀。若他觀者，名為邪觀。」

【章　旨】十地位包括：歡喜地、離垢地、發光地、燄慧地、難勝地、現前地、遠行地、不動地、善慧地、法雲地。經過以上五十五位的漸次修行，方可證得等覺、妙覺二聖位。

【注　釋】❶如幻十種深喻　據《大品般若經》，十種說「空」的比喻為：觀一切業如幻，一切法如焰，一切身如水，妙色如空花，妙音如谷響，諸佛國土如乾闥婆城，佛事如夢，佛身如影，報身如像，法身如化。不可取，不可捨，一切空故。❷奢摩他　即指「止」。❸毗婆舍那　即指「觀」。❹三增進　指上文所說「三種漸次」：一修習除其助因，二真修刳其正性，三增進違其現業。

【語　譯】阿難，此善男子對於無上的菩提大道已經通達，並以自己的本覺與如來的妙覺融合貫通，能證入諸佛的微妙境界，此名為歡喜地。眾生各各不同之性都融入諸佛的平等佛性，此後就連此同性之感也要消滅，方纔是完全離垢的清淨，此名為離垢地。清淨至極就發出光明，此名為發光地。明淨至極，則覺、智圓滿，此名為燄慧地。前述種種同、異都全部消失，都不可得，此名為難勝地。無為的真如自性自然地發露明淨妙德，此名為現前地。窮盡真如自性的邊際，此名為遠行地。一心真如湛然不動，此名為不動地。發起真如自性的妙用，此名為善慧地。阿難，這些修行圓通的菩薩從此以後，修行的功德已經完成，出世的功德已告圓滿，因而也將此地稱為修習位。慈悲普被，彌滿成蔭，妙智祥雲覆蓋涅槃果海，此名為法雲地。

如來因圓果滿，證得涅槃而不捨眾生，此即為倒駕慈航，逆涅槃流而出。菩薩從初發心，入於金剛乾慧地，經過五十四位方纔達到等覺，此是順流而至。在此，菩薩的始覺和如來的妙覺相交會合之時，就名為等覺。阿難，從乾慧心即金剛初心，到等覺菩薩位，其心已破無明，但還未和如來的妙覺之海相接，因而此初乾慧地也稱為金剛後心。這樣，從乾慧地金剛初心到妙覺，要經過重重單複十二，纔能窮盡妙覺果位，成就無上佛道。以上所說的種種階位，都需用不變如金剛的智慧去觀察，以十種比喻去理解世間一切，包括佛國、佛事、佛身等等，都是空幻不實的。因而於奢摩他法門之中，依過去諸佛所使用的止觀法門而清淨修證，逐漸深入。阿難，這樣的修行皆是依照上述三種增進漸次而成就五十五位真正的菩提大道。依照這種途徑如此修觀，纔名為正觀。若依其他觀法，就是邪觀。」

爾時，文殊師利法王子在大眾中，即從座起，頂禮佛足而白佛言：「當何名是經？我及眾生云何奉持？」佛告文殊師利：「是經名《大佛頂悉怛多般怛羅無上寶印十方如來清淨海眼》，亦名《救護親因度脫阿難及此會中性比丘尼得菩提心入遍知海》，亦名《如來密因修證了義》，亦名《大方廣妙蓮華王十方佛母陀羅尼咒》，亦名《灌頂章句諸菩薩萬行首楞嚴》。汝當奉持。」

說是語已，即時阿難及諸大眾得蒙如來開示密印般怛羅義，兼聞此經了義名目，頓悟禪那，修進聖位增上妙理，心慮虛凝，斷除三界修心六品❶微細煩惱。即從座起，頂禮佛足，合掌恭敬而白佛言：「大威德世尊，慈音無遮，善開眾生微細沉惑，令我今日身心快然，得大饒益。世尊，若此妙明真淨妙心本來徧圓，如是乃至大地、草木、蠕動含靈本元真如，即是如來成佛真體。佛體真實，云何復有地獄、餓鬼、畜生、脩羅、人、天等道？世尊，此道為復本來自有？為是眾生妄習生起？世尊，如寶蓮香比丘尼持菩薩戒，私行婬欲，妄言『行婬非殺非偷，無有業報』。發是語已，先於女根生大猛火，後於節節猛火燒然，墮無間獄。瑠璃大王、善星比丘，瑠璃為誅瞿曇族姓，善星妄說『一切法空』，生身陷入阿鼻地獄。此諸地獄，為有定處？為復自然？彼彼發業，各各私受？惟垂大慈發開童蒙，令諸一切持戒眾生聞決定義，歡喜頂戴，謹潔無犯。」

【章旨】應文殊菩薩的請求，佛說明此經的題名。阿難又對真如佛體與諸趣的關係產生了疑問，請求佛給予說明。

【注釋】❶三界修心六品　三界九地所應斷的煩惱共八十一品，每地九品。斷除欲界前六品即可證聲聞乘之二果——「一來果」。

【語譯】這時，文殊師利法王子於大眾中，從座位起立，頂禮佛足而對佛說：「應以什麼名稱命名此經？我及眾生怎樣奉持此經呢？」佛告訴文殊師利：「此經名為《大佛頂悉怛多般怛羅無上寶印十方如來清淨海眼》，也可稱之為《救護親因度脫阿難及此會中性比丘尼得菩提心入徧知海》，也可稱之為《如來密因修證了義》，也可稱之為《大方廣妙蓮華王十方佛母陀羅尼咒》，也可稱之為《灌頂章句諸菩薩萬行首楞嚴》。你們應該依教奉行。」

佛說完這些話，阿難及會中諸大眾承蒙如來開示祕密心印，持誦大白傘蓋神咒，並且聽聞了此經的最究竟義理，即刻覺悟禪那法門以及修行的位次和最殊勝的圓滿理體。大眾心虛無慮，臻至言、思未能及的境界。阿難即刻斷除了三界中欲界的前六品思惑而證得「一來果」

位。阿難從座位起立，頂禮佛足，合掌恭敬而對佛說：「大威德世尊，您以大威德的慈音拔除了眾生無始以來俱生的思惑，使我們身心快樂，得到莫大的利益。世尊，如果此微妙真實的清淨妙心本來是圓滿周徧的，甚至山河大地、草木、有情都是本元真如的起用，那麼，它們也應該是如來成佛的真實理體。佛體既然是真實的，為何仍有地獄、餓鬼、畜生、脩羅、人、天等道呢？世尊，這些『道』是本來就有的呢？還是由眾生的虛妄習氣生起的呢？世尊，比如寶蓮香比丘尼本來是受過菩薩戒的，但卻與人偷偷行淫，並且妄說『行淫不是殺生，也不是偷盜，是沒有業報的』。說完這些話，她的陰部就生起大火，蔓延燒至其全身骨節，終於墮落至無間地獄。又如琉璃大王和善星比丘，當琉璃大王殺戮釋迦族姓眾生之時，善星比丘妄言『一切法空』。此二人未及死亡就以生身墮入阿鼻地獄。這些地獄是有一定的處所的呢？還是由各自的業力去自然感受到呢？惟望大慈開導我們這些蒙昧眾生，使一切持戒眾生聽聞這些決定義理，都歡喜頂戴，謹慎持守，純潔不犯。」

佛告阿難：「快哉，此問！令諸眾生不入邪見。汝今諦聽，當為汝說。阿難，一切眾生實本真淨，因彼妄見有妄習生，因此分開內分、外分。阿難，內分即是眾生分內因諸愛染發起妄情。情積不休，能生愛水。是故眾生心憶珍羞，口中水出。心憶前人或憐或恨，目中淚盈。貪求財寶，心發愛涎，舉體光潤。心著行婬，男女二根自然流液。阿難，諸愛雖別，流結是同。潤溼不升，自然從墜，此名內分。阿難，外分即是眾生分外，因諸渴仰，發明虛想，想積不休，能生勝氣。是故眾生心持禁戒，舉身輕清；心持呪印，顧盼雄毅；心欲生天，夢想飛舉；心存佛國，聖境冥現；事善知識，自輕身命。阿難，諸想雖別，輕舉是同。飛動不沉，自然超越，此名外分。

阿難，一切世間生死相續，生從順習，死從變流。臨命終時，未捨煖觸，一生善惡俱時頓現。死逆生順，二習相交。純想即飛，必生天上。若飛心中，兼福兼慧及與淨願，自然心開，見十方佛，一切淨土隨願往生。情少想多，輕舉非遠，即為飛仙、大力鬼王、飛行夜叉、地行羅剎，遊於四天，所去無礙。其中，若有善願，善心護持我法，或護禁戒隨持戒人，或護神呪隨持呪者，或護禪定保綏法忍。是等親住如來座下。情想均等，不飛不墜，生於人間，想明斯聰，情幽斯鈍。情多想少，流入橫生，重為毛群，輕為羽族。七情三想，沉下水輪，生於火際，受氣猛火。身為餓鬼，常被焚燒。水能害己，無食無飲，經百千劫。九情一想，下洞火輪，身入風、火二交過地，輕生有間❶，重生無間二種地獄。純情即沉，入阿鼻獄。若沉心中，有謗大乘，毀佛禁戒，誑妄說法，虛貪信施，濫膺恭敬，五逆❷、十重❸，更生十方阿鼻地獄。循造惡業，雖則自招，眾同分中兼有元地。

【章旨】本來真淨的眾生因妄見而有「內分」和「外分」兩種染塵執想。「內分」即身體內部的心理活動，「外分」即以身體為根據而發生向外輻射的能量。這兩種情想正是諸趣升、墜的原因。

【注釋】❶有間　指有間地獄，相對於「無間地獄」而名之。「有間」為間隔之義，因而有間地獄中的眾生所受苦罰是有間斷性的。❷五逆　又稱「五無間業」。罪惡違逆於理法，故稱之為「逆」。因其為感無間地獄苦報的惡業，故又稱之為「無間惡」。包括殺父、殺母、殺阿羅漢、出佛身血、破和合僧五種。❸十重　又稱為「十惡」。包括：一殺生，二偷盜，三邪淫，四妄語，五兩舌，六惡口，七綺語，八貪欲，九瞋恚，十邪見。

【語　譯】佛告訴阿難：「此問正合我意！我正想對此問題作出說明，以使眾生不入邪見。你仔細聽著，我當即為你說明。阿難，一切眾生確實本來都是清淨的真如，只因一念妄動而生無明，因無明而成妄見，因妄見而生虛妄習氣。此虛妄習氣作用於眾生而將原本清淨的真心染汙成內分妄和外分妄。阿難，內分就是眾生身心之內，由於一切愛染而生起妄有的情、欲。此情、欲不斷累積而產生身內的愛水。眾生心裡憶想珍饈妙味就會流出口水。心中思憶已故之人，或愛或恨，眼中自然就會流淚。貪戀追求財寶，心中就會產生一種愛涎，全身甚至也會變得更光潤。心裡執著嚮往淫欲，男女性器官就會流出液體。阿難，諸愛雖然有種種差別，但流通於外和蘊藏於內的，都是以溼潤性為其共同特徵的。水性不能上升，自然是要下墜的，這就是內分。阿難，外分就是眾生對身外的勝妙境界發生仰慕渴求而產生的虛妄思念。此思念不斷累積，就會產生一種殊勝之氣。眾生若能於心中嚴持禁戒，全身就會輕快清淨。若能心中持咒，手中結印，就會顧盼自豪，無所畏懼。若心想生天，夢裡就會覺得自己在飛升遠舉。心裡存念佛國，聖境就會突然出現。若想親近善知識，就會不惜身命而事奉。阿難，諸想雖然有種種差別，但輕清是其共同特點。飛動不會下沉，自然是要超越的，這就是外分。

阿難，一切有情世間生死相續不斷。生則隨順所造之善惡的習氣而生，死則從其變遷流轉而受異類的身體。臨命終時，氣息已斷而體溫尚存之際，一生所造善惡之業會一齊顯現出來。死逆、生順的二種習氣必定交相併發。純粹有想而沒有情，神識就會飛升而生於天上。如果純想若飛的心裡還有修福、修慧以及發清淨誓願，當然心境開闊，可以見到十方佛的境界，也可隨願往生任何一個佛國淨土。若是情少想多，雖然也會輕飛，但不會太遠，可以成為飛仙、大力鬼王、飛行夜叉、地行羅剎，遊於四天王之下，來去自由並無阻礙。以上這些眾生，其中有善願善心的，就會護持佛法；若是護持禁戒的，就會保護持戒人；若是守護神咒的，就會保護持咒人；若是守護禪定的，就會保護修定的人。他們皆為天龍八部的護法神，常常親住於如來座下。情、想平均的，不飛升，也不下墜，而生於人道；思想清明的，就是聰明的人；情意憂鬱的，就是愚鈍的人。情多想少的，就會流入橫生的畜生道；情重的，墜落為毛群；情輕的，墜落為羽族。七分情三分想的，就沉到水輪之下、火輪之上，受到猛火的氣分，結起成形而變為餓鬼，常被焚燒。餓鬼見水欲飲，其水卻變成火而傷害自己。因此，此餓鬼無食無飲經歷百千劫的時間。九分情一分想的，就會透過火輪，身子墜於風、火二輪的交接處；輕的，生於有間地獄；重的，生於無間地獄。無想而純是情的就會一直下沉，落入阿鼻地獄。如果其心中又兼毀謗大乘，毀謗佛所制禁戒，誑妄地演說佛法，虛貪別人的信施，濫得他人的恭敬，甚至於犯了五逆、十惡，這樣就會幾番轉生於十方阿鼻地獄，求出無期。以上這些都是循著各人所造的惡業所招感的苦報。雖然是自業所感招，自作自受，但是眾生同業所感造的同分地獄仍各有其原因和境地。

阿難，此等皆是彼諸眾生自業所感，造十習因，受六交報。云何十因？阿難：一者，婬習交接，發於相磨。研磨不休，如是故有大猛火光於中發動。如人以手自相摩觸，煖相現前。二習相然，故有鐵牀、銅柱諸事❶。是故十方一切如來色目行婬同名欲火，菩薩見欲如避火坑。二者，貪習交計，發於相吸。吸攬不止，如是故有積寒堅冰，於中凍冽。如人以口吸縮風氣，有冷觸生。二習相陵，故有吒吒、波波、羅羅、青赤白蓮、寒冰等事❷。是故十方一切如來色目多求同名貪水，菩薩見貪如避瘴海。三者，慢習交陵，發於相恃。馳流不息，如是故有騰逸奔波，積波為水，如人口舌自相緜味，因而水發。二習相鼓，故有血河❸、灰河❹、熱沙毒海❺、融銅灌吞❻諸事。是故十方一切如來色目我慢名飲癡水，菩薩見慢如避巨溺。四者，瞋習交衝，發於相忤。忤結不息，心熱發火，鑄氣為金。如是故有刀山、鐵橛、劍樹、劍輪、斧鉞、鎗鋸，如人銜冤，殺氣飛動。二習相擊，故有宮割、斬斫、剉刺、槌擊諸事。是故十方一切如來色目瞋恚名利刀劍，菩薩見瞋如避誅戮。五者，詐習交誘，發於相調。引起不住，如是故有繩木絞校，如水浸田，草木生長。二習相延，故有杻械、枷鎖、鞭杖、檛棒諸事。是故十方一切如來色目姦偽同名讒賊，菩薩見詐如畏豺狼。

六者，誑習交欺，發於相罔。誣罔不止，飛心造姦。如是故有塵土、屎尿穢汙不淨，如塵隨風，各無所見。二習相加，故有沒溺❼、騰擲❽、飛墜、漂淪諸事，是故十方一切如來色目欺誑同名劫殺，菩薩見誑如踐蛇虺。七者，怨習交嫌，發於銜恨。如是故有飛石投礰、匣貯車檻、甕盛囊撲，如陰毒人懷抱畜惡。二習相吞，故有投擲、擒捉、擊射、拋撮諸事。是故十方一切如來色目怨家名違害鬼，菩薩見怨如飲鴆酒。八者，見習交明。如薩迦耶見❾、戒禁取、邪悟諸業，發於違拒，出生相反。如是故有王使、主吏證執文籍，如行路人來往相見。二習相交，故有勘問、權詐考訊、推鞫察訪、披究照明，善惡童子手執文簿辭辯諸事。是故十方一切如來色目惡見同名見坑，菩薩見諸虛妄徧執如臨毒壑。九者，枉習交加，發於誣謗。如是故有合山合石❿、碾磑⓫、耕⓬、磨⓭，如讒賊人逼枉良善。二習相排，故有押、捺、搥、按、蹙漉、衡度諸事。是故十方一切如來色目怨謗同名讒虎，菩薩見枉如遭霹靂。十者，訟習交諠，發於藏覆。如是故有鑒見照燭，如於日中不能藏影。二習相陳，故有惡友、業鏡、火珠披露宿業、對驗諸事。是故十方一切如來色目覆藏同名陰賊，菩薩觀覆如戴高山履於巨海。

【章旨】佛宣說地獄道產生的十種業因。此十因是：淫、貪、慢、瞋、詐、誑、怨、見、枉、訟。

【注釋】❶鐵牀銅柱諸事　指「銅柱地獄」。據《觀佛三昧經》記載：銅柱地獄中，有一狀如火山的銅柱，高六百由旬，下有猛火，火上有鐵床，床上懸刀輪，間有鐵嘴蟲鳥。犯非法行淫罪者，墮於此遭罰。❷吒吒句　指「八寒地獄」。吒吒、波波、羅羅，指此地獄眾生因寒冷逼迫所發出的苦聲。青赤白蓮，指罪人的形色。以上所說為此地獄的前六層，後二層是因冷而凍冽成瘡、肢節脫落，句中以「寒冰等事」代之。❸血河　指「血河地獄」。此地獄有兩山，罪人走入之時，兩山忽合，如磨蓋壓，血肉遍流如河如海，血水湧沸，男女萬數出沒其中。❹灰河　指「灰河地獄」。此河縱橫深淺各五百由旬，灰湯湧沸，罪人入河，鐵刺刺身，膿血流出，痛苦萬狀。❺熱沙毒海　指「黑沙地獄」。此獄熱風暴起，吹熱黑沙將罪人裹挾，燒皮徹骨，苦毒無量。❻融銅灌吞　此地獄眾生沸騰的銅水從口灌入，熱鐵澆身，萬死萬生，歷經萬劫。❼沒溺　指「沸屎地獄」。此獄中屎尿沸溢，罪人沒溺其中。❽騰擲　指「黑沙地獄」。❾薩迦耶見即有身見，執有我、我所的存在。❿合山合石　「血河地獄」諸事相。⓫碾磑　以大熱鐵輪及磨磨罪人，使其身破碎。碾，大熱鐵輪。磑，小磨。⓬耕　指耕犁，以此耕犁破罪人之舌。⓭磨　指「石磨地獄」。此獄中，捉罪人按於熱石之上，使其手足緊貼於石，以另一熱石壓迫於上，回旋而磨。

【語　譯】阿難，這些都是眾生自業所感招，以所造的十種業習為因，致使六根交互受報。十因是哪些呢？阿難，第一種是淫習交接。男女交接，互相摩擦以求歡樂。摩擦不休就會於其身內產生大猛火光。猶如有人以手自相摩擦，自然就會產生暖熱。宿生的淫習與現行的淫欲相互作用、相互燃燒，因而就有鐵床、銅柱等等地獄果報諸相。因此，十方所有如來以自己的觀察向眾生說明，行淫之火甚於真正的猛火。菩薩見欲如同見到火坑，會遠遠避開。第二種是貪婪的習氣。眾生互相計較，彼此籌算，儘量吸取以納入據為己有，貪得無厭，無有止息之時。如此不斷累積便有寒冰的相狀，心中即有凍裂的跡象。猶如有人以口吸氣就會產生冷的感觸一樣。宿生的貪習與現行的貪欲相互作用，命終就會墮入八寒地獄，於吒吒、波波、羅羅、青赤白蓮六處冰寒地獄中不斷發出慘叫聲，於其他二處冰寒地獄中體裂生瘡、肢節脫落。因此，十方所有如來以自己的觀察向眾生說明，貪婪索求也稱為「貪水」。菩薩見貪如同見到障海，會遠遠避開。第三種是傲慢的習氣。傲慢習氣相互作用，自視過高，鄙視他人。此習奔馳沒有止息，便有騰逸奔波的情勢，其心中就有積水成波的跡象。猶如有人以舌舐其上顎，自然就會有津液流出。宿世的慢習與現行的傲慢相互鼓動，命終就會墮入血河地獄、灰河地獄、黑沙地獄以及融銅灌口等惡報。因此，十方所有如來以自己的觀察向眾生說明，我慢如同飲癡水。菩薩見慢如同見到巨海洪濤，會遠遠避開。第四種是瞋恚的習氣。眾生因瞋恨而互相衝突，此衝突鬱結於心，不能自解，心因此受熱而生火，怒火結鑄成金。如此便有刀山、鐵棍、劍樹、劍輪、斧鉞、槍鋸等殺氣凝顯於心。如同人含怨莫解，就會有報復的殺氣飛動。宿世的瞋習與現行的瞋恨相互作用，命終便遭受割去男女根、斬首、斫骨、剉刺身體、刺穿胸部、槌打杖擊等懲罰。因此，十方所有如來以自己的觀察向眾生說明，瞋恚就如鋒利的刀、劍。菩薩見瞋恚如同見到誅殺一樣，會遠遠避開。第五種是欺詐的習氣。欺詐習氣起於相互誘騙、相欺。此心念諂詐不休，心中似有繩子綰結，不能脫開。如同以水浸田，能使草木於不知不覺間生長起來。宿世的詐習與現行的欺詐相連糾結，臨命便招感杻械、枷鎖、鞭打、杖擊等苦痛。因此，十方所有如來以自己的觀察向眾生說明，奸詐虛偽如同讒賊。菩薩見詐如同畏懼豺狼一樣，會遠遠避開。

第六種是欺誑的習氣。誑習起於誣罔，誣罔不休，心念飛馳造作奸謀，使人墮入奸計。如此一來，心中已有塵土屎尿，穢汙不淨。如同塵土隨風飛舞，攪亂虛空，使其昏暗，看不見東西。宿世的誑習與現行的誣罔相互疊加，命終就會墮入沸屎地獄、黑沙地獄，遭受沉淪於屎尿的苦報。因此，十方所有如來以自己的觀察向眾生說明，欺誑如同劫殺。菩薩見誑如同踩踏於蛇虺之上，會很快逃避。第七種是怨恨的習氣。怨恨的習氣起於相互嫌憎，懷恨不捨，必生報復。如此累積，心中便已有飛石投礰、匣貯車檻、甕盛囊撲等地獄之相。猶如陰毒之人以心懷奸謀，蓄意報復。宿世的怨習與現行的怨報相互鼓動，使雙方欲吞食對方，因而命終之時就會投擲、擒捉、擊射、抛撮等等地獄惡報。因此，十方所有如來以自己的觀察向眾生說明，怨恨如同違害鬼。菩薩見怨恨如同飲食毒藥酒，須盡早避開。第八種是見的習氣。惡見起於申明己見以求得別人的肯定稱許，如身見、邊見、邪見、見取、禁戒取諸業，不但違背正法，而且互相對立。由於雙方各執己見，又不肯改變惡見而歸於正見，因此希望有人裁決，如此便於心中有王使、主吏、證執文籍等等相狀。這就猶如行路人，來往相見，不能避免。宿生的見習與現行的惡見相互作用，命終之時就會有審問、考訊、推情問理以及明查暗訪等等事情，善惡童子手執文簿，對於詭辯巧辯的人、事詳細勘問、記載，使其業相無所逃遁。因此，十方所有如來以自己的觀察向眾生說明，惡知見如同無底深坑。菩薩視這些虛妄偏執如臨毒壑，會遠遠避開。第九種是誣枉的習氣。誣枉習氣起於誣告，發為現行，交相加逼以嫁禍他人。如此便使心中已有合山合石、碾磑、耕、磨等等地獄相狀。如同讒賊奸人壓迫良善，冤枉無辜使人含冤難申。宿世的枉習與現行的誣陷相互作用，使其枉害不止。命終之時，便有押、捺、搥、按以及蹙其身於囊袋壓其流血不止和用秤稱其重量等等惡報。因此，十方所有如來以自己的觀察向眾生說明，怨謗讒言如同猛虎。菩薩視枉屈之事如遭霹靂閃擊，莫不魂飛魄散。第十種是訴訟的習氣。眾生宿世好訟，其留存習氣發為現行，交相宣訴。有此宿習者，喜歡遮掩其過錯，所以就有鑒鏡、燭明，使其不能覆藏遮蓋。如同於光天化日之下，不能掩藏任何影子。宿世的訟習與現行的諍訟相互作用，命終之時就會有惡友作證、業鏡當前，平生所作罪業都於鏡上顯現。又有火珠能照穿心中覆藏的陰謀，使其所作惡業完全暴露，無言伏首而受果報。因此，十方所有如來以自己的觀察向眾生說明，覆藏己過如同於家中隱藏盜賊一樣，終將受害。菩薩視遮蓋罪過如同頭上頂著高山，足卻踏入巨海，只會愈陷愈深。

云何六報？阿難，一切眾生六識造業，所招惡報，從六根出。云何惡報從六根出？一者見報，招引惡果。此見業交，則臨終時，先見猛火滿十方界，亡者神識飛墜乘烟，入無間獄。發明二相：一者明見，則能偏見種種惡物，生無量畏。二者暗見，寂然不見，生無量恐。如是見火，燒聽，能為鑊湯、洋銅；燒息，能為黑烟、紫燄；燒味，能為焦丸、鐵糜；燒觸，能為熱灰、爐炭；燒心，能生星火，迸灑煽鼓空界。二者聞報，招引惡果。此聞業交，則臨終時，先見波濤沒溺天地，亡者神識降注乘流，入無間獄。發明二相：一者開聽，聽種種鬧，精神愗亂。二者閉聽，寂無所聞，幽魄沉沒。如是聞波，注聞，則能為責，為詰；注見，則能為雷，為吼，為惡毒氣；注息，則能為雨，為霧，灑諸毒蟲，周滿身體；注味，則能為膿，為血、種種雜穢；注觸，則能為畜，為鬼，為糞，為尿；注意，則能為電，為雹，摧碎心魄。三者鼻報，招引惡果。此鼻業交，則臨終時，先見毒氣充塞遠近，亡者神識從地踊出，入無間獄。發明二相：一者通聞，被諸惡氣，熏極心擾。二者塞聞，氣掩不通，悶絕於地。如是鼻氣，衝息，則能為質，為履；衝見，則能為火，為炬；衝聽，則能為沒，為溺，為洋，為沸；衝味，則能為餒，為爽；衝觸，則能為綻，為爛，為大肉山，有百千眼，無量咂食；衝思，則能為灰，為瘴，為飛砂礰擊碎身體。

四者味報，招引惡果。此味業交，則臨終時，先見鐵網猛燄熾烈，周覆世界，亡者神識下透挂網，倒懸其頭，入無間獄。發明二相：一者吸氣，結成寒冰，凍裂身肉。二者吐氣，飛為猛火，焦爛骨髓。如是嘗味，歷嘗，則能為承，為忍；歷見，則能為然金石；歷聽，則能為利兵刃；歷息，則能為大鐵籠彌覆國土；歷觸，則能為弓，為箭，為弩，為射；歷思，則能為飛熱鐵從空雨下。五者觸報，招引惡果。此觸業交，則臨終時，先見大山四面來合，無復出路。亡者神識見大鐵城火蛇、火狗、虎、狼、師子、牛頭獄卒、馬頭羅剎手執鎗矟，驅入城門，向無間獄。發明二相：一者合觸，合山逼體，骨肉血潰。二者離觸，刀劍觸身，心肝屠裂。如是合觸，歷觸，則能為道，為觀，為廳，為案[1]；歷見，則能為燒，為爇；歷聽，則能為撞，為擊，為剚，為射；歷息，則能為括，為袋，為考，為縛；歷嘗，則能為耕，為鉗，為斬，為截；歷思，則能為墜，為飛，為煎，為炙。六者思報，招引惡果。此思業交，則臨終時，先見惡風吹壞國土，亡者神識被吹上空，旋落乘風，墮無間獄。發明二相：一者不覺，迷極則荒，奔走不息。二者不迷，覺知則苦，無量煎燒，痛深難忍。如是邪思，結思，則能為方，為所；結見，則能為鑒，為證；結聽，則能為大合石，為冰，為霜，為土，為霧；結息，則能為大火車、火船、火檻；結嘗，則能為大叫喚，為悔，為泣；結觸，則能為大，為小，為一日中萬生萬死，為偃，為仰。

【章 旨】一切六識所造之業所招的惡報均從六根產生。佛為阿難詳細說明了見報、聞報、嗅報、味報、觸報、思報等「六交報」的情形。

【注 釋】❶歷觸五句 此處疑有錯簡。「歷觸」後之「為道、為觀、為廳、為案」應與「歷聽」後之「為撞、為擊、為傳為射」互相置換。

【語 譯】什麼叫六報呢？阿難，一切眾生由六識所造的惡業所招的惡報，都是從六根產生的。為什麼說惡報是從六根產生出來的呢？第一，見報招引惡果。眼見色即隨色塵轉，並和其餘五根相交接。這樣，命終時，就會看見大火充滿十方世界，死者的神識或隨煙火上升，或墜入大火之中，最後就乘著煙氣墜入無間地獄。墜入地獄後，其乃發生二種見相：其一是明見，能清楚地看見種種惡毒的東西，產生無限恐懼。其二是暗見，有時則昏天黑地，一無所見，心中產生無限恐懼。由見報大火所燒，昔日觀見美色美物，今日被見火所燒，眼中只見地獄中鐵床、銅柱的顏色。此大火燒及聽覺，耳根只能聽見鑊湯、洋銅的沸騰聲；火燒及氣息，鼻根只能嗅到黑煙、紫焰之氣；火燒及味覺，舌根只能嘗到焦丸、鐵糜之味；火燒及觸覺，身根只能感受熱灰、爐炭之觸；火燒及心，意根只能生出星火，四處迸散，布滿空間。第二，聞報招引惡果。耳聞聲就會隨聲塵奔逸，並和其餘五根相交接。這樣，命終時，就會看見洪水淹沒了天地，波濤洶湧，死者神識墜入洪水之中，乘流而下，終墜無間地獄。墜入地獄後，其仍發生二種境相：其一是開聽，招感嘈雜喧鬧，使精神痛苦昏亂。其二是閉聽，寂然沉靜，一無所聞，幽魂沉沒在深淵中，不知所往。由聞報波及耳根，則只聽見指責、詰罪之吼聲；

聞報波及眼根，則只能看見雷擊風吼、惡毒氣翻湧等；聞報波及鼻息，則水隨氣變，化為雨、霧，裹挾毒蟲灑遍其身體；聞報波及舌味，則水隨舌變，化為膿、血及種種汙穢之物；聞報波及觸覺，身根顯現畜生、鬼怪及糞、尿等不淨之相；聞報波及意根，即化為電、雹，摧碎心魄。第三，嗅報招引惡果。鼻根所造之業與其他五根相交接，眾生臨終之時，就會看見遠近充滿了毒氣，亡者的神識只能從地下湧出，又墮入無間地獄。墮入地獄後，也發生兩種境相：其一是通聞，也就是被這些惡毒怪氣熏得心神混亂，難於忍受。其二是塞聞，也就是氣息閉塞，悶絕於地。這樣的嗅報之氣衝向鼻息，則會變為在公堂質訊，被刑具所傷害；衝向眼根，則變成火炬、猛火；衝向耳根，則會沉沒於汪洋、沸尿之中；衝向舌味，則會化為爛魚、臭湯；衝向觸覺，則變現出綻裂、腐爛的大肉山，有成百上千隻眼睛，受無數的蛆蟲吞食；衝向意根，則成為揚灰、潑障，被飛沙擲礪擊碎身體。

第四，味報招引惡果。舌根所造業與其他五根相交接，眾生臨終之時，就會看見一個燒紅的大鐵網覆蓋了整個世界，死者的神識被鐵網網住，倒掛其頭於其下，直墮無間地獄。此時，也會發生兩種境相：其一是吸氣，所吸之氣都結成寒冰，凍裂全身。其二是吐氣，所吐之氣化為猛火，燒焦骨髓。這樣的味報經歷舌根時，舌根須強力承受、忍耐此苦；經歷眼根，只看見燃燒著的金、石的顏色；經歷耳根，只能聽見鋒利的兵刃的聲響；經歷鼻息，就成為大鐵籠，滿蓋國土；經歷身根，就會被弓弩矢箭所射擊；經歷意根，就會感受到熱鐵之雨從空中落下。第五，觸報招引惡果。身根所造業與其他五根相交接，眾生臨終之時，就會看見大山從四面夾來，無處逃逸，亡者的神識又看見一座大鐵城，城裡面有火蛇、火狗、火虎、火狼、火獅子，有牛首獄卒、馬面羅刹手執槍矛，將罪人驅入城中，由此即墮入無間地獄。此時，也會發生兩種境相：其一是合觸，合山壓迫身體，骨潰血噴。其一是離觸，刀劍刺身，心肝裂碎。這樣的觸報經歷身根，就會遭受杵擊杖打、刀刺箭射；經歷眼根，就會化為火燒、熱浪逼烤；經歷耳根，就會聽到地獄路上的苦叫、主獄官吏的傳喚聲以及審獄廳堂上的審罰聲、罪案的判決聲；經歷鼻息，就會遭受布纏袋裝以及拷問、捆綁；經歷舌根，就會遭受犁舌、拔舌、截舌的苦罰；經歷意根，就會遭受忽而下墜，忽而上升，忽受煎熬，忽受熱烤的苦罰。第六，思報招引惡果。意根所造業與其他五根交接，眾生臨終之時，就會看見惡風吹壞國土。亡者的神識被大風吹上高空，又被吹下旋，直墮入無間地獄。此時，發生兩種境相：其一是不覺，迷惑至極就會心慌意亂，奔跑不息。其二是不迷，覺知苦境，無量的煎熬，痛苦至深，難於忍受。這樣的思報結纏於意根，就會知曉受罪的處所；結縛於眼根，就會有鑒照造業之境，證據確鑿；結縛於耳根，就會有大石相合，風寒冰冷，塵土飛揚如霧；結縛於鼻息，就會化為大猛火似的車、火船、火門檻；結縛於舌根，味遇風而失去，隨即發出大叫以及悔恨、哭泣；結縛於觸根，就會被惡風吹脹吹小，忽而仰臥，忽而翻滾，一日之間萬死萬生，苦不堪受。

阿難，是名地獄十因、六果皆是眾生迷妄所造。若諸眾生惡業同造，入阿鼻獄，受無量苦，經無量劫。六根各造及彼所作兼境兼根，是人則入八無間獄。身、口、意三作殺、盜、婬，是人則入十八地獄❶。三業不兼中間，或為一殺一盜，是人則入三十六地獄❷。見見一根，單犯一業，是人則入一百八地獄❸。由是眾生別作別造，於世界中入同分地。妄想發生，非本來有。

【章旨】地獄之所以成立的十因、六果都是眾生迷妄所成。眾生依所造惡業的輕重而墮入不同層次的地獄。

【注釋】❶十八地獄　據《問地獄經》，十八地獄是：泥黎、刀山、沸沙、沸屎、黑耳、火車、鑊湯、鐵床、嗌山、寒冰、剝皮、畜生、刀兵、鐵篩、冰、鐵磨、蛆蟲、烊銅。❷三十六地獄　不詳其所指。❸一百八地獄　未詳其所指，不見於其他經典。

【語譯】阿難，以上就是地獄道產生的十種習因和六交果報，都是由眾生迷妄所造。如果眾生六根具足造惡業之因，惡業於一切時同時造成。此類眾生即入阿鼻地獄，受無量痛苦，經過無量劫不得出離。如果眾生的六根之中每一根都各自造業，所造惡業雖不同時，但兼具十因之境。此類眾生即墮入八無間地獄。如果眾生身、口、意都犯了殺、盜、淫三業，此類眾生即墮入十八地獄。如果眾生身、口、意三業並非同時造罪，只是三者之中或一殺一盜，或一盜一殺，或一殺一淫等，都是具二缺一。此類眾生即墮入三十六地獄。如果眾生六根具現，但只有一根單犯一業。此類眾生即墮入一百零八地獄。眾生由於造業不同，則所受果報也就不同，各自於世界中的同分地中受報。以上所說地獄諸相，都是妄想所生，因惑造業，並不是本來就有的。

復次，阿難，是諸眾生非破律儀，犯菩薩戒，毀佛涅槃。諸餘雜業歷劫燒然，後還罪畢，受諸鬼形。若於本因，貪物為罪，是人罪畢，遇物成形，名為怪鬼。貪色為罪，是人罪畢，遇風成形，名為魃鬼。貪惑為罪，是人罪畢，遇畜成形，名為魅鬼。貪恨為罪，是人罪畢，遇蟲成形，名蠱毒鬼。貪憶為罪，是人罪畢，遇衰成形，名為癘鬼。貪傲為罪，是人罪畢，遇氣成形，名為餓鬼。貪罔為罪，是人罪畢，遇幽為形，名為魘鬼。貪明為罪，是人罪畢，遇精為形，名魍魎鬼。貪成為罪，是人罪畢，遇明為形，名役使鬼。貪黨為罪，是人罪畢，遇人為形，名傳送鬼。阿難，是人皆以純情墜落，業火燒乾，上出為鬼。此等皆是自妄想業之所招引。若悟菩提，則妙圓明，本無所有。

復次，阿難，鬼業既盡，則情與想二俱成空，方於世間與元負人怨對相值。身為畜生，酬其宿債。物怪之鬼，物銷報盡，生於世間，多為梟類。風魃之鬼，風銷報盡，生於世間，多為咎徵一切異類。畜魅之鬼，畜死報盡，生於世間，多為狐類。蟲蠱之鬼，蠱滅報盡，生於世間，多為毒類。衰厲之鬼，衰窮報盡，生於世間，多為蛔類。受氣之鬼，氣銷報盡，生於世間，多為食類。緜幽之鬼，幽銷報盡，生於世間，多為服類。和精之鬼，和銷報盡，生於世間，多為應類。明靈之鬼，明滅報盡，生於世間，多為休徵一切諸類。依人之鬼，人亡報盡，生於世間，多為循類。阿難，是等皆以業火乾枯，酬其宿債，傍為畜生。此等亦皆自虛妄業之所招引。若悟菩提，則此妄緣本無所有。

如汝所言，寶蓮香等及瑠璃王、善星比丘如是惡業，本自發明，非從天降，亦非地出，亦非人與，自妄所招，還自來受。菩提心中，皆為浮虛妄想凝結。

【章 旨】地獄眾生除重罪之外，歷經多劫火燒後，還要受生鬼趣。依其業因而分別受生十類鬼形。鬼形果報酬盡，又依其業因分別受生為十類畜生。

【語 譯】其次，阿難，這些地獄眾生除破壞律儀、毀犯菩薩戒、誹謗佛涅槃者之外，以其他各種罪業墮入地獄後，歷經多劫燃燒，受罪完畢，還要受生各種鬼形。若其本是因貪求財物而造罪，此眾生受罪完畢，離開地獄，依照其貪求財物的習氣，依附成形，名為怪鬼。若其本是因貪求美色而造罪，此眾生受罪完畢，離開地獄，依照其貪求美色的習氣，遇風成形，名為魃鬼。若其本是因貪求誑惑而造罪，此眾生受罪完畢，離開地獄，依照其貪求誑惑的習氣，遇畜生而成形，名為魅鬼。若其本是因貪求瞋恨而造罪，此眾生受罪完畢，離開地獄，依照其貪求瞋恨的習氣，遇蟲成形，名為蠱毒鬼。若其本是因貪懷宿怨而造罪，此眾生受罪完畢，離開地獄，依照其貪懷宿怨的習氣，遇陰陽衰敗之氣而成形，名為厲鬼。若其本是因貪懷傲慢而造罪，此眾生受罪完畢，離開地獄，依照其貪懷傲慢的習氣，附氣成形，名為餓鬼。若其本是因貪執誣罔而造罪，此眾生受罪完畢，離開地獄，依照其貪執誣罔的習氣，遇幽昧陰陽不分之氣而成形，名為魘鬼。若其本是因貪執聰明而造罪，此眾生受罪完畢，離開地獄，依照其貪執聰明的習氣，附日月山川的精華而成形，名為魍魎鬼。若其本是因貪求功名而造罪，此眾生受罪完畢，離開地獄，依照其貪求功名的習氣，遇咒術而成形，名為役使鬼。若其本是因貪求結黨而造罪，此眾生受罪完畢，離開地獄，依照其貪求結黨的習氣，遇人附體，名為傳送鬼。阿難，這些眾生純粹是因為重情而墮落地獄，罪業燒乾之後，由此方可上升為鬼類。這些都是各自妄想業所招引的果報。如果了悟菩提，則本來微妙圓明的如來藏性中，本來就是一無所有的。

其次，阿難，鬼的業報受完之後，則從前的情與想二者都同時抵消成空。這樣纔可以再來世間與怨家債主相遇，轉生為畜生以酬負昔日的宿債。依附草木的怪鬼，所附之物敗壞之後，苦報已盡，轉生於世間，大多為梟類。遇風成形的魃鬼，風銷報盡之後，轉生於世間，大多為不吉祥之禽獸，或者為貪色貪淫之獸。遇畜成形的魅鬼，畜生死後報應銷盡之後，轉生於世間，大多為狐狸類。遇蠱成形的蠱毒鬼，蠱死後報應銷盡之後，轉生於世間，大多為帶毒之畜生。遇衰敗之氣而成形的厲鬼，衰敗之氣盡散而報應銷盡之後，轉生於世間，大多為蛔蟲之類。遇氣而依附成形的餓鬼，氣消散而報應銷盡之後，轉生於世間，大多為可被食之畜生。遇幽昧之氣而成形的魘鬼，幽昧之氣盡消而報應銷盡之後，轉生於世間，大多為替人服勞役的畜生。遇日月山川之精華而成形的魍魎鬼，精氣銷散而報應銷盡之後，轉生於世間，大多為感應節氣的鳥獸。依附咒術而成形的役使鬼，咒術消滅而報應銷盡之後，轉生於世間，大多為吉祥的各種動物。依附人存在的傳送鬼，人亡而報應盡銷，轉生世間，大多為依循人群的鳥獸。阿難，這十類畜生都是當業報盡因業火燒盡之後，轉生世間以償還宿債而淪落為畜生。這些也都是眾生各自妄想業所招引的果報。如果了悟菩提，則本來微妙圓明的如來藏性中，本來是一無所有的。

如你所說的墜入地獄的寶蓮香、琉璃王及善星比丘，這樣的惡業本來都是自己所造的，並不是從天而降，也不是從地湧出，更不是他人所強加，完全是自己的妄惑所招感，自作自受。以上所說三惡道苦趣都是菩提清淨心被虛浮妄想凝結而感招的幻境。

復次，阿難，從是畜生酬償先債。若彼酬者分越所酬，此等眾生還復為人，反徵其賸。如彼有力兼有福德，則於人中不捨人身，酬還彼力。若無福者，還為畜生償彼餘直。阿難當知，若用錢物，或役其力，償足自停。如於中間殺彼身命，或食其肉。如是乃至經微塵劫相食相誅，猶如轉輪互為高下，無有休息。除奢摩他及佛出世，不可停寢。汝今應知，彼梟倫者，酬足復形，生人道中，參合頑類。彼咎徵者，酬足復形，生人道中，參合愚類。彼狐倫者，酬足復形，生人道中，參於庸類。彼毒倫者，酬足復形，生人道中，參合很類。彼蛔倫者，酬足復形，生人道中，參合微類。彼食倫者，酬足復形，生人道中，參合柔類。彼服倫者，酬足復形，生人道中，參合勞類。彼應倫者，酬足復形，生人道中，參於文類。彼休徵者，酬足復形，生人道中，參合明類。彼諸循倫，酬足復形，生人道中，參於達類。阿難，是等皆以宿債畢酬，復形人道，皆無始來業計顛倒，相生相殺，不遇如來，不聞正法，於塵勞中，法爾輪轉。此輩名為可憐愍者。

阿難，復有從人不依正覺修三摩地，別修妄念，存想固形，遊於山林人不及處，有十種仙。阿難，彼諸眾生堅固服餌而不休息，食道圓成，名地行仙。堅固草木而不休息，藥道圓成，名飛行仙。堅固金石而不休息，化道圓成，名遊行仙。堅固動止而不休息，氣精圓成，名空行仙。堅固津液而不休息，潤德圓成，名天行仙。堅固精色而不休息，吸粹圓成，名通行仙。堅固咒禁而不休息，術法圓成，名道行仙。堅固思念而不休息，思憶圓成，名照行仙。堅固交遘而不休息，感應圓成，名精行仙。堅固變化而不休息，覺悟圓成，名絕行仙。阿難，是等皆於人中鍊心，不修正覺，別得生理，壽千萬歲。休止深山或大海島，絕於人境。斯亦輪迴，妄想流轉，不修三昧，報盡還來散入諸趣。

【章　旨】畜生道中的眾生，若償還宿債而越過分寸，便又會墮入人道，重為人身。依其業力之因可將其分為十類。人道眾生不依正覺修三摩地卻依妄念修習，存想固形，便又墮入仙道而為仙身，依其業力之因而分屬十類。

【語　譯】其次，阿難，以做畜生的方式償還宿債，眾生如果超過宿債的額度來償還，就會轉生人道，來討回其過多的償付。如果債主是有力且有福有德的，就可仍然生於人道，不必捨棄人身來償還多付的部分。如果債主是沒有福的眾生，則須再轉生於畜生，纔可以償還前世所超收的部分債務。阿難，你應當知道，如果多用了對方的錢物，或者過多地役使了對方的勞力，償還清楚之後，惡報自然停止。如果於償還期間又殺害他的身命或者食了他的肉，這樣就會經無量數劫仍然相殺相吞，正如車輪旋轉，互有高下，永無停息的時候。除了修習止觀正定或者諸佛出世之外，沒有其他方法可以使其停息。你現在應該知道，那些轉作梟類的眾生，當其還清債務後恢復原形，再生人道之中，由於其貪物餘習尚存，所以仍然與愚惡冥頑之人聚居在一起。那些咎徵的旱魃鬼在畜生道償清債務後恢復原形，再生人道之中，由於其貪淫餘習尚存，所以仍然與世間庸俗之人聚居在一起。那些狐狸類眾生在畜生道償清債務後恢復原形，再生人道中，但仍然與那些奸詐之人聚集在一起。那些蠱毒鬼在畜生道償清債務後，恢復原形，再生人道之中，由於其瞋習仍存，所以仍然與世間凶狠、野蠻之人聚居在一起。那些蛔蟲類眾生，於償清業債之後，恢復原形，再生於人道之中，由於其積怨蓄惡的餘習尚存，所以仍然與世間卑微下賤之人聚居在一起。那些由餓鬼轉生而供眾生食用的畜生，於償清業債之後，恢復原形，再生於人道之中，由於其傲慢的餘習尚存，所以仍然與軟弱受欺之人聚居在一起。那些為眾生服勞役的畜生，於償清業債之後，恢復原形，再生於人道之中，由於其誣枉的餘習尚存，所以仍然與世間的勞苦大眾聚居在一起。那些由應時節的鳥獸，於償清業債之後，恢復原形，再生於人道之中，由於其貪著邪見的氣習尚存，所以仍然與文人聚居在一起。那些能預示吉凶的畜生，於償清業債之後，恢復原形，再生於人道之中，由於其誘騙的餘習尚存，所以仍然與世間不明大義的世智詭辯者聚居在一起。那些依順人類的畜生，於償清業債之後，恢復原形，再生於人道之中，由於其好結黨的餘習尚存，所以仍然與明達人情世故之人聚居在一起。阿難，這十類人都是以償清過去的業債而復生人道的。都是因無始以來顛倒妄造的種種惡業而相生相殺，沒有遇到如來，也沒有聽聞佛法。所以於此煩惱塵勞之中，依照因果報應之法而輪轉，永不停息。這些人，確實是最可憐愍的。

阿難，還有一些人不依自性正覺修習三摩地，而是依妄想識心來修習，一心存想固守色身，常遊歷於一般人所不去的山林深處。這樣，便有十種仙道。阿難，那些依靠服餌堅固形骸，並且從不停止，因而以調整食物的方法達到目的的眾生，名為地行仙。依靠服食草木堅固形骸，並且從不停止，因而以服藥方法達到目的的眾生，名為飛行仙。依靠服食金石堅固形骸，並且從不停止，因而以化生的方法達到目標的眾生，名為遊行仙。依靠動功即拳術、靜功來堅固形骸，並且從不停止，因而以鍛煉本身精氣達到目的的眾生，名為空行仙。依靠吞服津液或服用淨水來堅固形骸，並且從不停止，因而以水德滋潤的功能而達到目的的眾生，名為天行仙。依靠吸取日月之精華來堅固形骸，並且從不停止，因而以吸取精粹的方式而達到目的的眾生，名為通行仙。依靠誦持神咒來堅固形骸，並且從不停止，因而以法術的方式而達到目的的眾生，名為道行仙。依靠沉思靜念來堅固形骸，並且從不停止，因而以思惟憶念的方法而達到目的的眾生，名為照行仙。依靠男女交遘來堅固形骸，並且從不停止，因而以男女相交感應的方式而達到目的的眾生，名為精行仙。依靠修習變化來堅固形骸，並且從不停止，因而以覺悟天地奧妙的方式而達到目的的眾生，名為絕行仙。阿難，這些都是於人道，只求修練此心，不修自性正覺而另外尋找長生之理，可以使壽命維持千萬歲。他們棲息於深山茂林，或者於大海島中，與人境隔絕。這也是輪迴妄想流轉的功能。由於不修三昧，報應享盡命終之後，仍然墮落諸趣之中。

阿難，諸世間人不求常住，未能捨諸妻妾恩愛。於邪婬中，心不流逸，澄瑩生明。命終之後，鄰於日月。如是一類，名四天王天。於己妻房婬愛微薄，於淨居時，不得全味。命終之後，超日月明，居人間頂。如是一類，名忉利天。逢欲暫交，去無思憶，於人間世動少靜多。命終之後，於虛空中，朗然安住，日月光明，上照不及。是諸人等自有光明。如是一類，名須燄摩天。一切時靜，有應觸來，未能違戾。命終之後，上升精微，不接下界諸人天境，乃至劫壞，三災不及。如是一類，名兜率陀天。我無欲心應汝行事，於橫陳時，味如嚼蠟。命終之後，生越化地。如是一類，名樂變化天。無世間心同世行事，於行事交，了然超越。命終之後，徧能出超化無化境。如是一類，名他化自在天。阿難，如是六天，形雖出動，心迹尚交。自此已還，名為欲界。」

【章旨】世間人未能捨棄男女間的情愛，因而依照其業因而分墮四天王天、忉利天、須燄摩天、兜率陀天、樂變化天、他化自在天等欲界六天。

【語譯】阿難，有些欲修道的世間人，不求證常住真性，而且捨不得拋棄對妻妾的恩愛。有些人，如果身心均不流逸、作犯邪淫，即不與妻妾之外的女子性交。其心地尚算光明瑩淨，所以命終之後就可生於天界，與日月為鄰居。這樣的一類，名為四天王天。有些人，即便是對於自己妻妾的淫愛也十分淡薄，但於清淨獨居之時，尚不能完全斷絕欲念。所以，他們命終之後，就超過了日月的光明，居住於與人間相距甚遠的須彌山頂。這樣的一類，名為忉利天。有些人，在夫妻相會之時，只是逢場作戲，事過之後，毫不回憶思念。在人世間，安靜而不喜交往。他們命終之後，朗然安住於虛空之中日月光明所照不到的地方。因為這些人自身就能放出光明。這樣的一類，名為須燄摩天。這些人，時常住於清淨之中，基本沒有淫念，只是有時遇到應行的欲觸還不能違拒。所以，他們命終之後，就上升至精微之處，不和下界人、天相接觸。乃至世界壞盡的時候，火、水、風三大災害都不能波及。這樣的一類，名為兜率陀天。有些人，本來已經完全沒有欲念，但為繼續家業，只得勉強從事，當玉體橫陳之時仍味同嚼蠟，完全沒有興致。所以，他們命終之後，就生於化地。這樣的一類，名為樂變化天。有些人，已經沒有世俗的男女心念。雖有夫妻名分，但於行事之時，已經神遊事外，了然超脫。所以，他們命終之後，就能超越一切化境及以下的無化之境。這樣的一類，名為他化自在天。阿難，如上所說的六天，於身方面雖然離開了愛欲，但於心理還有少許愛戀，並未完全清淨。因此，從六天至阿鼻地獄止，都是欲界眾生。」

卷九

【題解】本卷可以分為四部分。第一部分中，佛宣說了色界四禪所包含的「十八天」的根源和相狀。第二部分，佛宣說無色界四空天的形成原因和相狀。第三部分，佛宣說三界中的四種阿脩羅，因其造業不同而分別墮生鬼趣、人趣、天趣和畜生趣。以上三部分是接續卷八而完成對於「七趣」的說明。佛在此進一步指出，七趣都是眾生妄業所成，因而修行者應該除滅迷惑而正入解脫之道以證得菩提。第四部分中，佛無問自說修習禪定中所出現的種種微細魔事。若不如法剔除，將銷盡眾生的清淨覺體。於此經中，佛主要是以五陰為主幹細說修定中易於出現的魔境。於此卷中，佛分別宣說了色陰、受陰、想陰之中易於出現的各各十種魔境。

阿難，世間一切所修心人不假禪那，無有智慧，但能執身，不行婬欲。若行若坐，想念俱無，愛染不生，無留欲界。是人應念，身為梵侶[1]。如是一類，名梵眾天。欲習既除，離欲心現。於諸律儀，愛樂隨順。是人應時，能行梵德。如是一類，名梵輔天。身心妙圓，威儀不缺，清淨禁戒，加以明悟。是人應時，能統梵眾，為大梵王。如是一類，名大梵天。阿難，此三勝流一切苦惱所不能逼。雖非正修真三摩地，清淨心中諸漏不動，名為初禪❷。

阿難，其次，梵天統攝梵人，圓滿梵行，澄心不動，寂湛生光。如是一類，名少光天。光光相然，照耀無盡，映十方界徧成瑠璃。如是一類，名無量光天。吸持圓光成就教體，發化清淨，應用無盡。如是一類，名光音天。阿難，此三勝流一切懸憂所不能逼。雖非正修真三摩地，清淨心中麤漏已伏，名為二禪❸。

阿難，如是天人圓光成音，披音露妙，發成精行，通寂滅樂。如是一類，名少淨天。淨空現前，引發無際身心輕安，成寂滅樂。如是一類，名無量淨天。世界、身心一切圓淨，淨德成就，勝託現前，歸寂滅樂。如是一類，名徧淨天。阿難，此三勝流具大隨順，身心安隱，得無量樂。

雖非正得真三摩地，安隱心中歡喜畢具，名為二禪❹。

【章　旨】佛宣說色界四禪十八天的根源和現狀。本章，宣說初禪三天，即梵眾天、梵輔天、大梵天；二禪三天，即少光天、無量光天、光音天；三禪三天，即少淨天、無量淨天、偏淨天。

【注　釋】❶梵侶　指梵天之民眾。「梵」為梵文音譯，意思為寂靜、清淨、離欲等。此處指梵天。❷初禪　色界四禪之一。此禪天中，修行者已經感受到離開欲界的喜樂。但是，仍然有對理、事進行尋、伺即思考活動。❸二禪　色界四禪之二。此禪天中，修行者已經離棄了初禪天的理性思考活動，感受到禪定自身帶來的喜樂。❹三禪　色界四禪之三。此禪天中，修行者已經獲得安隱心，離棄了二禪中的喜樂感受，住於非苦非樂的境地。

【語　譯】阿難，人世間的一切修心之人，如果不借助禪定的修習，就得不到智慧，只管束自己的肉身而不去行淫。不管是在行進中，還是在靜坐中，身心清淨，不產生愛欲，並且不再留住欲界。這些人，臨終之時，應念化生於天界，身為梵侶。這樣的一類，名為梵眾天。欲望的習氣既然已經除去了，離棄欲望的心就顯現出來了。這樣，對一切律儀就樂意順從遵守。這些人到時就會自然遵行梵天的德性。這樣的一類，名為梵輔天。身心如一，妙德圓滿，威儀不缺。不但禁戒清淨，而且智慧明達。這些人到時就能統領梵眾，做大梵王。這樣的一類，名為大梵天。阿難，上述三種遠遠勝過欲界的天眾，能離欲界一切苦惱，雖然尚不是修真正的三摩地，但因常清淨的內心已不為欲界諸煩惱所動搖。這種境界，名為初禪。

阿難，其次，在梵天中統治梵眾，梵行圓滿，心如止水，湛然生光。這樣的一類，名為少光天。淨心之光，光光相照，照耀無盡，徧成一琉璃世界。這樣的一類，名為無量光天。以上述無盡光明而成教體，以聲音宣示梵行，教化眾生，令其心淨，所以光明都能應用而無有窮盡。這樣的一類，名為光音天。阿難，上述三種遠遠勝過初禪的天眾，一切憂愁罣慮都不能逼近。雖然尚不是修真正的三摩地，但因常清淨的內心已將初禪所具的喜樂滅伏。這種境界，名為二禪。

阿難，如此一類的天人已吸取無量光而成就音聲之教，並且發出音聲顯示妙理。由此妙理引發妙行，使喜樂之心消失而得到淨樂。這樣的一類，名為少淨天。前述的淨境亦空，證此空相便引發無邊無際的心無罣礙的輕安狀態。這樣，寂滅之樂便可成就。這樣的一類，名為無量淨天。整個世界及身心無不處在淨樂之中，淨德由此成就，整個身心便有了一個清淨極樂的歸宿。這樣的一類，名為徧淨天。阿難，上述三種遠遠勝過二禪的天眾，身心獲得自由而自在受用，得無量淨樂。雖然尚不是修真正的三摩地，但因為其安隱心中已具備了一切妙樂。此種境界，名為三禪。

阿難，復次，天人不逼身心，苦因已盡，樂非常住，久必壞生。苦、樂二心，俱時頓捨，麤重相滅，淨福性生。如是一類，名福生天。捨心圓融，勝解清淨，福無遮中得妙隨順，窮未來際。如是一類，名福愛天。阿難，從是天中，有二岐路。若於先心無量淨光，福德圓明，修證而住。如是一類，名廣果天。若於先心雙厭苦、樂，精研捨心，相續不斷，圓窮捨道，身心俱滅，心慮灰凝，經五百劫。是人既以生滅為因，不能發明不生滅性。初半劫滅，後半劫生。如是一類，名無想天。阿難，此四勝流一切世間諸苦樂境所不能動。雖非無為真不動地，有所得心，功用純熟，名為四禪❶。

阿難，此中復有五不還天❷，於下界中九品習氣俱時滅盡，苦、樂雙亡，下無卜居。故於捨心眾同分中安立居處。阿難，苦、樂兩滅，鬬心不交。如是一類，名無煩天。機括獨行，研交無地。如是一類，名無熱天。十方世界妙見圓澄，更無塵象一切沉垢。如是一類，名善見天。精見現前，陶鑄無礙。如是一類，名善現天。究竟群幾，窮色性性，入無邊際。如是一類，名色究竟天。阿難，此不還天，彼諸四禪，四位天王獨有欽聞，不能知見。如今世間，曠野深山聖道場地，皆阿羅漢所住持故，世間麤人所不能見。阿難，是十八天獨行無交，未盡形累，自此已還，名為色界❸。

【章旨】四禪分為九天：前四天是福生天、福愛天、廣果天、無想天，後五天總名為「五不還天」。

【註釋】❶四禪　色界四禪之四。此禪天中，修行者進一步捨棄三禪的妙樂，專念修習的功德，獲得不苦不樂極妙極深的感受。❷五不還天　又稱為五淨居天。此五天中，修行者已經成就不再墮落欲界受生的不還果，證得離欲的淨身。❸色界　三界的第二層次。此界中，眾生已經離開染欲，但是還存有色質，故而名之為色界。

【語譯】阿難，再次，上述天人已脫離了苦惱和憂愁，產生苦的根源已經除掉，但是，妙樂並不是永存的，樂久必然壞滅。當苦、樂二心一起捨棄時，粗重的煩惱就無從發生，清淨的福德便產生了。這樣的一類，名為福生天。苦、樂二心之能捨和所捨都已滅除，清淨圓融的心中無邊的福德便增長。在此無遮止的淨德中，得妙隨順，窮未來際都能遂心滿意，得大自在。這樣的一類，名為福愛天。阿難，從福愛天中分化出兩條路：如果從前述福愛天妙隨順心能使所求如意，則定力深厚，發出無量光，並且以慈、悲、喜、捨四無量心熏習禪定福慧，使其圓滿淨明，依此修證而住，以廣大福德而感果。這樣的一類，名為廣果天。如果以前述福愛天妙隨順心厭棄苦、樂而精心研習捨棄苦、樂之心，如此不斷研習，使其捨無可捨，捨心也無。這樣，身心俱泯，心思緣慮像寒灰而凝結不動，持續達五百劫。這些人是以生滅心為本修因，因而不能發明不生滅的自性，在五百大劫的最後劫中，初半仍因定力而入滅境，後半劫則又起現行心。這樣的一類，名為無想天。阿難，上述四種勝流，為一切世間諸種苦樂境所不能動搖。雖然並不是真正的無為不動地，希望能得涅槃果位。因為有所得之心存在，所以只是有為功用純熟。此種境界，名為四禪。

阿難，四禪天中還有五類不還天。將欲界中九品思惑習氣同時滅除，苦、樂之境也雙雙忘卻，因而於欲界已經無有可居之地。因此，在具有捨棄一切苦、樂的同一類大眾中另立安居之處。阿難，苦、樂兩種境界都已經消除，心中自然就沒有衝突、鬥爭。這樣的一類，名為無煩天。正如離弦之箭於空中獨自飛行，沒有固定的障礙與之相撞一樣，研究怎樣滅除爭鬥之心的心思也已經滅除了。這樣的一類，名為無熱天。能觀十方世界朗然澄清，再也沒有外在的塵境障礙，內心也沒有塵垢停留。這樣的一類，名為善見天。精妙的見性顯現出來，就可如陶工捏土成器、鑄匠熔金造像一樣，隨心所欲，任運成就，自在無礙。這樣的一類，名為善現天。窮究一切細微之處，洞察一切微細色體，入於無邊無際之中。這樣的一類，名為色究竟天。阿難，此五種不還天，前四禪中的四位天王不能親知親見，只能仰慕其高名。就如同人世間曠野深山中聖道場地，都是阿羅漢所住持，因而世間凡夫粗人不能知見。阿難，以上十八天都是清淨無有伴侶，沒有情欲存在。只有化身的身體，尚沒有擺脫形骸的牽累。

以上所說，名為色界。

復次，阿難，從是有頂色邊際中，其間復有二種歧路：若於捨心發明智慧，慧光圓通，便出塵界成阿羅漢，入菩薩乘。如是一類，名為迴心❶大阿羅漢。若在捨心捨厭成就，覺身為礙，銷礙入空。如是一類，名為空處。諸礙既銷，無礙無滅，其中唯留阿賴耶識❷全於末那❸，半分微細。如是一類，名為識處。空色既亡，識心都滅，十方寂然，迥無攸往。如是一類，名無所有處。識性不動，以滅窮研，於無盡中發宣盡性，如存不存，若盡非盡。如是一類，名為非想非非想處❹。此等窮空，不盡空理，從不還天聖道窮者，如是一類，名不迴心鈍阿羅漢。若從無想諸外道天窮空不歸，迷漏無聞，便入輪轉。阿難，是諸天上各各天人，則是凡夫業果酬答，答盡入輪。彼之天王即是菩薩，遊三摩提漸次增進，迴向聖倫所修行路。阿難，是四空天身心滅盡，定性現前，無業果色從此逮終，名無色界❺。此皆不了妙覺明心，積妄發生。妄有三界，中間妄隨七趣沉溺，補特伽羅❻各從其類。

【章 旨】佛宣說無色界四空天，即空處天、識處天、無所有處天、非想非非想處天的形成原因和狀況。

【注 釋】❶迴心 迴轉其心使之由邪入正。❷阿賴耶識 梵文音譯，意譯為藏識。因其蘊藏有種子習氣而名之。又稱其為第八識，是前七識的總依據。❸末那 即末那識、第七識。其特徵為「審思量」，即不停頓地思慮。由於末那識執持第八識的見分或種子為「我」，使意識生成自我，故又稱為「我識」。❹非想非非想處 即非有想與非無想均不可盡言的狀態，或者稱為識性若存非存、若盡若不盡的狀態。❺無色界 三界之一。此界既是無欲望又無形體的修行者居住的處所，又因無任何物質性的存在，故而名之為無色界。❻補特伽羅 梵語音譯，意譯為「數取趣」。指於諸趣中受生不息的主體「我」，是一種假設的主體存在，而非實體性存在。

【語 譯】其次，阿難，從色界的頂端即色與虛空的邊際處，又有兩條不同的路：如果從此捨心而產生智慧，其圓通的智慧之光會使修行者超越塵界而成為阿羅漢，入菩薩乘。這樣的一類，名為迴心大阿羅漢。如果修行者在此捨心之中厭離色塵，覺知色身已是障礙，於是修習空觀以銷除此身障而入於空。這樣的一類，名為空處天。諸色礙既然已經銷除，自在融通而為一體，連同空處也無，只保留了阿賴耶識以及末那識中內緣的法執那半分。這種的一類，名為識處天。色與空既然都消亡了，識心也就停止了活動，十方世界寂然不動，就連身心世界也無處可住。這樣的一類，名為無所有處天。識心雖不活動，但是識性仍然存在，只是深藏不動而已。修習者欲以定力深窮研習，在無盡中，勉強發力欲盡其性而滅此識心。實際上，此識心是若存、非存，若盡、非不盡，表面上是不存在，深層次上仍存在著。這樣的一類，名為非想非非想處天。這樣的修行只是通過心境的消亡而使心、境俱空，並沒有窮盡空理。從不還天修習聖道以證得人我空理，這樣一類，名為不迴心鈍阿羅漢。如果從無想外道天及廣果凡夫天而入非想非非想處天來窮盡空理，便會執著不迴心，迷於有漏之天而不聞無漏法，最後就會墜入生死輪迴之中。阿難，上述諸天的每位天人都是對世間凡夫所作種種業的報應。酬答享盡，依舊要再行輪迴。至於各天的天王都是大乘菩薩，以修三摩地為目的，寄居於天王之位次修行增進其功德，最後走向成佛的修行道路。阿難，上述四空天身心全都滅除而顯現禪定之力，已沒有四大質礙的業果色，唯有清淨四大的定果色。從此空處天開始，至非想非非想處天終，稱它為無色界。以上所說的三界諸天，都是由於不明瞭本覺的妙性原本清淨圓明，以致積迷成妄，妄執三界的存在，並且以自己的業力捨生受生，沉淪於地獄、餓鬼、畜生、脩羅、人、仙、天等七趣之中。在此生死輪迴中，眾生各依自己的補特伽羅而墮落相應的諸趣，受生同類之果體。

復次，阿難，是三界中復有四種阿脩羅類。若於鬼道以護法力，乘通入空，此阿脩羅從卵而生，鬼趣所攝。若於天中，降德貶墜，其所卜居，鄰於日月，此阿脩羅從胎而出，人趣所攝。有脩羅王執持世界，力洞無畏，能與梵王及天帝釋、四天爭權。此阿脩羅因變化有，天趣所攝。阿難，別有一分下劣脩羅生大海心，沉水穴口，旦遊虛空，暮歸水宿。此阿脩羅因溼氣有，畜生趣攝。

阿難，如是地獄、餓鬼、畜生、人及神仙、天洎脩羅精研七趣，皆是昏沉諸有為相，妄想受生，妄想隨業。於妙圓明，無作本心皆如空華，元無所著，但一虛妄，更無根緒。阿難，此等眾生不識本心，受此輪迴，經無量劫不得真淨，皆由隨順殺、盜、婬故。反此三種，又則出生無殺、盜、婬。有名鬼倫，無名天趣，有無相傾，起輪迴性。若得妙發三摩提者，則妙常寂，有、無二無，無二亦滅，尚無不殺、不偷、不婬，云何更隨殺、盜、婬事？阿難，不斷三業，各各有私。因各各私，眾私同分非無定處，自妄發生，生妄無因，無可尋究。汝勗修行，欲得菩提，要除三惑。不盡三惑，縱得神通，皆是世間有為功用，習氣不滅，落於魔道。雖欲除妄，倍加虛偽，如來說為可哀憐者。汝妄自造，非菩提咎。作是說者，名為正說。若他說者，即魔王說。」

【章　旨】佛宣說三界中有四種阿脩羅，因其造業不同而墮生鬼趣、人趣、天趣和畜生趣。佛又總明七趣皆眾生妄業所成，眾生應該滅除妄惑而正入修行路以證得菩提。

【語　譯】其次，阿難，此三界中又有四種阿脩羅類眾生。如果於鬼道中發心護持佛法，以此所獲業力而獲圓通，可以入虛空界中居住。這一類阿脩羅是卵生的，仍然屬於鬼道類。如果於天道中，梵行稍有虧欠，便會被貶離天道而墜落阿脩羅道，其所居住的地方與日月為鄰。這一類阿脩羅是胎生的，仍然屬於人道類。還有一類阿脩羅王執掌世界，以神通洞徹諸天，福禍世間，無所畏懼。他們仍然能夠與梵王、天帝釋、四大天王爭奪權利。這一類阿脩羅是從人間化生至天上的，仍然屬於天道類。阿難，此外還有一類低劣的阿脩羅，出生於大海的中心，潛藏於水穴之內。白天於虛空中遊行，晚上又返歸於水中。這一類阿脩羅是借助溼氣而生的，仍然屬於畜生道類。

阿難，對以上地獄、餓鬼、畜生、阿脩羅、人、仙、天等進行精細研究便可知曉，七趣都是昏昧的造作之相，都是因妄想而受生，隨妄業而受報。如果以妙明無為的本心來說，七趣就如同空中花一樣，並無實體可以去執著。它也只能是一個虛妄的幻化之相，實在是沒有頭緒可以去追尋。阿難，這些眾生因為不識妙明的本心而受輪迴之苦，經歷無量劫仍然不能得到真淨。這都是他們隨順殺、盜、淫諸惡行而造成的。若能改惡從善，也就是能夠做到不殺、不盜、不淫，則可以受生於天道。有三惡行，則名為鬼類；無三惡行，則名為天類。由於善與惡互相傾奪，便有了輪迴流轉。如果得到三摩地妙定的，則妙明常寂之境顯現於前，則有、無雙亡，連同善、惡俱無的無性也已消除。此時，就連不殺、不盜、不淫的善行也已不存在了，怎麼還會有殺、盜、淫三種業行呢？阿難，若不斷除殺、盜、淫三業，則各各有私造的別業以及各自所造的私業。別業與私業和合就成共業。既然有共業，就有眾同分地。這樣，各自的別業便會匯聚出一個共同的報應處所來。但是，七趣果報都是因妄念而發生的，而妄念實際上無所從來，因而是無可追究其根源的。你須勉勵那些修行者，要想證得菩提正道，首先必須先斷除殺、盜、淫三惑。不盡除此三惑，即便獲得神通之力，也不過是世間的有為功用。虛妄習氣未曾滅除，最終只會落入魔道。落入天魔，即使想消除虛妄，只不過是以虛妄追逐虛妄，是妄上加妄而已。所以，如來說他們是最可哀愍的眾生。其實，這種妄境都是自己妄心所造，並不是菩提的過錯。依照我這樣說的，纔是正說。另外的說法，都是魔王的邪說。」

【說　明】關於七趣之根由的說明，至此結束。

即時如來將罷法座，於師子牀攬七寶几，迴紫金山再來凭倚。普告大眾及阿難言：「汝等有學緣覺、聲聞，今日迴心趣大菩提無上妙覺，吾今已說真修行法。汝猶未識修奢摩他、毗婆舍那微細魔事。魔境現前，汝不能識，洗心非正，落於邪見。或汝陰魔，或復天魔，或著鬼神，或遭魑魅，心中不明，認賊為子。又復於中，得少為足，如第四禪，無聞比丘妄言證聖，天報已畢，衰相現前。謗阿羅漢，身遭後有，墮阿鼻獄。汝應諦聽，吾今為汝子細分別。」阿難起立，并其會中同有學者，歡喜頂禮，伏聽慈誨。

佛告阿難及諸大眾：「汝等當知，有漏世界十二類生本覺妙明，覺圓心體與十方佛無二無別。由汝妄想迷理為咎，癡愛發生，生發徧迷，故有空性。化迷不息，有世界生。則此十方微塵國土非無漏者，皆是迷頑妄想安立。當知虛空生汝心內，猶如片雲點太清裡，況諸世界在虛空耶？汝等一人發真歸元，此十方空皆悉銷殞，云何空中所有國土而不振裂？汝輩修禪，飾三摩地，十方菩薩及諸無漏大阿羅漢，心精通溜，當處湛然。一切魔王及與鬼神、諸凡夫天見其宮殿無故崩裂，大地振坼，水陸飛騰，無不驚慴。凡夫昏暗，不覺遷訛。彼等咸得五種神通❶，唯除漏盡，戀此塵勞，如何令汝摧裂其處？是故鬼神及諸天魔、魍魎妖精於三昧時，僉來惱汝。然彼諸魔雖有大怒，彼塵勞內，汝妙覺中，如風吹光，如刀斷水，了不相觸。汝如沸湯，彼如堅冰，煖氣漸鄰，不日銷殞，徒恃神力，但為其客。成就破亂，由汝心中五陰主人。主人若迷，客得其便。當處禪那，覺悟無惑，則彼魔事，無奈汝何！陰銷入明，則彼群邪咸受幽氣。明能破暗，近自銷殞，如何敢留擾亂禪定？若不明悟，被陰所迷，則汝阿難必為魔子，成就魔人。如摩登伽殊為眇劣。彼唯咒汝，破佛律儀。八萬行中祇毀一戒，心清淨故，尚未淪溺。此乃隳汝寶覺全身，如宰臣家忽逢籍沒，宛轉零落，無可哀救。

【章　旨】佛開始無問自說修定中所發微細魔事。定中諸魔若不如法剔除，將銷壞眾生清淨覺體，以致於無可哀救。佛因而諄諄告誡阿難等大眾，遠離諸種魔事。

【注　釋】❶五種神通　又稱五神變。不可思議為「神」，自在無礙為「通」。五神通包括天眼通、天耳通、他心通、宿命通、如意通。

【語　譯】此時，如來將要結束這個法會，於是於獅子座上，手抓七寶几，迴轉如紫金山一般的佛身，再回身倚靠著七寶几，對大眾及阿難說道：「你們這些有學緣覺、聲聞，今天已經迴心趨向大菩提無上妙覺。我現在已經演說了真正的修行方法，你們仍然不能曉得修行止觀中，還有許多微細魔事。倘若魔境顯現於前，你們仍然不能認識。縱然以定來洗滌心胸，也難得其正，難免落入邪見。或者落入五陰魔，或者落入天魔，或者糾纏於鬼神，或者遭遇魑魅。心中糊塗，難免認賊為子。另外，也有得少而就此滿足，不求上進的。如修至第四禪的無聞比丘，以為自己已經證得聖果，已經脫離三界。天道的報應完畢之後，就顯現出衰敗身相。此時，無聞比丘反而誹謗佛，妄說羅漢不墮後有。他因誹謗諸佛而墮入無間地獄。你仔細聽著，我現在將為你仔細講說其中的奧妙。」阿難隨即從座位上起立，與法會中的諸有學大眾一起高興地向佛頂禮，專心傾聽佛的慈悲教誨。

佛告訴阿難及諸位大眾：「你們應當知道，在有漏世界的十二類眾生所具有的妙明覺圓之心體，與十方諸佛沒有區別。由於你們的妄想而迷惑於真常之理，使癡、愛得以產生，並且使本覺真心完全變成晦明的空性。化迷的心念不息，就幻生出今日的世界。因此，這十方微塵數國土，都不是清淨無漏的真實世界，而是由迷妄幻想所建立的。應當知道，虛空是你的心所產生的，就如同一片雲彩飄浮於太空之中一樣，何況十方世界還是包藏於太虛空中呢？你們之中，倘若有人發現本有的真心而返本還源，則此十方虛空就將化為烏有。但是，虛空中的所有國土為什麼不因此而振裂呢？你們修習禪定，莊嚴三摩地，就能與十方菩薩以及已經斷除煩惱的大阿羅漢的聖心吻合而融合為一體，湛然清淨，周徧法界。一切魔王以及鬼神、一切凡夫天，見到他們的宮殿無故崩裂，大地震動，天翻地覆，沒有不驚奇而產生恐懼的。只有凡夫昏昧不明，不能覺察這些變化，還訛言此是陰陽失調纔變化的。那些魔王、鬼神都已經得到五種神通，只是未得漏盡通，便留戀這個煩惱塵勞世界，你怎麼能夠摧毀他們的住所呢？因此，神鬼及天魔、魑魅魍魎，在你們修習三昧時，就會來擾亂你們。不過，這些鬼、魔雖然懷著憤怒來擾害，但其究竟是在塵勞中所生的邪妄行為，而你們所修習的是妙覺心中本具的正定。這就好像以風來吹光明，用刀來斷水一樣，二者最終不會發生接觸的。你們就如同煮沸的熱水，他們就如堅固的冰塊。熱水散播的熱氣逐漸靠近，冰塊時間不長就會消融。他們徒然憑恃神通力，但畢竟是過路客，不會久留。諸魔的破壞能否得手，完全是由你的心，即五陰的主人所決定的。主人若昏昧不悟，客人便會有機可乘。如果主人時常處在禪定之中，以慧照觀察，不受諸魔的迷惑，那麼，那些魔事便對你無可奈何。你的陰境消亡，就證入大光明藏，則那些秉受幽暗之氣的邪魔鬼怪就會被你們的光明所破解，一經接近，幽暗之氣自然消失，又怎敢強留來擾亂你的禪定呢？如果五陰主人不能明悟，對當前的迷幻境相昏迷不覺，則你阿難就必然成為魔子，而最終成為魔人。比如摩登伽異常渺小卑劣，她不過使用梵天咒語便使你幾乎要違犯佛的律儀。在佛的八萬細行中，僅只是毀了你的一項戒行，你因心境清淨而沒有淪入魔境。這些陰魔現前，目的乃在毀你法身，斷你慧命，使你寶覺全身俱遭淪沒。如宰相等大臣忽犯王法，忽然被削籍滅族，輾轉飄零而無可挽救。

阿難當知：汝坐道場，銷落諸念。其念若盡，則諸離念一切精明，動靜不移，憶忘如一。當住此處，入三摩提。如明目人處大幽暗，精性妙淨，心未發光。此則名為色陰區宇。若目明朗，十方洞開，無復幽黯，名色陰盡。是人則能超越劫濁。觀其所由，堅固妄想以為其本。

阿難，當在此中，精研妙明，四大不織，少選之間，身能出礙。此名精明流溢前境。斯但功用，暫得如是，非為聖證，不作聖心，名善境界。若作聖解，即受群邪。

阿難，復以此心精研妙明，其身內徹。是人忽然於其身內拾出蟯蛔，身相宛然，亦無傷毀。此名精明流溢形體。斯但精行，暫得如是，非為聖證。不作聖心，名善境界。若作聖解，即受群邪。

又以此心內外精研，其時魂魄、意志、精神除執受身，餘皆涉入，互為賓主。忽於空中，聞說法聲，或聞十方同敷密義。此名精魄遞相離合。成就善種，暫得如是，非為聖證。不作聖心，名善境界。若作聖解，即受群邪。

又以此心澄露皎徹，內光發明，十方偏作閻浮檀色，一切種類化為如來。於時忽見毗盧遮那❶踞天光臺❷，千佛圍繞，百億國土及與蓮華俱時出現。此名心魂靈悟所染，心光研明，照諸世界。暫得如是，非為聖證。不作聖心，名善境界。若作聖解，即受群邪。

又以此心精研妙明，觀察不停，抑按降伏，制止超越。於時忽然十方虛空成七寶色或百寶色，同時偏滿，不相留礙，青、黃、赤、白各各純現。此名抑按功力逾分，暫得如是，非為聖證。不作聖心，名善境界。若作聖解，即受群邪。

【章　旨】佛由此宣說禪定修習之中於五陰易落入的魔境。於禪修中，在色陰中有十種境界。若心中不將其認作聖境，便可以將其暫時當作善境界。若認其為聖境，便成十種魔境。此章先言前五種魔境。

【注　釋】❶毗盧遮那　三身佛中法身佛的通稱。❷天光臺　毗盧遮那佛的寶座。

【語　譯】阿難，你應當知道，坐於道場之中，應該銷除滅盡一切妄念。若除盡妄念，則離此妄念之後的心就精而不雜、明而不暗，外境的運動和靜止都不會對其產生干擾。念起也不會憶，念止也不會忘記，憶、忘如一。當此之時，你就會進入三摩地。這就如同眼睛明亮之人處於一片黑暗之中，此精性妙淨的離念心體並未發出光明，因而其所見之處仍然是一片黑暗。這就是色陰對它的拘限。如果心、目發光，十方洞開，再也沒有幽暗之相。這就是色陰盡了。這樣的修行人就能超越劫濁惡世。由此可知，色陰的存在是因堅固的妄想以為根本而造成的。

阿難，你應當在此三摩地定中精細地研究妙明元體，就可以發現組成你色身的四大不再密密交織，頃刻之間身體就脫離了各種障礙。這就叫精明流溢至眼前根塵堅實的境界。它只是一種功用，是暫時的現象，並不是聖果所應證。不能將其當作聖心去看待，只能稱其為善境界。如果將其作聖境理解，就會墜入群邪的陷阱。

阿難，又，應該於此心中精細地研究妙明元體，就可以徹見身內的一切，並且可以透視到自己身體內的蛔蟲，即便用手將蛔蟲從身內撿出，自己的身體仍舊安然如故，不受任何損傷。這就叫精明流溢到身體上去。它只是一種定力至極精處而產生的現象，暫時如此，並不是聖果所應證。不能當作聖心去看待，只能稱其為善境界。如果將其作聖境理解，就會墜入群邪的陷阱。

又，於此心中向內、向外都進行精密研究，就會發現魂魄、意志、精神等，除身根尚要受識執持之外，其餘都能互相涉入、互為賓主。此時，忽然聽到空中傳來說法的聲音，或者聽到十方虛空中同時在演說奧妙的至理。這就叫精神、魂魄依次脫離本位而依於他位，並且與對方和合，形成善種。它只是一種功用，是暫時的現象，並不是聖果所應證。不能將其當作聖心去看待，只能稱其為善境界。如果將其作聖境理解，就會墜入群邪的陷阱。

又，此禪定心清澄顯露，皎潔洞徹，內心發出光輝，整個十方世界徧成閻浮檀色，一切有情種類全都化為如來。此時，忽然就可以見到毗盧遮那佛坐於天光臺上，四周千佛圍繞，百億國土以及蓮花同時出現。這就叫心魂受靈悟所染，心光通明，照耀一切世界。它只是一種功用，暫時如此，並不是聖果所應證。不能當作聖心去看待，只能稱其為善境界。如果將其作聖境理解，就會墜入群邪的陷阱。

又，於此修定之心精密地研究妙明元體，專心一致地連續觀察，抑制自心，降伏妄念，制止『定』超越『慧』的可能，以便使定、慧相等。此時，十方虛空就會忽然變成七寶色或百寶色，並且互相充滿，不相阻礙，青、黃、赤、白各種顏色也都純正無雜。這就是抑制按捺的功力過分所致，它只是一種定力至極精處而產生的現象，暫時如此，並不是聖果所應證。不能當作聖心去看待，只能稱其為善境界。如果將其作聖境理解，就會墜入群邪的陷阱。

又以此心研究澄徹，精光不亂。忽於夜半，在暗室內見種種物，不殊白晝，而暗室物亦不除滅。此名心細密澄其見，所視洞幽，暫得如是，非為聖證。不作聖心，名善境界。若作聖解，即受群邪。

又以此心圓入虛融，四體忽然同於草木，火燒刀斫，曾無所覺。又則火光不能燒爇，縱割其肉，猶如削木。此名塵併排四大性，一向入純，暫得如是，非為聖證。不作聖心，名善境界。若作聖解，即受群邪。

又以此心成就清淨，淨心功極。忽見大地，十方山河皆成佛國，具足七寶，光明遍滿。又見恆沙諸佛如來遍滿空界。樓殿華麗，下見地獄，上觀天宮，得無障礙。此名欣厭凝想日深，想久化成，非為聖證。不作聖心，名善境界。若作聖解，即受群邪。

又以此心研究深遠，忽於中夜遙見遠方市井街巷親族眷屬，或聞其語。此名迫心逼極飛出，故多隔見，非為聖證。不作聖心，名善境界。若作聖解，即受群邪。

又以此心研究精極，見善知識形體變移，少選，無端種種遷改。此名邪心含受魑魅，或遭天魔入其心腹，無端說法，通達妙義，非為聖證。不作聖心，魔事銷歇。若作聖解，即受群邪。

阿難，如是十種禪那現境，皆是色陰用心交互，故現斯事。眾生頑迷，不自忖量，逢此因緣，迷不自識。謂言登聖，大妄語成，墮無間獄。汝等當依如來滅後，於末法中宣示斯義，無令天魔得其方便，保持覆護，成無上道。

【章　旨】佛於此章繼續宣說於禪修中，在色陰中易出現的後五種魔境。

【語　譯】又，以此定心研究妙明元體，其心光清澄而洞徹，精光凝定而不動。忽然，於夜半或者於黑暗的室內，可以看到各種各樣的東西，和白晝所見沒有差別，而於黑暗的室內所見的物品也不會消失。這就是心光細密澄清能見的功能所致，可以洞察一切幽暗中的現象。它只是一種功用，是暫時的現象，並不是聖果所應證。不能將其當作聖心去看待，只能稱其為善境界。如果將其作聖境理解，就會墜入群邪的陷阱。

又，以此定心契入真空無礙之理，四肢忽然如同草木，火燒、刀斫都沒有感覺，而且火也不能將其烤熱，即便以刀割其肉，也如同削的是木頭一樣。這就是色塵消散排除了四大性，心力純一而得以忘身。它只是一種功用，是暫時的現象，並不是聖果所應證。不能將其當作聖心去看待，只能稱其為善境界。如果將其作聖境理解，就會墜入群邪的陷阱。

又，以此定心力求成就清淨之果，淨心的定力達到極點，忽然就會看見大地及十方山河都變成了佛國，並且具足七寶，光明遍灑虛空之中；又可以看見如恆沙數的諸佛遍滿一切國土，樓閣奇偉，殿堂華麗。此時，下能觀見地獄，上可觀見天宮，無有障礙。這就是欣淨厭穢的思想凝結得越來越深，久想幻化而成。它並不是聖果所應證，不能將其當作聖心去看待，只能稱其為善境界。如果將其作聖境理解，就會墜入群邪的陷阱。

又，以此定心研究至於深遠之極，忽然於夜半就可以看見遠方的市井、街巷以及親族眷屬，或者聽到他們的對話。這是由定心逼迫至極點而使心光飛出，因而可以不受障礙隔斷而能夠看見一切。這並不是聖果所應證，不能當作聖心去看待，只能稱其為善境界。如果將其當作聖境理解，就會墜入群邪的陷阱。

又，以此定心研究至精細的頂點，就會於定中看見善知識的形體在不斷地轉變遷移，不長時間變換出不同的形貌。這是邪心含受了魑魅，或者天魔侵入了其心腹執持其心神，使他無端說法，以為自己通達了一切妙義。這不是聖果所應證，不能當作聖心去看待。這樣，魔事便會漸漸消歇。如果將其當作聖境理解，就會墜入群邪的陷阱。

阿難，以上所說的十種禪定中所顯境界都是色陰將破而未破之際，禪觀和妄想互相交織而顯現出來的。眾生因為頑迷無知，不加以忖度衡量，遇到這些因緣就迷惑而不自識，說自已經證得了聖位，於是便成為大妄語，結果墮入無間地獄。在如來滅度之後的末法時期，你們應當宣說此類道理，不能讓天魔乘機得手，保護幫助修學的人得成無上道果。

【說明】關於禪修之中於色陰易產生的魔境宣說完畢。這些魔境是禪修中必須竭力避免的。

阿難，彼善男子修三摩提，奢摩他中色陰盡者，見諸佛心如明鏡中顯現其像，若有所得而未能用。猶如魘人手足宛然，見聞不惑，心觸客邪而不能動，此則名為受陰區宇。若魘咎歇，其心離身，返觀其面，去住自由，無復留礙，名受陰盡，是人則能超越見濁。觀其所由，虛明妄想以為其本。

阿難，彼善男子當在此中得大光耀，其心發明，內抑過分，忽於其處發無窮悲，如是乃至觀見蚊蝱，猶如赤子。心生憐愍，不覺流淚。此名功用抑摧過越。悟則無咎，非為聖證。覺了不迷，久自銷歇。若作聖解，則有悲魔入其心腑，見人則悲，啼泣無限。失於正受，當從淪墜。

阿難，又彼定中諸善男子見色陰銷，受陰明白，勝相現前，感激過分。忽於其中生無限勇，其心猛利，志齊諸佛，謂三僧祇一念能越。此名功用陵率過越，悟則無咎，非為聖證。覺了不迷，久自銷歇。若作聖解，則有狂魔入其心腑，見人則誇，我慢無比。其心乃至上不見佛，下不見人。失於正受，當從淪墜。

又彼定中諸善男子見色陰銷，受陰明白，前無新證，歸失故居，智力衰微，入中隳地，迥無所見。心中忽然生大枯渴，於一切時沉憶不散，將此以為勤精進相。此名修心無慧自失，悟則無咎，非為聖證。若作聖解，則有憶魔入其心腑，旦夕撮心懸在一處。失於正受，當從淪墜。

又彼定中諸善男子見色陰銷，受陰明白，慧力過定，失於猛利，以諸勝性懷於心中，自心已疑是盧舍那，得少為足。此名用心亡失恆審，溺於知見，悟則無咎，非為聖證。若作聖解，則有下劣易知足魔入其心腑，見人自言我得無上第一義諦。失於正受，當從淪墜。

又彼定中諸善男子見色陰銷，受陰明白，新證未獲，故心已亡，歷覽二際自生艱險，於心忽然生無盡憂，如坐鐵牀，如飲毒藥。心不欲活，常求於人令害其命，早取解脫。此名修行失於方便，悟則無咎，非為聖證。若作聖解，則有一分常憂愁魔入其心腑，手執刀劍自割其肉，欣其捨壽。或常憂愁走入山林，不耐見人。失於正受，當從淪墜。

【章旨】禪修中，在受陰中有十種境界產生，若修行者不將其當作聖境看待，便可稱其為善境界；若將其認作聖境而加以執著，則成十種魔境。在此段，先說明前五種易陷入的魔境。

【語譯】阿難，那些善男子在修行三摩提和奢摩他中，當色陰銷盡之後，就可以見到諸佛之心，就好像在明鏡中看到自己的像一樣，似乎有所得卻未能得到其用處。此又如睡夢中發生夢魘的人，手足宛然存在，見聞的功能也未受迷惑，只是此心受客邪所控制而不能動。這種情形就是受陰對禪觀的拘限。夢魘如果過去了，其心就可以離開身體而反觀自己的面孔，來去自由，再也沒有留礙存在。如此一來，受陰就銷盡了。這樣的人就能超越見濁惡世。由此可知，受陰的存在是以虛幻的妄想為其根本而造成的。

阿難，那些善男子在色陰已盡而受陰未破的禪觀之中，已經得到大光明，其心已趨明淨。但是，因為內心抑制過分，忽然在其心中生起無窮的悲心，以致於看見蚊蟲也如看到赤子一樣，心裡產生憐愍，不覺流出眼淚。這是在禪定的功用方面抑制、自責過分造成的。如果領悟此悲產生的原因，就不會有損害，應該知道它並不是聖果所應證。只要覺了而不迷執，此境便會漸漸消失。如果將其當作聖境去理解，就會有一種悲魔進入此修行者的心腑之中，使其見人就悲痛而啼泣不止。這樣，必然就得不到正受而又墜落於輪迴之中。

阿難，那些在此禪定中的諸善男子見色陰已盡，受陰顯露而殊勝境界現前，由於過分的感激，忽然就在心中生出無限的勇氣，心志非常勇猛銳利，與諸佛相等，並且自認為三阿僧祇劫在一念之間就可超越。這是在禪定的功用方面過於急切而使自大欲凌越其分造成的。如果能領悟此念頭產生的原因，就不會有損害。應該知道它並不是聖果所應證。只要覺了而不迷執，此境便會逐漸消失。如果將其當作聖境去看待，就會有狂魔進入此修行者的心腑之中，使其見到人就自誇，傲慢無比，以致其心中上不見佛，下不見人。這樣，就必然得不到正受而又墜落於輪迴之中。

又，那些在此禪定中的諸善男子見色陰已盡，受陰顯露，欲向前修習卻得不到新證，欲退回去卻已無所依。此時，修行者智力衰微，墮落於色、受二陰之間，進退兩難，均無所見。其心中忽然生出大枯渴，在一切時段都深深地執著憶念，未曾散失，還以為此枯渴憶念之心是勤修精進的相狀。這是修禪之心缺少智慧而自失其心。如果能領悟此境產生的原因，就不會有損害。應該知道它並不是聖果所應證。如果將其當作聖境去看待，就會有憶魔進入此修行者的心腑之中，時刻撮緊其心，使其懸於一處。這樣，就必然得不到正受而又墜落於輪迴之中。

又，那些在此禪定中的諸善男子見色陰已盡，受陰顯露，慧解過於定力，因而失之於猛烈銳利，以為諸殊勝之心已存在於自己心中，還常常懷疑自己就是盧舍那佛，因此而自我滿足，不求上進。這是由於用心的偏差，忘失了恆常省察的能力，沉溺於自己的知見而造成的。如果能領悟此境產生的原因，就不會有損害。應該知道它並不是聖果所應證。如果將其當作聖境去看待，就會有下劣的易知足魔進入此修行者的心腑之中，使其逢人就說自己已經得到無上第一義諦。這樣，就必然得不到正受而又墜落於輪迴之中。

又，那些在此禪定中的諸善男子見色陰已盡，受陰顯露，新的證驗仍未獲得，而原有的心又忘失了，遍觀色陰和受陰二際，感到證悟之路十分艱險，於心中忽然產生了無限的憂愁，就如坐於鐵床上，又如飲了毒藥，不想再活於世上，時常請求他人幫助結束自己的生命，以便早早地獲得解脫。這是修行者失卻了修行方便對治方法所造成的。如果能領悟此境產生的原因，就不會有損害。應該知道它並不是聖果所應證。如果將其當作聖境去看待，就會有一種常憂愁魔進入此修行者的心腑之中，使其手執刀劍自割其身，喜歡捨棄自己的生命。或者常常心懷愁悶，走入山林，不喜歡與人交往。這樣，就必然得不到正受而又墜落於輪迴之中。

又彼定中諸善男子見色陰銷，受陰明白，處清淨中，心安隱後，忽然自有無限喜生，心中歡悅，不能自止。此名輕安無慧自禁，悟則無咎，非為聖證。若作聖解，則有一分好喜樂魔入其心腑，見人則笑，於衢路傍自歌自舞，自謂已得無礙解脫。失於正受，當從淪墜。

又彼定中諸善男子見色陰銷，受陰明白，自謂已足，忽有無端大我慢起，如是乃至慢與過慢及慢過慢，或增上慢，或卑劣慢，一時俱發。心中尚輕十方如來，何況下位聲聞、緣覺！此名見勝無慧自救，悟則無咎，非為聖證。若作聖解，則有一分大我慢魔入其心腑，不禮塔廟，摧毀經像，謂檀越言：『此是金銅，或是土木。經是樹葉，或是氎華。肉身真常，不自恭敬，卻崇土木，實為顛倒。』其深信者，從其毀碎，埋棄地中，疑誤眾生，入無間獄。失於正受，當從淪墜。

又彼定中諸善男子見色陰銷，受陰明白，於精明中，圓悟精理，得大隨順。其心忽生無量輕安，已言成聖，得大自在。此名因慧獲諸輕清，悟則無咎，非為聖證。若作聖解，則有一分好輕清魔入其心腑，自謂滿足，更不求進。此等多作無聞比丘疑誤眾生，墮阿鼻獄。失於正受，當從淪墜。

又彼定中諸善男子見色陰銷，受陰明白，於明悟中得虛明性，其中忽然歸向永滅，撥無因果，一向入空，空心現前，乃至心生長斷滅解。悟則無咎，非為聖證。若作聖解，則有空魔入其心腑，乃謗持戒名為小乘。菩薩悟空，有何持犯？其人常於信心檀越飲酒噉肉，廣行婬穢，因魔力故，攝其前人不生疑謗。鬼心久入，或食屎尿與酒肉等，一種俱空，破佛律儀，誤入人罪。失於正受，當從淪墜。

又彼定中諸善男子見色陰銷，受陰明白，味其虛明，深入心骨。其心忽有無限愛生，愛極發狂，便為貪欲。此名定境安順入心，無慧自持，誤入諸欲。悟則無咎，非為聖證。若作聖解，則有欲魔入其心腑，一向說欲為菩提道，化諸白衣平等行欲。其行婬者，名持法子。神鬼力故，於末世中攝其凡愚，其數至百，如是乃至一百、二百或五、六百，多滿千萬。魔心生厭，離其身體。威德既無，陷於王難，疑誤眾生入無間獄。

失於正受，當從淪墜。

阿難，如是十種禪那現境，皆是受陰用心交互，故現斯事。眾生頑迷，不自忖量，逢此因緣，迷不自識。謂言登聖，大妄語成，墮無間獄。汝等亦當將如來語於我滅後，傳示末法，徧令眾生開悟斯義，無令天魔得其方便，保持覆護，成無上道。

【章　旨】佛繼續宣說受陰後五種易出現的魔境，並且告誡末世修行者應該領悟此中的道理，以免除墮入無間地獄之苦報。

【語　譯】又，那些在此禪定中的諸善男子見色陰已盡，受陰顯露而處於清淨境界中。此心獲得安隱以後，忽然就有無限的喜悅產生，心中的歡娛不能自己停止。這是處於輕安境界中卻沒有智慧自我控制所造成的。如果能領悟此境產生的原因，就不會有損害。應該知道它並不是聖果所應證。如果將其當作聖境去看待，就會有一種好喜樂魔進入此修行者的心腑之中，使其逢人就笑，於大街路旁自歌自舞，自稱已獲得無礙解脫。這樣，就必然得不到正受而又墜落於輪迴之中。

又，那些在此禪定中的諸善男子見色陰已盡，受陰顯露，自我滿足，忽然無端生起大我慢心，乃至慢、過慢、慢過慢、增上慢及卑劣慢等同時生起，其心連十方如來都加以輕視，何況處於下位的聲聞、緣覺呢！這是修行者只看到自己的殊勝之處，卻缺乏智慧去解救所造成的。如果能領悟此境產生的原因，就不會有損害。應該知道它並不是聖果所應證。如果將其當作聖境去看待，就會有一種大我慢魔進入此修行者的心腑之中，使其不禮拜塔廟，毀壞經像，並且對檀越說：『此是金、銅或土、木所製作，經只是樹葉或棉花。肉身纔是真常佛體，不去崇拜肉體，卻去崇拜土、木所成的物件，實在是顛倒的行為。』深信其語的人就跟著他毀壞經像，將經像埋於地下。如此貽誤眾生，必然落入無間地獄。這樣，就必然得不到正受而又墜落於輪迴之中。

又，那些在此禪定中的諸善男子見色陰已盡，受陰顯露，於自心識精之中，圓滿地領悟到至精至純之理，從而得到無罣無礙的大隨順。此時，其心忽然產生無限輕鬆安逸的感覺，自稱已成聖果，得到了大自在。這是修行者依憑智慧而獲得輕安清淨的境界。如果能領悟此境產生的原因，就不會有損害。應該知道它並不是聖果所應證。如果將其當作聖境去看待，就會有一種好輕清魔進入此修行者的心腑之中，自言已經滿足，再也不用求取進步了。這一類男子大多是無聞比丘類，因貽誤眾生而必然落入阿鼻地獄。這樣，就必然得不到正受而又墜落於輪迴之中。

又，那些在此禪定中的諸善男子見色陰已盡，受陰顯露，於明悟境界之中獲得寂然性空之理，其心中忽然感到心已經歸向永滅之境，妄言世間無因無果，一切都歸於空。空心現前，甚至於心中生出斷滅的見解。如果能領悟此境產生的原因，就不會有損害。應該知道它並不是聖果所應證。如果將其當作聖境去看待，就會有空魔進入此修行者的心腑之中，於是就誹謗持戒是小乘法，自認為菩薩就是悟空，毋須講究戒律的持與犯。因此，這些人常常於施主面前飲酒、吃肉，廣行淫穢之事。因其自身具有魔力，因而震懾了那些施主對其逆行不生疑惑和毀謗。鬼心久入其身，使其將食屎尿和食酒肉看作一回事，都認為是一種空相。這些人破壞佛的律儀，還誤導他人誤作罪事。這樣，就必然得不到正受而又墜落於輪迴之中。

又，那些在此禪定中的諸善男子見色陰已盡，受陰顯露，嘗到虛明的感覺深入於身心骨髓之中，其心中忽然有無限的愛念產生，此念達至極點便發狂而成為貪欲。這是禪定之境安順入心，卻缺乏智慧以保持慧、定均等，因而不能自持而誤入貪欲。如果能領悟此境產生的原因，就不會有損害。應該知道它並不是聖果所應證。如果將其當作聖境去看待，就會有欲魔進入此修行者的心腑之中，一直堅持說貪欲就是菩提大道，並且教化世間居士與其平等行欲，將與其行欲的人稱為持法子。由於鬼神之力的加持，於末法之世被其攝受的凡夫愚民，其數初則以百計，以後則漸由一百、二百或五百、六百人，甚至多達千萬。等到魔欲滿足而生厭離，就離開了修行者的身體。此威德失去之後，修行者就陷於國法的制裁，並且因貽誤眾生而墮入無間地獄。這樣，就必然得不到正受而又墜落於輪迴之中。

阿難，以上所說的十種禪定中所顯境界都是受陰將破而未破之際，禪觀和妄想互相交織而顯現出來的。眾生因為頑迷無知，不加以忖度衡量，遇到這些因緣就迷惑而不自識，說自己已經證得了聖位，於是便成為大妄語，結果墮入無間地獄。在如來滅度之後的末法時期，你們應當宣說此類道理，不能讓天魔乘機得手，保護扶持修學的人得成無上道果。

【說　明】關於受陰易產生的魔境宣說完畢。這些都是禪修中必須竭力清除的幻境。

阿難，彼善男子修三摩提受陰盡者，雖未漏盡，心離其形，如鳥出籠，已能成就。從是凡身，上歷菩薩六十聖位❶，得意生身❷，隨往無礙。譬如有人熟寐寱言，是人雖則無別所知，其言已成音韻倫次，令不寐者咸悟其語。此則名為想陰區宇。若動念盡，浮想銷除，於覺明心如去塵垢，一倫生死首尾圓照，名想陰盡。是人則能超煩惱濁。觀其所由，融通妄想以為其本。

阿難，彼善男子受陰虛妙，不遭邪慮，圓定發明。三摩地中，心愛圓明，銳其精思，貪求善巧。爾時，天魔候得其便，飛精附人，口說經法。其人不覺是其魔著，自言謂得無上涅槃，來彼求巧善男子處敷座說法。其形斯須，或作比丘，令彼人見，或為帝釋，或為婦女，或比丘尼，或寢暗室，身有光明。是人愚迷，惑為菩薩，信其教化，搖蕩其心，破佛律儀，潛行貪欲。口中好言災祥變異，或言如來某處出世，或言劫火，或說刀兵，恐怖於人，令其家資無故耗散。此名怪鬼年老成魔，惱亂是人。厭足心生，去彼人體，弟子與師俱陷王難。汝當先覺，不入輪迴，迷惑不知，墮無間獄。

阿難，又善男子受陰虛妙，不遭邪慮，圓定發明。三摩地中，心愛遊蕩，飛其精思，貪求經歷。爾時，天魔候得其便，飛精附人，口說經法。其人亦不覺知魔著，亦言自得無上涅槃，來彼求遊善男子處敷座說法，自形無變。其聽法者忽自見身坐寶蓮華，全體化成紫金光聚，一眾聽人各各如是，得未曾有。是人愚迷，惑為菩薩，婬逸其心，破佛律儀，潛行貪欲。口中好言諸佛應世，某處某人當是某佛，化身來此；某人即是某菩薩等來化人間。某人見故，心生傾渴，邪見密興，種智銷滅。此名魃鬼年老成魔，惱亂是人。厭足心生，去彼人體，弟子與師俱陷王難。汝當先覺，不入輪迴，迷惑不知，墮無間獄。

【章旨】色陰、受陰均銷盡後，心可以離開身體而成意生身。在超越、銷盡想陰的時候，若不預先覺知，加以預防，則成十種魔境。此段先言前兩種魔境。

【注　釋】❶菩薩六十聖位　在菩薩五十五位的基礎上，前面加上「三種漸次」和乾慧地，後面加上「妙覺」位，恰成六十聖位。「三種漸次」即「除其助因」、「刳其正性」、「違其現業」。❷意生身　又稱意成身，指初地以上的菩薩所成之身，因無礙自在、如心如意故，名之「意生身」。

【語　譯】阿難，那些修習三摩地並將受陰銷盡的人，雖然仍未能斷除一切煩惱，但是其自心已可以離開身體，猶如小鳥出籠一樣，來去自由。他們已能從自己的凡夫身一直上升，經歷三種漸次、乾慧地、五十五位以及妙覺位等共六十聖位而成就意生身，普入一切國土、佛剎，隨意往來其間，無有任何障礙。譬如有人在熟睡中說夢話，此人雖然說夢話時自己一無所知，但其夢語已構成有聲音和節奏的語言，能以此使清醒的人領悟其意。這就是想陰對禪觀的拘限。如果妄自起心動念的妄心銷盡了，直至連輕微飄忽的浮想也消除了，自性本覺的光明就會自然顯現。此覺明之心就如同除去表面塵垢的明鏡一樣光淨，能夠通照一切生死之物。這種境界就叫作想陰已盡，達到這一境界的修行者就能超越煩惱濁惡世。由此可知，想陰的存在是以融通妄想為其根本而造成的。

阿難，那些善男子當受陰已經清虛靈妙，不再被任何邪見所惑之時，其定、慧更趨圓滿明淨。然而，此善男子於此三摩地中，貪愛此圓明的境界，力求思想敏銳，藉以貪求善巧方便。此時，天魔候得其便，以其魔精飛附人體，使此人口說經法。此人不知有魔附身而自稱已證得無上涅槃。他來到一心求取善巧方便的善男子處設座說法。此人說法之時，其形貌不斷變化，或作比丘，使聽法者親眼看見，或作天帝釋，或作婦女、比丘尼，或者身臥暗室之中而身放光芒。這些愚昧無知的人，就迷信他是菩薩的化身，至誠相信他的教化，便放縱搖蕩之心，破壞佛所制定的律儀，並且暗中去行貪欲之事。此附魔之人好言災祥怪誕之事，或說如來將於某處出世，或說某處出現了劫火，或說戰爭將要發生。藉這些災異之事，使人產生恐懼，致使他們竭盡家財至誠供養，無故將家產全部耗盡。這是年老成魔的怪鬼附體所致，其專門擾亂貪求善巧的修行者。魔精附體的時間漸久，產生了厭足之心，便離開了人體。這樣，師與弟子都陷於國法的制裁。你應當對此預先有所覺察，纔不至於墮入輪迴。如果迷惑而未覺察，就會墮入無間地獄。

阿難，那些善男子當受陰已經清虛靈妙，不再被任何邪見所惑之時，其定、慧更趨圓滿明淨。然而，此善男子於此三摩地中，心裡生起遊蕩的愛好，其心思變得漂浮不定，貪求遊歷十方世界。此時，天魔候得其便，以其魔精飛附人體，使此人口說經法。此人不知有魔附身而自稱已證得無上涅槃。他來到一心求取遊歷方便的善男子處設座說法。此人說法之時，其形貌並無變化，其聽法的人忽然見到自己坐於蓮花寶座上，全身變成紫金光色，在座的各位都是如此，都獲得平常未曾有過的經驗。這些愚昧無知的人，就迷信他是菩薩的化身，便放縱淫逸之心，破壞佛所制定的律儀，並且暗中去行貪欲之事。此附魔之人喜好預言諸佛出世，說某人於某處當是某佛化身，某人就是某某菩薩來世間教化眾生。聽法之人見此情景就生出仰慕之心，邪見於是悄悄生起，菩提種智則完全消滅。這是年老成魔的魃鬼附體所致，其專門擾亂貪求遊歷的修行者。魔精附體的時間漸久，產生了厭足之心，便離開了人體。這樣，師與弟子都陷於國法的制裁。你應當對此預先有所覺察，纔不至於墮入輪迴。如果迷惑而未覺察，就會墮入無間地獄。

又善男子受陰虛妙，不遭邪慮，圓定發明。三摩地中，心愛緜滔，澄其精思，貪求契合。爾時，天魔候得其便，飛精附人，口說經法。其人實不覺知魔著，亦言自得無上涅槃，來彼求合善男子處敷座說法。其形及彼聽法之人，外無遷變，令其聽者未聞法前，心自開悟，念念移易。或得宿命，或有他心，或見地獄，或知人間好惡諸事，或口說偈，或自誦經，各各歡娛，得未曾有。是人愚迷，惑為菩薩，緜愛其心，破佛律儀，潛行貪欲。口中好言佛有大小，某佛先佛，某佛後佛，其中亦有真佛、假佛、男佛、女佛，菩薩亦然。其人見故，洗滌本心，易入邪悟。此名魅鬼年老成魔，惱亂是人。厭足心生，去彼人體，弟子與師俱陷王難。汝當先覺，不入輪迴，迷惑不知，墮無間獄。

又善男子受陰虛妙，不遭邪慮，圓定發明。三摩地中，心愛根本，窮覽物化性之終始，精爽其心，貪求辨析。爾時，天魔候得其便，飛精附人，口說經法。其人先不覺知魔著，亦言自得無上涅槃，來彼求元善男子處敷座說法。身有威神，摧伏求者，令其座下雖未聞法，自然心伏。是諸人等，將佛涅槃菩提法身即是現前我肉身上，父父子子遞代相生即是法身常住不絕，都指現在即為佛國，無別淨居及金色相。其人信受，亡失先心，身命歸依，得未曾有。是等愚迷，惑為菩薩，推究其心，破佛律儀，潛行貪欲。口中好言，眼、耳、鼻、舌皆為淨土，男女二根即是菩提、涅槃真處。彼無知者，信是穢言。此名蠱毒魘勝惡鬼年老成魔，惱亂是人。厭足心生，去彼人體，弟子與師俱陷王難。汝當先覺，不入輪迴，迷惑不知，墮無間獄。

又善男子受陰虛妙，不遭邪慮，圓定發明。三摩地中，心愛懸應，周流精研，貪求冥感。爾時，天魔候得其便，飛精附人，口說經法。其人元不覺知魔著，亦言自得無上涅槃，來彼求應善男子處敷座說法。能令聽眾暫見其身如百千歲，心生愛染，不能捨離。身為奴僕，四事供養❶，不覺疲勞。各各令其座下人，心知是先師本善知識，別生法愛，黏如膠漆，得未曾有。是人愚迷，惑為菩薩，親近其心，破佛律儀，潛行貪欲。口中好言，我於前世於某生中先度某人，當時是我妻妾兄弟，今來相度，與汝相隨歸某世界，供養某佛。或言別有大光明天，佛於中住，一切如來所休居地。彼無知者，信是虛誑，遺失本心。此名癘鬼年老成魔，惱亂是人。厭足心生，去彼人體，弟子與師俱陷王難。汝當先覺，不入輪迴，迷惑不知，墮無間獄。

【章　旨】此章宣說禪定修習於想陰容易產生的第三、四、五種魔境。

【注　釋】❶四事供養　以衣服、飲食、臥具、湯藥供養三寶。

【語　譯】又，那些善男子當受陰已經清虛靈妙，不再被任何邪見所惑之時，其定、慧更趨圓滿明淨。然而，此善男子於此三摩地中，心中生起愛慕之心，以為定心已經綿密，其思慮已人口說經法。此人確實不知有魔附身而自稱已證得無上涅槃。他來到一心求取與諸佛合一的善男子處設座說法。此人說法之時，其外在形體與聽法者一樣，都沒有變化，但他能使聽法者於未聽法之前就能自然開悟，且能念念遷流。或者能知過去、未來之事，或者能知他人心中所想，或者能見地獄，或者能知曉人間善惡，或者口說偈語，或者能背誦經文。聽法者獲得這些圓通，個個歡喜讚歎，以為得到了未曾獲得過的經驗。這些愚昧無知的人，就迷信他是菩薩的化身，就心生纏綿愛情，破壞佛所制定的律儀，並且暗中去行貪欲之事。此附魔之人喜好預言佛有大、小之分，說某佛是先佛，某佛又是後佛，還說其中有真佛、假佛、男佛、女佛，菩薩也是如此。聽法之人見此情景，就洗滌了成佛的本心而墮入邪說的境界之中了。這是年老成魔的魅鬼附體所致，其專門擾亂貪求與佛契合的修行者。魔精附體的時間漸久，產生了厭足之心，便離開了人體。這樣，師與弟子都陷於國法的制裁。你應當對此預先有所覺察，纔不至於墮入輪迴。如果迷惑而未覺察，就會墮入無間地獄。

又，那些善男子當受陰已經清虛靈妙，不再被任何邪見所惑之時，其定、慧更趨圓滿明淨。然而，此善男子於此三摩地中，卻喜愛追究萬物的根本和遍觀萬物的始終變化，竭盡心力去分析、辨別萬物的本由和變化。此時，天魔候得其便，以其魔精飛附人體，使此人口說經法。此人確實不知有魔附身而自稱已證得無上涅槃。他來到一心求取根本的善男子處設座說法。此人說法之時，以身內的威神攝伏其座下的聽眾，使人於未聞說法之前就已自然心服。師徒同時將佛涅槃之後的菩提法身認作眼前自己的肉身。認為父父子子遞代相傳的肉體就是法身常住不絕之相，並且指稱當今世界就是佛國，別無淨土和覺行圓滿的金色佛身。此等聽眾信受奉行，卻亡失了先前修定的本心，都以身命歸信魔說，也獲得平常未曾有過的經驗。這些愚昧無知的人就迷信他是菩薩的化身，推究己心以之為成佛根本，破壞佛所制定的律儀，並且暗中去行貪欲之事。此附魔之人口中常說，眼、耳、鼻、舌都是淨土，男、女二根就是菩提、涅槃的真正所在。那些無知之人相信了這些穢言。這是年老成魔的蠱毒魘勝惡鬼附體所致，其專門擾亂貪求遊歷的修行者。魔精附體的時間漸久，產生了厭足之心，便離開了人體。這樣，師與弟子都陷於國法的制裁。你應當對此預先有所覺察，纔不至於墮入輪迴。如果迷惑而未覺察，就會墮入無間地獄。

又，那些善男子當受陰已經清虛靈妙，不再被任何邪見所惑之時，其定、慧更趨圓滿明淨。然而，此善男子於此三摩地中，卻喜好預知與遠劫的聖靈相感應，其精細地周徧研究，一心貪求冥感。此時，天魔候得其便，以其魔精飛附人體，使此人口說經法。此人確實不知有魔附身而自稱已證得無上涅槃。他來到一心求取冥感的善男子處設座說法。此人身附魔力，能使聽眾一時將其身體看作百千歲，從而於心中生出愛慕，無法捨離，甘願以身作奴以四事供養此人，從不感覺疲勞。同時，此人能使座下的聽眾相信他就是先世之師，本來就是善知識，因而使聽眾產生更多的眷戀之心，黏連如同膠漆，獲得平常未曾有過的經驗。這些愚昧無知的人就迷信他是菩薩的化身，親近其心，旦夕相染，破壞佛所制定的律儀，並且暗中去行貪欲之事。此附魔之人口中好言，我於前世於某生中先度某人，當時，這些人是我的妻妾、兄弟。我今天來到此處是度化你們，與你們一起歸於某一世界，供養某佛。或者說，別有一大光明天，佛居住其間，這是一切如來休息居住的地方。那些無知之人相信了這些虛誑之言而遺失了本來的菩提心。這是年老成魔的癘鬼附體所致，其專門擾亂貪求冥感的修行者。魔精附體的時間漸久，產生了厭足之心，便離開了人體。這樣，師與弟子都陷於國法的制裁。你應當對此預先有所覺察，纔不至於墮入輪迴。如果迷惑而未覺察，就會墮入無間地獄。

又善男子受陰虛妙，不遭邪慮，圓定發明。三摩地中，心愛深入，尅己辛勤，樂處陰寂，貪求靜謐[1]。爾時，天魔候得其便，飛精附人，口說經法。其人本不覺知魔著，亦言自得無上涅槃，來彼求陰善男子處，敷座說法。令其聽人各知本業，或於其處語一人言，汝今未死，已作畜生，敕使一人於後蹋尾，頓令其人起不能得。於是一眾傾心欽伏，有人起心，已知其肇。佛律儀外重加精苦，誹謗比丘，罵詈徒眾，訐露人事，不避譏嫌。口中好言未然禍福，及至其時毫髮無失。此大力鬼年老成魔，惱亂是人。厭足心生，去彼人體，弟子與師俱陷王難。汝當先覺，不入輪迴，迷惑不知，墮無間獄。

又善男子受陰虛妙，不遭邪慮，圓定發明。三摩地中，心愛知見，勤苦研尋，貪求宿命❷。爾時，天魔候得其便，飛精附人，口說經法。其人殊不覺知魔著，亦言自得無上涅槃，來彼求知善男子處敷座說法。是人無端於說法處得大寶珠，其魔或時化為畜生，口銜其珠及雜珍寶、簡冊符牘、諸奇異物，先授彼人，後著其體。或誘聽人藏於地下，有明月珠照耀其處，是諸聽者得未曾有。多食藥草，不餐嘉饌，或時日餐一麻一麥，其形肥充，魔力持故。誹謗比丘，罵詈徒眾，不避譏嫌。口中好言他方寶藏、十方聖賢潛匿之處。隨其後者，往往見有奇異之人。此名山林、土地、城隍、川嶽鬼神年老成魔，或有宣婬，破佛戒律；與承事者，潛行五欲❸；或有精進，純食草木，無定行事，惱亂是人。厭足心生，去彼人體，弟子與師多陷王難。汝當先覺，不入輪迴，迷惑不知，墮無間獄。

又善男子受陰虛妙，不遭邪慮，圓定發明。三摩地中，心愛神通種種變化，研究化元，貪取神力。爾時，天魔候得其便，飛精附人，口說經法。其人誠不覺知魔著，亦言自得無上涅槃，來彼求通善男子處敷座說法。是人或復手執火光，手撮其光分於所聽四眾❹頭上。是諸聽人頂上火光皆長數尺，亦無熱性，曾不焚燒；或水上行如履平地；或於空中安坐不動；或入缾內，或處囊中，越牖透垣，曾無障礙；唯於刀兵，不得自在。自言是佛，身著白衣，受比丘禮，誹謗禪律，罵詈徒眾，訐露人事，不避譏嫌。口中常說神通自在。或復令人傍見佛土，鬼力惑人，非有真實。讚歎行婬，不毀麤行，將諸猥媟以為傳法。此名天地大力山精、海精、風精、河精、土精、一切草木積劫精魅，或復龍魅，或壽終仙再活為魅；或仙期終，計年應死，其形不化，他怪所附，年老成魔，惱亂是人。厭足心生，去彼人體，弟子與師多陷王難。汝當先覺，不入輪迴，迷惑不知，墮無間獄。

【章　旨】此章宣說禪定修習中於想陰容易出現的第六、七、八三種魔境。

【注　釋】❶心愛深入四句　此應與下一段落中「心愛知見，勤苦研尋，貪求宿命」句置換。❷心愛知見三句　此句應與上一段落中「心愛深入，尅己辛勤，樂處陰寂，貪求靜謐」句置換。❸五欲　指染著色、聲、香、味、觸五塵所引起的貪欲。❹四眾　指比丘、比丘尼、優婆塞、優婆夷四種皈依佛法的修行者。

【語　譯】又，那些善男子當受陰已經清虛靈妙，不再被任何邪見所惑之時，其定、慧更趨圓滿明淨。然而，此善男子於此三摩地中，卻喜好知見，勤苦地研究以尋求宿命，貪求對宿命的知見。此時，天魔候得其便，以其魔精飛附人體，使此人口說經法。此人確實不知有魔附身而自稱已證得無上涅槃。他來到一心求取宿命的善男子處設座說法。此人說法之時，其身附魔力，能使聽眾可備知前世本業，有時於說法處對聽眾說：『你現在雖然沒有死，但已經成為畜生』。於是，故意讓人於其背後踩住其尾部，此人立刻就不能起身。聽眾因此無不從心裡佩服。有人就會於心中起某些念頭，他立刻就會知曉此人起念的原因。此人對其徒眾除佛所制定的律儀之外，又加進去許多十分嚴格的苦行。他誹謗比丘，辱罵徒眾，披露別人的隱私，不規避諷刺譏嫌。此附魔之人常常說出未曾發生的災禍和福報，及至事情發生，與其所言沒有差別。這是年老成魔的大力鬼附體所致，其專門擾亂貪求宿命的修行者。魔精附體的時間漸久，產生了厭足之心，便離開了人體。這樣，師與弟子都陷於國法的制裁。你應當對此預先有所覺察，纔不至於墮入輪迴。如果迷惑而未覺察，就會墮入無間地獄。

又，那些善男子當受陰已經清虛靈妙，不再被任何邪見所惑之時，其定、慧更趨圓滿明淨。然而，此善男子於此三摩地中，卻喜愛深入定境，因而苛己修行，不避艱苦，隱居於幽靜的地方，貪求寂靜。此時，天魔候得其便，以其魔精飛附人體，使此人口說經法。此人確實不知有魔附身而自稱已證得無上涅槃。他來到一心求取寂靜的善男子處設座說法。此附魔之人無端於說法之處得到大寶珠。有時，此魔又化作畜生，口中銜著寶珠，摻雜著其他珍寶和簡冊、符牘等等珍奇物品。此畜生將珍寶授予此人，然後就附著於此人身上。他說法之時，有時又誘惑聽眾說，有明月珠藏於地下，其地果然就珠光照耀。聽法的人由此獲得平常未曾有過的經驗。此附魔之人多食草藥，不喫飯菜，有時一天只食一麻一麥，其身體卻很肥壯，這都是魔精之力所成。他誹謗比丘，辱罵徒眾，不規避諷刺譏嫌。此附魔之人常常說出某些地方有寶藏，某某地又有許多聖賢潛心修行。如果跟隨他去看，往往也能看見許多奇異的人在那裡。這是年老成魔的山林、土地、城隍、川嶽鬼神附於此人之體所致。此人有時專門宣講淫穢之行，破壞佛所制定的戒律，並且與跟從其學習的人暗中追求五欲之事。有時也能精進修行，但卻只是完全喫食草木，做事沒有定規。此魔附體是專門來擾亂貪求寂靜的修行者的。魔精附體的時間漸久，產生了厭足之心，便離開了人體。這樣，師與弟子都陷於國法的制裁。你應當對此預先有所覺察，纔不至於墮入輪迴。如果迷惑而未覺察，就會墮入無間地獄。

又，那些善男子當受陰已經清虛靈妙，不再被任何邪見所惑之時，其定、慧更趨圓滿明淨。然而，此善男子於此三摩地中，卻喜好神通的種種變化，並研究各種變化的根由，貪取神力。此時，天魔候得其便，以其魔精飛附人體，使此人口說經法。此人確實不知有魔附身而自稱已證得無上涅槃。他來到一心求取神通的善男子處設座說法。此人有時用手執取火光，並且用手撮出火光分置於所有聽講的四眾的頭上，其火光皆高數尺，但其頭卻沒有熱的感覺，也沒有焚燒的痕跡。此人有時於水上行走如履平地，有時又安穩地坐於空中，有時又鑽入瓶內，有時又鑽入囊袋之中，有時又越壁穿牆全無障礙。此人只是對於刀兵之事還無法自在。他自稱已經是佛，卻身著俗人的衣服，接受出家人的禮拜。他又誹謗禪定，辱罵徒眾，披露他人的隱私，不規避諷刺嫌疑。此人口中常說神通自在，有時又能使人從旁觀看佛土，但是這是以魔鬼之力迷惑眾人，並非真實的存在。他稱讚行淫，不改粗魯惡行，將各種猥狎輕浮的行為視為傳道的方法。這是天地大力山精、海精、風精、河精、土精及一切草木積劫所成的精魅；或者是龍魅，或者是壽終之仙再活為魅；或者仙壽將終，計算年限應當死亡，但是其形體並未化去而被其他精怪所附，如此等等年老成魔，專門來擾亂貪求神通的修行者。魔精附體的時間漸久，產生了厭足之心，便離開了人體。這樣，師與弟子都陷於國法的制裁。你應當對此預先有所覺察，纔不至於墮入輪迴。如果迷惑而未覺察，就會墮入無間地獄。

又善男子受陰虛妙，不遭邪慮，圓定發明。三摩地中，心愛入滅，研究化性，貪求深空。爾時，天魔候得其便，飛精附人，口說經法。其人終不覺知魔著，亦言自得無上涅槃，來彼求空善男子處，敷座說法。於大眾內，其形忽空，眾無所見，還從虛空突然而出，存沒自在。或現其身洞如瑠璃，或垂手足作栴檀氣，或大小便如厚石蜜，誹毀戒律，輕賤出家。口中常說『無因無果，一死永滅，無復後身及諸凡聖』。雖得空寂，潛行貪欲。受其欲者，亦得空心，撥無因果。此名日月薄蝕精氣[1]，金玉、芝草、麟、鳳、龜、鶴，經千萬年不死為靈，出生國土，年老成魔，惱亂是人。厭足心生，去彼人體，弟子與師多陷王難。汝當先覺，不入輪迴，迷惑不知，墮無間獄。

又善男子受陰虛妙，不遭邪慮，圓定發明。三摩地中，心愛長壽，辛苦研幾，貪求永歲，棄分段生，頓希變易，細相常住。爾時，天魔候得其便，飛精附人，口說經法。其人竟不覺知魔著，亦言自得無上涅槃，來彼求生善男子處敷座說法。好言他方，往還無滯，或經萬里瞬息再來，皆於彼方取得其物；或於一處在一宅中，數步之間令其從東詣至西壁，是人急行，累年不到。因此心信，疑佛現前。口中常說『十方眾生皆是吾子，我生諸佛，我出世界，我是元佛，出世自然，不因修得』。此名住世自在天魔使其眷屬，如遮文茶❷及四天王、毗舍童子❸，未發心者，利其虛明，食彼精氣；或不因師，其修行人親自觀見，稱執金剛與汝長命，現美女身，盛行貪欲，未逾年歲，肝腦枯竭，口兼獨言，聽若妖魅。前人未詳，多陷王難，未及遇刑，先已乾死，惱亂彼人以至殂殞。汝當先覺，不入輪迴，迷惑不知，墮無間獄。

阿難當知：是十種魔於末世時，在我法中出家修道，或附人體，或自現形，皆言已成正偏知覺。讚歎婬欲，破佛律儀，先惡魔師與魔弟子婬婬相傳。如是邪精，魅其心腑，近則九生，多踰百世，令真修行總為魔眷。命終之後，必為魔民，失正偏知，墮無間獄。汝今未須先取寂滅，縱得無學，留願入彼末法之中，起大慈悲，救度正心深信眾生，令不著魔，得正知見。我今度汝，已出生死，汝遵佛語，名報佛恩。阿難，如是十種禪那現境皆是想陰用心交互，故現斯事。眾生頑迷，不自忖量。逢此因緣，迷不自識，謂言登聖，大妄語成，墮無間獄。汝等必須將如來語於我滅後，傳示末法，徧令眾生開悟斯義，無令天魔得其方便，保持覆護，成無上道。」

【章　旨】佛於此章繼續宣說禪定修習中於想陰容易出現的後兩種魔，並且告誡末世的修行者應該領悟此中的道理，以免墮入無間地獄，遭受苦報。

【注　釋】❶日月薄蝕精氣　侵蝕日月的精氣，亦指日蝕、月蝕。❷遮文茶　又云嫉妒女，惡鬼之一。能以咒術厭禱，危害社會人等。❸毗舍童子　即毗舍遮，餓鬼名，為四天王之一的持國天王所統領。

【語　譯】又，那些善男子當受陰已經清虛靈妙，不再被任何邪念所迷惑之時，其定、慧更趨圓滿明淨。然而，此善男子於三摩地中，卻喜好寂滅的空境，因而研究萬物變化的體性，貪求深空境界。此時，天魔候得其便，以其魔精飛附人體，並且使人口說經法。此人確實不知有魔附身，也說自己已經獲得無上涅槃。他來到一心求取空境的善男子處設座說法。此人於大眾中忽然變空，眾人什麼也看不見，其人又從虛空中突然出現，現身與隱身均很自如。有時，他又顯現身體如同琉璃一樣透明；又下垂其手足，發出一種栴檀般的香氣；有時，其大小便如同濃石蜜一樣甘甜。他又誹謗佛所制定的戒律，輕賤出家人。他口中常說：『沒有因果報應，人一死就永遠滅亡，並沒有轉生的後身，也沒有凡聖、迷悟的區別。』此人雖然獲得斷滅的空寂境界，卻暗中常行貪欲之事，並且能使與其一起行欲之人得到空心的體驗，也一起相信無因無果之說。這是日月薄蝕精氣落於金玉、芝草、麟、鳳、龜、鶴上，經過千萬年而不死變成靈，生於國土世間中則為物仙、禽仙、獸仙。這些仙年老成魔，專門來擾亂貪求深空境界的修行者。魔體附身時間漸久，產生了厭足之心，便離開了人體。這樣，師與弟子便陷入國法的制裁。你應當預先對此有所覺察，纔不至於墮入輪迴。如果迷惑而不知預察，就會墮入無間地獄。

又，那些善男子當受陰已經清虛靈妙，不再被任何邪念所迷惑之時，其定、慧更趨圓滿明淨。然而，此善男子於三摩地中，卻喜好長壽，因此辛苦地研究所有細節，貪求年齡永無止盡，捨棄分段生死，希望立刻獲得變易生死所具有的常住細相。這時，天魔候得時機，以其魔精飛附人體，並且使人口說經法。此人確實不知有魔附身，也說自己已經獲得無上涅槃。他來到一心求取長壽的善男子處設座說法。此人好言其他地方往來沒有阻礙。有時，雖遠隔萬里，瞬息之間就可轉回，並且能於他方取得物品證明。有時，又於某處的某宅第中，於不過數步長的小屋中，讓一人快步行走，即使經累年也無法從東牆走到西牆。因為看到這些情景，眾人就相信此附魔之人，以為是佛顯現於前。此人口中常說：『十方一切眾生都是我的孩子，諸佛是我所生，世界是我所造，我是最初的元佛，是自然而然地產生的，並非因修習而證得的。』這是住世自在天魔派其眷屬，如遮文荼及四天王所統屬的毗舍童子等未發心皈依佛的餓鬼乘著這些修行人仍然虛明的缺陷，來吸食精氣。或者不需要師教，修行者可以自己親眼目睹魔鬼現身。此魔口稱執持金剛堅固之術，能使人長壽，並顯現美女身，與修行者盛行淫欲之事。修行者未到一年便耗乾肝腦。修行者又常常自言自語，似乎是在與妖魅對話，旁人不知其所云。這些人大多會陷入國法的制裁，而且未及遭刑戮就已經乾死。如此這樣被

魔困擾，以至於送了性命。你應當對此預先有所覺察，纔不至於墮入輪迴。如果迷惑而不知

道預察，就會墮入無間地獄。

阿難，你應當知道，以上十種魔於末法之時將在我的佛法之中修道，或者附於人體，或者自現原形，都說自己已經成就正徧知覺。他們稱讚淫欲，破壞佛所制定的戒律。這些惡魔的先師及弟子都以淫傳淫，代代相承。這些邪魔精靈迷惑修行者的心腑，近則於佛寂滅後九百年，多則三千年，使真正發心修行者陷入魔網，成為魔的眷屬。他們命終之後，就成為魔民，失去正徧知的覺心，而墮入無間地獄。你現在無須先求寂滅，縱然先已證得無學道果，也要發願留於世間進入末法之世，起大悲心，救度那些正信佛法的眾生，使其不著於魔道，獲得正知見。我現在已經度你出離生死苦海，你若遵循佛所言去做，就是報佛之恩。阿難，以上所舉十種禪定所顯示的境界，都是於想陰未破之際，禪觀與妄想互相交織而顯現出來的。眾生因為迷頑無知，不加以忖度衡量，遇到這類因緣而迷惑不自知，說自己已經證得聖位，於是便成為大妄語，結果墮入無間地獄。於如來滅度後的末法時期，你們應當宣說此類道理，不能讓天魔乘機得手，以保護扶持修學者得成無上道果。」

【說　明】關於想陰易產生的魔境宣說完畢。也是修行中要盡力避免的。

卷十

【題解】本卷可分為三部分。第一部分接續卷九，佛繼續宣說禪修中於行陰之中容易產生的十種外道邪計，以及於識陰之中容易產生的十種邪執。佛告誡會中大眾應當多方教導末世眾生正確認識上述五陰諸魔的真相，必要時也可以以佛頂陀羅尼咒防護諸魔侵擾。第二部分中，阿難又提出了三個問題：一是五陰為何以妄想為本？二是五陰是頓滅還是斷滅？三是破除五陰的界限為何？佛對這三個問題作了詳細回答。至此，此經的「正宗分」就此結束。第三部分中，佛為會中大眾宣講了弘揚、持誦此經所能獲得的功德，告誡大眾要將此法門開示給末世眾生。會中大眾聽完佛的宣講，生大歡喜，作禮而去。此部分為全經的「流通分」。此經全文就此結束。

「阿難，彼善男子修三摩提想陰盡者，是人平常夢想銷滅，寤寐恆一，覺明虛靜，猶如晴空無復麤重前塵影事，觀諸世間大地山河如鏡鑑明，來無所黏，過無蹤跡，虛受照應，了罔陳習，唯一精真。生滅根元，從此披露，見諸十方十二眾生畢殫其類。雖未通其各命由緒，見同生基，猶如野馬❶熠熠清擾為浮根塵❷究竟樞穴，此則名為行陰區宇。若此清擾熠熠元性，性入元澄，一澄元習如波瀾滅，化為澄水，名行陰盡。是人則能超眾生濁。觀其所由，幽隱妄想以為其本。

阿難當知，是得正知奢摩他中，諸善男子凝明正心，十類天魔不得其便，方得精研窮生類本。於本類中生元露者，觀彼幽清圓擾動元❸。於圓元中起計度者，是人墜入二無因論。一者，是人見本無因。何以故？是人既得生機全破，乘於眼根八百功德，見八萬劫所有眾生業流灣環，死此生彼。祇見眾生輪迴其處，八萬劫外冥無所觀，便作是解，此等世間十方眾生，八萬劫來無因自有。由此計度，亡正偏知，墮落外道，惑菩提性。二者，是人見末無因。何以故？是人於生既見其根，知人生人，悟鳥生鳥，烏從來黑，鵠從來白，人、天本豎，畜生本橫，白非洗成，黑非染造，從八萬劫無復改移。今盡此形，亦復如是，而我本來不見菩提，云何更有成菩提事？當知今日一切物象皆本無因。由此計度，亡正偏知，墮落外道，惑菩提性。是則名為第一外道立無因論。

阿難，是三摩中，諸善男子凝明正心，魔不得便，窮生類本，觀彼幽清常擾動元。於圓常中起計度者，是人墜入四偏常論。一者，是人窮心境性。二處無因，修習能知二萬劫中十方眾生所有生滅，咸皆循環，不曾散失，計以為常。二者，是人窮四大元四性常住，修習能知四萬劫中十方眾生所有生滅，咸皆體恆，不曾散失，計以為常。三者，是人窮盡六根、末那執受。心意識中，本元由處，性常恆故。修習能知八萬劫中一切眾生循環不失，本來常住，窮不失性，計以為常。四者，是人既盡想元，生理更無流止運轉，生滅想心今已永滅。理中自然成不生滅，因心所度，計以為常。由此計常，亡正偏知，墮落外道，惑菩提性。是則名為第二外道立圓常論。

【章 旨】三摩地的修行者，若將想陰銷盡，粗重的前塵影事儘管不再來擾亂其心，但是仍然有浮根塵在起作用，因此五陰之行陰的活動仍然是禪修所應該剔除的對象。佛於此開始宣說修習行陰容易出現的十種外道邪計。此章先言「兩種無因」和「四種徧常」兩類邪計。

【注 釋】❶野馬 譬喻浮游的田野地氣。出自《莊子》一書。❷浮根塵 即浮根四塵。浮根指眼、耳、鼻、舌四根，因其虛浮不實故名之。四塵指色、聲、香、味。❸動元 群動的根源。

【語 譯】佛繼續說：「阿難，那些在修行三摩地的善男子，當想陰銷盡之後，此人平常所具有的全部夢想都已經能夠銷滅，醒和睡都是一樣的。晝夜都住於光明虛靜的境界之中，猶如晴空無障，朗然清明再也沒有粗重的前塵影事來往於心中。觀看世間的山河大地，猶如明鏡照映物象，來無所黏連，去無有蹤跡，心識所承受的塵境不過是虛受而已，一切陳舊的積習都沒有了，剩下的惟有純一虛靜的覺明之體。因此，一切萬有的生滅根元都披露無遺，所看到的十二類眾生其生滅都不出此一根源。雖然還未通達每一生命的由來，但是卻已經見到他們共同的生命根基。此生命根基猶如浮動不定的微明光體，像太陽照耀下的陽焰一樣，忽起忽滅。此生命根基就是十二類眾生的浮根四塵，它是流轉和遷流的樞穴和關鍵。這就是行陰對禪觀的拘限。如果此出沒不定的元體歸於純粹澄明之境，永遠斷絕行陰浮蕩的習氣，猶如波浪平息，化為澄淨明淨的靜水。這種境界就是行陰盡銷之境，這樣的人就能超越眾生濁惡世。由此可知，行陰的存在是以虛幻的妄想為其根本而造成的。

阿難，你應當知道，那些得到正知禪定的善男子，覺照常明，正心常現，因此以上十種天魔不能乘機而入。他們纔有可能精心研究諸類生命的生死根本，並且能夠使本類眾生的生命根元清楚地顯露出來。這樣的修行者就能觀作為十二類眾生動元的行陰的幽隱輕清的相狀，並且對此幽深的動元生起計度心。這樣的修行者便墮入二無因論之中。第一，此人持本無因論。為什麼呢？此人認為作為生滅根元的行陰是本來無因即有的。因為他將作為生機根本的浮根四塵已經全部破除，所以能夠依憑眼根的八百功德看到八萬劫中輪迴的眾生，都處於生命業力之流中，猶如一灣流水而回環往復，死於此而生於彼。但是，此人只能看到八萬劫內輪迴的眾生，對於八萬劫以外一無所見。但他由此卻這樣理解：此世間的十方一切眾生自八萬劫以來都無因而自有。此人由此生起計度，亡失了正徧之知，墮入外道的無因論，從而迷失了菩提真性。第二，此人持末無因論。為什麼呢？此人從諸類生命中既然已經看到其根元，知道人是由人生的，由此領悟到鳥是由鳥生的，烏鴉從來就是黑的，鵠從來就是白的，人和天本來就是豎著行走的，畜生則本來就是橫著行走的，白並不是洗成的，黑也不是染造的。而這種情況，從八萬劫以來從來就沒有改變過。從今直至未來際，也是如此。但我於其中從來就沒有看到過菩提正性，哪裡還有成就菩提的事情呢？由此應當知道，現在的一切物象都是無因而自有的。此人由此生起計度，亡失了正徧之知，墮入外道的無因論，從而迷失了菩提真性。這就是第一外道所創立的無因論。

阿難，那些得到正知禪定的善男子，覺照常明，正心常現，因此以上十種天魔不能乘機而入。於是，這些人便研究諸類生命的生死根本，觀察作為眾生動元的行陰的幽隱輕清的相狀，對此圓擾群動的根源生起計度心。這樣，此修行者便墮入四種徧常論之中。第一，此人窮究心和境產生的根由，認為兩處都是無因自有的，以為依此修行就能知曉兩萬劫中十方眾生所有的生生滅滅都是循環往復，未曾散失。此人執此以其為常有。第二，此人窮究四大，認為此四性是常住不變的，以為依此修習就能知曉四萬劫中十方眾生所有的生生滅滅都是循環往復，未曾散失。此人執此以其為常有。第三，此人窮究六根、末那以及執受根身器界種子的第八識，以為此心、意、識產生的根本原因在於其性的恆常不變。認為依此修習就能知曉八萬劫中一切眾生於所有的循環往復中，未曾散失，因為其本來就是常住不變的，其體性永遠不會散失。此人執此以其為常恆。第四，此人想陰已經滅除，當然就沒有再生的道理。流止運轉的生滅想心已經永遠滅除，此人因此認為行陰也就是不生不滅的。由於心中的這種妄想執著，此人就執此以其為常有。由上述四種執常出發，必然亡失正偏之知而墮入外道，從而迷失了菩提真性。這就是第二種外道所創立的圓常論。

又三摩中諸善男子堅凝正心，魔不得便。窮生類本，觀彼幽清常擾動元，於自、他中起計度者，是人墜入四顛倒見，一分無常，一分常論。一者，是人觀妙明心偏十方界湛然，以為究竟神我[1]。從是則計我偏十方，凝明不動，一切眾生於我心中自生自死。則我心性名之為常。彼生滅者，真無常性。二者，是人不觀其心，徧觀十方恆沙國土。見劫壞處，名為究竟無常種性，劫不壞處名究竟常。三者，是人別觀我心精細微密，猶如微塵流轉十方，性無移改，能令此身即生即滅。其不壞性名我性常；一切死生從我流出，名無常性。四者，是人知想陰盡，見行陰流。行陰常流，計為常性；色、受、想等今已滅盡，名為無常。由此計度，一分無常，一分常故，墮落外道，惑菩提性。是則名為第三外道一分常論。

又三摩中諸善男子堅凝正心，魔不得便。窮生類本，觀彼幽清常擾動元，於分位❷中生計度者，是人墜入四有邊論。一者，是人心計生元，流用不息。計過、未者，名為有邊；計相續心，名為無邊。二者，是人觀八萬劫，則見眾生八萬劫前寂無聞見。無聞見處，名為無邊；有眾生處，名為有邊。三者，是人計我徧知，得無邊性，彼一切人現我知中。我曾不知彼之知性，名彼不得無邊之心，但有邊性。四者，是人窮行陰空，以其所見心路❸籌度一切眾生，一身之中計其咸皆半生半滅。明其世界一切所有，一半有邊，一半無邊。由是計度有邊、無邊，墮落外道，惑菩提性。是則名為第四外道立有邊論。

【章　旨】佛於此處宣說「四種顛倒」、「四種有邊」兩種修習行陰容易犯的邪計。

【注　釋】❶神我　指靈妙不可思議並且永恆不變的實體我。佛教將其看作外道觀念。❷分位　指事物於變化過程之中所處的不同區域或地位。❸心路　心中意識活動的路徑。

【語　譯】又，那些得到正知禪定的善男子，覺照常明，正心常現，因此諸魔不能乘機而入。於是，他們便研究諸類生命的生死根本，觀察作為眾生動元的行陰之幽隱輕清的相狀，對於自、他生起計度心。這樣，此修行者便墮入四顛倒之見中，持一部分無常，一部分常恆的觀念。第一，此人觀妙明自心遍及十方世界而心性湛然清淨，便以為它就是最究極的神我。由此而認為我遍滿十方世界，真常、明淨而不動，一切眾生都在我心中自生自死。這樣，我的心性就是常恆不變的，那些生滅的眾生則是無常而流動的。第二，此人不觀察自心，卻遍觀十方恆河沙國土，以劫壞處國土眾生為究極的無常種姓，以劫不壞處國土眾生為究極的恆常種姓。第三，此人獨自反省觀察自心，見自己心性精細微密，猶如浮塵能於十方世界流轉而其性並沒有改變一樣，認為心也能使自身既生既滅。心中的不壞滅部分，名之為我性常；而一切都從『我性』流出的有生有死的身體，名之為無常性。第四，此人知曉想陰已經銷盡，看見行陰還在不斷遷流，便將常常遷變的行陰當作常性，將已經消除的色、受、想等諸陰當作無常。此人由上述所言而生起計度，亡失了正徧之知，持一分有常、一分無常之論，從而墮入外道，迷失了菩提真性。這就是第三外道所創立的一部分常恆論。

又，那些得到正知禪定的諸位善男子，覺照常明，正心常現，因此諸魔不能乘機而入。於是，他們便研究諸類生命的生死根本，觀察作為眾生動元的行陰之幽隱輕清的相狀，於分位中生起計度心。這樣，此修行者便墮入四有邊論。第一，此人計執生滅的本元是相續流動並永不停息的。他們認為，過去心已滅，未來心未至，這就是有邊；心相續不斷，這就是無邊。第二，此人觀察八萬劫內的眾生生滅不息，但八萬劫前則寂然未有聞見。將此無聞見之處，稱之為無邊，有眾生之處，稱之為有邊。第三，此人計執我遍知一切，從而獲知無邊性。其他一切人則都顯現於我的知見之中，但我卻不能知道那些眾生之性是否遍在。因此，他們就認為這類眾生不能得到無邊之性，只可以稱其為有邊心性。第四，此人窮究行陰，一心想將其滅除。於禪定中，覺得已經將行陰滅除，但出定之後，行陰又生起。因此，他們就用妄心的心路來籌度一切眾生，認為眾生的一生身之中，都是半生半滅的。由此判定，世界中所有一切都是一半有邊、一半無邊的。此人由以上所言而生起計度，堅持其一半有邊、一半無邊之論，亡失了正偏之知，從而墮入外道，迷失了菩提真性。這就是第四種外道所創立的有邊論。

又三摩中諸善男子堅凝正心，魔不得便。窮生類本，觀彼幽清常擾動元。於知見中生計度者，是人墜入四種顛倒、不死矯亂❶、偏計虛論。

一者，是人觀變化元，見遷流處，名之為變；見相續處，名之為恆；見所見處，名之為生；不見見處，名之為滅；相續之因性不斷處，名之為增；正相續中，中所離處，名之為減；各各生處，名之為有；互互亡處，名之為無。以理都觀，用心別見。有求法人來問其義，答言『我今亦生亦滅，亦有亦無，亦增亦減』。於一切時皆亂其語，令彼前人遺失章句。

二者，是人諦觀其心互互無處，因無得證。有人來問，唯答一字，但言其『無』，除『無』之餘，無所言說。三者，是人諦觀其心各各有處，因有得證。有人來問，唯答一字，但言其『是』，除『是』之餘，無所言說。四者，是人有、無俱見，其境枝故，其心亦亂。有人來問，答言『亦有即是亦無，亦無之中不是亦有』。一切矯亂，無容窮詰。由此計度矯亂虛無，墮落外道，惑菩提性。是則名為第五外道四顛倒性、不死矯亂、偏計虛論。

又三摩中諸善男子堅凝正心，魔不得便。窮生類本，觀彼幽清常擾動元。於無盡流生計度者，是人墜入死後有相，發心顛倒。或自固身，云『色是我』；或見我圓，含遍國土，云『我有色』；或彼前緣隨我迴復，云『色屬我』；或復我依行中相續，云『我在色』。皆計度言死後有相。如是循環有十六相❷。從此或計畢竟煩惱，畢竟菩提，兩性並驅，各不相觸。由此計度死後有故，墮落外道，惑菩提性。是則名為第六外道立五陰中死後有相、心顛倒論。

【章　旨】佛於此章宣說「四種矯亂」以及五陰中死後有相兩種於禪修之中容易產生的邪計。

【注　釋】❶不死矯亂　外道以無想天為不死天。外道宣稱，一生不亂答疑問，死後即可生於無想天，因此外道對於問者的所問，慣於以不定或祕密的語言回答。佛教將此做法認定為真正的矯亂。❷十六相　從「色是我」、「我有色」、「色屬我」、「我在色」、「受是我」、「我有受」、「受屬我」、「我在受」以及「想是我」、「我有想」、「想屬我」、「我在想」、「行是我」、「我有行」、「行屬我」、「我在行」等十六個方面計執死後有相。

【語　譯】又，那些得到正知禪定的善男子，覺照常明，正心常現，因此諸魔不能乘機而入。

於是，他們便研究諸類生命的生死根本，觀察作為眾生動元的行陰的幽隱輕清的相狀，於知見中生起計度心。這樣，此修行者便墮入四種顛倒之論中，這是外道為了再生於不死天而故意矯亂偏計所成的虛語。第一，此人於觀察變化的本元之時，把看到的遷移流動之處名之為變；看到的相續不斷之處名之為恆；看到的所見之處名之為生；不能看到但應該可見之處名之為滅；使其不斷的相續之因名之為增；正在相續運行之時，其區域間必有的空隙隔別之處，名之為減；諸種生命各自有其生處名之為有；諸種生命各自有其滅處名之為無。此人對行陰生滅變化之總相進行觀察，費盡心思進行分別。當有求法之人前來詢問行陰的含義時，此人就會答說：『我今亦生亦滅，亦有亦無，亦增亦減』。這種回答，無論什麼時候去看，都是混亂不堪的，使前來求教的人不但沒有收益，反而遺失了本來要問的問題。第二，此人仔細觀察其心，見到行陰生、住二相都滅，就認為自己已經證得一切法皆無之理。有人前來詢問，只回答一個字『無』，除『無』之外再也沒有別的話可說。第三，此人仔細地觀察其心，見到行陰各自的生處，就認為自己已經證得一切法皆有之理。若有人前來詢問，只是回答一個『有』字，除『有』之外再也沒有別的話說。第四，此人從對行陰的觀察中，既看到了有，也看到了無。其所觀之境既已分枝，能觀之心當然會混亂不堪。有人前來詢問，他回答說：『亦有即是亦無，在無之中也不是亦有』。這種回答，混亂不堪，使人無法再追問其義。此人由以上所言而計度矯亂的虛無之語，墮入外道，迷失了菩提真性。這就是第五種外道所創立的四種顛倒之論，它是外道欲再生不死天而故意矯亂偏計所成的虛語。

又，那些得到正知禪定的善男子，覺照常明，正心常現，因而諸魔不能乘機而入。於是，他們便研究諸類生命的生死根本，觀察作為眾生生命動元的行陰之幽隱輕清的相狀，並且從行陰相續無盡的遷流中生起計度心，以為色、受、想諸陰雖然已經滅除，但死後必將再生。這樣，此修行者便墮入死後有相，產生顛倒之心。或者，自己固守身心，說色身即是我；或者見自身圓通，徧含一切國土，說我身之中包含一切色。或者認為眼前之色法是隨著我而運轉往復，因此說色屬於我。或者認為我是在色中相續而存在，故說我在色中。這些都是心起計度而說，死後是有相的。如此推展至受、行三陰，便成為十六相。由此推展計度，煩惱畢竟是煩惱，菩提畢竟是菩提，兩種體性並駕齊驅，互相不接觸。由此計度死後有相的修行者，必然墮落於外道，從而迷惑了菩提真性。這就是第六種外道所創立的五陰之中死後有相之論，是顛倒之心所成。

又三摩中諸善男子堅凝正心，魔不得便。窮生類本，觀彼幽清常擾動元。於先除滅色、受、想中生計度者，是人墜入死後無相，發心顛倒。見其色滅，形無所因。觀其想滅，心無所繫。知其受滅，無復連綴。陰性銷散，縱有生理而無受、想，與草木同。此質現前，猶不可得，死後云何更有諸相？因之勘校死後相無，如是循環，有八無相[1]。從此或計涅槃、因果一切皆空，徒有名字，究竟斷滅。由此計度死後無故，墮落外道，惑菩提性。是則名為第七外道立五陰中死後無相、心顛倒論。

又三摩中諸善男子堅凝正心，魔不得便。窮生類本，觀彼幽清常擾動元。於行存中，兼受、想滅，雙計有、無，自體相破。是人墜入死後俱非、起顛倒論。色、受、想中，見有非有；行遷流內，觀無不無。如是循環，窮盡陰界八俱非相❷，隨得一緣，皆言死後有相、無相。又計諸行性遷訛故，心發通悟，有、無俱非，虛實失措。由此計度死後俱非，後際昏瞢無可道故，墮落外道，惑菩提性。是則名為第八外道立五陰中死後俱非、心顛倒論。

【章旨】佛於此章繼續宣說五陰中「死後無相」、「死後俱非」兩種於禪修之中容易產生邪計。

【注釋】❶八無相 色、受、想、行每一陰生前、死後都呈無相，共成八種無相。❷八俱非相 色、受、想、行四陰有、無俱非，共成八種俱非相，亦即非有色、受、想、行及非無色、受、想、行。

【語譯】又，那些得到正知禪定的善男子，覺照常明，正心常現，由此諸魔不能乘機而入。

於是，他們便研究諸類生命的生死根本，觀察作為眾生動元的行陰的幽隱輕清的相狀，並且從先前已經滅除的色、受、想諸陰中生起計度心。這樣，此修行者便墮入死後無相，產生顛倒心。此人見其色陰滅除，則形色無所依託。觀察其想陰滅除，則識心無所連綴。想到受陰也滅除，色、想二陰便失去連綴。陰性既然已經消散，縱然有能生之理，但因為沒有受、想為其所用，也只能與草木同類。這種如同草木的形質雖然已經顯現於眼前，因為其色已滅，所以仍然不能獲知，死後怎麼能有諸體相呢？由此考察，死後應該是無相的。如此推展，色、受、想、行四陰便成八種無相。再由此計度，認為涅槃、因果等等一切皆空，徒有名字，究竟終歸於斷滅。由此計度死後無相的修行者，必然墮落外道，從而迷惑了菩提真性。這就是第七種外道所創立的五陰之中死後無相之論，是顛倒之心所成。

又，那些得到正知禪定的善男子，覺照常明，正心常現，因而諸魔不能乘機而入。於是，他們便研究諸類生命的生死根本，觀察作為眾生動元的行陰之幽隱輕清的相狀，並且在行陰仍然存在的情況下，再加上色、受、想已經銷除，對上述二者雙計有和無，這樣自體之相因而就相互破壞。這樣，此修行者便墮入死後俱非相，產生顛倒之論。從色陰、受陰、想陰之中見到的行陰是『非有』。從行陰的遷流移動之中，在色、受、想三陰未破前，尚不能見到行陰，所以說行陰是『無』。等到三陰銷除，行陰的微細幽深之相顯現，所以說行陰是『非無』。如此這樣反覆循環，便可以窮盡陰界的八種俱非相，於每一陰中都說死後既有相又無相。又，從觀察行陰的體性是遷流不息、生滅不實的，從而計度一切法之性都是遷流虛詑的。由此以為自己已經悟得真理，以為世間一切法都是有、無俱非的。這樣，此人便失去了對虛實的恰當把握。由於妄計非有、非無，以至於後路混沌、迷茫，沒有確定的結果。這樣的修行者，必然墮落外道，從而迷惑了菩提真性。這就是第八種外道所創立的五陰之中死後俱非之論，是顛倒之心所成。

又三摩中諸善男子堅凝正心，魔不得便。窮生類本，觀彼幽清常擾動元，於後後無❶生計度者，是人墜入七斷滅論❷。或計身滅，或欲盡滅，或苦盡滅，或極樂滅，或極捨滅。如是循環，窮盡七際❸，現前銷滅，滅已無復。由此計度死後斷滅，墮落外道，惑菩提性。是則名為第九外道立五陰中死後斷滅、心顛倒論。

又三摩中諸善男子堅凝正心，魔不得便。窮生類本，觀彼幽清常擾動元，於後後有❹生計度者，是人墜入五涅槃論❺。或以欲界為正轉依，觀見圓明，生愛慕故。或以初禪，性無憂故。或以二禪，心無苦故。或以三禪，極悅隨故。或以四禪，苦、樂二亡，不受輪迴生滅性故。迷有漏天作無為解，五處安隱為勝淨依。如是循環，五處究竟。由此計度五現涅槃，墮落外道，惑菩提性。是則名為第十外道立五陰中五現涅槃、心顛倒論。

阿難，如是十種禪那狂解，皆是行陰用心交互，故現斯悟。眾生頑迷，不自忖量，逢此現前，以迷為解。自言登聖，大妄語成，墮無間獄。汝等必須將如來語，於我滅後，傳示末法，徧令眾生覺了斯義，無令心魔自起深孽。保持覆護，消息邪見，教其身心開覺真義，於無上道不遭枝歧。勿令心祈，得少為足。作大覺王清淨標指。

【章　旨】佛於此章繼續宣說五陰中「死後斷滅」、「五現涅槃」兩種於禪修中容易產生的邪計，並且告誡末世的修行者，應該詳細領悟此中的道理，以免除墮入無間地獄的苦報。

【注　釋】❶後後無　諸類生命念念遷流，有、無相生，不斷有新的滅處產生，此即稱之為後後無。❷七斷滅論　外道以為人、天七處眾生死後均斷滅，故稱之為七斷滅論。❸七際　即人、天七處，人道、六欲天、初禪天、二禪天、三禪天、四禪天和無色界之空天。前二天屬於欲界，四禪天屬於色界，無色界四空天合為一處。❹後後有　諸類生命念念遷流，有、無相生，不斷有新的生命產生，此即稱之為後後有。❺五

涅槃論　外道凡夫以為住於欲界六天和色界四禪天即為涅槃處。六欲天合為一處，四禪天則分開計之，共成五類涅槃論。

【語譯】又，那些得到正知禪定的善男子，覺照常明，正心常現，因此諸魔不能乘機而入。於是，他們便研究諸類生命的生死根本，觀察作為眾生動元的行陰的幽隱輕清的相狀，並且從行陰念念遷滅的無相，也就是『後後無』之中生起計度心，以為人天眾生死後必然斷滅。這樣，此修行者便墮入七斷滅論。或者計度人道六欲天處身滅，或者計度初禪天處欲盡滅，或者計度二禪天處苦盡滅，或者計度三禪天處極樂滅，或者計度四禪天和四空天處極捨盡滅。如此循環，窮盡七際，顯現於前的一切都銷滅了，滅後必然不再生起。由此計度死後斷滅的修行者，必然墮落外道，從而迷惑了菩提真性。這就是第九外道所創立的五陰之中死後斷滅之論，是顛倒之心所成。

又，那些得到正知禪定的善男子，覺照常明，正心常現，因而諸魔不能乘機而入。於是，他們便研究諸類生命的生死根本，觀察作為眾生動元的行陰之幽隱輕清的相狀，並且從行陰念念遷滅而又相續不斷的有相，也即『後後有』之中生起計度心，以為人、天眾生死後必然另有存在處。這樣，此修行者便墮入五涅槃論。或者將六欲天作為不再轉生的真涅槃境界，遍觀其境，清澈明麗而生愛慕。或者以初禪天為無憂之境。或者以二禪天為心中無苦之境。或者以三禪天為極具愉悅並且具大隨順之境。或者以四禪天為苦、樂俱亡，不再有輪迴生滅的常住之境。這樣，就將有漏諸天妄計為無漏，將六欲天和四禪天等五處安禪當作最勝的清淨所依之處。如此循環，就將六欲天、初禪天、二禪天、三禪天、四禪天，都當作最究竟之處。由此計度執著以上五處都是涅槃境界的修行者，必然墮落於外道，從而迷惑了菩提真性。這就是第十種外道所創立的五陰之中五處涅槃的理論，是顛倒之心所成。

阿難，以上十種禪那之中的狂妄理解，都是於行陰未破之際，禪觀和妄想互相交織而顯現出來的。眾生因為迷頑無知，不加以忖度衡量，遇到上述顯現出來的境界就將迷妄當作悟解，妄說自己已經證得了聖位，於是便成為大妄語，結果墮入無間地獄。在如來滅度之後的末法時期，你們應當將如來的這些教誨傳示那些末法眾生，使其都能夠覺悟此義，不要讓心魔再作深重罪孽。保護扶持他們，使其消除邪見；導引他們於身心之中覺悟真實的義理，於修習無上道時，不再誤入歧途，並且不要使他們心中生起自我滿足的期盼；告誡他們要以作大覺王以證得真正身心清淨為最終目標。

【說明】關於禪修之中於行陰易產生的十種外道邪計宣說完畢。

阿難，彼善男子修三摩提行陰盡者，諸世間性幽清擾動，同分生機倏然隳裂，沉細綱紐補特伽羅酬業深脈，感應懸絕，於涅槃天將大明悟。如雞後鳴，瞻顧東方已有精色。六根虛靜，無復馳逸，內外湛明，入無所入，深達十方十二種類受命元由。觀由執元，諸類不召，於十方界已獲其同。精色不沉，發現幽祕。此則名為識陰區宇。若於群召已獲同中，銷磨六門，合開成就，見聞通鄰，互用清淨。十方世界及與身心如吠瑠璃❶內外明徹，名識陰盡。是人則能超越命濁。觀其所由，罔象虛無，顛倒妄想以為其本。

阿難當知，是善男子窮諸行空，於識還元，已滅生滅，而於寂滅精妙未圓。能令己身根隔合開，亦與十方諸類通覺。覺知通溜，能入圓元。若於所歸立真常因，生勝解者，是人則墮因所因執，娑毗迦羅❷所歸冥諦成其伴侶，迷佛菩提，亡失知見。是名第一立所得心成所歸果，違遠圓通，背涅槃城，生外道種。

阿難，又善男子窮諸行空，已滅生滅，而於寂滅精妙未圓。若於所歸覽為自體，盡虛空界十二類內所有眾生皆我身中一類流出，生勝解者，是人則墮能非能執，摩醯首羅❸現無邊身，成其伴侶，迷佛菩提，亡失知見。是名第二立能為心成能事果，違遠圓通，背涅槃城，生大慢天我徧圓(ㄩㄢˊ)種(ㄓㄨㄥˇ)。

【章　旨】修習三摩地的眾生，如果已經將行陰銷除，即已接近大悟。但是，由於識陰仍然遮蔽著明覺，因此，識陰的活動仍然是禪修者所應該剔除的對象。佛由此開始宣說修習禪定時於識陰容易出現的十種邪執。此章先言「因所因執」、「能非能執」兩種邪執。

【注　釋】❶吠瑠璃　又稱毗琉璃，琉璃的一種。據說是出自須彌山的珍寶，青色，瑩澈有光，凡被照耀之物都與此琉璃同色。❷娑毗迦羅　指黃髮外道。❸摩醯首羅　即大自在天，外道所說的自在天的主神。

【語　譯】阿難，那些修習三摩地的善男子，當行陰銷盡之後，諸世間十二類眾生生滅所依的根源及其清幽擾動的相狀，就會忽然斷裂。作為眾生生命的深層綱紐的補特伽羅所具有的酬答宿業的深細命脈，感應因果的能力也就因此斷絕。此時，修行者所具有的涅槃佛性將因眾生的開悟而發出大光明。這如雄雞早晨的最後一次鳴叫，已經可以看到東方的曙光。這時，修行者六根虛靜，不再隨著六塵而奔逸外馳，內根、外塵融合通明，同歸於一體，沒有能入、所入的區分，從而可以深深通達十方世界十二類眾生受命的根由。觀其受命之由，執其受生之本，十二類眾生都已經不再承受因果報應的感召。至此，修行者已經觀見十方世界都秉受同一識性，其元明的識精不再沉隱，而是得以顯現其幽祕的真相。這就是識陰對於禪觀的拘限，使其圓融成為一清淨寶覺。這樣，它就開合自如，一根就能為諸根所用，六根也就猶如鄰舍相通，可以互相無礙地通用。如此以來，十方世界及其眾生的身心就猶如吠琉璃一樣內外明澈。這就是識陰盡銷的境界。修得此境的人就能超越命濁惡世。由此可知，識陰的存在就是將本不存在的假相看作實際存在的相狀而造成的。

阿難，應當知道，那些已經窮盡行陰而證得空相的善男子，識陰便會顯現於前。生滅諸行雖然已經滅除，但寂滅的純真體性仍然未能圓滿。修行者若能使自己的六根自由開合、互相為用，就會與十方諸類生命的覺知相通。這樣，此人就能夠證入圓妙覺元的識陰體性。但是，如果此人將所歸向的識陰當作真常之因，以為它就是最殊勝的所在，那麼，他就會墮入『因所因執』之論中，成為以冥諦為所歸的黃髮外道的伴侶。如此一來，此人就迷惑了菩提真性，亡失了正知正見。這就是第一種『妄立所得之心為所應得果位』的邪執。這樣的人，必然違背、遠離圓通妙心，與涅槃城背道而馳，肯定要成為『外道種姓』。

阿難，又，那些已經窮盡行陰而證得空相的善男子，識陰便會顯現於前。生滅諸行雖然已經滅除，但寂滅的純真體性仍然未能圓滿。如果此修行者將其識陰當作最後的所依處，並且將其確立為自體，以為所有虛空界的眾生都是從我身之中一類一類地流出的。如果將此見解看作最殊勝的義解，那麼，他就會墮入『能非能執』之論中，大自在天的主神就會現身成為他的伴侶。如此一來，此人就迷惑了菩提真性，亡失了正知正見。這就是第二種『妄立所得之心成為事相的實果』的邪執。這樣的人，必然違背、遠離圓通妙心，與涅槃城背道而馳，肯定要再生於大慢天之中，成為『我遍圓種姓』。

又，善男子窮諸行空，已滅生滅，而於寂滅精妙未圓。若於所歸有所歸依，自疑身心從彼流出，十方虛空咸其生起。即於都起所宣流地作真常身無生滅解。在生滅中早計常住，既惑不生，亦迷生滅，安住沉迷，生勝解者，是人則墮常非常執，計自在天成其伴侶，迷佛菩提，亡失知見。是名第三立因依心成妄計果，違遠圓通，背涅槃城，生倒圓種。

又，善男子窮諸行空，已滅生滅，而於寂滅精妙未圓。若於所知知徧圓故，因知立解，十方草木皆稱有情，與人無異。草木為人，人死還成十方草樹，無擇徧知，生勝解者，是人則墮知無知執，婆吒霰尼❶執一切覺成其伴侶，迷佛菩提，亡失知見。是名第四計圓知心成虛謬果，違遠圓通，背涅槃城，生倒知種。

又，善男子窮諸行空，已滅生滅，而於寂滅精妙未圓。若於圓融根互用中，已得隨順，便於圓化一切發生求火光明，樂水清淨，愛風周流，觀塵成就各各崇事，以此群塵發作本因，立常住解，是人則墮生無生執，諸迦葉波❷并婆羅門勤心役身，事火崇水，求出生死成其伴侶，迷佛菩提，亡失知見。是名第五計著崇事，迷心從物，立妄求因，求妄冀果，違遠圓通，背涅槃城，生顛化種。

【章　旨】佛於此章繼續宣說「常非常執」、「知無知執」、「生無生執」三種於識陰容易產生的邪執。

【注　釋】❶婆吒霰尼　即婆吒和霰尼，是二外道師之名。主張涅槃無常，草木如同人一樣是有生命的。
❷諸迦葉波　婆羅門種姓的一個族名。以崇拜、事奉火而著稱於世。後來，以大迦葉波為首而皈依佛教。大迦葉波成為佛陀的上座弟子。

【語　譯】又，那些已經窮盡行陰而證得空相的善男子，識陰便會顯現於前。生滅諸行雖然已經滅除，但寂滅的純真體性仍然未能圓滿。此修行者如果執持識陰為其安隱之處，就會懷疑自己的身、心都是從此識陰之中流出，並且相信十方虛空也從此識陰之中生起。由此，此人就將這個生起、流出萬有的識陰當作至真常住的真身，將識陰當作沒有生滅的存在。在仍然處於生滅變化的識陰之中，過早地計執其為真身，不但對常住之性迷惑不解，而且對處於生滅之中的識陰同樣也迷惑不解。安住、沉迷於識陰，並且將其當作最殊勝的義解，此人就會墮入『常非常執』之論中，成為自在天波旬魔王的伴侶。如此一來，此人就迷惑了菩提真性，亡失了正知正見。這就是第三種『識陰為因而成虛妄真常果』的邪執。這樣的人，必然違背、遠離圓通妙心，與涅槃城背道而馳，肯定要成為『倒圓種姓』。

又，那些已經窮盡行陰而證得空相的善男子，識陰便會顯現於前。生滅諸行雖然已經滅除，但寂滅的純真體性仍然未能圓滿。如果此修行者從識陰所具有的知性的徧在性建立邪解，就會認為十方世界的草木都應該被當作有情看待，草木與人沒有差別，草木可以成為人，人死以後也可以成為草木。由此，此人就將知性不加選擇地當作一切生物共同所具，並且將此見解看作最殊勝的義解。那麼，此人就會墮入『知無知執』之論中，主張覺知徧在於一切的婆吒、霰尼就會成為他的伴侶。如此以來，此人就迷惑了菩提真性，亡失了正知正見。這就是第四種『妄立識陰徧於一切而成虛謬果』的邪執。這樣的人，必然違背、遠離圓通妙心，與涅槃城背道而馳，肯定要成為『倒知種姓』。

又，那些已經窮盡行陰而證得空相的善男子，識陰便會顯現於前。生滅諸行雖然已經滅除，但寂滅的純真體性仍然未能圓滿。此修行者如果於圓融了的六根所具有的功用互通之中，證得隨順之心，並且妄執此圓融的六根功用為造化之理，認為由此便產生了世間萬象。此人因此就會追求火的光明，喜歡水的清淨，愛慕風的周流，觀察塵土的成就，各自隨順其愛好而崇拜上述『四大』之一。如果以上述『四大』種作為萬物的根源，並且將其當作常住真宰理解，此人就會墮入『生無生執』之論中，諸迦葉波婆羅門就是以精勤修行身心、事奉火而崇拜水著稱的，他們妄圖以此解脫生死。這些外道就會成為執持這一邪見的修行者的伴侶。如此一來，此人就迷惑了菩提真性，亡失了正知正見。這就是第五種『妄立執著四大並將其作為崇拜對象』的邪執。此一執見迷惑人心，使其跟從於物，於不是本因的四大之中妄求本因，本無果可證而於其中妄求證果。這樣的人，必然違背、遠離圓通妙心，與涅槃城背道而馳，肯定要成為『顛化種姓』。

又，善男子窮諸行空，已滅生滅，而於寂滅精妙未圓。若於圓明計明中虛，非滅群化，以永滅依為所歸依，生勝解者，是人則墮歸無歸執，無想天中諸舜若多❶成其伴侶，迷佛菩提，亡失知見。是名第六圓虛無心成空亡果，違遠圓通，背涅槃城，生斷滅種。

又，善男子窮諸行空，已滅生滅，而於寂滅精妙未圓。若於圓常固身常住，同於精圓，長不傾逝，生勝解者，是人則墮貪非貪執，諸阿斯陀❷求長命者成其伴侶，迷佛菩提，亡失知見。是名第七執著命元立固妄因趣長勞果，違遠圓通，背涅槃城，生妄延種。

又，善男子窮諸行空，已滅生滅，而於寂滅精妙未圓。觀命廣通，卻留塵勞，恐其銷盡，便於此際坐蓮華宮互化七珍，多增寶媛縱恣其心，生勝解者，是人則墮真無真執，吒枳迦羅❸成其伴侶，迷佛菩提，亡失知見。是名第八發邪思因立熾塵果，違遠圓通，背涅槃城，生天魔種。

【章　旨】佛於此章繼續宣說「歸無歸執」、「貪非貪執」和「真無真執」三種於識陰容易產生的邪執。

【注　釋】❶舜若多　意譯為「空性」。大致有兩層含義：其一指虛空沒有實體，不可銷毀；其二指諸法之空性。❷阿斯陀　意譯為「無比」，古代仙人的名字。此仙壽命極長，無有能與其相比的。❸吒枳迦羅即天魔，意思為三界之所結縛。此魔統攝六欲天，妨害修行者，使其不能超越三界生死。

【語　譯】又，那些已經窮盡行陰而證得空相的善男子，識陰便會顯現於前。生滅諸行雖然已經滅除，但寂滅的純真體性仍然未能圓滿。此修行者如果將識陰之中圓明的虛無性相妄計為究竟安居之地，就會產生妄想毀滅群塵所化生的國土世間的欲望，使其永遠滅除。但是，如果以此滅除群化所得之虛空為其究竟歸依之處，並且將其當作最殊勝的義解，此人就會墮入『歸無歸執』之論中，成為無想天中的舜若多的伴侶。如此一來，此人就迷惑了菩提真性，亡失了正知正見。這就是第六種『以虛空為心而成其斷滅果』的邪執。這樣的人，生命越趨於延長，卻越受盡勞苦果報，必然違背、遠離圓通妙心，與涅槃城背道而馳，肯定要成為『斷滅種姓』。

又，那些已經窮盡行陰而證得空相的善男子，識陰便會顯現於前。生滅諸行雖然已經滅除，但寂滅的純真體性仍然未能圓滿。此修行者如果將識陰看作圓滿常住，就會有使自己的色身也能如識陰一樣圓滿、堅固而常存的欲望，並且試圖讓其永不消失。如果將此堅固色身的見解當作最殊勝的義解，此人就會墮入『貪非貪執』之論中，成為求取長命的阿斯陀的伴侶。如此一來，此人就迷惑了菩提真性，亡失了正知正見。這就是第七種『執著識陰為根元而立堅固色身之因』的邪執。這樣的人，必然違背、遠離圓通妙心，與涅槃城背道而馳，肯定要成為『妄延種姓』。

又，那些已經窮盡行陰而證得空相的善男子，識陰便會顯現於前。生滅諸行雖然已經滅除，但寂滅的純真體性仍然未能圓滿。此修行者如果觀此識陰為一切眾生的命元，以為塵勞銷盡，生命就會斷絕。他們恐怕銷盡塵勞而命絕，此人於是便以神通之力坐於蓮花宮內，多方變現七寶以莊嚴宮殿，多增美女以恣縱其心。如果將此境當作最殊勝的義解，此人就會墮入『真無真執』之論中，成為吒枳、迦羅的伴侶。如此以來，此人就迷惑了菩提真性，亡失了正知正見。這就是第八種『以邪思欲心為因而求熾塵果』的邪執。這樣的人，必然違背、遠離圓通妙心，與涅槃城背道而馳，肯定要成為『天魔種姓』。

又，善男子窮諸行空，已滅生滅，而於寂滅精妙未圓。於命明中分別精麤，疏決真偽，因果相酬，唯求感應。背清淨道，所謂見苦、斷集、證滅、修道。居滅已休，更不前進，生勝解者，是人則墮定性聲聞，諸無聞僧增上慢者成其伴侶，迷佛菩提，亡失知見。是名第九圓精應心成趣寂果，違遠圓通，背涅槃城，生纏空種。

又，善男子窮諸行空，已滅生滅，而於寂滅精妙未圓。若於圓融清淨覺明發研深妙，即立涅槃而不前進，生勝解者，是人則墮定性辟支，諸緣獨倫不迴心者成其伴侶，迷佛菩提，亡失知見。是名第十圓覺涽心成湛明果，違遠圓通，背涅槃城，生覺圓明不化圓種。

阿難，如是十種禪那中塗成狂，因依迷惑，於未足中生滿足證，皆是識陰用心交互，故生斯位。眾生頑迷，不自忖量，逢此現前，各以所愛先習迷心而自休息，將為畢竟所歸寧地，自言滿足無上菩提。大妄語成，外道、邪魔所感業終，墮無間獄。聲聞、緣覺不成增進。汝等存心秉如來道，將此法門於我滅後，傳示末世，普令眾生覺了斯義，無令見魔自作沉孽。保綏哀救，消息邪緣，令其身心入佛知見，從始成就，不遭歧路。

【章　旨】佛於此章繼續宣說「定性聲聞」和「定性辟支」於禪修中容易產生的兩種邪執。並且告誡末世眾生應該認真領悟此中的道理。在修習時，竭力避免上述想陰易犯的十種狂解，以免墮入無間地獄。

【語　譯】又，那些已經窮盡行陰而證得空相的善男子，識陰便會顯現於前。生滅諸行雖然已經滅除，但寂滅的純真體性仍然未能圓滿。此修行者在各自受命的元由中分別精、粗，疏通抉擇真、偽，知曉世間法和出世法都是依因感果、因果互相對應酬答的。此時，此人就可能只求感應速證真修實證，以至於背棄了一乘實相清淨之道，只知苦諦是世間的因果，滅集是出世間的因果，證得滅諦之樂就心滿意足，於此停留，再也不思前進。如果將此境當作最殊勝的義解，此人就會墮入定性聲聞之中，成為那些增上慢的無聞比丘的伴侶。如此一來，此人就迷惑了菩提真性，亡失了正知正見。這就是第九種『以圓滿專求感應之心求取趣寂果』的邪執。這樣的人，必然違背、遠離圓通妙心，與涅槃城背道而馳，肯定要成為『纏空種姓』。

又，那些已經窮盡行陰而證得空相的善男子，識陰便會顯現於前。生滅諸行雖然已經滅除，但寂滅的純真體性仍然未能圓滿。此修行者如果於圓融清淨心之中照見生類受命的原由，並且發心研究深妙的悟境，將此悟境當作涅槃而不再前進。如果將此境當作最殊勝的義解，此人就會墮入定性辟支之中。那些堅執小乘而不迴心趣向大乘的緣覺、聲聞就會成為他們的伴侶。如此一來，此人就迷惑了菩提真性，亡失了正知正見。這就是第十種『以六根圓融清淨之心求取涅槃湛明之果』的邪執。這樣的人，必然違背、遠離圓通妙心，與涅槃城背道而馳，肯定要成為『覺圓明不化圓種姓』。

阿難，以上十種禪那修習過程之中的狂妄理解，都是因為迷惑無知，並未取得圓滿境界卻無端生起滿足而產生的。它是於識陰未破之際，禪觀和妄想互相交織而顯現出來的。眾生因為迷頑無知，不加以忖度衡量，遇到上述顯現出來的境界而各自愛戀先前不正確的修習所得的境界，從而迷失了本心，就此停滯不前，將其當作畢竟所歸依的安寧之地，自稱已經證得了無上菩提。於是，便成為大妄語，當由外道邪魔所感應的業果享盡之時，就會墮入無間地獄。或者，這些人證得聲聞、緣覺二乘果之後，不再增進。在如來滅度之後的末法時期，你們應當將如來的這些判定邪魔的法門傳示那些末法眾生，使其都能夠覺悟此義，不要讓其再受見愛之魔的擾亂而自作深重罪孽。你們應該保護、哀救修習禪定的人，使其消除諸種邪緣；導引他們，使其身心證入佛之知見，並且使他們在一開始修習無上道時，就直入正途，而避免誤入歧途。

【說明】關於禪修之中於識陰之中容易產生的十種邪執，至此宣說完畢。

如是法門，先過去世恆沙劫中，微塵如來乘此心開，得無上道。識陰若盡，則汝現前諸根互用。從互用中能入菩薩金剛乾慧圓明精心，於中發化如淨瑠璃，內含寶月。如是乃超十信、十住、十行、十迴向、四加行心。菩薩所行金剛十地、等覺圓明，入於如來妙莊嚴海，圓滿菩提，歸無所得。此是過去先佛世尊奢摩他中，毗婆舍那覺明分析微細魔事。魔境現前，汝能諳識，心垢洗除，不落邪見。陰魔消滅，天魔摧碎；大力鬼神褫魄逃逝，魑魅魍魎無復出生，直至菩提無諸少乏；下劣增進，於大涅槃，心不迷悶。若諸末世愚鈍眾生未識禪那，不知說法，樂修三昧，汝恐同邪，一心勸令持我佛頂陀羅尼咒。若未能誦，寫於禪堂，或帶身上，一切諸魔所不能動，汝當恭欽十方如來究竟修進最後垂範。」

【章旨】佛於此章告誡會中大眾應該多方教導末世眾生，使其能夠正確認識上述五陰諸魔的真相，必要時可以依靠佛頂陀羅尼神咒防護諸魔的侵擾。

【語譯】上述所言五陰諸魔的法門，過去世恒沙劫之中的無數如來，都依此而於深心開悟，成就了無上菩提。如果將識陰除盡，則顯現出來的諸根就融通互用。從根根互用之中，就能進入菩薩修行所經歷的金剛乾慧地，以圓明的能證妙智與所證的理體，於初住與等覺位中間發生神通變化，就如同清淨透明的琉璃內，含有寶月一樣。如此以來，就可以超越十信、十住、十迴向、四加行心，乃至超越菩薩所行金剛十地以及等覺菩薩之圓明，最終進入如來具足萬德的妙莊嚴海，就能圓滿菩提真性，證得無所得境界。這是過去世諸佛世尊於止觀之中，以圓覺妙明來分析微細魔事。如果魔境現前，你應深知其中情由，心垢除盡而不落入邪見。陰魔若已銷盡，天魔自然摧碎，大力鬼神亦皆魂飛魄散，魑魅魍魎也不再復生。這樣就可以直達菩提，諸種功德也就不再缺乏；即便下劣的二乘也能力求增進，不再迷悶而發心求證大涅槃聖果。如果末法時期的愚昧眾生未能知曉禪定修行，也不知曉佛今日所說的法門，雖然樂於修習三昧，卻難免不受邪魔所擾。你擔心他們誤入邪道，就應該一心勸說其持誦我所說的佛頂陀羅尼神咒。如果尚不能背誦，就將其書寫於禪堂，或將書寫好的神咒攜帶身上。這樣，一切諸魔就不能擾動。你應當恭敬承奉這一十方如來究竟的進修之路以及最後的方便法門。」

【說明】關於禪定修習中於五陰容易出現的五十種魔境或邪執，至此宣說完畢。

阿難即從座起，聞佛示誨，頂禮欽奉，憶持無失，於大眾中，重復白佛：「如佛所言五陰相中五種虛妄為本想心。我等平常未蒙如來微細開示。又此五陰，為併消除？為次第盡？如是五重詣何為界？惟願如來發宣大慈，為此大眾清淨心目，以為末世一切眾生作將來眼。」

佛告阿難：「精真妙明本覺圓淨，非留死生及諸塵垢，乃至虛空，皆因妄想之所生起。斯元本覺妙明真精，妄以發生諸器世間，如演若多迷頭認影。妄元無因，於妄想中立因緣性，迷因緣者稱為自然。彼虛空性猶實幻生，因緣、自然皆是眾生妄心計度。阿難，知妄所起，說妄因緣。若妄元無，說妄因緣元無所有，何況不知推自然者？是故如來與汝發明五陰本因同是妄想。

汝體先因父母想生，汝心非想，則不能來想中傳命。如我先言，心想酢味，口中涎生；心想登高，足心酸起。懸崖不有，酢物未來，汝體必非虛妄通倫，口水如何因談酢出？是故當知，汝現色身名為堅固第一妄想。即此所說臨高想心，能令汝形真受酸澀。由因受生能動色體，汝今現前順益、違損，二現驅馳，名為虛明第二妄想。由汝念慮使汝色身，身非念倫，汝身何因隨念所使？種種取像，心生形取與念相應。寤即想心，寐為諸夢，則汝想念搖動妄情，名為融通第三妄想。化理不住，運運密移，甲長髮生，氣消容皺，日夜相代，曾無覺悟。阿難，此若非汝，云何體遷？如必是真，汝何無覺？則汝諸行，念念不停，名為幽隱第四妄想。又汝精明湛不搖處名恆常者，於身不出見、聞、覺、知。若實精真，不容習妄。何因汝等曾於昔年覩一奇物，經歷年歲憶忘俱無，於後忽然覆覩前異，記憶宛然，曾不遺失？則此精了湛不搖中，念念受熏，有何籌算？阿難當知，此湛非真，如急流水望如恬靜，流急不見，非是無流。若非想元，寧受妄習？非汝六根互用開合，此之妄想無時得滅。故汝現在見、聞、覺、知中串習幾，則湛了內罔象虛無，第五顛倒微細精想。阿難，是五受陰五妄想成。

【章旨】阿難聽完佛的如上開示，又提出三點疑問：一是五陰為何以妄想為其本、妄想從何而來？二是五陰是頓滅還是漸滅？三是破除五陰的界限為何？佛於此章先宣示第一個疑問的答案。

【語　譯】阿難隨即從座位起立，向佛頂禮，欽奉佛的教誨，口持心憶，不敢忘失。阿難於大眾中再次向佛說：「如佛以上所說的五陰相中的種種邪悟，是以五種虛妄為根本想心而生起的。這些都是我們平常未蒙如來微細開示的。另外，此五陰是一起消除？還是一個一個地漸次銷盡？這樣相互貫通的五陰是以何處為其界限的？只希望如來再次發大慈悲之心對上述疑問作些開示，以便使會中大眾的心目清淨明亮，並且可以為末法時期的一切眾生提供將來入道的正確眼目。」

佛告訴阿難：「精真妙明的本覺真心本來就是圓滿清淨、純一無雜的，不容有任何生死以及塵垢存在於其中，乃至於虛空也是不能存在於中的。這些都是因為妄想纔生起的。而這些妄想都是因本覺妙明的真心之一念妄動，方纔產生了諸器世間。正如演若達多迷頭認影，自己迷惘了原本存在的頭顱，妄自以頭影為真而發狂。妄本來就沒有因，只是於妄想之中假立因緣性，並且將此因緣性謬稱之為自然。其實，即便是虛空性也是由虛幻而產生的。因此，因緣、自然都是因眾生妄心的計度所成。阿難，如果能夠知道妄想之所以生起的原因，尚且可以說妄想是從因緣而生。若是妄想根本無從生起，說妄想仍然是從因緣生起是沒有根據的，並不能成立。何況那些連因緣都不知道的人只好將妄想所產生的各種相狀認為是自然呢？正因為如此，如來再為你們闡發五陰的本因僅僅是妄想的道理。

你的身體首先是由父母的愛欲妄想而生起的。但是，如果你的中陰身沒有情感愛憎的妄想，就不會與父母的想心相結合，從而來到胎中傳續命根。如我所說過的那樣，心中想到醋味，口中就會生出口水；心中想著登高，足心就會產生酸澀的感覺。懸崖其實並不存在，醋物也並未拿來。如果你的身體不與虛妄同為一類，口水為何會因為談論醋而生出？因此，應當知道，你現在的色身是第一重堅固的妄想。又如上面所說，當登高的想法生起之時，你的身體就會真的感受到酸澀。依妄想之心而產生受心，並且能夠觸動色身。這種顯現於你面前的順益受、違損受及其相互的驅馳作用，就是第二重虛明的妄想。你的念慮能夠役使你的色身。但是，此色身如果不是與你的念慮同為一類，為什麼會隨從你的念慮的役使而攀緣種種形象呢？心生一念，色身則隨著心念而取得形象，並且與念慮相應。人醒的時候，是想心在活動；做夢的時候，則是夢想。這樣，你的想心搖蕩妄情，就是第三重虛明的妄想。變化之性是不停頓的，它遷流不息，密密推移，猶如指甲長長，頭髮漸漸生長，壯氣漸漸消逝，面容逐漸起皺。這些日夜不停地進行的變化，人們一時難於覺察。阿難，如果此遷流不息的色身不是你，為什麼又說是你的身體在變化呢？如果此變化之身是你的真身，為什麼你又感覺不到這種變化呢？如此以來，你念念不停的諸行就是第四重幽隱的妄想。如果你的識陰真的是精明、湛然而不搖動的恆常者，應該與如來藏相通。但是，你的身體仍然不出見、聞、覺、知四種作用。如果它真的是精純而真實的，就不應該有虛妄的習氣。究竟是什麼原因使你們曾經於過去年代裡看見的奇物，經過數年之後，好像已經全部忘記了，但是，後來忽然又看見這些奇物時，以前的情景為什麼又會重新恢復，記憶並未遺失呢？如此一來，在此湛然而不搖動的識精之中，念念都受到外物的熏染，其頭緒之多有什麼辦法可以計算清楚呢？阿難，應當知道，此湛然明淨的識體並不是真實的存在，如同急速流動的水，看上去似乎十分恬靜，其實卻是因為流動太急而使人難於看清楚其在流動而已，並不是水沒有流動。因此，識陰如果不是妄想的根元，怎麼會受到妄染的熏習呢？除非你的六根能夠開合自如，否則，此妄想就沒有消滅的時候。如此看來，你現在的見、聞、覺、知都是一連串的幾微妄習所成。這樣，將似有非有、似無非無的識陰當作湛然不動的存在，就是第五重顛倒微細的精思。阿難，色、受、想、行、識五種受陰都是由以上五種妄想所成。

汝今欲知因界淺深，唯色與空是色邊際，唯觸及離是受邊際，唯記與忘是想邊際，唯滅與生是行邊際，湛入合湛歸識邊際。此五陰元重疊生起，生因識有，滅從色除，理則頓悟，乘悟併消。事非頓除，因次第盡。我已示汝劫波巾結，何所不明再此詢問？汝應將此妄想根元心得開通，傳示將來末法之中諸修行者，令識虛妄，深厭自生，知有涅槃，不戀三界。」

【章旨】佛於此章回答了阿難所問的「因界淺深」以及「滅除諸陰為頓為漸」兩個問題。

【語譯】你現在想知道因果的深淺，我告訴你：唯有色和空是色陰的邊際，色是淺界，空是深界；唯有觸和離是受陰的邊際，觸是淺界，離是深界；唯有記和忘是想陰的邊際，記是淺界，忘是深界；唯有滅和生是行陰的邊際，生相是淺界，滅相是深界；唯有湛入與合湛是識陰的邊際，入湛是淺界，合湛是深界。以上最終都歸於識邊際。五陰的根元本來是重疊生起的，其生皆是因識而有，其滅則是從色陰開始銷除。從道理上推究，破除五陰也可以頓悟，一念頓悟五陰就可一併同時銷除；從事相而言，卻不是可以頓時盡除的，必須次第銷除。我已經在前面以如何解開劫波巾所綰之結為例，說明了這個道理。你還有什麼不明白的，仍然要再次詢問呢？你應該在心中把這個妄想的根本原由研究清楚，並且將其傳示給末法時期的修行者，使他們能夠認識五陰的虛妄，厭離生死輪迴，知曉涅槃境界而不再依戀三界。」

【說明】「正宗分」至此結束。

「阿難，若復有人徧滿十方所有虛空盈滿七寶持以奉上，微塵諸佛承事供養，心無虛度，於意云何？是人以此施佛因緣得福多不？」

阿難答言：「虛空無盡，珍寶無邊。昔有眾生施佛七錢，捨身猶獲轉輪王❶位，況復現前虛空既窮，佛土充徧皆施珍寶？窮劫思議尚不能及，是福云何更有邊際？」

佛告阿難：「諸佛如來語無虛妄。若復有人身具四重十波羅夷❷，瞬息即經此方、他方阿鼻地獄，乃至窮盡十方無間，靡不經歷。能於一念將此法門於末劫中開示未學，是人罪障應念消滅，變其所受地獄苦因成安樂國，得福超越前之施人百倍、千倍、千萬億倍，如是乃至算數、譬喻所不能及。阿難，若有眾生能誦此經，能持此咒，如我廣說窮劫不盡，依我教言如教行道，直成菩提，無復魔業。」

佛說此經已，比丘、比丘尼、優婆塞、優婆夷，一切世間天、人、阿脩羅及諸他方菩薩、二乘、聖仙童子，并初發心大力鬼神，皆大歡喜，作禮而去。

【章　旨】此章為「流通分」。佛說持誦、宣揚此經的諸種功德。大眾秉承佛旨，歡喜而去。

【注　釋】❶轉輪王　古印度文化中的聖王，轉其輪寶可以降伏四方，因此稱其為轉輪王。❷十波羅夷　指佛教戒律中的十種重罪，即殺、盜、淫、妄語、酤酒、說四眾過、自讚毀他、慳惜加毀、瞋心不受悔、謗三寶。

【語　譯】佛繼續說：「阿難，如果有人將布滿十方一切虛空的七寶奉來，以供奉微塵數的諸佛，並能一一承奉佛的教旨盡心供養，心無片刻虛度。你以為此人布施佛的殊勝因緣所得的福報多不多？」

阿難回答說：「虛空是無盡的，珍寶也是無邊際的。過去有位眾生僅僅施佛七錢，他在捨身之後仍然獲得轉輪聖王，何況以窮盡虛空以及十方國土都充滿的珍寶來供奉如來呢？這種人因此而獲得的福報即便以窮劫思量計算也不能算完，怎麼還會有什麼邊際呢？」

佛告訴阿難：「諸佛如來所說的話是沒有虛妄的。如果有人犯了殺、盜、淫、妄四重根本大戒，又犯了十種重罪，瞬息之間就墮入此方和他方的阿鼻地獄，甚至展轉經歷十方世界所有的無間地獄。但是，如果在將要墮落的時候，能起一念，發心將此法門於末劫中傳示給未學之人，此人的罪障就會應念消滅，變換其所遭受的地獄苦因成為安樂國土。此人所得的福報，超過前面所說的向佛施財的人百倍、千倍、千萬億倍，甚至於無法以算數、譬喻來說明。阿難，如果有眾生能夠持誦此經，能夠持誦此咒，並且如我一樣向廣大眾生宣揚此經，窮無量劫仍然宣說不輟；又能夠依我教誨你們的話奉行修習，就會直接成就菩提，不會再受到魔事的擾亂。」

佛說完此經之後，在座的比丘、比丘尼、優婆塞、優婆夷，一切世間的天、人、阿脩羅，以及諸他方的菩薩、聲聞、緣覺、聖仙童子和初發心的大力鬼神，都滿懷歡喜，向佛致禮而去。

主要參考書目

《大佛頂如來密因修證了義諸菩薩萬行首楞嚴經》十卷，又名《中印度那爛陀大道場經於灌頂部錄出別行》十卷，唐中天竺沙門般剌蜜帝譯，菩薩戒弟子前正諫大夫同中書門下平章事清河房融筆授，烏長國沙門彌伽釋迦譯語，《大正藏》卷十九。

《大佛頂如來密因修證了義諸菩薩萬行首楞嚴經》，唐中天竺沙門般剌蜜帝譯，金陵刻經處本。

《大佛頂首楞嚴義疏註經》，宋釋子璿，《大正藏》卷三十九。

《大佛頂首楞嚴經會解》，元釋惟則會解，上海古籍出版社複製清末常州天寧寺刻本，一九九一年。

《大佛頂首楞嚴經攝論》，太虛撰，《太虛大師全集》第二十六冊。

《大佛頂首楞嚴經研究》，太虛撰，《太虛大師全集》第二十七冊。

張曼濤主編《現代佛教學術叢刊》第三十五冊，大乘文化出版社，一九七八年初版。

《楞嚴經講義》，圓瑛著，佛教慈濟文化服務中心，一九八八年印行。

《大佛頂首楞嚴經淺釋》，千象山普照寺文教會，一九九五年印行。

《大佛頂首楞嚴經釋譯》，圓香居士釋譯，佛光出版社，一九九七年初版。
《楞嚴經釋譯》，李富華釋譯，佛光出版社，一九九六年初版。
《楞嚴大義今釋》，南懷瑾著，北京師範大學出版社，一九九三年版。
《呂澂佛學論著選集》，（山東）齊魯書社，一九九一年版。
《佛學大辭典》，丁福保編，上海書店出版社，一九九一年版。
《佛光大辭典》，佛光出版社。

◎新譯無量壽經

邱高興／注譯

《無量壽經》是淨土宗極為重要的經典。此經介紹了西方淨土世界的成因、阿彌陀佛（即無量壽佛）成佛前所立的四十八弘願、西方淨土世界的美妙圖景與往生西方極樂世界的條件等等。透過注譯者深入淺出的說解，不但可以幫助讀者了解中國文化中「往生極樂」思想的來源，更有助於進一步掌握淨土思想的根源。

◎新譯圓覺經

商海鋒／注譯

《圓覺經》全名《大方廣圓覺修多羅了義經》，透過文殊師利等十二位菩薩與佛陀的問答，宣說如來圓覺妙理，揭櫫一切眾生具足圓覺妙心，是指引如何修行成佛的經典。《圓覺經》廣受唐代天台、華嚴、禪宗、密宗重視，北宋郭印提出佛教四書，清末吳坤修甄選釋氏十三經，它從未缺席，又早早流布高麗與鎌倉時代的朝鮮、日本。該經一卷之薄，允為東亞漢傳佛教「經中之睛」。是次新注新譯，深度利用東亞文獻以校勘、輯佚，紹述唐僧玄奘忠於原典及思想、語言原貌之傳統，從佛學乃至文學角度，予以精當闡釋，化深奧為易懂，內容至簡至要。研讀佛教經典者，切莫錯過。

◎新譯老子解義

吳　怡／著

有關《老子》的注解與著述，自古至今少說也有幾百種，對後人而言確實是一筆豐富的資產，但其中許多紛紜複雜的考證和妙絕言詮的玄談，往往使人望而卻步。本書跳脫一般古籍的注釋形式，吳怡教授以語譯和豐富的解義，透過不斷自問的方式，把問題一層層地剝開。有些問題也許並非老子所料及，但卻是通過老子的提示，用現代人的思考方式，面對現代人的環境而開展出來的。本書希望了解《老子》真義，同時成為讀者能用之於自己生活、思想上的最佳選擇。

◎新譯傳習錄

李生龍／注譯

王陽明不但是明代一位文韜武略兼備的人物，更是最具代表性的思想家。他所提倡以「尊德行」、「致良知」、「知行合一」為核心的心學，在中國、日本、韓國以及東南亞國家都有重要而深遠的影響。《傳習錄》一書則是由其弟子輯錄整理陽明之論學語及論學書簡而成，是研究王陽明哲學思想及心學發展的重要著作。本書不僅注譯詳贍精當，對於王陽明的心學亦頗多闡發，能幫助讀者深入了解王陽明的為人、心靈轉折與思想精華。

◎新譯商君書

貝遠辰／注譯　陳滿銘／校閱

《商君書》是匯集商鞅及其同派言論而成的一部重要典籍，先秦法家學派的代表作之一。書中含有商鞅個人及商鞅一派法家其他成員的思想觀點，主要記載了商鞅輔佐秦孝公進行革新變法、重農重戰、重刑厚賞、反斥儒家言論等具體措施與主張。秦國最後能併吞六國、一統天下，從書中即可一窺其歷史緣由與根據底蘊。本書借鑑明清兩代有關《商君書》的研究成果，並採納近人和海內外名流專著中的校勘意見，詳為導讀和注譯，書後還附錄〈戰國兩漢文集中有關商鞅的記述〉與〈校勘〉兩篇，幫助現代讀者通讀原典，掌握要義。

◎新譯莊子內篇解義

吳怡／著

《莊子》內篇為《莊子》一書的精華，最能代表莊子的思想。很多人讀《莊子》都以為莊子是懷疑論者，主張宿命思想和玩世不恭的人生觀。其實那不是莊子的本色，而是讀者們拿莊子的言論為藉口，來掩飾自己行為上的偏差。莊子的思想乃是要我們去發現真我，進而體認萬物的真實存在，這樣便能轉變這個世間為美麗的世外桃源。且看吳怡教授如何探本溯源，帶領讀者洞澈莊子的人生智慧。

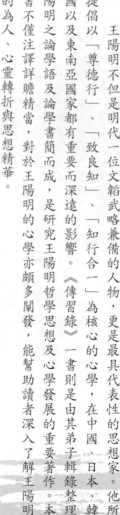

◎新譯呂氏春秋

朱永嘉、蕭木／注譯
黃志民／校閱

《呂氏春秋》是秦朝丞相呂不韋召集門下賓客學士集體創作的一部綜合巨著，它有三個方面堪稱「獨一無二」：一是內容的廣泛性，自古代社會到那時代的全部認識成果，它幾乎都作了檢閱和評說；二是學派的兼容性，它雖被視為雜家，但卻力圖在融會貫通的基礎上，建構一個自屬的體系；三是構制的規整性，使讀者產生一種嚴格按照預定藍圖，集百工智慧而由一人運籌帷幄的感受。如此一部奇書，值得國人一讀。本書在前賢時彥的研究基礎上，進行全面而深入的導讀、校注和語譯，是今人研讀《呂氏春秋》的不二之選。

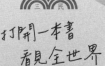

國家圖書館出版品預行編目資料

新譯楞嚴經／賴永海,楊維中注譯.——三版一刷.——臺北市：三民，2024
面；　公分.——(古籍今注新譯叢書)

ISBN 978-957-14-7766-4（平裝）
1.密教部

221.94　　113002095

古籍今注新譯叢書

新譯楞嚴經

注譯者｜賴永海　楊維中
創辦人｜劉振強
發行人｜劉仲傑
出版者｜三民書局股份有限公司 (成立於 1953 年)

三民網路書店
https://www.sanmin.com.tw

地　址｜臺北市復興北路 386 號　(復北門市)　(02)2500-6600
臺北市重慶南路一段 61 號 (重南門市)　(02)2361-7511

出版日期｜初版一刷 2003 年 1 月
二版十刷 2021 年 1 月修正
三版一刷 2024 年 4 月
書籍編號｜S032120
ISBN｜978-957-14-7766-4